D1693178

Aaron Brown
DIE GESETZE DES SPIELS

DIE GESETZE DES SPIELS

Was Trader und Poker-Asse voneinander lernen können

Aaron Brown

FinanzBuch Verlag

Bibliografische Information der Deutschen Bibliothek:
Die Deutsche Bibliothek verzeichnet diese Publikation in der
Deutschen Nationalbibliografie; detaillierte bibliografischeDaten
sind im Internet über http://dnb.ddb.de abrufbar.

Copyright der Originalausgabe:
The Poker Face of Wall Street, Aaron Brown
First published by Wiley & Sons; (12. April 2006)
© 2006 by Aaron Brown. All rights reserved.

Gesamtbearbeitung: Buch Concept, Berlin
Übersetzung: Buch Concept, Berlin
Lektorat: Anne Köhler, Miriam Buchmann-Alisch
Druck: GGP Media GmbH, Pößneck

1. Auflage 2008
© 2008 FinanzBuch Verlag GmbH
Frundsbergstraße 23, 80634 München
Tel.: 089 651285-0 / Fax: 089 652096

Fragen und Anregungen: brown@finanzbuchverlag.de

ISBN: 978-3-89879-317-9

Alle Rechte vorbehalten, einschließlich derjenigen des auszugsweisen Abdrucks
sowie der photomechanischen und elektronischen Wiedergabe. Dieses Buch will
keine spezifischen Anlage-Empfehlungen geben und enthält lediglich allgemeine
Hinweise. Autor, Herausgeber und die zitierten Quellen haften nicht für etwaige
Verluste, die aufgrund der Umsetzung ihrer Gedanken und Ideen entstehen.

Weitere Infos zum Thema: www.finanzbuchverlag.de
Gerne übersenden wir Ihnen unser aktuelles Verlagsprogramm.

Inhalt

Vorwort von Nassim Nicholas Taleb — 9
Vorbemerkung — 13

Kapitel 1: Die Kunst des unbestimmten Risikos — 17
  Risiko — 17
  Risikoregeln — 19
  Das Finanzwesen und Glücksspiel — 21
  Ein Beispiel des Handelsspiels — 24
  Glücksspiel und Finanzwesen — 27
  Gegner — 30
  Texas Hold 'Em und die Asse — 32
  Wahrheit — 35

Kapitel 2: Grundlagen des Pokerspiels — 39
  Die Blätter beim Poker — 39
  Setzen (Betting) — 45
  Limits — 46
  Spielmechanismen — 48
  Timing ist entscheidend — 49
  Die Antwort ist „Omaha" — 50
  Stud-Poker — 52
  Draw — 56
  Grundlegende Strategien — 58
  Call — 60
  Steuern — 64

Kapitel 3: Grundlagen des Finanzwesens — 69
  Finanzjargon — 69
  Handelsbanken — 70
  Investmentbanken — 71
  Die Börse — 72
  Theorie — 73
  Finanzielle Herausforderungen — 76
  Flashback: Pokernacht an der Wall Street — 78
  Die Spieler — 79
  Wirtschaftslehre — 81
  Das Spiel — 83

Kapitel 4: Eine kurze Geschichte der Risikoverleugnung — 87
  Ich bin schockiert — schockiert,
  dass hier drinnen immer noch gespielt wird! — 87

Hedging-Wetten	93
Ein Zufallsspaziergang die Wall Street entlang	96
Ausländische Anleihen	100
Termingeschäfte und Optionen	101
Der Crash von 1987	106
Flashback: Gardena und der heterosexuelle Single-Mann	112
Für Stud-Horse kein Zutritt	112
Die Subkultur	113
Fragen Sie nie, was jemand, der Geld ausgibt, glaubt, was mit seinem Geld gemacht wird	116
Eine globale Miniaturwirtschaft, ausgebreitet auf einem ovalen Tisch mit grünem Fries	118
„Nor tie to Earths to Come, nor Action New"	120
„You Took Little Children Away from the Sun and the Dew ... for a Little Handful of Pay on a Few Saturday Nights"	122
Kapitel 5: Pokernomics	125
Law und das Geld	126
Getrennte Rechnungen	129
Die Schwierigkeit in Schottland ... und New Orleans	133
Primitve Zahlungsmittel	135
Netzwerke	138
Abenteurer und Pflanzer	141
Pokerbank	143
Flashback: Mein erstes Blatt im kommerziellen Poker	147
Betrügen	148
Das Wetten	151
Das Kartentauschen	153
Kapitel 6: Der Spross einer Soft-Money-Bank	157
Das stürmische, kräftige, tosende Lachen der Jugend	158
Literaturauswahl	164
Ein großer, kühner Schläger, losgelassen auf die kleinen, schwachen Städte	167
Flashback: Die Ausbildung eines Pokerspielers	171
Franks Großmutter	172
Noch mehr Spiele und ihre Spieler	173
Harvard	174
Gewissensbisse	175
Das Treffen mit Mr. Dixie	177
Das Buch	180

Kapitel 7: Die einst kühnen Kameraden von J.P. Morgan   183
  Der Crash von 1979   183
  Die Bridge-Clique, Chicagoer Schule und der Börsenstand   185
  „Withered These Latter-Days to Leaf-Size
  from Lack of Action…"   188
  Die Geschichte hat das Risiko besiegt   191
  Und er verbrannte sie wie Altpapier   192
Flashback: Der Werdegang eines Wertpapierhändlers   195
  Pit   *196*
  Der Optionshandel   *197*
  Das Blatt spielen   *200*
  Parität, Vertikale Spreads und Calendar Spreads   *202*
  Festverzinsliche Wertpapiere   *206*
  Poker bei Lepercq   *208*

Kapitel 8: Wie spielen die anderen?   213
  Wenn Glück mit im Spiel ist   214
  Gott gab Dir „Guts": Enttäusche ihn nicht!   220
  Raten, wie gespielt wird   222
  Meister des Bluffens   224
  Die Mathematik des Bluffens   225
  Spielfakten   232
  Engstirnigkeit   237
Flashback: Liar's Poker   247
  Wie man im Börsenhandel vorankommt   *247*
  Die Regeln von Liar's Poker   *248*
  Kooperatives Liar's Poker   *250*
  Das Spiel zerstören   *251*

Kapitel 9: Wer wird Millionär?   255
  Das Pferd braucht den Wettkampf   255
  Raketentechniker   257
  Vorstandsvorsitzender   261
  Das Gelernte experimentell sichtbar machen   263
  Wer Wissen hat, macht keine Voraussagen —
  Wer Voraussagen macht, hat kein Wissen   266
  Wenn ich schon falle, dann bitte von ganz oben   269
  Das Elfenbeinturm-Risiko   273
  Nicht vor den Lahmen hinken   274
  Furchterregend wie Bluffkönig Henry VIII.   276
  Schauen Sie mal bei Ethel rein   279
  Mein Weg ist Multiway   281
  Bleiben Trader ruhig?   282
  Das Lernen lernen   284

Hammurabis Pokerregeln	287
Kapitel 10: Der Werkzeuggürtel	291
Die Suche nach den Wurzeln — Gedanken zur Psychologie	291
Sicherer als Selbstmord	293
Fünf von zehn reichen schon	295
Gelassenheit inmitten von Unvernunft	296
Kommen wir also ins Geschäft	299
Geduldiger als Felsen, Flut und Sterne; unzählbar, so geduldig wie das Dunkel der Nacht	301
Kommentierte Bibliographie	307
Geschichte und Bedeutung von Glücksspielen	309
Finanzwesen und Glücksspiel	310
Besondere Quellen	312
Register	313

Vorwort von Nassim Nicholas Taleb

I

Man könnte zu der Vermutung neigen, dass Glückspiel eine nutzlose Angelegenheit ist, bestimmt für Menschen, die sonst nicht viel zu tun haben. Des Weiteren könnte man annehmen, dass es einen Unterschied gibt zwischen „wirtschaftlicher Risikobereitschaft" und „Glücksspiel" – das erste wird mit Respekt betrachtet, das zweite als Laster und als Produkt einer parasitären Aktivität.

Dieses Buch zeigt auf, dass die Unterscheidung zwischen dem, was einfach Glücksspiel genannt wird, und „produktiver ökonomischer Betätigung" eine sozial konstruierte ist, welche fest in unserem Denken verhaftet ist. Während manch einer diesem Punkt nicht zustimmen mag (unsere ökonomische Kultur ist durch solche mentalen Grenzen verdorben), bleibt es dabei, dass Glücksspiel Devisen in Form von Erwartungen zukünftiger Geldtransfers in Umlauf bringt und dass nicht nur eng definierte „produktive" Tätigkeiten zum Fortschritt der Welt beitragen. Wir mögen dies nicht akzeptieren, weil Ökonomie eine narrative Disziplin ist und dies das falsche Narrativ zu sein scheint. Glücksspiel imitiert nicht das wirtschaftliche Leben, aber das wirtschaftliche Leben ist zu einem großen Teil dem Glücksspiel nachempfunden. Dies war die Grundidee des Querdenkers John Law, welcher durch seinen Bankrott bekannt wurde. Aaron Brown, ein weiterer Querdenker, belebt diese Idee wieder und führt sie weiter.

II

Bis zu dem Tag, an dem ich das Manuskript dieses Buches öffnete, war ich an keiner Art des Glücksspiels interessiert. Ich vertrat die radikale Ansicht, dass im Gegensatz zu dem, was uns in all diesen Wahrscheinlichkeitsabhandlungen und in den irregeleiteten Büchern über die Geschichte von Wahrscheinlichkeit und Risiko gelehrt wurde, Glücksspiel uns weder Rückschlüsse auf wahrhaftige Zufälle ziehen lässt, noch dass es eine praktische Übung sein könnte für die schmutzige, nicht-platonische Realität des Lebens.

Genauso, wie wir meist die Rolle des Zufalls im alltäglichen Leben unterschätzen, überschätzen wir sie in diesen Spielen durch die Mechanismen der Verfügbarkeitsheuristik, welche solchen Dingen eine bedeutendere Stellung einräumt, die uns schnell und leicht in den Kopf kommen.

In der Tat erschütterte es mich, dass manche mich sofort auf Würfel verwiesen, als sie erfuhren, dass ich mich auf Fragen des Zufalls spezialisierte. Zwei Illustratoren einer Taschenbuchausgabe von einem meiner Bücher haben spontan und unabhängig voneinander Würfel hinzugefügt: Der Cover-Illustrator auf dem Umschlag, und der Schriftsetzer unter jedem einzelnen Kapitel – was mich in Rage versetzte. Der Herausgeber warnte sie vor dem „Trugschluss des Spiels", als ob dieser ein allgemein bekannter intellektueller Fehler wäre – amüsanterweise reagierten beide mit: „Oh Entschuldigung, das haben wir nicht gewusst." Was ich „Trugschluss des Spiels" nenne, ist der Missbrauch von Spielen als falscher epistemologischer Verweis.

Wie löst sich die Zufälligkeit in diesen Spielen auf? Nehmen Sie an, dass Sie die Wahrscheinlichkeit kennen und dass sich die Gewinnauszahlung nicht ständig ändert. Das Kasino wird Sie nicht damit überraschen, dass es ankündigt, Ihnen das 100fache mehr auszuzahlen oder nur noch ein Zehntel ihres Einsatzes. Des Weiteren gleichen sich die Würfelergebnisse so schnell gegenseitig aus, dass ich mit Sicherheit davon ausgehen kann, dass das Kasino mich zum Beispiel beim Roulette auf die (gar nicht so lange) Dauer schlagen wird, da die Zufallsabweichungen sich statistisch ausgleichen, wenn auch nicht die Fähigkeiten (dies ist in diesem Fall der Vorteil des Kasinos). Je weiter sie die Spielzeit ausdehnen (oder die Einsatzhöhe reduzieren), um so geringer wird – Kraft des statistischen Ausgleichs – die Zufälligkeit in diesen Glückspiel-Konstrukten.

Der Trugschluss des Spiels ist in den folgenden Zufallssituationen anzutreffen: Random Walk[1], Würfeln, Münzwurf, das berühmte digitale „Kopf oder Zahl", ausgedrückt in 0 oder 1, die „Brown'sche Bewegung", welche der Bewegung von Pollenpartikeln im Wasser entspricht, und ähnlichen Beispielen. Diese erzeugen eine Qualität des Zufalls, welcher nicht einmal mehr als solcher bestimmt werden kann. Protorandomness, oder Mandelbrot's „milder Zufall", ist eine treffendere Bezeichnung. Im Kern ignorieren all diese Theorien eine Schicht der Ungewissheit. Schlimmer noch, sie wissen nichts davon!

Die Enthüllung war, dass Poker sich größtenteils von Random Walk unterscheidet – daraus ließe sich lernen. Außerdem könnte es möglicherweise die einzige Stelle sein, an der wir etwas über den Zufall lernen können. Wie? Ganz einfach: Poker beinhaltet andere versteckte, höhere und vielschichtige Formen von Ungewissheit. Es gibt Trottel, Menschen die Sie geradezu einladen, sie auszunutzen. Es gibt aber auch Leute, für die Sie der Trottel sind (natürlich ohne dass Sie sich dessen bewusst sind). Sie werfen keine Münze und treffen danach ihre Entscheidungen. Sie wetten nicht gegen eine große Maschine wie ein Rouletterad. Sie lassen sich nicht auf einen verdeckten Zug ein. Sie spielen gegen andere Menschen. Sie können deren Maximaleinsatz nicht einfach kontrollieren. Ihre persönliche Wettpolitik ist wesentlich wichtiger, als die Wahrscheinlichkcit, eine bestimmte Karte zu bekommen. Sie können bluffen, andere Spieler durcheinanderbringen, trotz eines schlechten Blatts gewinnen oder trotz eines unwahrscheinlich guten verlieren. Nicht zuletzt können Wetteinsätze in die Höhe schnellen.

Kurz gesagt, es gibt *autistische Wahrscheinlichkeit* und *soziale Wahrscheinlichkeit*, welche kompliziert (und interessant) gemacht wird durch die Irrungen und Wirrungen menschlicher Beziehungen. Poker und dieses Buch bringen uns zur letzteren.

Wegen der Ungewissheit der Karten, der Ungewissheit des Wettverhaltens der Mitspieler und der Ungewissheit der Wahrnehmung ihres eigenen Wettverhaltens

---

[1] Zufallsbewegung / Random-Walk-Theorie: Theorie der symmetrischen Irrfahrt.

durch die anderen Spieler ähnelt Poker dem wirklichen Leben. Aber es gleicht ihm, wie wir gesehen haben, in unerwarteter Art und Weise noch viel mehr.

III

Obwohl ich Aaron Brown seit vielen Jahren kannte, zumeist als einen intellektuellen Anhänger der Berechenbarkeit von Wahrscheinlichkeit, wusste ich nicht, auf was er hinaus wollte, bis ich sein Buch las. Ich wusste, dass er den ungewöhnlichen und wertvollen Hintergrund einer Person hat, welche sich mit den intellektuellen Handlungen des Risikomanagements beschäftigt, aber zudem Erfahrungen hatte im Handeln und Spielen, und daher Ungewissheit mit einer größeren Tiefe und Offenheit begegnete – was Ungewissheit unbedingt voraussetzt. Mit anderen Worten, mit einem Finanzprofessor könnten Praktiker reden, ohne wütend zu werden. Aber hier handelt es sich um eine Person mit einer einzigen, aber großen Idee, die ihr Leben damit zubrachte, diese Idee in alle Richtungen zu erforschen, sie entwickelte und in ihre interessanten Winkel vorstieß. Dies ist weitaus seltener als die schon seltene Kategorie von aufgeschlossenen Wahrscheinlichkeits-Intellektuellen. Pokernomics oder allgemein Spielen, ist, was Aaron Brown ausmacht. Er zeigt die Welt durch ein Prisma, das des Spiels.

Im Gegensatz zum Trugschluss des Spiels gibt es den Vorteil des Spiels, das Model eines Mannes als Spieler, vorgestellt durch Jan Huizings's „Homo Ludens", verallgemeinert durch Roger Caillois' „Les Jeux et les Hommes" („Die Spiele und die Menschen"), oder gegenwärtiger, Mihai Sariousus „Dyonisus Reborn" – obwohl es schwierig blieb, zwischen diesen literarischen und philosophischen Ideen und moderner Erklärung des ökonomischen Lebens hin und her zu springen. Was dieses Buch zu einem Meilenstein macht, ist, dass es nicht einfach *Homo economicus* mit *Homo ludens* mischt. Es berichtet uns sehr überzeugend, dass Homo economicus Homo ludens *ist*. Wirtschaftliches Leben ist Spielen.

Ich hoffe, der Leser wird anfangen, die Welt auf eine andere Weise zu sehen, wie ich es tat.

Vorbemerkung

In einer Januarnacht spielte ich in New York Texas Hold 'Em mit ein paar Finanzleuten, welche an der jährlichen Konferenz der Global Association of Risk Professionals teilnahmen. Ich hatte den Tag damit verbracht, einen Kurs zum Thema „Die Verwendung von Kredit-Derivaten" zu geben, und trommelte dann ein paar neue und alte Freunde für eine Pokerrunde zusammen. Einer von ihnen war Bill Falloon, Cheflektor für Finanzen und Investment bei John Wiley & Sons. Es dauerte nicht lange, bis wir über ein paar der Pokerartikel redeten, welche ich geschrieben hatte. Einige Monate später bot Bill mir einen Vertrag für „Die Gesetze des Spiels" an. Bill, seine Assistentin Laura Walsh, die Marketingmanager Kim Craven und Nancy Rothschild und alle anderen bei Wiley waren unglaublich hilfsbereit.

Das Beste beim Schreiben dieses Buches war das außergewöhnlich hohe Maß an freiwillig angeboteter Hilfe durch Freunde und Fremde. Alle waren von dem Thema begeistert und trugen wichtige Teile bei, indem sie mir mit Ratschlägen und Erklärungen zur Seite standen oder Kontakte für mich herstellten. Anstatt hier eine lange Liste aufzuführen, habe ich diese Personen an den entsprechenden Textstellen erwähnt, um sie zur Lektüre des Buches anzuspornen. Ein paar haben es nicht namentlich in den Text geschafft, aber ihre Ideen habe ich beherzigt. Diese Leute waren extrem großzügig und ermutigend: Der mit allen Wassern gewaschene Spieler, Autor und Experte Dave Scharf, die Superstar-Finanzrisiko-Journalistin Rachael Horsewood und ihre gleichermaßen talentierte Kollegin Nina Mehta, die auf quantitativen Finanzjournalismus spezialisiert ist, und die berühmte Pokerkolumnistin Amy Calistri. David Parlett, der weltbekannte Experte für Indoor-Spiele, hat mich mit hilfreichen Auskünften versorgt. Tom MacFarland, ein Physiker welcher zum Hedge-Fonds-Verwalter bei Parallax Fund wurde, stellte wichtige Informationen und Hinweise zur Verfügung, obwohl er einräumte, die von dem Fonds-Manager Roger Low angeregten Spiele mit hohen Einsätzen zu meiden. Michael Heneberry war es leid, Vorschläge zu machen und hat drei der wichtigsten Absätze dieses Buches umgeschrieben und überaus verbessert. In diesem Prozess verhalf er mir zu der aus neun Worten bestehenden Zusammenfassung, welche meine Gedanken kristallisierte. Ich habe zudem entscheidende Unterstützung von Leuten über die Onlineforen www.willömoth.com, die beste Seite für quantitative Finanzen, und www.twoplustwo.com, die beste Seite für Poker, erhalten. Ich möchte hier den Leuten danken, welche diese Seiten betreiben, sie werden aber auch im Text erwähnt.

Ich hatte einige wunderbare Lehrer für Finanzwesen und verwandte Gebiete. Eine Menge gelernt habe ich von dem Theoretiker für soziale Netzwerke, Harrison White (meinem Ratgeber in Harvard), der Buchhalterin Katherine Shipper, den Statistikern Frederick Mosteller, Craig Ainsley, Miriam Green, Harry Roberts,

Robert Engle, John Tukey, Arnold Zellner, Charles Stein und seinem Studenten Ed Gregor (mein Ratgeber in Chicago); den Ökonomen Kenneth Arrow, Graciela Chichilinsky, George Stigler, Gary Becker und Milton Friedman, den Finanzprofessoren Eugene Fama, Jon Ingersoll, Merton Miller, Robert Jarrow und Fischer Black (der besonders inspirierend für diese Buch war, obwohl er mit ungefähr einem Drittel der Hauptideen keineswegs übereinstimmte). In mehr als einem Fall habe ich mich für diese Gefallen mit ein paar Pokerstunden revanchiert. Wenn jemals ein Preis ausgeschrieben werden soll te für den größten Reingewinn im Pokern gegen Nobelpreisträger, würde ich unbescheiden meinen Namen auf die Nominierungsliste setzen (Ich habe keine Ahnung ob ich gewinnen würde). Ebenso viel gelernt habe ich von meinen Kommilitonen und den Studenten, die ich als Professor unterrichtete, von denen einige in diesem Buch auftauchen. Ich lernte Marco Avellander, Peter Carr und Emanuel Derman zwar erst nach meiner Zeit an der Universität kennen, aber ich habe enorm profitiert von ihren wundervollen mathematischen Finanzseminaren in New York.

Einige der Pokerspieler, deren Fähigkeiten indirekt in diesem Buch reflektiert sind, sind John Aglialoro, Mike Caro, Bob Feduniak und David Hayano. Ich zähle hier nur die bekannten auf und lasse viele mit vergleichbarem Geschick unerwähnt, die hauptsächlich privat spielen und mir ihre Nennung möglicherweise nicht danken würden. Stan Jonas und Mike Lipkin haben sich die Zeit genommen, mir lange Interviews zu geben – Stan hatte ein paar erstklassige Geschichten auf Lager und Mike einige großartige Theorien, von denen alle meinen Kürzungen zum Opfer gefallen sind. Ich entschuldige mich dafür, aber ich werfe Geschriebenes nicht weg, ich werde das Material in Artikel einfließen lassen. James McManus, den Autor des authentischen Pokerromans „Postively Fifth Street", habe ich nie getroffen, aber er hat einige Informationen und Anstöße zu diesem Buch beigetragen sowie Einblick in seine unveröffentlichten Pokernotizen gewährt. Nicht zuletzt danke ich ihm für eine wunderbare Zeile, welche ich für die Überschrift eines Unterkapitels gestohlen habe und die einen guten Titel für diese Buch abgegeben hätte.

Muhammad Cohen, der Gründer des Writing Camp, hat unglaublich viel Zeit und Mühe für die Überarbeitung aufgebracht. Aus einigen willkürlichen Gedankenfragmenten von mir hat er das gemacht, was sie auf den folgenden Seiten sehen werden. Er hat so viele Stunden investiert und genug Worte geändert, dass es fast eine Co-Autorschaft rechtfertigt. Inspiriert durch Graham Greens Romane, erst dem diplomatischen Dienst beizutreten und ihn dann besserwisserisch zu verlassen, versteckt sich dieses Produkt von Yale und Stanford vor Ehemännern von Ex-Freundinnen, Weihnachtsmusik, Leuten, die Anzüge tragen – oder sie einfordern, und bewaffneten Regierungsmännern in einem Teil von Hong Kong, der auf keiner Karte auftaucht. Wenn Sie ihn finden, bringen sie besser Spielkarten, Chips und Krügerrands mit. Die Redakteurin Ginny Carroll hat den Text immens verbessert, einen Buchstaben und ein Satzzeichen nach dem anderen.

Ein Buch zu schreiben bedeutet Raub an ihrer Familie. Zeit, Energie, Aufmerksamkeit, Geduld und zivilisiertes Verhalten, welches Sie ihnen schulden, wird

VORBEMERKUNG 15

von dem Buch verschluckt. Es scheint nicht angebracht, sich bei Leuten dafür zu bedanken, dass Sie sie beraubt haben. Glücklicherweise kann ich meiner Frau Deborah als meiner Partnerin danken. Sie hat sich von ihrer eigenen Arbeit als Vermögensverwalterin Zeit genommen, um Interviewpartner aufzuspüren (von denen einige alles daran setzten, nicht gefunden zu werden), um Fakten zu recherchieren und Leute zu überreden, mir Material zur Verfügung zu stellen. Ich habe einen Deal mit meinen Kindern Jacob und Aviva abgeschlossen, an welchen sie sich besser gehalten haben als manch Erwachsener. Nun, da ich das Buch beendet habe, kann ich meinen Teil der Abmachung einlösen.

Aaron Brown
24. August 2005

Kapitel 1

Die Kunst des unbestimmten Risikos

Dieses Buch handelt davon, wie man spielt und gewinnt.

Das Prinzip des Spielens steht im Zentrum wirtschaftlicher Ideen und Institutionen, wie unangenehm diese Idee auch für viele Leute in der Finanzbranche sein mag. Es ist nicht überraschend, dass Poker sehr beliebt bei Finanzprofis ist, wo es doch das Spiel ist, welches den Finanzmärkten am meisten ähnelt. Poker bietet wertvolle Lektionen für das Gewinnen an der Börse und Börsen bieten genauso wichtige Lehren für das Gewinnen beim Poker.

Dieses Buch wird Ihnen Einblicke in beide Formen des Spielens geben. Wir beginnen mit grundlegenden Informationen über Poker und das Finanzwesen und werden dann tiefer in die Psychologie des Finanzwesens und die Ökonomie des Pokers einsteigen. Wir werden grundlegende und fortgeschrittene Gewinntaktiken besprechen. Währenddessen werden wir sehen, dass Amerikas Leidenschaft für Poker und für Finanzspekulationen den wirtschaftlichen Erfolg und den Volkscharakter geprägt hat und dies wiederum die globalisierte Welt, in der wir heute leben. Ich habe Teile meiner Autobiographie in die Flashback-Abschnitte einfließen lassen, um die Punkte persönlicher zu gestalten. Schließlich werden wir sowohl ein paar innovative Arbeiten dieses Feldes betrachten als auch den gefährlichen Unsinn, den es zu meiden gilt.

RISIKO

Mein erster Punkt ist offensichtlich, wird aber oft übersehen. Um zu gewinnen, ist es nötig, Risiken einzugehen. Daher ist ein Risiko für jemanden, der gewinnen möchte, zunächst einmal positiv. Allerdings habe ich großen Respekt vor dem Risiko. Es ist real. Der Versuch, von Poker, Handel oder anderen risikobehafteten Unternehmungen zu leben, schließt die Möglichkeit des Scheiterns mit ein. Möglicherweise können Sie pleite, ohne Freunde, unglücklich oder tot enden. Wenn Sie dies nicht wirklich glauben, wenn Sie denken, dass Gott oder das Universum oder ein Drehbuchautor in Hollywood ein glückliches Ende für einen scharfsinnigen, gutherzigen Abenteurer garantieren kann, oder jemandem wie Ihnen nie etwas Schlechtes passieren wird, wird Ihnen dieses Buch mehr Schaden zufügen als nützen. Da Gott über Sie wacht, müssen Sie sich darüber natürlich keine Gedanken machen.

Es ist leicht gesagt, dass es keine Alternative zum Spiel mit dem Glück gibt, dass Sie bereits ein Risiko eingehen, wenn Sie morgens das Bett verlassen oder die

Straße überqueren. Das ist wahr, dennoch können Sie versuchen, unnötigen Risiken aus dem Weg zu gehen. Wichtiger noch, Sie können unkalkuliertes Risiko vermeiden, Sie können immer erst schauen, bevor Sie springen. Allerdings ist es schwer, auf diese Weise den großen Gewinn zu machen. Andere Leute reißen risikolose Profite ziemlich schnell an sich und machen Angebote für kalkulierbare Risikomöglichkeiten nahe dem Marktwert. Sobald Sie sich für unkalkulierbare Risiken entscheiden, für Vertrauensvorschüsse, welche im Vorhinein nicht sorgfältig untersucht werden können, werden die Mitstreiter um Sie herum weniger. Dies ist also der Ort, an dem sich außergewöhnliche Gelegenheiten bieten.

Wenn Ihnen ausreicht, was das Leben selbst an geringen und kalkulierbaren Risikomöglichkeiten bereithält, sollten Sie das akzeptieren. Dies ist die typische Strategie der Mittelschicht, aber sie kann von jedem, reich und arm, übernommen werden. Entscheiden Sie sich für eine Karriere in einem Gebiet mit geringen Risiken und lassen Sie sich gut ausbilden. Seien Sie nett zu jedem. Wählen Sie solide Investitionen, treffen Sie eine gewöhnliche Wahl, zahlen Sie Ihre Steuern, gehorchen Sie dem Gesetz. Verbessern Sie sich jedes Jahr ein bisschen und ziehen Sie Kinder groß, die es wiederum einen Deut besser machen werden als Sie. Für viele ist dies der Amerikanische Traum. Für andere ist es die einzig vernünftige Wahl, die einzige Lebensart, welche Glück möglich macht, das nicht auf Kosten anderer erreicht wird.

Dieses Buch ist für den Rest von uns, für diejenigen, welche sich nicht vorstellen können, so zu leben. Für manche von uns ist Anpassung das Problem. Wir weichen sexuell, politisch oder religiös von der Norm ab oder sind unkategorisierbare Exzentriker, welche einfach nicht in die höfliche Gesellschaft passen. Für andere, die in Kriegsgebieten oder unter entsetzlichen Regierungen geboren wurden, oder die aufgrund von Gesellschaftsklassen, genetischer Abweichung oder Vorurteilen geschmäht wurden, sind die Belohnungen der angebotenen, begrenzten, sicheren Auswahl zu mager, um in Erwägung gezogen zu werden. Wieder andere von uns sind einfach gelangweilt: Gewöhnliche Behaglichkeit ist zu trist. Aber unter den Leuten, die ich kenne, ist der am weitesten verbreitete Grund, Risiken einzugehen, purer Egoismus. Wir glauben, ein Talent zu haben, welches genährt und welchem Raum gegeben werden muss. Wir müssen schreiben oder schauspielern oder forschen oder erforschen oder unterrichten oder Kunst erschaffen oder einfach wir selbst sein, als Zweck an sich. Diese Besessenheit hebt uns über Regeln hinweg und rechtfertigt jedes Risiko und jedes Handeln. Ich habe noch nie einen erfolgreichen Pokerspieler oder Wertpapierhändler getroffen, der nicht glaubte, besser als alle anderen zu sein. Bei manchen ist dies offensichtlich – aber für die meisten ist es ein stiller, unüberprüfbarer Glaubensgrundsatz. Wenn Sie zu diesem Menschenschlag gehören, ist es unmöglich, sich mit dem zufrieden zu geben, was alle anderen bekommen, wie angenehm dies auch insgesamt sein mag.

Für mich ist dies der wahre Amerikanische Traum. In der Geschichte gab es lange Zeit keine große Mittelschicht. Es gab Reiche und Arme, das Leben war riskant für beide und jeder spielte. Das Wachstum des Mittelstandes nahm seinen Anfang im Holland des siebzehnten Jahrhunderts. Europäer, die die Sicherheit

KAPITEL 1: DIE KUNST DES UNBESTIMMTEN RISIKOS

des Mittelstands erreichen, hörten gewöhnlich auf zu spielen und versuchten kurz darauf, auch alle anderen zum Aufhören zu bewegen. In den Vereinigten Staaten aber wuchs der Mittelstand bis zum neunzehnten Jahrhundert so sehr an, dass ein beträchtlicher Teil der Bevölkerung versuchte, ihm zu entfliehen. Die Europäer waren schockiert zu sehen, dass die westlichen Grenzländer nicht nur von Gammlern und Flüchtlingen bevölkert wurden, sondern auch von wohlhabenden Farmern aus dem Osten, die auf mehr Land aus waren und Ruin und Tod riskierten für die Chance, reich zu werden. Andere Erfolgreiche zogen in den Westen, um der sozialen, religiösen oder anderen Varianten der Konformität zu entkommen. Traditionell in der Geschichte waren Minenarbeiter meist Sklaven oder unterdrückte Bauern. In den Vereinigten Staaten strömten Hochschulabsolventen, Angestellte und vermögende Männer in die Minencamps Nordamerikas (um zu schürfen und zu pokern). Noch überraschender war, dass Leute desselben Schlages sich oft freiwillig als Infanteristen meldeten (um zu kämpfen und zu pokern). Keiner von ihnen legte auf die Sicherheit des Mittelstands wert, sie setzten Leben und Glück für Reichtum und Freiheit aufs Spiel, und viele von ihnen fanden beides. Diese beispiellose Kombination von Chance und Anarchie brachte Poker und das moderne Finanzwesen hervor.

Dass manche Risiken nicht kalkulierbar sind, ist keine Rechtfertigung dafür, sorgfältige Strategien zu ignorieren oder einfach blind nach Verdacht zu handeln. In den vergangenen fünfzehn Jahren hat man im Risikomanagement des Finanzwesens ein ausgeklügeltes mathematisches System entwickelt, um die chaotischen Profite von Wertpapierhändlern in nützliche Einzahlungsströme umzuwandeln. Erstmals gibt es eine anerkannte Wissenschaft des unkalkulierten Risikos. Der Schlüssel ist nicht, das Risiko zu minimieren, sondern es zu verwalten. Ein Händler mit gutem Risikomanagement kann Risiken eingehen, die einen Händler mit mangelnden Strategien ruinieren würden. Dieselben Techniken können beim Poker und anderen risikoreichen Unternehmungen angewendet werden. Pokerspieler, welche die Prinzipien des Risikomanagements verstehen, können in Spielen mit höhren Einsätzen mit geringeren Geldmitteln offensiver spielen und haben bessere Chancen auf Erfolg.

RISIKOREGELN

Hier sind vier Regeln für den Umgang mit unkalkulierbaren Risiken. Sie sind zutreffend für Poker und Wertpapierhandel, das Heiraten, nach New York trampen, um zu versuchen, Schauspielerin zu werden, und ebenso, wenn Sie Ihr Leben der Entwicklung einer neuen physikalischen Theorie widmen, die alle anderen für verrückt halten.

1. *Machen Sie Ihre Hausaufgaben.* Denken Sie wie eine Person des Mittelstands. Gibt es einen sicheren Weg, um das gleiche Resultat zu erzielen? Können Sie irgendwelche Risiken abwägen? Hören Sie nicht auf zu kalkulieren, nur weil Sie zu einem Aspekt keine nützlichen Informationen finden. Können Sie von

Leuten lernen, die etwas Ähnliches bereits versucht haben? Meine Vorsicht resultiert aus meinem Respekt vor dem Risiko. Sie müssen unnötige Risiken vermeiden. Genauso wichtig ist es, dass Sie blindes Risiko vermeiden, wo es kalkulierbar ist. Für einen Börsenspekulanten bedeutet dies, dass Sie ein Risiko nur dann eingehen sollten, wenn Sie angemessen dafür bezahlt werden. In Pokersprache übersetzt bedeutet dies, dass Sie erst den Wert ihrer Karten voll ausschöpfen müssen, bevor Sie sich auf Ihr Geschick als Spieler verlassen.

2. *Streben Sie den Erfolg an.* Wie Dickson Watts in seinem Klassiker des neunzehnten Jahrhunderts „Speculation as a Fine Art" schrieb, erfordert das Eingehen eines Risikos „Vernunft und Courage; Vernunft in der Betrachtung, Courage in der Ausführung". Wenn Sie sich entscheiden zu handeln, handeln Sie schnell und entschlossen. Streben Sie den maximalen Erfolg an, nicht das minimale Risiko. Erinnern Sie sich an Macbeth's Entschlossenheit, nachdem er sich entschied, Macduffs Burg anzugreifen: „Von Stund an nun sei immer meines Herzens Erstling auch Erstling der Hand" (Shakespeare: Macbeth, Akt 4, Szene 1). Wenn Sie Fahrradfahren lernen möchten, müssen Sie aufsteigen und in die Pedale treten. Vielleicht stürzen Sie, aber Sie können es lernen. Wenn das Risiko zu groß ist, steigen Sie nicht aufs Rad! Langsamkeit wäre der Garant für beides: es nicht zu lernen und hinzufallen.

3. *Wagen Sie den brutalen Ausstieg.* Eine weit verbreitete Art und Weise, beim Poker zu verlieren, ist es, das Weiterspielen von der Höhe der Einsätze abhängig zu machen. Nach dem Entschluss, den Einsatz zu erhöhen, lehnt ein Spieler es ab, auszusteigen, selbst wenn die folgenden Ereignisse es klüger erscheinen lassen. Selbst um ein durchschnittlicher Pokerspieler zu sein, müssen Sie häufig gute Karten weggeben, unabhängig davon, wie hoch ihr Einsatz bereits war. Selbst wenn es eine gute Chance gibt, dass Sie den Pot hätten gewinnen können, wenn Sie weiter gesetzt hätten. Und Sie müssen lernen, so früh wie möglich auszusteigen. Wertpapierhändler wissen sehr gut: „Ihr erster Verlust ist Ihr geringster." Sowie Sie unkalkulierbares Risiko in Angriff nehmen, lernen Sie Dinge, die Ihnen beim Kalkulieren helfen. Wenn das Ergebnis dieser Berechnung darauf hindeutet, dass die Chancen zu gering sind, um weitere Investitionen zu rechtfertigen, geben Sie genauso schnell und entschlossen auf, wie Sie angefangen haben. Gewillt zu sein, lieber zu früh statt zu spät auszusteigen, ist übrigens einer der Gründe, warum Pokerspieler manchmal schlechte Führungspersonen sind. Es gibt Situationen, in welchen eine Führungsperson so lange kämpfen sollte, bis auch das letzte Fünkchen Hoffnung verschwunden ist, selbst wenn sie auf dem Schlachtfeld sterben oder mit dem Schiff untergehen. Dies kann der Sache dienlich sein, macht aber schlechtes Poker aus und für Wertpapierhändler ist es eine Todsünde.

Es liegt auf der Hand, dass Sie die Regeln 2 und 3 – selbst wenn sie durch Regel 1 etwas abgemildert werden – gewaltig in die Klemme bringen werden. Regel 2 rät Ihnen, nichts zurückzuhalten wenn Sie Erfolg anstreben und Regel 3 hält Sie dazu an, häufig auszusteigen. Wenn Sie immer etwas in Reserve halten, wenn Sie nur einsetzen, was zu verlieren Sie sich leisten können, wenn Sie auf einem guten Rückzugsplan bestehen, sollten Sie sich an kalkulierbare Risiken halten. Wenn Sie sich jedoch dazu entschließen, unberechenbare Risiken einzugehen, gibt es eine Art Sicherheitsnetz:

4. *Plan B sind Sie.* Der einzige Posten, auf den Sie sich nach einer Niederlage verlassen können, sind Sie selbst. Sie: Ihr Charakter, Ihr Talent und Ihr Wille. Sie müssen die Vorstellung, sich verlassen und pleite an einem seltsamen Ort zu befinden, nicht verlockend finden, aber der Gedanke daran sollte Sie auch nicht zur Verzweiflung treiben. Ganz so trostlos ist es nicht: Es gibt ein paar soziale Strukturen und wirtschaftliche Einrichtungen, die Ihre Landung oft ein wenig abmildern können. Sie können Netzwerke mit gleich gesinnten Abenteurern aufbauen oder einer Organisation beitreten, welche Risikobereitschaft unterstützt. Aber Netzwerke sind nicht immer verlässlich und solche Organisationen rar und selektiv. Wie das Sprichwort sagt, niemand begeht Selbstmord auf der Rennbahn – man könnte schließlich das nächste Rennen verpassen.

Lassen Sie mich unterstreichen, dass diese vier Regeln kein Rezept für Erfolg sind. Ein solches habe ich nicht. Wenn Sie die obigen vier Punkte beherrschen, können Sie bestenfalls dem garantierten Misserfolg entgehen. Wenn Sie bescheidene Ziele verfolgen und die entsprechenden Ressourcen besitzen, ist es wahrscheinlich, dass Sie erfolgreich sind. Natürlich kann ich dies nicht in genauen Zahlen ausdrücken, da wir hier über unkalkulierbare Risiken sprechen. Wenn Ihre Ziele im Verhältnis zu Ihren verfügbaren Mitteln zu ehrgeizig sind, ist es sehr wahrscheinlich, dass Sie scheitern. Aber Sie könnten gewinnen. Wenn die reale Chance auf Erfolg – und die reale Gefahr des Scheiterns – für Sie attraktiver sind als das, was Ihnen das Leben an risikoarmen und berechenbaren Optionen bietet, dann kann Sie dieses Buch auf dem tückischen Weg, den sie gewählt haben, begleiten.

DAS FINANZWESEN UND GLÜCKSSPIEL

Das Finanzwesen kann nur als ein Glücksspiel verstanden werden und das Glücksspiel als eine Form der Finanzwirtschaft. Viele Leute haben kein Problem damit, den ersten Teil anzunehmen: Sie denken sich die Wall Street als ein großes Kasino. Als New York im Jahre 1971 Off-Track-Betting (OTB) einführte, wählte man den Slogan: „If you're in the stock market, you might find this a better bet." Bernard Lasker, der damalige Präsident der New Yorker Börse, schickte ein Telegramm, in dem er gegen den Vergleich von Pferdewetten und Aktien protestierte. Der New Yorker OTB-Präsident Howard Samuel antwortete mit: „Ich bin sicher, dass einige der 48.972 Pferde, welche 1970 in diesem Land Rennen gelaufen sind, das Gefühl haben, eine bessere Investition zu sein als einige der Hunde der New

Yorker Börse." Er könnte Recht gehabt haben: In diesem Monat, im April 1971, schloss der Dow Jones Index bei 941.75 Punkten. Das war der inflationsbereinigte Gipfelwert der folgenden 21 Jahre. Aber selbst Leute, die auf der Seite Laskers stehen, geben zu, dass viele der Börsenteilnehmer spielen.

Allerdings möchte ich auf etwas anderes hinaus als den oberflächlichen Vergleich, dass man sowohl in Las Vegas als auch an der New Yorker Börse Geld gewinnen und verlieren kann. Was ich meine ist, dass Finanzprodukte ein weiteres Risiko in sich bergen, dasselbe Negativsummen- und Zufallsrisiko, welches auch Roulette und Würfelspielen zu eigen ist. Es stimmt, dass ein langfristiger Buy-and-hold-Investor eines diversifizierten Portfolios ein reales wirtschaftliches Risiko eingeht, aber dies ist nur ein kleiner Teil dessen, was auf Aktienmärkten passiert. Niemand wird gut fürs Herumsitzen bezahlt, um sich über die durchschnittlichen Renditen der nächsten 20 Jahre Gedanken zu machen. Sie werden sehr gut dafür bezahlt, ein Wertpapier gegen ein anderes zu handeln oder Aktien zu kaufen und sie fünf Sekunden später wieder zu verkaufen. Der durchschnittliche Händler bekommt die durchschnittlichen Renditen, alles andere ist bloße Spielerei. Alles, was Sie gewinnen, stammt von jemand anderem, der verliert, alles im Verhältnis zu den Durchschnittsrenditen. Die Einsätze sind eine Negativsumme, da auf die Tauschraten Steuern und Transaktionskosten anfallen, genauso wie das house edge[2] im Kasino. Und der Börse liegt zumindest ein gewisses wirtschaftliches Risiko zugrunde – dass immer eine Person von einer anderen gewinnt ist nicht alles. Alle anderen Märkte (ausgenommen Rohstoffmärkte) sind Nullsummen-Märkte. Jeder Kredit oder jede Anleihe hat einen Leiher und einen Verleiher, jede Transaktion ausländischer Währungen hat einen Käufer und einen Verkäufer, jeder Derivat-Vertrag hat eine Partei, die die andere bezahlt. Jeder, der wirklich auf den Märkten zu Hause ist, bezieht seine Aufregung und Möglichkeiten aus dieser Art Einsätze.

Ökonomen argumentieren manchmal, dass diese Transaktionen zur Kapitalallokation beitragen und wichtige Preisfindungsmechanismen bereitstellen. Aber Kapitalallokation findet größtenteils außerhalb der Handelsmärkte statt und ist ohnehin zu indirekt, um das Ausmaß des Handelsbetriebs zu rechtfertigen. Zwar ist die Preisfindungs-Funktion zweifellos nützlich, doch kein Unternehmensmanager muss jede Sekunde einen anderen Wertpapierkurs kennen oder gar den Kurs von einem Dutzend unterschiedlicher Wertpapiere, welche ein einheitliches Wirtschaftsunternehmen ausmachen. Es gibt weit wichtigere soziale Fragen, welche mit erstaunlicher Genauigkeit von Auktionsmärkten beantwortet werden können, dennoch bleiben diese eher ein Hobby von Akademikern als eine bedeutende Finanzinstitution.

Meiner Meinung nach gibt es vier Gründe, aus welchen Risiko zum Bestandteil finanzieller Produkte wird. Diese sind, ihrer Wichtigkeit nach aufsteigend angeordnet, Folgende:

---

2 House edge: Hausvorteil. Der Begriff bezieht sich auf den Prozentanteil des Vorteils, den das Kasino gegenüber dem Spieler hat.

KAPITEL 1: DIE KUNST DES UNBESTIMMTEN RISIKOS

1. *Risiko macht Produkte interessanter für Investoren.* Leute spielen gerne, also setzen Finanzinstitutionen auf ein gewisses Maß an Risiko, so wie Fastfood-Unternehmen zusätzliches Fett und Salz in ihre Angebote hineinschmuggeln. Dies ist der Grund, der den meisten Leuten zuerst einfällt. Er hat durchaus seine Richtigkeit, ist aber der unbedeutendste.

2. *Risiko ist essentiell für Kapitalbildung.* Leute müssen davon überzeugt werden, ihr Vermögen, das sie für Konsumgüter ausgeben könnten, bereitzustellen und es als Quelle zukünftigen Einkommens zu sehen. Risiko ist dafür genauso notwendig wie Hitze für das Kochen.

3. *Risiko sorgt für Gewinner und Verlierer und eine dynamische Wirtschaft braucht beide.* Jeder kommt mit vielfältigen Optionen auf die Welt und Unbeständigkeit erhöht das Ausmaß der Optionen. Das konzentrierte Kapital der Gewinner stellt eine Kraft des Wandels dar, und mancher Verlierer wurde erst durch Verluste frei, das Maß seiner Möglichkeiten auszuschöpfen, die eine finanziell abgesicherte Person ignorieren würde.

4. *Risiko zieht Händler an.* Händler sind keine passiven Anweisungsempfänger, sondern eine höchst wichtige dynamische Kraft in der Wirtschaft. Es gibt einen Grund, warum die Erfolgreichen so viel Geld machen. Ohne ausreichendes Risiko tauchen die geeigneten Leute gar nicht erst auf.

Der Grund, warum ich diese Aussagen für wahr halte, liegt darin, dass sie im Gegensatz zu konventionellen Interpretationen viele Details über die Organisationsstruktur der Finanzmärkte begreiflich machen. Sie erklären, welche Dinge gehandelt werden und wie Märkte organisiert sind. Es gibt viele verschiedene Wege, Finanzmärkte darzustellen, und jeder kann eine gewisse Wahrheit beinhalten. Ich behaupte nicht, dass jede andere Erklärung von Finanzinstitutionen falsch ist. Ich sage nur, dass es aufschlussreich für Händler und Spieler sein kann, wenn sie ihre Institution aus der anderen Perspektive betrachten. Obwohl der Vergleich nicht ganz aufgeht, birgt er interessante Aspekte und kann dem engstirnigen Denken und der Blindheit gegensteuern, welche zu einem Desaster führen können.

Das moderne Finanzwesen ist weder ein mittelalterliches oder natürliches Wirtschaftssystem, noch kann es einfach in die Form von Finanzmodellen und Analysen gepresst werden. Es wurde in dem Gebiet entwickelt, welches vom Mississippi fast vollkommen entwässert wurde, und zwar zwischen der Zeit, als Dampfschiffe im frühen 19. Jahrhundert die umfangreichen natürlichen Ressourcen abtransportierten, und der Vollendung des Zugnetzwerkes in den letzten Jahrzehnten des 19. Jahrhunderts. Es kombinierte die wirtschaftlichen Einsichten John Laws, eines Schottischen Spielers, der es zum französischen Banker gebracht hat, mit einem außergewöhnlichen Wirtschaftssystem. Dieses basierte auf dynamischen selbstorganisierten Netzwerken der Ureinwohner Nordamerikas in dieser Region, beeinflusst von weiteren Innovationen, die gemeinsam mit den Ureinwohnern der Kongo- und Niger-Fluss-Ökonomien angekommen waren. Die erste Person, welche diesbezüglich eine mathematische Erklärung veröffentliche, war der Finanzprofessor und Banker Fischer Black.

Ein Flussnetzwerk mit zerstreuter Bevölkerung und schwierigem Überlandtransport führt zu einem flexibleren und dynamischeren Wirtschaftssystem, als es in Gegenden gefunden werden kann, wo der Handel zwischen den Städten von Straßen und Häfen beherrscht wird. Das Amerikanische Wirtschaftswunder erblickte in den Terminbörsen des Westens das Licht der Welt, nicht in den Banken und Börsen des Ostens. Es ist kein Zufall, dass Poker zur selben Zeit und am selben Ort erfunden wurde.

EIN BEISPIEL DES HANDELSSPIELS

Bedenken Sie den Kurs einer Aktie. Ein Ökonom mag hervorheben, dass die Aktie für das Interesse des Profits eines Unternehmens steht, und wird versuchen, ihren Wert vorherzusagen, indem er mögliche zukünftige Profite analysiert und wann sie an Investoren ausgegeben werden. Dies wird *Fundamentalanalyse* genannt.

Finanzprofessoren heben eine andere Ansicht heraus. Sie bestreiten nicht, dass Aktien und andere Wertpapiere ein Fundament der Wirtschaft darstellen, aber deren Bewertung von Grundlagenwissen abzuleiten ist zu schwierig. Niemand kann den gegenwärtigen Wert besser bestimmen als die Märkte selbst. Daher ergibt es Sinn, den Wertpapierkurs wie ein Glücksspiel zu betrachten, als einen Wert, welcher mit einiger Wahrscheinlichkeit steigen und fallen kann. Dies wird *Random-Walk-Theorie* genannt. Es ist durchaus möglich, dass sowohl Fundamentalanalyse als auch Random-Walk-Theorie solide sind. Wenn sich eine Roulettekugel in der Schüssel bewegt, bestimmt das Gesetz der Physik, wo sie zum Stillstand kommen wird. Aber die Ergebnisse sind so schwer vorherzusagen, dass man sie als willkürliche Zahlen begreifen kann. Claude Shannon (der Vater der Informationstheorie), Ed Thorp (der Mathematiker, dessen Idee das Kartenzählen beim Black Jack war) und ihre Frauen waren die ersten einer Reihe von Personen, die in elektronische Geräte investiert haben, welche Roulette-Ergebnisse vorhersagen. Claude baute auch eine mechanische Hand, die je nach Belieben Münzen zuverlässig auf Kopf oder Zahl landen ließ. Für diese Leute sind Roulette und Münzwürfe elementare Ereignisse, welche mit Hilfe der Physik analysiert werden können. Die meisten von uns geben sich allerdings damit zufrieden, sie als zufällig zu behandeln.

Es gibt aber einen weiteren Verhaltenstyp, der relevant ist für Handel, der nicht durch elementare Ökonomie oder statistische Theorie erklärt werden kann. Er widerspricht diesen Ansichten nicht, sondern stellt nur einen weiteren Weg dar, dieselben Preisentwicklungen zu betrachten. Für manche ist er hilfreich, für andere nicht. Manchmal wird er als technische Analyse bezeichnet, aber dieser Begriff hat einen Makel erhalten durch die Leute, die ihn außerhalb des Anwendungsbereichs benutzen und ihn eher in einen mythologischen Glauben verwandeln, statt ihn als alltägliches Mittel zu begreifen, um Geld zu verdienen.

KAPITEL 1: DIE KUNST DES UNBESTIMMTEN RISIKOS

Eine allgemeine Regel von Händlern ist, dass der Markt vor großen Bewegungen so genannte Stop-Orders auslöst. Die bekannteste Art eines Stops ist die so genannte Stop-Loss-Order (technisch gesehen eine Stop-Sell-Order). Ein Investor trägt seinem Broker auf, Aktienpakete zu verkaufen, wenn der Preis unter eine gewisse Marke fällt. Dies ist eine Technik, Verluste bei der Aktien-Investition zu limitieren. Es gibt auch eine Stop-Buy-Order, die Anweisung, Aktienpakete zu kaufen, sollte der Preis ein bestimmtes Limit überschreiten. Diese ist bei professionellen Investoren beliebter. Die Anweisung des Händlers bezieht sich nicht nur auf formal festgelegte Stops, die den Brokern oder Börsen mitgeteilt werden. Investoren setzen sich häufig ein Limit und entscheiden sich, zu verkaufen, wenn der Preis eine gewisse Schwelle unterschreitet, oder zu kaufen, wenn der Preis eine gewisse Höhe erreicht hat. Andere haben nicht die Freiheit, dies selbst zu bestimmen, sondern sind gezwungen, so zu handeln – wir nennen sie „weak hands". Ein Investor mag so viel Geld für den Kauf von Wertpapieren geliehen haben, dass sein Kreditgeber ihn dazu zwingt zu verkaufen. Oder ein Portfolio-Manager, der es verpasst hat, ein populäres Wertpapier zu kaufen, mag von seinem Boss den Auftrag bekommen, es zu kaufen, wenn es weiter ansteigt.

Um den Gedanken zu vereinfachen, nehmen Sie an, dass ein Wertpapier für 25 Dollar verkauft wird und es Stop-Sell-Orders für eine Million Aktien zu 23 Dollar und Stop-Buy-Orders für eine Million Aktien zu 27 Dollar gibt. Diese Anweisungen sorgen für einen unruhigen Markt. Wenn der Preis fällt, werden Händler verkaufen wollen, bevor das Limit für eine Million Aktien zu 23 Dollar erreicht ist. Also werden sie anfangen, für 24 Dollar zu verkaufen, was den Preis auf 23,75 Dollar drückt. Dies regt wiederum den Verkauf weiter an und löst die Stops aus. Sobald ein Wertpapier einen Wert von 23 Dollar erreicht hat, werden eine Million Stop-Sells zu Market-Sells (bedingungslose Anweisungen, zu jedem verfügbaren Preis zu verkaufen) und der Preis mag auf 22 Dollar fallen.

Nachdem die eine Million Aktien absorbiert wurden, sollte der Preis langsam wieder auf 24 Dollar steigen. Letztendlich gab es keinen anderen Grund als die Angst vor den Stops, welche die Aktie von diesem Wert fallen ließ. Sobald sie ansteigt, werden die Händler nach den Million Stop-Buy-Orders gieren, welche bei 27 Dollar einsetzen. Jeder wird kaufen wollen, bevor diese Kaufanweisungen einsetzen. Dies könnte den Preis auf 27 Dollar treiben, eine Million Ankäufe auslösen und den Preis auf 28 Dollar hochtreiben. Die Händler haben so zusammen eine Million Aktien für einen Preis zwischen 22 Dollar und 23 Dollar angekauft und diese für einen Preis zwischen 27 Dollar und 28 Dollar verkauft und fünf Million Dollar Profit erwirtschaftet.

Auf einem ruhigen Markt wird der Preis nah genug bei 25 Dollar liegen, dass dies nicht geschehen wird. Aber wenn Gerüchte über dieses Wertpapier aufkommen, wird der Preis hoch- oder heruntergedrückt. In beiden Fällen kann dies den Windfall[3] für Händler auslösen. Erst nachdem die Stops aus dem Spiel sind, kann das Wertpapier sich so bewegen, wie es von der Wirtschaft vorgeschrieben ist.

---
3 Windfall: bezeichnet einen unverhofften Gewinn.

Bevor ich fortfahre, möchte ich Sie warnen: Das Geldverdienen durch Wertpapierhandel besteht nicht einfach darin, herauszufinden, wo die Stops liegen, und ihnen zuvorzukommen. Wenn der Markt alle Stops ständig herausnehmen würde, würde niemand Stop-Orders einsetzen. Dies funktioniert also nicht immer. Des Weiteren könnten Sie, wenn Sie die Stops falsch schätzen, den Handel verpassen oder selbst als einer der Stops enden. Der Versuch, von den Stops zu profitieren, ist wie Blinds beim Poker zu stehlen. Es kann funktionieren wenn Sie es richtig anstellen, oder es kann Sie eine Menge Geld kosten.

Der springende Punkt ist, dass der Schritt von 25 Dollar zu 22 Dollar zu 28 Dollar vor der eigentlichen Bewegung weder mit ökonomischen Grundlagen zu tun hatte, noch war er willkürlich. Er war eher das Ergebnis eines Spiels mit Gewinnern und Verlierern. Einige Händler haben zu früh verkauft und gekauft und den Profit verpasst. Andere haben zu lange gewartet, mit demselben Ergebnis. Einige haben gekauft, als sie bemerkt haben, dass der Preis wieder anstieg, und wurden dann vom Markt überrascht und gezwungen, zu einem niedrigeren Preis wieder zu verkaufen. Jeder dieser Züge hatte Auswirkungen für andere Händler: Einige machten Geld, indem sie mit ihren Vermutungen richtig lagen, andere verloren Geld, weil sie falsch lagen.

Generell sind diese Effekte für jeden außer den Börsenhändlern zu klein und kurzlebig, um davon zu profitieren. Es sei denn, Sie handeln mit anderen Händlern direkt auf einem Handelsparkett oder elektronisch. Sonst bleiben Sie auf den normalen Aktienhandel beschränkt, zahlen Gebühren und Provisionen und erhalten Anweisungen, welche zu langsam und zu Preisen erteilt wurden, die zu unvorteilhaft sind, um Geld durch technische Bewegungen zu machen. Selbst unter professionellen Händlern verlieren viele Geld, weil sie versuchen, Spielchen zu spielen. Sie mögen schnell sein, aber ein anderer mag einen Computer haben, der Millionen von präzise kalkulierten Anweisungen weitergibt in der Zeit, in der sie eine einzige ausführen. Oder wenn Sie der Typ mit dem Computer sind, können Sie zehn Millionen Dollar in einem Monat gewinnen und anschließend hundert Millionen Dollar in einer Sekunde verlieren. Es ist ein Spiel, aber es hat seine Tücken.

Wenn Sie Finanzmärkte und ihre Auswirkungen auf die Wirtschaft verstehen wollen, müssen Sie das Spiel des Handelns verstehen. Viele kurzfristige Preisbewegungen sind weder willkürlich noch durch ökonomische Grundlagen ausgelöst. Sie werden erzeugt durch Investoren, die kaufen und verkaufen. Dies führt zu vorhersagbaren Ergebnissen: Aktienpreise, die an Optionsausübungspreise gebunden sind und bald auslaufen oder manchmal gezwungenermaßen von den Optionspreisen Abstand nehmen, wenn die Optionseigentümer stärkere Blätter haben als die Optionsanbieter.

Diese kurzfristigen Bewegungen beeinflussen Volatilität und Liquidität von Wertpapieren, was sich auf ihre Anziehungskraft für Emittenten und Investoren auswirkt. Kleine Unterschiede in Handelscharakteristika führen zu großen Unterschieden in der Bewertung, und dies beeinflusst Kapitalallokation und die Portfolio-Auswahl von Investoren. Das Spiel des Handelns hat also enormen Einfluss auf die Wirtschaft und die nationale Stimmung. Des Weiteren stellt die Menge des Geldes, welches von Händlern extrahiert wird, einen beachtlichen Teil des Gesamtwohlstands dar und wird viel dramatischer eingesetzt als alle anderen Wohlstandsquellen. Sie können die Wirtschaft nicht verstehen, wenn Sie diese Effekte außer Acht lassen.

GLÜCKSSPIEL UND DAS FINANZWESEN

Der zweite Teil der Behauptung – dass Glücksspiel wie ein Finanzmarkt funktioniert – ist umstrittener. Die herkömmliche Sicht auf das Spielen ist, dass es bestenfalls ein Nullsummenspiel ist: Jemand muss das verlieren, was die Sieger hinzugewinnen. Wenn das Spiel von Profis organisiert wird, gewinnt schlimmstenfalls immer das Haus, so dass es für die Spieler kein Nullsummenspiel, sondern ein Verlustgeschäft ist. Daher ist die einzig vernünftige Form des Spielens die zur Unterhaltung mit kleinen Einsätzen. Es stimmt, dass viele Leute diese Art der Entspannung genießen, aber es ist nicht die Art des Spielens, über die ich hier spreche. Dieses Buch ist für Leute, die aus wirtschaftlichen Gründen spielen. Es gibt viele von ihnen und sie verursachen ernsthafte wirtschaftliche Folgen.

Der Bruttogewinn von legalem Glücksspiel in den Vereinigten Staaten beträgt ungefähr zwei Drittel des Bruttoeinkommens kommerzieller Banken, und der Gesamtbetrag, der jedes Jahr legal verwettet wird, entspricht ungefähr der Summe der totalen Aktivposten einer kommerziellen Bank. Während es keine guten Statistiken über illegales Glücksspiel gibt und es nicht offensichtlich ist, wie man Glücksspiel und die Bankindustrie vergleichen kann, weisen Glücksspiel und das Bankwesen scheinbar ungefähr dieselbe Größe auf.

Eine Bank sammelt Einlagen von vielen Leuten und investiert dieses Geld in Darlehen und Wertpapiere. Isoliert betrachtet ist eine Bank in derselben Weise ein Nullsummenspiel wie Glücksspiel. Jede Verzinsung der Einlagen kann nur von den Schuldzinsen der Kreditnehmer bezahlt werden. Dies war tatsächlich in der Vergangenheit ein Argument gegen Banken und andere Kreditgeber. Da Geld unproduktiv sei, sei das Verlangen von Zinsen moralisch falsch.

Allerdings untersucht heute niemand mehr die Bank isoliert für sich. Wir schließen den durch Bankkredite und Investitionen (hoffentlich) erzeugten Profit mit ein – realer wirtschaftlicher Profit von realen Unternehmen. Dies gibt Banken die Möglichkeit, das Geld der Anleger mit Zinsen zurückzuzahlen und die Ausgaben zu decken. Eine Bank ist kein passiver Kanal, sie kann eine kraftvolle Maschinerie wirtschaftlichen Wachstums sein. Auch ein Glücksspiel sammelt Geld von vielen Leuten und gibt es an wenige weiter. Zumindest einige der Leute setzen ihre Gewinne produktiv ein.

Mehrere Milliardäre gewannen ihre ersten Beteiligungen beim Pokern. Kirk Kerkorian finanzierte sein erstes Unternehmen, die Charterfluggesellschaft Los Angeles Air Service, mit Pokergewinnen. H.L. Hunt setzte alles, was er hatte, in einem Pokerspiel und gewann so seine erste Ölquelle. Bill Gates, John Kluge, der Texanische Ölmogul Clint Murchison und Corporate Raider Carl Icahn pokerten alle um hohe Anteile, bevor sie reich wurden. Aber dies ist nicht nur bei Milliardären der Fall: Richard Nixon bezahlte seine erste Kongress-Kampagne mit Pokergewinnen. In seiner Präsidentschaft schlug er weiterhin Kapital daraus, wagte riskante Einsätze, wenn auch mit weniger Erfolg. Die Geschichte wimmelt von Leuten, deren Weg zum Erfolg mit Gewinnen beim Glücksspiel seinen Anfang nahm. Sie werden kaum ebenso erfolgreiche Leute finden, deren Grundkapital ein Bankkredit war oder Geld, das durch die Ausgabe von Wertpapieren beschafft wurde. Selbst die Verlierer können profitieren. Schriftsteller von Dostojewski bis hin zu Mario Puzo schrieben ihre Inspiration und Motivation, einige ihrer größten Werke zu vollenden, ihren Spielverlusten zu.

Natürlich gibt es viele Unterschiede zwischen Banken und Glücksspielen. Leute, die Geld von einer Bank leihen, zahlen es gewöhnlich zurück, aber es kann nicht vorausgesetzt werden, dass Gewinner eines Glücksspiels dasselbe tun. Es gibt für sie auch keine Maßgabe, ihr Geld produktiv einzusetzen. In diesem Sinne ähnelt ein Glücksspiel eher einer Börse oder Warenhandel, wo Teilnehmer miteinander interagieren, Gewinner ihre Gewinne behalten und Verlierer ihre Verluste tragen.

Ein weiterer Unterschied ist, dass Einzahler von der Bank erwarten, ihr Erspartes mit Zinsen zurückzubekommen, was dem Regelfall entspricht. Spielen funktioniert vielmehr wie ein Versicherungsunternehmen, das auch Geld von vielen Einzelpersonen nimmt und es verleiht oder Wertpapiere kauft. Das Versicherungsunternehmen zahlt nur einige wenige Mitglieder aus, welche ein Vielfaches ihrer Einzahlung erhalten. Die meisten Investoren bekommen nichts. Aber Spielen unterscheidet sich auch vom Versicherungsgeschäft. Versicherungskäufer sind passiv (ausgenommen jene, die einen Betrug planen). Sie wählen ihren Einsatz, ohne große Anstrengungen zu unternehmen, dass er Gewinn einbringt. In Geschicklichkeitsspielen wie Poker versuchen die Spieler aktiv, ihre Mittel gewinnbringend einzusetzen. Dieses Charakteristikum teilen sie mit Investmentfonds und mehr noch mit Börsen und anderen Handelsportalen, wo die Gewinnausschüttung für Investoren eine Kombination aus Glück und Geschick ist.

Der Unterschied zwischen konventionellen Finanzinstitutionen und Spielen liegt im Ausmaß, nicht in der Form. Auf Wertpapiermärkten lassen sich die Risiken besser berechnen als beim Poker. Das ist entscheidend, und Leute, die dies vergessen, haben zu leiden. Aber der schlimmste Fehler besteht in der Annahme, dass sie alle Risiken des Wertpapiermarktes oder keinerlei Risiken eines Pokerspiels berechnen können.

Ich erwarte nicht, dass ich Sie bereits überzeugt habe. Die meisten Leute gehen davon aus, dass es einen wesentlichen Unterschied zwischen Kasino und Börse gibt. Manche denken, sie könnten ihn benennen, andere meinen, dass er schwer auszumachen, aber nichtsdestotrotz real sei. Ich werde sie in einem späteren Kapitel zu überzeugen versuchen. Für den Moment seien Sie versichert, dass es mir ernst damit ist, und es einen Unterschied für Risikoträger bedeutet. Wenn Spielen ein Finanzierungsinstrument ist, dann ist es wichtig herauszufinden, ob die Gewinner wirtschaftlich produktiv sind. Sie würden weder Geld in eine unversicherte Bank einzahlen, die waghalsige Kredite abschließt, noch Wertpapiere eines Unternehmens kaufen, das unbedachte Investitionen tätigt, oder in einen In-

KAPITEL 1: DIE KUNST DES UNBESTIMMTEN RISIKOS 29

vestmentfonds investieren, der auf schwache Wertpapiere setzt. Schlimmer noch sind betrügerische Institutionen, die überhaupt nicht investieren, sondern nur das Geld ausgeben, welches Sie einzahlen. Sie müssen dieselben Maßstäbe beim Spielen ansetzen, oder Sie werden sicher verlieren.

Das Gegenteil dieser Idee lässt sich in einem abgegriffenen Klischee ausdrücken: „Wenn Sie nicht wissen, wer der Trottel am Tisch ist, sind Sie es." Ich weiß nicht, von wem der Spruch stammt, er wurde einem Duzend von Leuten zugeschrieben. Wer auch immer es zuerst gesagt hat, es ist eine bodenlose Dummheit. Die meisten betrügerischen Spiele sind so organisiert, dass das Opfer denkt, ein anderer sei der Trottel. Wenn Sie also zu wissen glauben, wer der Trottel ist, sind Sie wahrscheinlich auf dem besten Weg, gerade selbst übers Ohr gehauen zu werden.

Ob Sie nun wissen, wer der Trottel ist, oder Sie an einem Tisch voller Trottel sitzen, die wichtige Frage ist, warum ausgerechnet Sie in der Lage sind, die anderen auszuplündern. Es gibt einen regelrechten Wettstreit darin, die Trottel auszunehmen, daher sollten Sie lieber über die Konkurrenz nachdenken, statt nach den Trotteln zu suchen. Täuscht einer oder alle den Trottel nur vor? Gibt es jemanden, der hereinplatzen und Sie ausrauben wird? Oder der Sie außer Gefecht setzt und all ihre Gewinne einstreicht? Sind Sie eine Art Zwischen-Trottel, der von den kleinen Trotteln einstreicht, während ein anderer Sie bereits als Opfer im Visier hat?

Natürlich können Sie versuchen, davon zu leben, Trottel auszunehmen. Es handelt sich um ein dicht besiedeltes Feld, aber manche haben Erfolg. Es hat nichts mit Spielen zu tun und Sie werden nur schwer Beispiele von Leuten finden, die auf diesem Wege reich und berühmt geworden sind. In dieser Welt treiben sich eine Menge gescheiter und zäher Leute herum, und wenn Sie für jeden einen absoluten Verlierer darstellen, ist es sehr wahrscheinlich, dass jemand seine Verluste auf Ihre Kosten wiedergutzumachen versucht. Doch auch gesetzt den Fall, diese Strategie würde aufgehen, warum würde irgend jemand sein Leben mit Trotteln verbringen wollen? Wenn Sie von ihnen leben müssen, betrügen Sie sie wenigstens per E-Mail, damit Sie sie nicht treffen müssen.

Statt nach Trotteln Ausschau zu halten, versuchen Sie lieber herauszufinden, welche produktive wirtschaftliche Aktivität durch ihr Spiel gefördert wird. Wenn Sie noch nie Überlegungen in diese Richtung angestellt haben, ist es anfangs schwer. Aber wenn Sie einige Vorurteile revidieren und ein wenig Übung gewinnen, können Sie es schaffen. Sie werden feststellen, dass es weitaus besser ist, mit produktiven Leuten an einem Tisch zu sitzen als mit Trotteln. Wenn auch Sie ihren Teil beisteuern, ist es möglich, Gewinn zu machen. Sie müssen immer noch lernen, wie man spielt oder handelt, oder sich andere Fähigkeiten aneignen, passend zu den von Ihnen gewählten Risiken. Selbst in einer guten Nische müssen Sie Ihr Geld gewinnen, ein Pokerspiel und einen Handel nach dem anderen. Sie bekommen nichts geschenkt – zumindest nicht auf meinem Gebiet. Mit einem Plan, wie Sie gegen starke Spieler gewinnen, sind Sie besser dran als mit der Strategie, sich auf das Finden von vielen Trotteln zu verlassen.

GEGNER

Ich wollte ein Pokerbuch schreiben, ohne das Wort Gegner zu benutzen. Im ersten Kapitel ist mir dies nicht gelungen. Aber ich werde es nicht oft benutzen und nur in Bezug auf andere Spiele oder spieltheoretischen Poker. Sie kämpfen nicht gegen einen Gegner beim Poker, sondern Sie spielen mit einer Runde von Leuten. Sie gewinnen nicht, indem Sie Gegner dominieren. Sie gewinnen, indem Sie eine profitable Strategienische finden, welche zu zerstören für niemanden von Interesse ist. Sie müssen diese Nische verteidigen, aber natürlich nicht zu jedem Preis.

Geben Sie mir neun Pokerneulinge von durchschnittlicher Begabung und in einer Stunde kann ich ihnen beibringen, wie sie den besten Pokerspieler der Welt – an einem Tisch mit den neun gegen ihn – schlagen können. Ich meine hier nicht durch Schummelei – es wird keine Kartentricks oder Täuschungen oder verdeckte Zeichen geben, sondern allein offenes Setzen. Möglicherweise ist es unmoralisch, wenn die Runde heimlich zusammenspielt, um einen bestimmten Spieler zu schlagen, statt dass jeder individuelle Spieler den eigenen kurzfristigen Profit zu maximieren versucht, aber eine solche Regel zu definieren oder gar zu erzwingen, wäre unmöglich. Es ist sogar so: wenn Sie alle anderen Spieler als Gegner behandeln, werden Sie die Runde dazu ermutigen, sich so zu organisieren, wie ich es meine Champion-Stürzer lehren würde. Wahrscheinlich wären sie sich dessen nicht einmal bewusst, aber wenn sie etwas taugen, wird sich das ganz spontan entwickeln.

Dies mag wie ein Widerspruch zu David Sklanskys berühmtem *Fundamental Theorem of Poker* erscheinen:

Jedes Mal wenn Sie eine Hand anders spielen, als Sie es getan hätten, wenn Sie alle Karten Ihrer Gegner gekannt hätten, gewinnen diese; und jedes Mal, wenn Sie Ihre Hand genauso spielen, wie Sie es getan hätten, wenn Sie alle Karten Ihrer Gegner gesehen hätten, verlieren diese. Umgekehrt: Jedes Mal, wenn Gegner ihre Hände anders spielen, als sie es getan hätten, wenn sie alle Ihre Karten gesehen hätten, gewinnen sie; und jedes Mal, wenn Ihre Gegner ihre Hände genauso spielen, wie sie es getan hätten, wenn sie alle ihre Karten gesehen hätten, verlieren sie.

Allerdings sind diese zwei Aussagen komplementär und stehen nicht miteinander im Konflikt (obwohl ich es vorziehen würde, „andere Spieler" anstelle von „Gegner" zu benutzen). Der Fehler entsteht durch die Interpretation des Grundsatzes in der Form, dass langfristiger Erfolg entweder davon abhängt, dass Sie Ihre Gegner verlieren lassen oder dass Sie in jeder Spielrunde gewinnen. Sie sollten im Gesamten gewinnen, die anderen zwei Ziele sind irrelevant.

Um diesen Unterschied zu illustrieren, stellen Sie sich vor, dass jemand einen ähnlichen Grundsatz für den Verkauf formuliert: „Jedes Mal, wenn Sie für Ihr Produkt weniger verlangen, als Ihre Kunden bereit sind zu zahlen, gewinnen die Kunden; und jedes Mal, wenn Sie einen profitablen Verkauf verhindern, weil Sie den Preis zu hoch angesetzt haben, verlieren Sie."

KAPITEL 1: DIE KUNST DES UNBESTIMMTEN RISIKOS

Dies ist wahr und für eine disziplinierte Preispolitik unbedingt im Gedächtnis zu behalten. Ein Fehler jedoch wäre die Schlussfolgerung, dass Ihre Kunden nichts hinzugewinnen sollten oder die beste Strategie bedeute, selbst keine Verluste zu machen. Tatsächlich werden Sie Gewinn machen, wenn Ihre Kunden Gewinn machen, und die beste Strategie nimmt eine optimale Menge an Verlusten in Kauf, die größer als null ist (jedenfalls gewöhnlicherweise, in manchen Fällen ist es das günstigste Vorgehen, Ihr Produkt zu verschenken). Wenn Sie sich nicht diszipliniert an Ihre Preiskalkulation halten, verlieren Sie, wenn Sie jedoch Ihre Kunden wie Gegner behandeln, verlieren Sie mit ebensolcher Sicherheit.

Man könnte dagegenhalten, dass Poker ein Nullsummenspiel ist – wenn Sie gewinnen, müssen andere Spieler verlieren. Aber dies trifft genauso bei einem Verkauf zu, wenn Sie nur eine einzige Transaktion betrachten. Jeden zusätzlichen Dollar, den ein Käufer spart, bedeutet einen Verlust für den Verkäufer und umgekehrt. Aber wir sind uns alle bewusst, dass die Transaktion nur einen kleinen Teil eines größeren Netzes wirtschaftlicher Aktivitäten ausmacht. Von dieser Warte aus gesehen kann und sollte eine Transaktion in der Tat für beide Parteien profitabel sein.

Um beim Poker erfolgreich zu sein, müssen Sie auch den größeren Zusammenhang betrachten. Wie in der Geschäftswelt ist es notwendig, jeden Penny aus jeder Transaktion wertzuschätzen, aber Sie können auch nicht auf das alte Sprichwort vertrauen: „Watch the pennies and the pounds will take care of themselves."[4] Es stimmt, dass sich in jeder Pokerrunde mit einer festen Spielergruppe die Gewinne und Verluste auf null addieren (wenn Sie das Haus, falls es eine Zeit- oder Tischgebühr erhebt, auch als einen Spieler zählen). Betrachten Sie alle Pokerspiele als ein gigantisches Netzwerk, wie J.J.R. Tolkiens „ein Weg" (aus der Trilogie „Der Herr der Ringe"):

> *Er sagte oft, es gebe nur einen Weg; er sei wie ein großer Fluß: seine Quellen seien an jeder Türschwelle, und jeder Pfad sei sein Nebenfluß. Es ist eine gefährliche Sache, Frodo, aus deiner Tür hinauszugehen, pflegte er zu sagen. Du betrittst die Straße, und wenn du nicht auf deine Füße aufpaßt, kann man nicht wissen, wohin sie dich tragen. Bist du dir klar, daß eben dies der Pfad ist, der durch Düsterwald führt, und daß er dich, wenn du es zuläßt, bis zum Einsamen Berg oder noch weiter und zu schlimmeren Orten bringt?*
> (Band 1, Kapitel 3)

Wir können an eine Million Spieler denken, die ein niemals endendes Spiel spielen. Wenn jemand führt, steigt er aus und gibt das Geld aus. Wenn er hinterherhinkt, bleibt er und spielt weiter. Zumindest in der Theorie kann jeder Spieler hinzugewinnen. In einem größeren wirtschaftlichen Kontext betrachtet, kann ein Pokerspiel Geld genauso erzeugen wie eine Bank. Dies ist die Alchemie des Finanzwesens, um eine Phrase von George Soros zu stehlen.

Leider sieht die Wirklichkeit nicht ganz so rosig aus. Nicht jeder Pokerspieler gewinnt hinzu – die große Mehrheit verliert, zumindest unter dem Strich.

---
4 Behalte die Pennies im Auge und die Pfunde kommen von selbst.

Nichtsdestotrotz: Ihr Weg zum Erfolg kann nicht zum Ziel haben, jedem Spieler, dem sie am Spieltisch begegnen, maximale Verluste zuzufügen, genauso wenig wie Preistreiberei einen geschickten Geschäftsbetrieb ausmacht. Ihr Ziel kann es ebenfalls nicht sein, jegliche Verluste zu verhindern. Verluste zu verhindern ist einfach: Spielen Sie nicht. Wenn Sie spielen, spielen Sie, um zu gewinnen, nicht um nicht zu verlieren.

Dies sind die zwei Grundlagen jedes risikoreichen Handelns. Einerseits müssen Sie jede Möglichkeit für Gewinn und Verlust bewusst im Auge behalten und keine Gelegenheit durch Schludrigkeit verpassen. Andererseits sollten Sie auch immer mit einem größeren strategischen Weitblick handeln. Wenn Sie stattdessen alle anderen Leute wie Gegner behandeln, werden Sie sie nur dazu ermutigen, es Ihnen gleichzutun.

Eine beträchtliche Menge der Pokertheorien sind abgeleitet von einem Zwei-Spieler-, Einzel-, Hand- oder einem Nullsummenmodell. Ich denke, dass die meisten interessanten Aspekte des Pokers erst auf einer höheren Ebene sichtbar werden – wenn man den Blick auf die gesamte Runde richtet. Mein Hintergrund in diesem Bereich stammt eher von privaten Spielen hoher Qualität denn von Tournieren oder Online- und kommerziellem Poker. In privaten Spielen können Sie längerfristig beobachten, weil nicht ständig Spieler kommen und gehen. Sie wissen ungefähr, wie lange ein Spiel dauern wird und Sie müssen keine Angst haben, dass kurzfristige Gewinner die Runde verlassen. Andererseits können Sie auch nicht darauf zählen, dass Leute drei Tage dabei bleiben und Sie die Chance auf eine Revanche bekommen.

Ein beschränkter Fokus auf einzelne Blätter führt zu Random-Walk-Ergebnissen mit extrem hohen Abweichungen. Selbst die besten Spieler, die diesen Ansatz verfolgen, müssen massive Gewinnschwankungen in Kauf nehmen, und das obwohl sie tausende Stunden Poker pro Jahr spielen. Um bei einer gemäßigteren Geschwindigkeit mit nur 200 bis 300 Stunden pro Jahr beständig auf der Gewinnerseite zu stehen, ist natürlich ein wesentlich vorsichtigeres Management gefragt.

Dies bedeutet nicht, dass ich Recht habe und andere Autoren Unrecht. Es bedeutet nur, dass wir über unterschiedliche Pokerarten sprechen. Allerdings ist dieses Buch auch dann für Sie wertvoll, wenn Sie diesen anderen Formen des Pokers nachgehen. Es bietet Ihnen Rat von anderen Gesichtspunkten aus an, welcher ihr Denken über Ihr Handeln erweitern kann. Wenn Sie das Spiel von einem anderen Blickwinkel aus betrachten können als dem bereits im Spiel aller anderen verfestigten, können sich Ihnen neue Wege zum Gewinn eröffnen.

TEXAS HOLD 'EM UND DIE ASSE

Ich möchte Ihnen ein spezifisches Beispiel dessen geben, was ich meine, denn die Intention dieses Buchs ist es, praktische Hilfe anzubieten und nicht vage Allgemeinplätze zu nennen. Das Beispiel erfordert ein wenig Wissen über Poker, so wie es in Kapitel Zwei gegeben wird. Sie können das Beispiel auch überspringen und mir vertrauen, aber dies ist nicht im Sinne eines Pokerbuchs.

KAPITEL 1: DIE KUNST DES UNBESTIMMTEN RISIKOS

Bei Texas Hold 'Em gibt es drei Startblätter, mit denen die Leute in der Regel weiterspielen: Blätter mit Assen, Blätter mit zwei hohen Karten und Blätter mit einer Kombination (entweder Paare oder so genannte Suited Connectors – das sind Karten derselben Farbe, die im Wert unmittelbar nebeneinanderliegen). Diese Blätter überschneiden sich: Ein Blatt aus Ass und Dame zum Beispiel würde sowohl wegen des Asses gespielt werden als auch wegen der zwei hohen Karten. Ein Blatt mit Herz-König und Herz-Dame entspricht zwei hohen Karten, gleichzeitig hat man es mit Suited Connectors zu tun. Aus meiner Erfahrung lässt sich sagen, dass nach vielen verschiedenen Spielen in einem groben Durchschnitt ein Spieler, der den Flop[5] sieht, eine ungefähr 40-prozentige Chance auf eines der drei Blätter hat. Aufgrund der Überschneidungen addiert sich diese auf mehr als 100 Prozent.

Die wichtigsten Zahlen, um Hold 'Em Strategien festzulegen, sind Prozentangaben, welche für die ganze Runde und nicht nur für individuelle Spieler gelten. Ich habe nie ein Hold 'Em Spiel gesehen, nicht einmal mit den professionellsten Spielern, in welchem keines dieser Blätter geschlagen wurde, so dass es sich fast nie gelohnt hat, sie zu spielen. Welche Blätter Sie nicht spielen sollten, lässt sich einfacher festlegen und ist beständiger, als zu sagen, wie locker oder angespannt ein individueller Gegner ist, oder ob er gerne ein Middle Pair[6] spielt. Pro Stunde bekommen Sie vielleicht zwei bis drei Blätter eines einzigen Gegners zu sehen. Selbst mit einigen Schlussfolgerungen, je nachdem wie oft er mitgeht und bei welcher Art Flops er passt, dauert es lange, brauchbare Informationen zu sammeln – und wenn er etwas taugt, wird er regelmäßig sein Verhalten ändern und irreführend spielen. Werte über die Häufigkeit von Ass gegen hohe Karte gegen Kombinationen in der gesamten Runde kommen nach fast jedem Spieldurchgang ans Tageslicht, und niemand wird versuchen, sich davon in die Irre führen zu lassen.

Warum ist dies so wichtig? Wenn es zwei Blätter mit Assen gibt, besteht offensichtlich eine Wahrscheinlichkeit von 100 Prozent, dass sie eine Karte desselben Rangs teilen. Wenn es zwei Blätter gibt mit zwei unterschiedlichen Karten, die beide bei einem Wert von zehn oder höher liegen, besteht eine Chance von 62 Prozent, dass sie eine Karte desselben Rangs teilen. Wenn zwei Blätter Paare oder Suited Connectors aufweisen, besteht nur eine sieben-prozentige Wahrscheinlichkeit, dass sie eine Karte desselben Rangs teilen, und wenn beide jeweils zwei gleichfarbige Karten auf ihrer Hand haben, besteht nur eine Chance von 19 Prozent, dass es dieselbe Farbe ist.

Jedes Mal, wenn Sie in einer Runde sind, in der zwei andere Spieler gleiche Karten auf der Hand halten, haben Sie zwei Vorteile. Denn jeder der beiden ist im Besitz einer Karte, die das Blatt des anderen verbessern würde, daher haben sie beide eine geringere Chance auf eine Verbesserung. Wichtiger noch, es ist

---

5 Flop: Bezeichnet die zweite Einsatzrunde dieser Pokervariante, in der die ersten drei Community Cards (Gemeinschaftskarten) bereits aufgedeckt sind.

6 Middle Pair: So wird es bezeichnet, wenn ein Spieler aus seinen Startkarten und der zweithöchsten Karte des Flop ein Paar bilden kann.

wahrscheinlich, dass entweder beide oder keiner von beiden Sie schlagen wird. Wenn beide Sie schlagen, kostet es Sie nicht mehr, als wenn nur einer Sie schlägt. Wenn jedoch keiner der beiden Sie schlägt, kassieren Sie doppelt so viel, wie Sie riskiert haben. Umgekehrt möchten Sie nicht in einem Multiway-Pot[7] sein und Karten mit anderen Spielern teilen (wenn nur noch zwei Spieler übrig sind, macht es keinen Unterschied mehr). Dieser Faktor – ob Sie dieselben Karten mit einem anderen Spieler oder ob andere Spieler Karten miteinander gemeinsam haben – übertrifft die meisten anderen Gesichtspunkte, die den Unterschied zweier Blätter ausmachen. Wenn die anderen Spieler auf dieselbe Karte hoffen, sollten Sie besser irgendein anderes spielbares Blatt haben. Wenn Sie selbst auf dieselbe Karte hoffen wie ein anderer Spieler, sollten Sie lieber nicht mehr im Spiel sein.

Nehmen Sie nun an, Sie würden feststellen, dass in der Runde viel zu viele Blätter mit hohen Karten, Suited Connectors und Paaren gespielt werden und Blätter mit Assen unberücksichtigt bleiben. Dann sollten Sie natürlich all Ihre Ass-Blätter und die besten Blätter, die sich von den in der Runde bevorzugten unterscheiden, spielen (Sie sollten auch Kombinationen vorziehen, bei welchen die Wahrscheinlichkeit einer Überschneidung mit Blättern, die auf hohe Karten setzen, möglichst gering ist). Die Pokertheorie konzentriert sich größtenteils auf andere einzelne Spieler und wird Ihnen raten, nur mit einem Ass gegen Mitspieler anzutreten, die nur zu selten Asse spielen. Denken Sie stattdessen aber daran, was passiert, wenn Sie jedes Blatt so spielen würden, als sei es unmöglich, dass ein anderer Spieler ein Ass auf der Hand hat. Wenn jemand in einem Multiway-Pot ein Ass gegen Sie hält, wird er Geld verlieren. Sie werden auch Geld verlieren. Wenn sie Ihre Nische kräftig verteidigen, können Sie zum ausgewiesenen Ass-Spieler werden. Andere Spieler werden vernünftigerweise ihre Asse gegen Sie einpacken und Sie in einer profitablen Nische allein lassen (wenn Sie ausgestiegen sind, hat es Sie nicht zu kümmern, was die anderen tun). Wenn jeder weiß, dass Sie nur Asse spielen, wird niemand ein Ass gegen Sie halten wollen, wenn noch andere im Spiel sind. Die Runde im Gesamten wäre besser dran, wenn Sie jemand herausfordern würde, aber kein einzelner Spieler würde dies tun.

Okay, ich gebe zu, ganz so einfach ist es nicht, beim Poker zu gewinnen. Diese Strategie wirft Probleme auf – zum Beispiel sind Sie zu leicht zu durchschauen. Oder Sie könnten viel Geld verlieren, während Sie um die Nische als Ass-Spieler kämpfen, so dass es sich letztendlich nicht bezahlt machen würde, oder Sie könnten viel Geld zahlen und die Nische trotzdem verlieren. Sie könnten Gegner dazu ermuntern, auf eine Kombination aus Ass und König oder Folgen mit Assen zu warten. Ich meine nicht, dass Sie im Texas Hold 'Em nur Blätter mit Assen spielen sollten. Ich möchte Ihnen bewusst machen, dass das Spiel nicht einfach eine Aneinanderreihung voneinander unabhängiger Blätter ist, wie die Drehungen eines Roulette-Rads, sondern vielmehr eine Session, in welcher es Sinn ergibt, frühzeitig Geld zu investieren, um eine günstige Position zu ergattern. Eine Po-

---

7 Multiway-Pot: Zu dem Zeitpunkt, wenn der Flop aufgedeckt ist, sind noch mehr als drei Leute im Spiel.

ker-Session ist keine Aufeinanderfolge unabhängiger Schlachten gegen einzelne Gegner. Erfolg setzt voraus, eine profitable Nische in einer Runde zu finden, die anzufechten für die anderen Spieler uninteressant ist, und diese zu verteidigen.

Ich werde mehr über den Wald als über die Bäume reden, aber Sie müssen auch die Bäume kennen. Sie müssen weiterhin jedes Blatt und jeden anderen Spieler einzeln angehen. Aber es gibt eine Ebene über dem Wald, die Sie das Ökosystem nennen können. Beim Poker auf der Gewinnerseite zu sein erfordert das Wissen, aus welchen Gründen andere Leute am Tisch sitzen und warum Sie selbst dort sind. Wenn Sie Random-Walk-Poker ohne unrealistisch große Haufen Geld oder mit trivialen Einsätzen spielen wollen, müssen Sie die Kreditstruktur der Pokerwelt verstehen. Wenn Sie planen, einen beträchtlichen Teil Ihres Lebens dem Spiel zu widmen, zeitlich oder finanziell gesehen, habe ich Ihnen einige wichtige Dinge zu sagen über Geschichte und Ausrichtung des Spiels als eine Finanzinstitution.

WAHRHEIT

In diesem Buch werde ich Ihnen ein paar Geschichten erzählen. Ich glaube, dass sie alle der Wahrheit entsprechen. Wenn die Namen der Personen etwas zur Sache tun, benutze ich die vollen Namen wie Bill Gates oder Bob Feduniak. Wenn nicht, nenne ich nur die Vornamen wie Robert oder Brian. In einigen Fällen benutze ich Spitznamen wie Dixie oder Slick, wenn die betreffende Person durch eine private Geschichte peinlich berührt sein könnte. Verwirrung könnte höchstens bei Leuten wie The Arm oder Crazy Mike aufkommen – reale Personen, die ich nur unter ihrem Spitzamen kennenlernte. Ich werde diese Gegebenheiten im Text näher erläutern.

Dieses Buch dreht sich um das, was ich heute denke, nicht um das, was ich in der Vergangenheit dachte. Ich erzähle Geschichten, um meine Standpunkte zu veranschaulichen. Ich habe sie weder erfunden noch bewusst umgearbeitet, aber habe sie auch nicht überprüft, indem ich nach schriftlichen Aufzeichnungen gesucht oder weitere Beteiligte nach ihren Erinnerungen befragt hätte. Da die Erinnerung trügerisch ist, mag ich Fakten vertauscht oder Chronologien verdreht haben. Dies macht kaum einen Unterschied, weil das, was ich erinnere, mein gegenwärtiges Denken prägt und nicht das, was wirklich passierte.

Pokerbücher enthalten Geschichten über Blätter, gewöhnlich Straight Flushes, die Vierlinge schlagen, oder über einen einzelnen Spieler, der mit absolut nichts auf der Hand im Spiel bleibt. Beim Poker wechselt das meiste Geld den Besitzer, wenn beide Spieler ziemlich gute, aber keine großartigen Blätter haben – vielleicht Siebener oder Dreier, die ein Paar Asse schlagen oder ein Paar Buben, die gegen einen hohen König gewinnen. Aus irgendeinem Grund werden solche Blätter jedoch nur selten in Büchern erwähnt. Genauso wie schwierige Fälle schlechte Gesetze hervorbringen, so lehren statistisch außergewöhnliche Blätter schlechtes Poker. Wenn Sie Ihre Spielweise nach einem Beispiel optimieren, in dem ein Vierling gegen einen Straight Flush auftaucht, werden Sie sicher für den Rest Ihres Lebens in den meisten Spielen falsch gepolt sein.

Ein weiteres Problem ist, dass es so etwas wie ein interessantes Pokerblatt nicht gibt. Das Schauspiel entsteht erst im Kontext einer Spielrunde. Über einzelne Blätter zu reden ist wie ein Buch zu besprechen, indem man vier oder fünf der interessanten Worte, die darin benutzt werden, herauspickt. Amazon.com tut exakt dies mit seinen „statistically improbable phrases" und den „capitalzed phrases" – und Sie können selbst beurteilen, wie brauchbar dies ist. Schon die einfachste Pokerentscheidung wird unter Berücksichtigung von vergangenen und zukünftigen Blättern getroffen.

Dasselbe trifft auch auf das Handeln und Investieren zu. Ich werde oft von Leuten nach Aktien-Tipps gefragt, oder ob es sinnvoller ist, auf einen steigenden oder fallenden Dollar zu spekulieren. Wenn Sie so denken, haben Sie bereits verloren. Sie brauchen eine Strategie, und eine Handels- oder Investitionsentscheidung kann nur im Kontext dieser Strategie beurteilt werden.

Trotzdem kommt dieses Buch nicht daran vorbei, ein paar echte Pokerblätter und wirkliche Geschäfte zu besprechen. Die Frage ist, wie man dies bewerkstelligt, ohne irreführend zu werden. Wenn ich alle Erwägungen über ein einzelnes Blatt auflisten würde, wäre dies bereits ein Buch für sich. Ich müsste alles einfügen, was ich über alle am Tisch wüsste, alles, was meine Einschätzung über die Karten der Mitspieler beeinflusst, alle vergangenen Blätter und meine Gedanken über zukünftige Blätter. Aber dies könnte den Eindruck erwecken, ich hätte zwei Stunden herumgesessen und über Feinheiten gegrübelt, bevor ich ein wertloses Blatt aufgegeben habe. Nur selten mache ich eine formale Kalkulation oder wäge bewusst ab, nicht einmal für wenige Sekunden. Zwar kann ich im Nachhinein die Faktoren rekonstruieren, die meine Entscheidung beeinflusst haben, aber dies lässt die Sache organisierter und überlegter erscheinen, als sie ist. Wenn ich Sie fragen würde, wie Sie sich entschieden haben, die Kleidung zu tragen, die Sie in diesem Moment anhaben, fallen Ihnen wahrscheinlich ein Dutzend Dinge ein, die Ihre Entscheidung beeinflusst haben. Aber wahrscheinlich haben Sie vorher nicht viel Zeit investiert, sich all diese Aspekte bewusst zu machen.

Es gibt einen weiteren irreführenden Punkt bei dieser Art von Auflistung. Ich war in der High School Baseball-Schiedsrichter. Immer mal wieder kam es vor, dass ein Runner in Sicherheit war und ich ihn als sicher sah, ihn aber, wie ich mich so von oben betrachtete, als „out" ansagte. Dies waren die klarsten und eindeutigsten Ansagen, die ich gemacht habe. Obwohl mein Gehirn mir sagte: „Nein, du bist dazu verpflichtet, ihn als sicher anzusagen." Ich kann mein Verhalten erklären. Jeder einzelne Teil meines Bewusstseins sagt mir, dass er die Base rechtzeitig erreicht hatte, aber mein Körper signalisierte mir klar „out". Dasselbe habe ich sowohl beim Handeln als auch beim Poker gemacht. Ich weiß nie, warum ich handle, wie ich handle, und ich werde daran nur erinnert, wenn mein Handeln das exakte Gegenteil von dem ist, was mein Gehirn fordert. Anderenfalls ignoriere ich die Differenz, um den Schein aufrechtzuerhalten, ich hätte die Kontrolle über mein Leben.

Im Baseball kann ein Schiedsrichter niemals einen Schiedsspruch umändern. In der World Series würde man das vielleicht machen, wenn das Spiel an einem

Punkt ist, wo es wirklich zählt. Aber dessen bin ich mir nicht sicher, weil mir nie jemand angeboten hat, die World Series zu pfeifen. Aber in einem Amateurspiel würde das Ändern einer Entscheidung nur bedeuten, dass Leute jeder Ansage widersprächen und niemand mehr Freude haben würde. Einige Schiedsrichter gleichen eine Fehlentscheidung später wieder aus. Ich betrachte diese Fehlentscheidungen einfach als ein Zufallselement, wie wenn ein niedriger Ball verspringt.

Seltsam genug, dass ich noch nie Ärger wegen einer solchen Art von Entscheidungen bekommen habe. Wie offensichtlich auch immer der Fehler ist, die Autorität, die Ihr Körper ausstrahlt, wenn Sie Ihrem Gehirn den Gehorsam verweigern, schüchtert Leute ein. Auf einer tiefer liegenden Ebene realisieren Sie es wohl: Wenn mein Körper meinem Gehirn schon nicht gehorcht, welche Chance hätten sie, mich zu beeinflussen?

Im Poker und im Handel kann man eine Ansage nicht zurücknehmen. Man bezieht ihn einfach in die nächsten Kalkulationen mit ein und startet von diesem neuen Ausgangspunkt neu. Wenn Sie durcheinander sind, rezitieren Sie einfach drei Mal den Aphorismus aus James Joyces „Ulysses": „Ein Genie macht keine Fehler. Seine Irrtümer geschehen willentlich und sind die Pforten der Entdeckung." (Kapitel 9: Scylla und Charybdis) Wenn die Entscheidung zum Erfolg führt, war dies ein unkonventioneller Geniestreich. Wenn nicht, war es eine hinterhältige Irreführung, um die anderen Spieler zu verunsichern. Ein Fehler ist es nie.

Wenn ich Ihnen von einem einzelnen Pokerspiel erzähle, kann ich Ihnen folglich nicht vormachen, meine Überlegungen während dieses Spiels beschreiben zu können. Bestenfalls kann ich anhand der Erinnerung an wenige Sekunden des bewußten Nachdenkens ein Szenario rekonstruieren, welches mit den Fakten meiner Handlung übereinstimmt. Um es noch einmal zu sagen: Dies würde zwar meine Standpunkte veranschaulichen, aber es wäre irreführend, dies als exemplarisch für mein Denken im Verlauf eines Pokerspiels zu interpretieren. Ich weiß nicht, wie ich während eines Pokerspiels denke und wie meine Gedanken mein eigentliches Handeln beeinflussen.

Schließlich ist da noch der triviale Aspekt, dass ich mich nicht an jede Karte jedes meiner Blätter, die ich auf der Hand hatte, erinnern kann. Da es langweilig ist, wenn ich schreibe: „Ich hatte ein Middlepair, wahrscheinlich Sechsen bis Neunen, mit einer Karte, die nichts zur Sache tat, außer dass keine Möglichkeiten zum Straight Flush bestanden", werde ich einfach auf meine Weise fortfahren und schreiben: „Ich hatte eine Kreuz-Sieben, eine Karo-Sieben, einen Pik-König, eine Karo-Neun und eine Pik-Drei." Ähnlich vorgehen werde ich beim Handel.

Kapitel 2
Grundlagen des Pokerspiels

Ergibt es Sinn, wenn erwachsene Männer einen Ball auf einem Feld hin- und herkicken? Poker ist das einzig wahre Spiel für Erwachsene. Man steht jedoch mit dem eigenen Blatt allein gegen alle da, jeder spielt gegen jeden. Teamwork? Wer hat schon jemals ein Vermögen allein durch Teamwork gemacht? Es gibt nur einen Weg, ein Vermögen zu machen. Man muss seinen Gegner besiegen.

W. Somerset Maugham, "Cosmopolitans"

Poker umfasst verschiedene Spielvarianten, bei denen immer dieselben Rangfolgen der Blätter und dieselben Einsatzregeln gelten. Es kann schon zu zweit gespielt werden, im privaten Rahmen sind es meist sechs Personen. Bei professionellen Spielen liegt die Teilnehmerzahl üblicherweise bei neun bis zehn Spielern. In den vergangenen Jahren hat Online-Poker stark an Beliebtheit gewonnen.

Für Poker wird ein normales Kartenspiel mit 52 Karten benötigt, manche Varianten werden zusätzlich mit Joker gespielt. Es gibt vier *Farben* (Pik, Herz, Karo, Kreuz) und 13 verschiedene *Werte* (Ass, welches als hohe oder niedrige Karte genutzt werden kann, König, Dame, Bube, 10 bis 2). Im Gegensatz zu Bridge werden alle Farben gleich hoch bewertet. Zwei gleichwertige Blätter in unterschiedlichen Farben führen zu einem Unentschieden. Genauso unerheblich ist die Reihenfolge, in der man die Karten erhält, jeder Spieler kann seine Karten nach Belieben sortieren.

DIE BLÄTTER BEIM POKER

Bei Pokerspielen mit Joker wird das beste Blatt aus fünf gleichen Karten gebildet. Mit einem Joker als Wild Card[8] entspricht das beste Blatt fünf Assen.

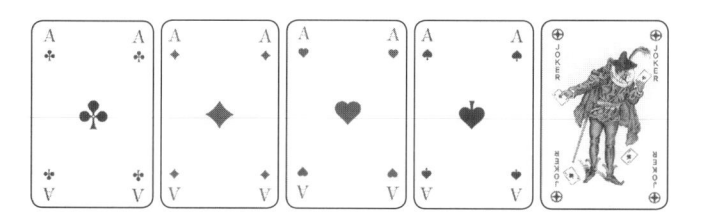

---

8 Wild Card: Karte, die mit unterschiedlichem Wert gespielt werden kann.

Kommt ein Joker als Wild Card und dreiundfünfzigste Karte zum Einsatz, und Unentschieden scheidet als Ergebnis aus, liegt die Wahrscheinlichkeit für fünf gleiche Karten bei 1:220.745. In vielen Pokerspielen fungiert der Joker nur eingeschränkt als Wild Card, er kann entweder als Ass eingesetzt werden, oder um eine Straße oder einen Flush zu komplettieren. Bei manchen Varianten sind statt des Jokers auch andere Karten als Wild Card erlaubt.

Das nächstbeste Blatt – und gleichzeitig das beste Blatt in einem Spiel ohne Wild Cards – ist der *Straight Flush*. Der Straight Flush setzt sich aus fünf Karten in Reihe und in derselben Farbe zusammen. Ein Beispiel:

Das Ass kann als höchste Karte gezählt werden, somit sieht der höchste Straight Flush (auch *Royal Flush*) wie folgt aus:

Bei den meisten Pokervarianten darf das Ass auch als niedrige Karte verwendet werden. Die folgende Kombination gilt in diesem Fall ebenso als Straight Flush:

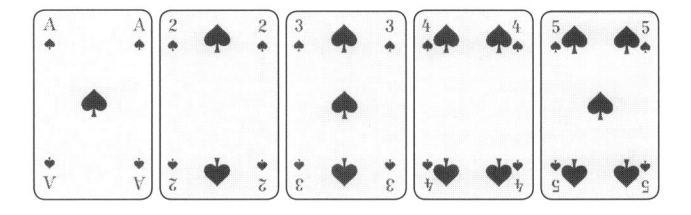

Diese Kombination ist der niedrigste Straight Flush, da das Ass als Low Card zum Einsatz kommt. Die Nutzung eines Asses sowohl als High als auch als Low Card in einem einzigen Blatt ist nicht gestattet. Ein solcher „Um-die-Ecke"-Straight Flush wird im herkömmlichen Poker nicht anerkannt. Es wird als Flush, nicht jedoch als Straight Flush gewertet.

KAPITEL 2: GRUNDLAGEN DES POKERSPIELS 41

Zwei Straight Flushes gleicher Höhe führen zu einem Unentschieden, da ja die Farbe keine Rolle spielt.

Ohne Wild Card und Unentschieden liegt die Chance auf einen Straight Flush bei 1:64.794. Die folgenden Wahrscheinlichkeitsangaben basieren auf den gleichen Bedingungen. Bei Pokervarianten mit sieben Karten, wie Seven-Card-Stud oder Texas Hold 'Em ist die Wahrscheinlichkeit für einen Straight Flush mehr als zwanzigmal so hoch und liegt bei 1:3.217.

Als Nächstes folgen im Rang *Four Of A Kind* (*Vierlinge, Quads*). Sollte diese Kombination mehrmals im gleichen Spiel auftreten, gewinnen die vier höheren Karten (Asse sind der Vierling mit dem höchsen Wert). So gewinnt also:

gegen:

Sollten zwei Spieler den gleichen Vierling besitzen, in Spielen mit Gemeinschaftskarten (Community Cards oder Board Cards) ist das möglich, gewinnt der Spieler mit der höheren Beikarte (auch *Kicker* genannt). Sind die Gemeinschaftskarten in einem Hold 'Em-Spiel folgende:

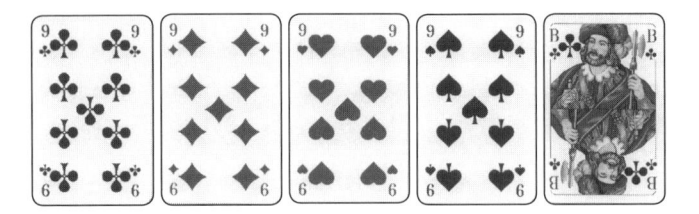

so schlägt Ihr Blatt:

meines:

Ihr bestmögliches Blatt aus fünf Karten sind vier Neuner, mit der Dame als Kicker. Meines dagegen sind vier Neuner, mit einem Buben als Kicker. Meine drei Buben spielen keine Rolle, da nur jeweils fünf Karten gezählt werden. Angenommen, Sie hielten folgende Karten auf der Hand:

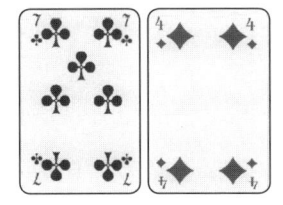

so würde dies ein Unentschieden bedeuten, da wir beide dann vier Neuner mit einem Buben als Kicker hätten. Die Wahrscheinlichkeit für einen Vierling in Spielen mit fünf Karten liegt bei 1:4.165, bei sieben Karten bei 1:595.

Nach dem Vierling steht in der Rangfolge das *Full House*. Diese Kartenkombination setzt sich aus einem Blatt mit drei und zwei jeweils gleichwertigen Karten

KAPITEL 2: GRUNDLAGEN DES POKERSPIELS 43

zusammen. Im Vergleich mehrerer Full-House-Blätter gewinnt immer das Blatt mit den höherwertigen drei gleichen Karten. Bei Gleichstand gewinnt wiederum das Blatt mit dem höherwertigen dazugehörigen Paar. Die Wahrscheinlichkeit für ein Full House liegt bei 1:694 in Spielen mit fünf Karten, beziehungsweise bei 1:39 in solchen mit sieben Karten.

Das nächstbeste Blatt ist der *Flush*, fünf Karten gleicher Farbe ohne bestimmte Reihenfolge. Der höchste Flush ist der mit der höchsten Karte am Ende der Reihe, bei gleichwertigen Karten zählt die nächsthöchste, und so weiter.

schlägt:

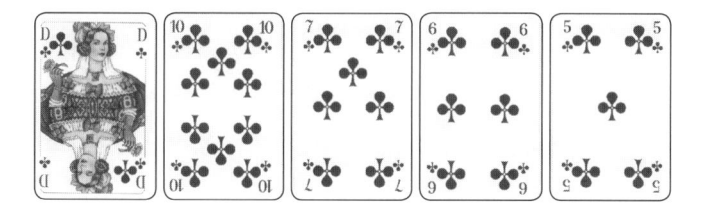

Statistisch gesehen ist bei Spielen mit fünf Karten eines aus 509 Blättern ein Flush, bei Spielen mit sieben Karten eines aus 133. Dem Flush folgt die *Straight* (*Straße*), fünf Karten in Reihenfolge unterschiedlicher Farben. Bei einem Unentschieden zwischen Straights kommen die gleichen Regeln zur Anwendung wie bei Straight Flushes. Die Wahrscheinlichkeit in Spielen mit fünf Karten liegt bei 1:255, mit sieben Karten beträgt sie 1:22.

Three Of A Kind (*Drillinge*) sind das nächstbeste Blatt. Diese werden auch Trips genannt (oder *Set*, wenn bei Stud-Poker oder Pokervarianten mit Gemeinschaftskarten mindestens eine der Karten zu den Hole Cards[9] gehört). Die höherwertigen drei gleichen Karten gewinnen. Bei Gleichstand wird zunächst der höchste Kicker berücksichtigt, dann der zweithöchste. Die Wahrscheinlichkeit, einen Drilling zu erhalten, liegt bei 1:47 in Spielen mit fünf Karten, oder bei 1:21, spielt man mit sieben Karten.

Als nächstbestes Blatt zählt *Two Pair* (*Zwei Paare*), das Blatt mit dem höchsten einzelnen Paar gewinnt. Sind die höchsten Paare jeweils identisch, gewinnt das Blatt mit dem nächsthöheren zweiten Paar. Die Wahrscheinlichkeit für ein Blatt mit zwei Paaren liegt bei 1:21, spielt man mit fünf Karten, oder bei 1:4,3 in Spielen mit sieben Karten.

One Pair (*Ein Paar*) steht als Nächstes in der Rangfolge. Das höchste Paar gewinnt, bei gleichen Paaren entscheiden die nächsten drei Karten als Kicker. Sowohl bei Pokervarianten mit fünf als auch in solchen mit sieben Karten ist die Wahrscheinlichkeit, ein Paar zu erhalten, ungefähr gleich, 1:2,4 bei 5 Karten und 1:2,3 bei 7 Karten.

---

9 Hole Cards: Die verdeckten Karten, die nur der jeweilige Spieler sieht.

KAPITEL 2: GRUNDLAGEN DES POKERSPIELS

Und dann gibt es noch das Blatt ohne Paar, Straight oder Flush. Es wird genauso wie ein Flush bewertet. Diese Kartenkombination erhält man bei Spielen mit fünf Karten mit einer Wahrscheinlichkeit von 50 Prozent, bei sieben Karten liegt die Wahrscheinlichkeit nur bei 1:5,7.

SETZEN (BETTING)

Poker wäre nicht Poker, wenn es nicht um Einsätze ginge, die für die Spieler einen gewissen Wert darstellen. Zum einen ist das Kartenspiel selbst zu schlicht, um auf Dauer interessant zu sein. Darüber hinaus macht das Setzen das Spiel erst komplett. Das ist eine der Gemeinsamkeiten zwischen Poker und den verschiedenen Geldanlagemöglichkeiten.

Man kann Bargeld setzen, meistens werden jedoch Chips verwendet. Herkömmliche Spielchips sind aus Plastik und meist in den Farben Weiß, Rot und Blau verfügbar. Die einzelnen Werte können den Einsätzen angepasst werden, üblicherweise richtet man sich nach folgendem Schema: Fünf weiße Chips entsprechen einem roten Chip, zwei rote Chips einem blauen Chip. Entweder fungiert ein Spieler als Bank (in der Regel der Gastgeber), oder jeder Spieler erhält vor dem Spiel einen festen Betrag in Chips. Nach dem Ende des Spiels können die Chips zurückgetauscht werden.

Kommerzielle Spielkasinos verfügen über eigene Chips, die in der Regel schwerer sind und außerdem Sicherheitsmerkmale aufweisen, um Fälschungen vorzubeugen. Die Chips sind von Kasino zu Kasino unterschiedlich, in der Regel findet man jedoch folgende Farben vor: Weiß oder Blau (1 Dollar), Rot (5 Dollar), Grün (25 Dollar), Schwarz (100 Dollar), Lila (500 Dollar) und Orange (1.000 Dollar). Limits werden über die Farbe der entsprechenden Chips angegeben.

Sehr wichtig beim Poker ist die Position am Tisch. Vorteilhaft ist es, wenn rechts ein guter oder vorsichtiger Spieler sitzt und links ein schwacher oder waghalsiger Spieler.

Oft setzen sich Spieler nur um, wenn ein Spieler den Tisch verlässt. Ernsthafte Spieler ändern jedoch oftmals die Sitzreihenfolge, hierzu erhält jeder Spieler eine Karte: Der Spieler mit der höchsten Karte wird zum Dealer, rechts von ihm nimmt der Spieler mit der zweithöchsten Karte Platz. Nach diesem System werden die Positionen am Tisch neu besetzt. Bei Gleichstand werden weitere Karten ausgeteilt. Üblicherweise kann jeder Spieler nach einer Stunde eine Neuverteilung der Sitzpositionen verlangen. In den meisten Kasinos kann der Spieler seinen Platz frei wählen – wer zuerst kommt, darf zuerst aussuchen. Verlässt ein Spieler den Tisch, dürfen die anderen Mitspieler vor den Neueinsteigern ihre Plätze wählen. Bei Turnieren werden sie nach dem Zufallsprinzip vergeben.

Einige kommerzielle Spielkasinos (in Las Vegas oder Atlantic City und gleichsam Kartenspielräume in Nordkalifornien) stellen vom Haus einen Dealer, der nicht am Spiel teilnimmt. Kleinere Kartenspielräume (oder auch andere in Südkalifornien) lassen die Spieler selbst Karten dealen. In jedem Fall wird einem Spieler die Dealer-Position zugewiesen, um die Reihenfolge festzulegen. Dieser Spieler kann durch den sogenannten Button identifiziert werden, einem kleinen Chip, der allein diesem Zweck dient. Die Dealer-Position wird auch als „on the button" bezeichnet. Der Button wandert nach jedem abgeschlossenen Spiel nach links.

Die ersten Einsätze werden gemacht, bevor Karten verteilt werden, oder zumindest bevor die Spieler ihre Karten angesehen haben. Es gibt viele Variationen dieses Systems, einen Pot anzulegen, noch bevor die Spieler ihre Karten kennen. Bei den meisten Amateur-Spielen legt jeder Spieler einen weißen Chip in den Pot. Dieser Mindesteinsatz, den man leisten muss, um überhaupt am Spiel teilzunehmen, wird Ante genannt. Bei professionellen Spielen sind es stattdessen üblicherweise zwei *Blinds*. Der Spieler links neben dem Dealer stellt das *Small Blind*, dessen Höhe der Hälfte des Erhöhungs-Limits in der ersten Runde entspricht (bei Limit-Spielen). Der Spieler links neben diesem stellt den doppelten Einsatz, das sogenannte *Big Blind*. Die Anzahl und Höhe der Blinds und Einsätze kann variieren. Bei einigen Spielen können bereits vor dem Verteilen der Karten kompliziertere Einsätze gemacht werden, wie die sogenannten *Straddles* und *Kills*.

Im Gegensatz zu einem Ante stellt ein Blind bereits einen Einsatz dar, der unterschiedlich hoch ausfallen kann. Der Spieler links von den Blinds kann, wenn er seine Karten angeschaut hat, entweder mindestens das Big Blind setzen (*mitgehen* oder *callen*), erhöhen (*raisen*), oder passen (*folden*), was keinen weiteren Einsatz erfordert und somit das Blatt aus dem Spiel ist. In einem Ante-Spiel ohne Blinds kann der Spieler links vom Dealer *checken* (schieben) und trotzdem weiter am Spiel teilnehmen, da in dieser Runde bis zu diesem Zeitpunkt keine Einsätze außer den Mindesteinsätzen gemacht wurden. In einem Ante-Spiel beginnt der Spieler zur Linken des Dealers mit dem Setzen. Er kann entweder checken oder setzen. In einem Spiel mit Blinds beginnt der Spieler links neben dem letzten Blind, entweder mit einem Einsatz[10], oder er passt. Bei beiden Spielvarianten beginnt in den folgenden Runden der Spieler zur Linken des Dealers mit dem Setzen. Eine Ausnahme sind Spiele, bei denen die Reihenfolge der Einsätze durch Kartenziehen festgelegt wird.

LIMITS

Heutzutage gelten bei fast allen Pokerspielen Limits für den Einsatz. Am meisten verbreitet ist das *Fixed-Limit-Spiel*. Alle Einsätze und Erhöhungen sind auf einen bestimmten Betrag festgelegt, dieser verdoppelt sich üblicherweise in späteren Runden. Ein typisches Limit-Spiel ist zum Beispiel 100$/200$ Hold 'Em, das Small Blind beträgt hier 50 Dollar, das Big Blind 100 Dollar. Jeder Spieler, der das Big Blind setzt, muss 100 Dollar aufbringen. Wer erhöhen möchte, kann nur exakt 200 Dollar einsetzen – 100 Dollar für das Big Blind und 100 Dollar um zu erhöhen, nicht mehr und nicht weniger. Will ein anderer Spieler diesen Einsatz wiederum erhöhen, kann der Einsatz nur genau 300 Dollar betragen – 200 Dollar, um mitzugehen und 100 Dollar, um zu erhöhen, nicht mehr, nicht weniger.

---

10 Wenn ein Einsatz gemacht ist, bezeichnet man es auch als *Bet*.

KAPITEL 2: GRUNDLAGEN DES POKERSPIELS

In den letzten beiden Runden liegt der vorgeschriebene Wert für jeden Einsatz und jede Erhöhung bei 200 Dollar.

Andere Spielarten werden mit *Spread Limit* gespielt, hier kann jeder Spieler beliebig setzen oder erhöhen, solange der Betrag das festgelegte Limit nicht übersteigt. Bei manchen Pokervarianten ist die erlaubte Anzahl der Erhöhungen pro Runde auf drei oder vier begrenzt. Diese Regel wird üblicherweise ungültig, sobald nur noch zwei Spieler im Spiel sind, manchmal auch in der letzten Runde, in der gesetzt wird.

Eine weitere Variante ist das Spiel mit einem *Pot Limit*. Hier kann um maximal den Betrag erhöht werden, der sich im Pot befindet (inklusive des Betrags, der für einen Call[11] aufgebracht werden muss). Bei *Table Stakes* kann jeweils um die Summe erhöht werden, die der einzelne Spieler an Chips besitzt (bei dieser Variante darf man während eines Spiels keine Veränderungen an dem eigenen Chip-Guthaben vornehmen). Table Stakes wird inzwischen auch oft als *No Limit* bezeichnet – bei einem No-Limit-Spiel im eigentlichen Sinne darf der Spieler allerdings um jeden beliebigen Betrag erhöhen, solange er diesen innerhalb von 24 Stunden in bar auftreiben kann.

Erhöht wird immer von rechts nach links. Der Spieler, der an der Reihe ist, verfügt über folgende Optionen: Er kann mitgehen, indem er die Summe aller vorangegangenen Einsätze und Erhöhungen aufbringt. Er kann erhöhen, indem er diese Summe aufbringt und noch weiter erhöht. Ebenso kann er passen. Das Setzen endet zu dem Zeitpunkt, wenn alle, die noch im Spiel sind, den Einsatz oder die Erhöhung eines Spielers gezahlt haben oder ausgestiegen sind. Es ist nicht erlaubt, die eigene Erhöhung noch einmal selbst zu erhöhen (eine Ausnahme stellt das letzte Blind dar, dieser Spieler kann immer noch erhöhen, nachdem alle anderen Spieler mitgegangen sind oder gepasst haben). Am Ende der Runde hat jeder im Spiel verbleibende Teilnehmer den gleichen Betrag in den Pot eingezahlt. Sind die Antes nicht verschieden hoch, gilt das ebenso seit Beginn dieses Spiels.

Sobald sich Geld einmal im Pot befindet, wird es nicht mehr herausgenommen, dies darf nur der oder die Gewinner am Ende des Spiels. Einige Pokervarianten erlauben kein *Check-Raising* – so wird es genannt, wenn ein Spieler zu Beginn einer Setzrunde schiebt und erst erhöht, nachdem andere Spieler bereits ihre Einsätze gemacht haben. Check-Raising wird auch als *Sandbagging* bezeichnet. Auch in den Spielen, welche diese Vorgehensweise erlauben, sehen einige Spieler sie als unfreundlich an, ernsthafte Pokerspieler jedoch schätzen sie als wichtige Taktik.

Es kann vorkommen, dass ein Spieler mehr Geld aufbringen müsste, um mitzugehen, als er besitzt. Neuere Spielvarianten erlauben in solchen Fällen fast immer, *All-In* zu gehen. Dies bedeutet, der Betreffende setzt all seine verbliebenen Chips. Die Differenz zu der vorangegangenen Erhöhung, die er nicht mehr zu leisten in der Lage war, wird beiseite in einen extra Pot gegeben, den sogenannten Side Pot. Die restlichen Spieler können weiter erhöhen, wobei alle Erhöhungen, die über den Einsatz des All-In-Spielers hinausgehen, in den separaten Pot kommen.

---

11 Als Call wird es bezeichnet, wenn ein Spieler bei einem Einsatz mitgeht.

Am Ende der Runde werden die Karten aufgedeckt. Das beste Blatt gewinnt den Haupt-Pot. Der gesonderte Pot wird an den Spieler mit dem besten Blatt ausgezahlt, wobei die Karten des All-In-Spielers nicht mehr berücksichtigt werden. Beispielsweise kann Spieler A All-In gehen, während Spieler B und Spieler C noch weiter erhöhen. Schließlich passt Spieler C. Nachdem die Karten aufgedeckt sind, gewinnt Spieler A. In diesem Fall geht der Haupt-Pot an Spieler A, Spieler B erhält den Side Pot. Hat Spieler C ein besseres Blatt als Spieler A, könnte er Anspruch auf den Haupt-Pot erheben, da er alle Erhöhungen von Spieler A geleistet und die besseren Karten auf der Hand hat. Obwohl viele Pokerspieler dies als gerechtfertigt ansehen, geht nach den Pokerregeln der Pot an Spieler A. Sobald ein Spieler gepasst hat, kann er in dieser Runde keinen Anteil am Pot mehr erhalten.

SPIELMECHANISMEN

Bei nichtprofessionellen Spielen legen die Spieler ihre Chips oft eigenhändig in den Pot, wechseln Chips oder nehmen den Pot an sich, wenn sie gewonnen haben. Befindet sich aber ein offizieller Dealer am Tisch, legt jeder Spieler die Chips, um die er erhöhen will, vor seinem Stack[12] auf den Tisch, statt direkt in den Pot. Nach dem Erhöhen überprüft der Dealer den Betrag, wechselt bei Bedarf und legt die Chips von dort in den Pot. Nach einem abgeschlossenen Spiel erhält der Gewinner die Chips ebenfalls vom Dealer. Der Pot bleibt von den Spielern in jedem Falle unberührt.

Bei kommerziellen Pokerspielen gibt es üblicherweise Regeln, um String Betting zu verhindern – eine Vorgehensweise, bei welcher ein Spieler einige Chips in den für den Einsatz bestimmten Bereich legt, die Reaktionen der anderen Spieler abwartet und dann seinem Einsatz noch mehr Chips hinzufügt. Die Chips, die Sie kommentarlos in den dafür vorgesehenen Bereich legen, gelten als Bet. Sie erhalten keine Chips zurück, es sei denn, Sie callen mit einem einzelnen Chip, dessen Wert höher ist, als es der Call erfordert. Alle Ansagen sind verbindlich. Wenn Sie ankündigen: „Ich erhöhe um 100 Dollar", müssen Sie den Gegenwert des Calls und 100 Dollar zusätzlich in den Pot legen. Um String Betting bei mündlichen Ansagen zu verhindern, wertet der Dealer bei der Ansage: „Ich calle und erhöhe um 100 Dollar" nur den zuerst gemachten Call, und die angekündigte Erhöhung besitzt keine Gültigkeit. Diese Regeln werden entweder strikt eingehalten oder überhaupt nicht angewendet.

Eine andere Problemquelle für Amateurspieler in kommerziellen Kasinos kann die Tatsache sein, dass jeder selbst dafür verantworlich ist, sich nicht in die Karten schauen zu lassen. Legen Sie keinen Chip oder anderen Gegenstand auf Ihre Karten, darf der Dealer sie einsammeln, da er annehmen kann, Sie haben gepasst. Kommen die Karten eines anderen Spielers mit Ihren in Berührung, wird Ihr Blatt ungültig. Dies gilt auch, wenn es das beste Blatt der Runde ist. Sie sind ebenfalls aus dem Spiel, wenn der Dealer Ihre Karten nicht mehr im Blickfeld hat. Sie können Texas Hold 'Em Spieler dabei beobachten, wie sie die Hände schützend

---

12 Als Stack bezeichnet man alle Chips, die ein Spieler vor sich auf dem Tisch liegen hat.

KAPITEL 2: GRUNDLAGEN DES POKERSPIELS

über die Karten halten und nur die Ecken anheben. Die Karten dürfen den Bereich der gedachten Erweiterung der Tischkante nie verlassen, sonst werden sie gleichfalls ungültig. Es ist Ihnen also nicht erlaubt, sich zurückzulehnen und die eigenen Karten aufgefächert vor Ihr Gesicht zu halten.

Bei professionellen Spielen ist die Geschwindigkeit höher als bei privaten Spielen. Haben die Spieler nach Zeit zu bezahlen, liegt das naturgemäß in ihrem Interesse. Wenn der Veranstalter jeweils einen Anteil des Pots einbehält, ist er wiederum an einer möglichst hohen Anzahl von Spielen interessiert. Selbst erfahrenen Spielern kann nur geraten werden, das Spiel erst einige Zeit zu beobachten, mit sehr niedrigen Einsätzen einzusteigen und den Dealer über die eventuelle eigene Unerfahrenheit mit professionellen Spielen zu informieren. Noch schneller wird beim Online-Poker gespielt, doch dort entfallen der Umgang mit echten Karten und Chips, und die Software verhindert die meisten unerlaubten Aktionen. Sie können auch mit Spielsimulatoren üben, bevor Sie echtes Geld riskieren. Viele Spieler nehmen an mehreren Online-Spielen gleichzeitig teil.

TIMING IST ENTSCHEIDEND

Die heute beliebteste Pokervariante ist *Texas Hold 'Em*. Aus fünf Gemeinschaftskarten (auch *Board* genannt) und den zwei verdeckt zugeteilten Karten wird das bestmögliche Blatt aus fünf Karten gebildet. Nur diese fünf Karten zählen. Bei einem Unentschieden bleiben die sechste und siebte Karte immer noch bedeutungslos, in solch einem Fall wird der Pot aufgeteilt (Split Pot).

Zu Beginn des Spiels erhält jeder Spieler zwei verdeckte Karten, die so genannten Pocket Cards oder Hole Cards. Eine Runde lang können nun Einsätze gemacht werden. Sind nach dieser Runde noch mindestens zwei Teilnehmer im Spiel, legt der Dealer eine Karte beiseite und deckt drei Karten auf. Falls vorher nur noch ein Teilnehmer im Spiel ist, hat dieser gewonnen und die Runde ist beendet. Mit dem Weglegen (Burning) der obenliegenden Karte wird verhindert, dass Spieler eine bestimmte Karte anhand von Verschmutzungen oder einem Knick erkennen können. Vor jedem Aufdeckvorgang wird deshalb die oberste Karte beiseitegelegt. Die ersten drei Karten werden als Flop bezeichnet und gleichzeitig aufgedeckt. Das gleichzeitige Aufdecken soll verhindern, dass ein Spieler aus der Reaktion eines Mitspielers auf eine einzelne Karte eine Information über dessen Blatt oder Strategie ableiten kann. Jede Reaktion, nicht nur der veränderte Gesichtsausdruck eines Spielers, kann Rückschlüsse auf seine Karten oder Strategie erlauben (der so genannte *Tell*).

Nach einer weiteren Runde Einsätze wird die vierte Karte aufgedeckt (Turn, auch Fourth Street), und wieder kann gesetzt werden. Als fünfte und letzte Karte wird schließlich der River aufgedeckt (auch Fifth Street). Es folgt eine letzte Runde, in der Einsätze gemacht werden. Sind am Ende noch mindestens zwei Teilnehmer im Spiel, deckt derjenige zuerst seine Karten auf, der zuletzt erhöht hat. Anschließend werden die Karten der anderen Spieler im Uhrzeigersinn aufgedeckt.

Die Karten sprechen üblicherweise für sich. Wenn Sie zum Beispiel eine Straße übersehen und ein Paar Buben ankündigen, zählt immer noch die Straße, die Sie auf der Hand haben und Sie gewinnen gegen Drillinge. Trotzdem ist es gut, sich des eigenen Blattes bewusst zu sein und es deutlich anzusagen, vor allem wenn kein professioneller Dealer das Spiel beaufsichtigt.

Diese letzte Spielphase wird auch *Showdown* genannt. Beim Showdown sind viele Spieler nachlässig und decken ihre Karten in keiner bestimmten Reihenfolge auf oder werfen sie beiseite, ohne sie zu zeigen (wenn ein besseres Blatt aufgedeckt wird). Bei nichtprofessionellen Spielen wird dies nur als Unachtsamkeit gewertet. In professionellen Etablissements wird solch ein Vorgehen geduldet, solange keiner der Mitspieler Einspruch erhebt. Einem Spieler ist es erlaubt, das eigene Blatt zu zeigen, auch wenn kein Showdown stattfindet, was von traditionellen Spielern mit Missbilligung betrachtet wird. Um Karten zu sehen, sollte ein Spieler eigentlich zahlen müssen. Ein grober Regelverstoß ist es, in die abgelegten Karten eines anderen Spielers zu schauen – dies könnte zur Folge haben, dass der Betreffende des Kasinos verwiesen oder bei einem Turnier disqualifiziert wird. Noch schlimmer ist es, die eigenen Karten während des Spiels aufzudecken oder überhaupt irgendeine Aussage zu treffen, die etwas über das eigene Blatt verrät. Sind nur noch zwei Spieler am Tisch, oder alle Spieler sind All-In (keine weiteren Bets sind möglich), gilt dies als Ausnahme und die eigenen Karten können aufgedeckt werden. Als weitere wichtige Regel gilt, dass jedes einzelne Spiel immer nur von einem Spieler bestritten wird, währenddessen darf man sich nicht von Dritten beraten lassen.

Texas Hold 'Em ist eine der am leichtesten zu erlernenden Pokervarianten, besonders für Strategiespieler. Auch für Zuschauer ist es die beste Variante, da man dem Spiel folgen kann, ohne die Karten der einzelnen Spieler zu kennen. (Meiner Meinung nach sind Pokerspiele, wie sie im Fernsehen gezeigt werden, bei denen man die Karten der einzelnen Spieler zu sehen bekommt, genauso langweilig wie aufgezeichnete Fußballspiele, bei denen man das Ergebnis bereits kennt – in beiden Fällen scheinen jedoch offensichtlich viele anderer Meinung zu sein.) Texas Hold 'Em ist eine der wenigen Pokervarianten, die sowohl mit niedrigen als auch mit hohen oder ohne Limits gut spielbar ist. Die Beliebtheit von Texas Hold 'Em lässt sich unter anderem auf die World Series of Poker zurückführen, die älteste und angesehenste jährlich stattfindende Meisterschaft.

DIE ANTWORT IST: „OMAHA"

Eine weitere beliebte Pokervariante ist *Omaha*. Es gelten die gleichen Regeln wie bei Texas Hold 'Em, nur dass an jeden Spieler vier Karten ausgegeben werden, von welchen am Ende genau zwei zur Bildung eines Blattes verwendet werden müssen. Als weitere Eigenheit wird oft High-Low gespielt, wobei der Pot zwischen den Spielern mit dem besten und dem schlechtesten Blatt aufgeteilt wird (bei einem Großteil der Omaha-Spiele muss das niedrige Blatt aus einer Acht oder schlech-

KAPITEL 2: GRUNDLAGEN DES POKERSPIELS 51

ter bestehen, Straight oder Flush werden allerdings nicht gewertet). Es gibt viele verschiedene Wege, wie bei High-Low-Spielen die Gewinner bestimmt werden. Bei Omaha-Spielen entscheiden normalerweise die Karten. Am Ende jedes Spiels müssen alle Spieler ihre Karten aufdecken. Das höchste Blatt gewinnt die eine Hälfte des Pots, das niedrigste Blatt bekommt die andere Hälfte. Ein Spieler kann auch den gesamten Pot gewinnen, indem er verschiedene Karten verwendet oder ein Wheel vorweisen kann:

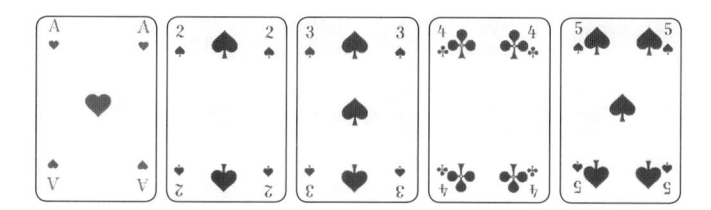

Dies ist zum einen das niedrigste mögliche Blatt und gleichzeitig eine Straße. Nehmen wir ein Beispiel für ein Omaha-Blatt, das sowohl High als auch Low gewinnt, je nachdem, welche Karten Sie benutzen. Auf Ihrer Hand befinden sich:

und:

liegen als Gemeinschaftskarten auf dem Tisch. Sie haben drei Könige für das hohe Blatt, und Acht, Fünf, Vier, Drei, Ass für das niedrige Blatt. Nur ein Paar Asse (für drei Asse) oder ein Bube und eine Zehn (für eine Straße) könnten Ihr hohes Blatt schlagen. Niedriger wären nur eine Vier und eine Zwei oder eine Fünf und eine Zwei.

Bei anderen High-Low-Spielen wird von Ihnen als Spieler eine Ansage verlangt, normalerweise nehmen Sie dafür zwei Chips unter den Tisch und halten ein oder zwei davon in der Faust über dem Tisch. Halten alle in der Runde verbliebenen Spieler ihre Faust über dem Tisch, werden die Fäuste geöffnet. Chips mit hohem Wert bedeuten, der Spieler spielt High, ein niedriger Chip zeigt dementsprechend Low an. Spielen Sie High und Low, zeigen Sie dies durch einen niedrigen und einen hohen Chip in der Faust an. Als alternative Methode zeigt man Low mit einer leeren Hand an, High mit einem Chip und High-Low mit zweien. In diesem Fall gilt: Wer High-Low spielt und beide Möglichkeiten verliert, scheidet aus. Der Pot wird dann so unter den restlichen Spielern verteilt, als haben Sie gepasst. Wenn alle Spieler High-Low spielen und keiner gewinnt High und Low gleichermaßen, wird der Pot unter allen Spielern aufgeteilt.

Diese Spiele können kompliziert werden. Sie müssen mutmaßen, ob andere auf High oder Low spekulieren. Mit etwas Glück können Sie die Hälfte des Pots gewinnen, ohne ein anderes Blatt zu schlagen. Oder Sie können das höchste Blatt der Runde haben und trotzdem verlieren, weil Sie nicht sicher sind und auf Low setzen und ein anderes Blatt am Tisch niedriger als Ihres ist.

STUD-POKER

Eine weitere beliebte Pokervariante heutzutage ist der *Stud-Poker*. *Five-Card-Stud* ist als älteste Stud-Variante bekannt und vielleicht das älteste Pokerspiel überhaupt. Bereits 1850 wurde Five-Card-Stud nach den bis heute gültigen Regeln gespielt, und der Name lässt sich bis zum Beginn des 19. Jahrhunderts zurückverfolgen (möglicherweise ist der Name älter als die Bezeichnung Poker). Beim Five-Card-Stud erhält jeder Spieler zunächst eine verdeckte, anschließend eine offene Karte. Nun folgt eine Setzrunde, worauf jeder Spieler eine weitere, offene Karte erhält. Dies wird wiederholt, bis alle verbleibenden Spieler fünf Karten auf der Hand halten (eine verdeckt, vier offen). Five-Card-Stud stellt hohe Ansprüche an das Gedächtnis, da früh Blätter von Spielern aufgedeckt werden, die passen und aus dem Spiel sind. Ob diese Karten wichtig gewesen sind, stellt sich erst im Verlauf des Spiels heraus.

In den meisten Fällen passen die Spieler, falls ihr Blatt nicht wenigstens jedes der Blätter aus den aufgedeckten Karten am Tisch schlagen kann. Dazu müsste der Spieler bei den ersten beiden Karten ein Paar oder eine einzelne Karte auf der Hand haben, die mindestens genauso hoch oder höher ist als alle offenen Karten am Tisch. Behalten Sie diese Regel sorgsam im Hinterkopf, können Sie nützliche Informationen über das wahrscheinliche Blatt der anderen Spieler erhalten und auch, wie Ihre eigenen Chancen stehen, sich zu verbessern.

Betrachten wir ein Beispiel. Stellen wir uns vor, Sie sitzen an einem Tisch mit zehn Spielern. Jeder setzt als Ante einen Chip, und die folgenden Karten werden ausgeteilt:

KAPITEL 2: GRUNDLAGEN DES POKERSPIELS 53

Ihre Karten:

Spieler 1:

Spieler 2:

Ihre Vier ist für die anderen Spieler natürlich nicht sichtbar. Sie setzen einen Chip, zwei andere Spieler gehen mit. Alle anderen steigen aus und decken niedrige Karten auf. Spieler 1 sollte ein Ass, einen König oder eine Sieben haben. Spieler 2 ein Ass, einen König oder eine Dame. Selbstverständlich können Sie sich dessen nicht sicher sein, doch diese Karten sind die naheliegendste Vermutung. In der nächsten Runde werden folgende Karten verteilt:

Für Sie:

Spieler 1:

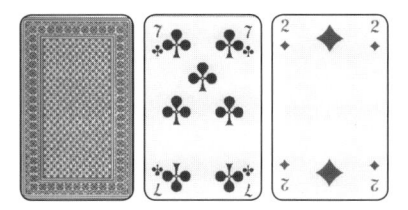

Spieler 2:

Sie setzen einen weiteren Chip, beide Spieler gehen mit. Alle erhalten eine weitere Karte und die Blätter sehen nun wie folgt aus:

Sie:

Spieler 1:

KAPITEL 2: GRUNDLAGEN DES POKERSPIELS 55

Spieler 2:

Spieler 1 setzt einen weiteren Chip. (Beim Stud-Poker beginnt mit dem Setzen üblicherweise der Spieler mit den besten offenliegenden Karten, beim Hold 'Em und Draw-Poker ist die Reihenfolge festgelegt und abhängig von der Position des Dealers. Bei manchen Varianten beginnt in der neuen Runde der Spieler, der zuletzt erhöht hat.) Spieler 2 steigt aus.

Wie stehen jetzt Ihre Gewinnchancen? Ihre letzte Karte müsste ein König sein, und selbst dann können Sie noch verlieren. 17 Karten sind bekannt, die zehn hier gezeigten (inklusive Ihrer eigenen Karten) und sieben aus der ersten Runde. Somit bleiben 35 unbekannte Karten. Sind drei davon Könige, ist Ihre Chance auf einen weiteren König 3:35, liegt also bei 8,57 Prozent. Bei 17 Chips im Pot und einem weiteren für den Call, brauchen Sie eine Gewinnchance von 1:18 oder 5,56 Prozent, damit der weitere Einsatz für den Call gerechtfertigt ist.

Trotzdem müssen Sie auch in Erwägung ziehen, welche Karte Spieler 2 gehabt haben könnte. Er könnte ein Ass, einen König oder eine Dame auf die Hand bekommen haben, wobei er dann nicht gegen ein Paar Damen oder Asse ausgestiegen wäre, die gegen zwei Siebener und einen weiteren Chip im Spiel sind. Somit hatte Spieler 2 vielleicht einen Ihrer Könige. Damit verringern sich Ihre Chancen auf ein Paar von 8,57 Prozent auf 5,71 Prozent. Das wäre beinahe schon Grund genug für Sie, zu passen, doch es wird noch schlimmer.

Bei den drei Karten, die Spieler 1 mit einiger Wahrscheinlichkeit auf der Hand haben könnte, wären Sie einer Sieben auf jeden Fall unterlegen, ein König würde Ihre Chance auf ein Paar auf 2,86 Prozent reduzieren. Die günstigste Karte wäre ein Ass, doch auch damit läge die Gewinnwahrscheinlichkeit für Spieler 1 bei 7:34, also bei 20,59 Prozent, wenn Sie doch noch Ihren König bekommen. (Denn sieben Karten – zwei Asse, zwei Siebener und drei Zweier – bleiben aus 34 Karten noch übrig, wenn Sie den König erhalten haben.) Ihre Gewinnchancen liegen nun entweder bei 0 Prozent, bei 2,86 Prozent oder bei 5,71 Prozent multipliziert mit (1-20,59) Prozent, also bei 4,54 Prozent. Auch wenn Sie eine oder beide Karten der gegnerischen Hand falsch eingeschätzt haben, ist ein Call kaum sinnvoll.

Nehmen wir an, jemand würde Sie mit einer geladenen Pistole dazu zwingen, trotzdem weiter zu spielen. Die beste Strategie wäre dann, zu erhöhen, um ein Paar Könige vorzutäuschen. (Spielen Sie besonders waghalsig, können Sie auch so tun, als hielten Sie Drillinge.)

Wer dieser Logik folgen kann und ein gutes Gedächtnis hat, wird die Schlussfolgerungen bei Five-Card-Stud banal finden. Berücksichtigt man allerdings, dass unschlagbare Karten sehr oft vorkommen, ist es nicht mehr ganz so einfach. Der Begriff Nuts oder Nut wird oft als Synonym für unschlagbare Karten verwendet, manchmal bezeichnet man aber auch nur sehr starke Blätter als Nuts, die keine absolute Gewinnsicherheit haben. Five-Card-Stud läßt sich nur ohne Limit gut spielen, daher sollten Sie um jeden Preis vermeiden, gegen ein unschlagbares Blatt zu spielen. Sobald es eine Karte gibt, die Ihrem Mitspieler mit Sicherheit zum Sieg gegen Sie verhelfen würde, kann er jeden beliebigen Betrag setzen und Sie werden wahrscheinlich aussteigen, selbst wenn dem anderen Spieler nur eine einzige bestimmte Karte hilft. Erinnern Sie sich allerdings an diese entscheidende Karte aus der ersten Runde, die zu einem sofortigen Fold geführt hat, können Sie den Spieß umdrehen. Sie müssen auch sehr wachsam sein und bemerken, wenn Sie selbst ein unschlagbares Blatt haben. Dies macht Five-Card-Stud für viele Glücksspieler uninteressant, führt jedoch zu direkten Blatt-gegen-Blatt-Konfrontationen, was für viele Spieler beim Poker die Hauptsache ist. Ein Abend Five-Card-Stud bedeutet stundenlange Eintönigkeit und routiniertes Nachdenken, nur gelegentlich steigt die Spannung auf ein hohes Niveau.

Seven-Card-Stud erlangte um 1900 allgemeine Beliebtheit. Bei diesem Spiel erhält jeder Spieler vor der ersten Wettrunde zwei verdeckte und eine offene Karte, im Verlauf des Spiels drei weitere, offene Karten. Nach jeder Karte folgt eine Wettrunde. Zum Schluss wird die siebte Karte verdeckt ausgeteilt, und eine letzte Wettrunde schließt sich an. Seven-Card-Stud wird oft High/Low gespielt, gelegentlich mit Wild Cards (die als beliebige Karte verwendet werden können). Manchmal werden die Regeln erweitert, ist die niedrigste Karte unter den Hole Cards ein Pik, kann dies beispielsweise zu einem Split Pot führen.

Seven-Card-Stud verlangt das höchste Maß an Pokergeschick und ist die wahrscheinlich am schwersten zu erlernende Pokervariante. Es erfordert ein höheres Gedächtnisvermögen als Five-Card-Stud, da mehr Karten aufgedeckt werden und die Schlussfolgerungen über Hole Cards weit komplexer sind. Unbesiegbare Blätter müssen immer berücksichtigt werden, auch wenn sie selten vorkommen. Der Spieler verfügt über viele strategische Optionen, die jedoch manchmal, je nach Blatt, ausgezählt und nach ihrer Gewinnwahrscheinlichkeit eingeschätzt werden können. Somit befindet sich Seven-Card-Stud als Strategiespiel im Bereich zwischen Texas Hold 'Em und Omaha. Es kann sowohl mit als auch ohne Limit gespielt werden und diese Entscheidung wirkt sich hier stärker auf den Spielverlauf aus als bei anderen Pokervarianten.

DRAW

Die zweite, wichtige Pokervariante ist das *Five-Card-Draw*. Es ist bei Amateurspielern sehr beliebt, wird aber auch gerne professionell gespielt, hauptsächlich in Kalifornien. Jeder Spieler erhält zunächst fünf verdeckte Karten, darauf folgt eine Wettrunde. Jeder im Spiel verbleibende Teilnehmer kann anschließend eini-

KAPITEL 2: GRUNDLAGEN DES POKERSPIELS

ge oder alle seiner Karten gegen neue tauschen. (Bei einigen Varianten ist die Anzahl auf maximal drei oder vier Karten beschränkt, professionelle Spieler würden allerdings ohnehin fast nie vier oder fünf Karten tauschen.) In der Regel geht man davon aus, dass ein Spieler, der mit dem Setzen beginnt, ein Blatt mit einem Paar Buben oder besser besitzt. Draw-Poker spielt sich am besten mit Limits, und oftmals kommen Wild Cards zum Einsatz.

Beim Draw-Poker ist die Anzahl der aufgenommenen Karten neben dem Bietverhalten die einzige Information, die Rückschlüsse über das Blatt der Mitspieler erlaubt. Mit einem Paar auf der Hand werden meistens drei Karten getauscht, manchmal behält man aber auch eine hohe Karte als Kicker und tauscht nur zwei Karten. Die Chance auf einen Drilling sinkt dadurch zwar, bekommt man allerdings zwei Paare, ist die Wahrscheinlichkeit auf ein hohes Doppelpaar recht groß. Vor allem kann man mit diesem Vorgehen seine Mitspieler verwirren, da sie annehmen werden, man habe einen Drilling.

Hält man einen Drilling auf der Hand, kann man entweder zwei Karten tauschen oder einen Kicker behalten und nur eine neue Karte ziehen. Solange keine zwei Wild Cards im Spiel sind, ergibt es keinen Sinn, einem hohen Kicker den Vorzug zu geben – es macht keinen Unterschied für das Blatt. Um die Chance auf eine Straße oder einen Flush zu zeigen, tauscht man nur eine Karte.

Normalerweise setzt man seine Hoffnung nur auf eine Straße oder einen Flush, wenn man bereits vier passende Karten auf der Hand hält und, bei einer Straße, nur wenn sie nach beiden Seiten fortgeführt werden kann[13] (vier aufeinander folgende Karten, die mit einer weiteren Karte zur Straße werden, egal an welches Ende sie passt). In seltenen Fällen ist es sinnvoll, die Hoffnung auf eine Inside Straight zu setzen:

Hier verhilft nur eine Karte zur Straße (in diesem Fall legt man die Neun ab und hofft auf eine Vier). Nur vier Karten aus dem Spiel könnten die Straße vervollständigen, bei der Open-End-Straight wären es acht. Eine weitere Bezeichnung für *Inside Straights* ist *Gutshot* oder *Gut Straights*. Für einen Bluff nehmen Spieler manchmal zwei Karten auf, um eine Strasse oder einen Flush vorzutäuschen (diese Strategie wird auch Monkey genannt) – auch wenn sie nur drei gleichfarbige oder aufeinanderfolgende Karten haben. Besonders beliebt ist dieses Vorgehen mit hohen Karten auf der Hand. Die anderen Spieler vermuten einen Drilling, manchmal kann man die Hand vervollständigen oder hat am Ende zwei hohe

---

13 Auch: *open-ended*

Paare oder tatsächlich den Drilling auf der Hand. Mit einer Wild Card steigt die Chance auf Straße oder Flush.

Beim Draw-Poker wird nur wenig strategisches Denken benötigt, man muss sich keine Karten merken. Grösstenteils läuft es auf die direkte Einschätzung der eigenen Chancen heraus, was durch recht einfache Berechnungen bewerkstelligt werden kann. Diese Pokervariante ist die einzige, für die man eine Strategie auf einer Karteikarte festhalten könnte. Bei dieser Spielform sind auch die psychologischen Aspekte am stärksten ausgeprägt – im Grunde liegt die Kunst in der Einschätzung, wie stark die Blätter der Mitspieler sind. Es ist wichtig, den Überblick darüber zu behalten, wie und wie oft Spieler auf unterschiedliche Blätter setzen und nach welchem Prinzip sie ihre Karten tauschen.

GRUNDLEGENDE STRATEGIEN

Pokerspieler lassen sich im Allgemeinen in zwei Kategorien aufteilen. Ein strenger Spieler (*Tight Player*) zahlt wenig in den Pot ein, und jemand, der bei vielen Startblättern im Spiel bleibt (*Loose Player*), vergleichsweise viel. Offensive Spieler erhöhen oft und steigen auch oft aus, wohingegen defensive Spieler meistens callen. Diese Dinge sollte man allerdings nicht überbewerten. Es handelt sich um ein Klischee, dass sich Tight Player eher defensiv verhalten und Loose Player eher offensiv spielen. Wenn überhaupt gilt meistens sogar eher das Gegenteil. Jede beliebige der vier Kombinationen ist möglich. Man kann gutes Poker spielen, egal, ob man tight oder loose oder etwas dazwischen spielt, nur eine passive Spielweise führt seltener zum Erfolg. Man sollte nicht Poker spielen, um nicht zu verlieren, sondern um zu gewinnen.

Anfänger spielen fast immer loose, weshalb Poker-Ratgeber dazu neigen, eine zurückhaltende Strategie zu empfehlen. Das ist auch sinnvoll, so kann man als Anfänger die Verluste begrenzen und währenddessen lernen, offensiv zu spielen. Wenn loose gespielt wird, trägt dies jedoch zu einem abwechslungsreicheren Spielablauf bei, was die anderen Spieler zu schätzen wissen. Wenn es Ihnen also wichtig ist, zu vielen privaten Pokerrunden eingeladen zu werden, sollten Sie sich einen guten Stil als Loose Player zu eigen machen. Bei Turnieren spielt Beliebtheit keine Rolle, auch in Kasinos oder Online-Spielen kommt es auf einen strengen Spieler mehr oder weniger in den meisten Fällen nicht an.

Es kommt darauf an, tight und loose richtig zu variieren. Eine große Schwachstelle im Poker ist die eigene Vorhersagbarkeit. Spielen Sie meist eher tight, stellen Sie sicher, dass Sie gelegentlich auch loose spielen. Neigen Sie dazu, eher loose zu spielen, machen Sie Ausnahmen zur Regel. Wenn Sie lernen, diese Faktoren zu kontrollieren, sie dem Spielverlauf anzupassen und die anderen Spieler aus dem Konzept zu bringen, dann spielen Sie Poker.

Sie müssen sich nicht für das eine oder das andere Extrem entscheiden. Es gibt zwei dazwischenliegende Strategien. Die eine ist, bei mehr Startblättern im Spiel zu bleiben als ein Tight Player, aber früher auszusteigen als ein Loose Player. Die andere ist, zwar häufiger beim Anfangsblatt auszusteigen, bei den anderen Spielen

KAPITEL 2: GRUNDLAGEN DES POKERSPIELS

jedoch länger zu setzen, als ein Tight Player dies tun würde, wenn sich sein Blatt nicht verbessert. Ebenso kann man sich seltener beteiligen, dann aber auch in weniger aussichtsreichen Situationen eher setzen, als ein strenger Spieler dies tun würde. Meiner Meinung nach ist es generell ein Fehler, immer einen Mittelweg zwischen den Gegensätzen zu suchen. Stattdessen sollte man besser einen Teil der Blätter konsequent tight und den anderen Teil konsequent loose spielen.

Eine offensive Spielweise ist beim Poker vorteilhaft. Damit ist nicht gemeint, dass Sie besonders oft setzen sollten, vielmehr sollten Sie alle verfügbaren Optionen nutzen. Die Mitspieler sollten niemals vorher wissen, was Sie tun werden, ebensowenig sollte das Setzverhalten Rückschlüsse auf Ihre Karten erlauben.

Es gibt drei verschiedene Varianten, offensiv zu spielen. Dabei ist es wenig ergiebig, diese zu kombinieren, da sie in Kombination eher schwächer als stärker sind. Man kann bei der Wahl der Blätter, mit denen man im Spiel bleibt, offensiv vorgehen. Dies wird von den meisten Spielern als offensives Pokerspiel gesehen. Ein Bluff ist eine ebenso offensive Taktik, da man trotz schlechter Karten setzt. Genauso offensiv aber ist es, bei einem mäßig guten Blatt auszusteigen und bei einem sehr guten Blatt mitzugehen. Bei passiven Spielern sind diese Aktionen vorhersehbar, variiert man sie ausreichend, spielt man offensiv. Wer bei der Wahl seiner Karten offensiv vorgeht, bleibt von Runde zu Runde undurchschaubar. Spielt man bestimmte Blätter jedoch einmal nach einer bestimmten Strategie, so tendiert man dazu, diese Strategie in den folgenden Spielen beizubehalten. Wer zum Beispiel blufft, spielt das Blatt von Anfang bis Ende, als habe er sehr gute Karten. Wer mit einem sehr guten Blatt zu Beginn nur mitgeht, wird auch bis Ende nur wenig erhöhen, um die anderen Spieler zu höheren Einsätzen zu ermuntern.

Doch auch beim Setzen kann man sich offensiv verhalten. Man bleibt eher mit vielversprechenden Blättern im Spiel und variiert das Setzverhalten. Innerhalb eines Spiels muss man sich nicht konsequent verhalten. Auch wenn man zu Beginn Stärke gezeigt hat, kann man beispielsweise später auch nur callen oder gar aussteigen. Ein klassisches Beispiel dafür ist der Check-Raise, hier checkt man mit einer starken Hand und hofft auf die Erhöhung durch einen anderen Spieler, auf die man nochmals erhöhen kann. Wenn diese Absicht vorhersehbar ist, gilt es wiederum als passive Spielweise. Wer alle seine sehr guten Blätter vorsichtig spielt, wird nicht gewinnen. Ein offensiver Spieler zeigt während eines einzelnen Spiels unterschiedliche Stärken.

Schließlich gibt es noch die Möglichkeit, offensiv zu spielen, indem man mehr auf die Aktionen anderer Spieler reagiert, als das Spielverhalten von den eigenen Karten abhängig zu machen. Man spielt wie gewohnt und macht seine Einsätze, mit dem einzigen Unterschied, dass man sein Verhalten nach den Signalen der anderen Spieler ausrichtet. Vermutet man bei einem Spieler ein schwaches Blatt und bei einem anderen, dass er wirklich aussteigen will, setzt man auch mit durchschnittlichen Karten. Geht man davon aus, dass ein Mitspieler ein wirklich starkes Blatt hat, wird man auch trotz guter Karten aussteigen. Das klassische Beispiel ist der so genannte Blind Bet. Hier wird die eigene Strategie in so hohem Maße von den Mitspielern bestimmt, dass man die eigenen Karten erst gar nicht anschauen muss. Ebenso wie willkürliches blindes Spiel gelten auch vorhersehbare Reaktionen auf das Verhalten der anderen Spieler als passive Taktik.

Offensiv reagierende Spieler agieren jedoch selten blind oder unter der Annahme, die Karten oder das Verhalten der Mitspieler zu kennen. Diese Strategie beruht normalerweise eher auf einem Sinn für die komplette Runde der Spieler am Tisch – manchmal kann man mit fast jedem Blatt mitspielen, in anderen Fällen empfiehlt es sich auszusteigen, wenn man sich nicht sicher überlegen fühlt. Ein Raise kann zum einen mehr Bewegung ins Spiel und damit auch Geld in den Pot bringen, oder auch Mitspieler zum Aussteigen bewegen. Manchmal ist es sinnvoll, viel zu investieren, um einen großen Pot zu gewinnen, zu anderen Zeiten kann es ratsam sein, sich günstig viele kleine Pots zu erschleichen. Die wechselnde Stimmung und Strategie der anderen Spieler bietet immer wieder Gelegenheiten, Gewinn zu machen. Ein aufmerksamer Spieler, der offensiv reagiert, kann sich immer entspannt zurücklehnen.

Da diese Strategien dazu dienen, die eigene Vorgehensweise undurchschaubar zu machen, ist eine Kombination aller wenig sinnvoll. Genauso gut könnte man ein bereits gemischtes Kartenspiel erneut mischen. Die Reihenfolge der Karten wird dadurch nicht zufälliger. Die Kunst besteht darin, konzentriert zu bleiben, statt planlos zu spielen. Wer deutlich offensiv spielt, hat genug Zeit, über die Karten der anderen Spieler nachzudenken und auch darüber, wie zurückhaltend oder wagemutig er spielen sollte.

CALL

Obwohl sich die Unvorhersagbarkeit der unterschiedlichen Stile offensiver Spieler auf viele verschiedene Faktoren zurückführen lässt, wirkt sie sich im Spiel durch viele Folds und Raises aus. Ein übertriebenes, aber sinnvolles Poker-Sprichwort sagt, ein Call zahlt sich nie aus. Wer im Vorteil ist, sollte erhöhen – andernfalls sollte man aussteigen. Das stimmt nicht ganz, in manchen Situationen ist es besser, zu callen. Es gibt nur drei Situationen dieser Art. Ist man sich unsicher, ist es beinahe immer besser, zu folden oder zu raisen. Selbst wenn man sich sicher ist, kann man für Verwirrung sorgen, indem man gelegentlich aussteigt oder erhöht. Der erste Gedanke der meisten Spieler wird bei Unsicherheit sein, zu callen. Das ist keineswegs richtig. Der Call darf nicht nur als Kompromiss zwischen Aussteigen oder Erhöhen gesehen werden, sondern stellt eine taktische Reaktion auf ganz bestimmte Situationen dar.

Meine persönliche Meinung zu diesem Thema wurde oftmals fehlinterpretiert als Empfehlung, niemals zu callen. Doch das habe ich nicht gesagt. Ich räume ein, dass es in manchen Situationen durchaus Sinn ergibt, zu callen. Ich spreche nicht von der Anzahl der Calls. Man kann sehr häufig callen – es gibt viele gute Strategien, bei denen der Call häufig zum Tragen kommt. Wichtig ist jedoch, für jeden Call einen guten Grund zu haben. Wer gelegentlich intuitiv aussteigt oder erhöht, muss nicht unbedingt Schaden nehmen, bei unüberlegten Calls sieht das anders aus. Auf die theoretisch-mathematische Betrachtung, warum alles für einen Call

KAPITEL 2: GRUNDLAGEN DES POKERSPIELS

spricht, berufen viele sich in Situationen, in der die sorgfältige Analyse der Wahrscheinlichkeiten einen Call nicht unterstützen würde. Die Motivation für viele Calls ist einerseits in der Tatsache zu finden, dass viele Spieler ungern aufgeben, solange ein Gewinn nicht auszuschließen ist und andere Spieler vielleicht bluffen. Zum Zweiten gehen Spieler oft nur mit, um nicht mehr als nötig zu riskieren. Beides sind verhängnisvolle Fehler beim Poker.

Das einfachste Beispiel für eine Situation, in der gecallt wird, sieht wie folgt aus: Sie wissen zwar, dass jeder weitere Chip, den Sie in den Pot zahlen, zu viel wäre, haben aber bereits so viel investiert, dass Sie nicht aussteigen wollen. Nehmen wir an, nach der letzten Runde befinden sich 12.000 Dollar im Pot, der letzte verbleibende Spieler erhöht um 4.000 Dollar. Wenn Sie nun callen und gewinnen, hätten Sie 16.000 Dollar mehr. Verlieren Sie nach dem Call, beträgt der Verlust 4.000 Dollar. Sie müssten also einmal in fünf dieser Situationen gewinnen, um einen Call rechtfertigen zu können. In diesem Fall würden Sie einmal 16.000 Dollar gewinnen und viermal 4.000 Dollar verlieren, um auf null herauszukommen.

Nehmen wir an, Sie schätzen die eigenen Chancen besser als 1:5 ein – gehen wir von 1:4 aus. Sie gewinnen in vier Spielen also einmal 16.000 Dollar und verlieren dreimal 4.000 Dollar, was einen Gesamtgewinn von 4.000 Dollar bedeuten würde oder im Durchschnitt einen Gewinn von 1.000 Dollar pro Spiel. Gleichzeitig vermuten Sie aber, dass der andere Spieler ebenfalls um Ihre Chance von 1:4 weiß. Das würde bedeuten, dass, wenn Sie erhöhen, der andere mitgehen oder weiter erhöhen würde. Jeder weitere Dollar im Pot kostet Sie also Geld. Erhöhen Sie um 8.000 Dollar und der andere callt, setzen Sie 8.000 Dollar ein, um 20.000 Dollar zu gewinnen. Wenn Sie nun wie erwartet ein Spiel gewinnen und drei verlieren, machen Sie insgesamt einen Verlust von 4.000 Dollar, was 1.000 Dollar pro Spiel entspricht.

Geschehen ist Folgendes: Vor der Erhöhung des anderen Spielers hatten Sie eine 1:4-Chance auf 12.000 Dollar. Der Erwartungswert entspricht somit 3.000 Dollar. Um allerdings gewinnen zu können, müssen Sie bei einem Einsatz mitgehen, der für Sie nicht von Vorteil ist. Berücksichtigen Sie die zusätzlichen 4.000 Dollar, die der andere Spieler gesetzt hat, werden Sie bei vier Spielen einmal 4.000 Dollar gewinnen und dreimal 4.000 Dollar verlieren. Der zu erwartende Verlust liegt somit bei 8.000 Dollar oder 2.000 Dollar pro Spiel. Diese müssen Sie von den 3.000 Dollar abziehen, die Sie ursprünglich erwartet haben. Es bleiben also 1.000 Dollar. Sie callen also gegen besseres Wissen, nur um den Vorteil beizubehalten, den Sie vor der Erhöhung hatten. Obwohl die Erhöhung des anderen Spielers sehr ungünstig für Sie und ein Raise bestimmt nicht in Ihrer Absicht lag, war der Call doch sinnvoll.

Dies ist der erste gute Grund für einen Call – schon der Betrag im Pot bietet Ihnen gute Gewinnchancen, obwohl Sie mit jeder weiteren Erhöhung Geld verlieren. Solche Situationen gibt es jedoch seltener, als die meisten Spieler erwarten. Zu Beginn der Runde gibt es zu viele unbekannte Variablen, dass es selten sinnvoll ist, mitzugehen – es sei denn, Sie glauben, das beste Blatt zu haben, oder Sie bluffen. Ebenso wenig lassen sich die eigenen Chancen oder die der Mitspieler sicher einschätzen. Ein Raise kann den anderen Spieler zum Fold bewegen, passen Sie selbst, verhindern Sie größere Verluste. Steigt der andere nicht aus und Sie möchten den Pot in die Höhe treiben, könnten Sie im nächsten Spiel, wenn Sie den Mitspieler geschlagen haben, mehr gewinnen. Spielt der andere gekonnt und erhöht nicht so viel, wie er eigentlich könnte, müssen Sie sich fragen, warum er nicht auf den gesamten eigenen Pot-Anteil oder noch mehr spekuliert hat. Auch wenn Sie in der letzten Setzrunde eines Spiels mitgehen, ein Gewinn schon unwahrscheinlich scheint, der Pot aber ausreichend groß ist, um ein Mitgehen bei einer Chance von 1:10 immer noch zu rechtfertigen, sollten Sie nicht vergessen, darüber nachzudenken, ob eine Erhöhung, selbst in dieser Situation, den anderen Spieler mit einer Chance von 1:10 dazu bewegen könnte auszusteigen, obwohl er ein besseres Blatt hat als Sie. Falls nicht, werden Sie mit einem abschließenden Raise in den nächsten zehn Spielen mit besseren Karten ebenso keinen Gewinn machen. Nach alldem sollten Sie auch die Möglichkeit eines Fold in Betracht ziehen. Stehen die Chancen wirklich 1:10? Oder vielleicht 1:20 oder gar 1:20.000? Werden die Mitspieler im weiteren Spielverlauf stärker erhöhen, wenn Sie jetzt aussteigen? Berücksichtigen Sie all diese Überlegungen, erscheint das defensive Spiel zum Schutz vor Verlusten als eine wenig sinnvolle Strategie.

Der zweite Grund für einen Call ist gegenteiliger Natur. Statt noch mehr Geld nachzulegen, weil Sie bereits viel gesetzt haben, investieren Sie es stattdessen lieber in Erwartung zukünftiger Gewinne. Betrachten wir folgende Karten bei einem Hold 'Em-Spiel:

Ihr Blatt:

Die Gemeinschaftskarten bis zum Turn:

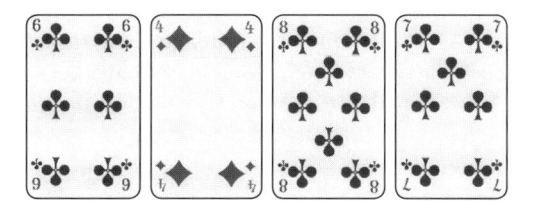

Sie denken, dass ein Spieler ein Sechser-Paar auf der Hand hält, beim anderen vermuten Sie zwei Kreuz. Stimmt diese Annahme, sind unter den 42 unbekannten Karten, die noch im Spiel sind, vier Karten, die Ihnen zu einem Full House verhelfen würden (liegen Sie richtig, können die anderen Spieler weder eine Sieben

KAPITEL 2: GRUNDLAGEN DES POKERSPIELS 63

noch eine Acht auf der Hand haben), somit liegt Ihre Chance auf ein Full House bei 4:42, also bei 9,52 Prozent. Es befinden sich 100 Dollar im Pot, der Spieler mit dem vermeintlichen Flush erhöht um 100 Dollar, die der andere Spieler in Erwartung eines Sechser-Drillings callt. Gehen Sie nun mit, zahlen Sie 100 Dollar, um 300 Dollar zu gewinnen. Ihre Verlustrate liegt in dieser Situation bei 62 Dollar.

Erhalten Sie jedoch eine Sieben oder Acht, sollten beide Mitspieler zu schlagen sein. Nehmen wir an, Sie bekämen ein Full House und einer der Spieler würde anschließend bei einer Erhöhung um 1.000 Dollar mitgehen. Dann würden Sie um 100 Dollar erhöhen, um 1.300 Dollar zu gewinnen, bei einer Gewinnrate von 33 Dollar. Sie erhöhen jetzt nur um 100 Dollar, da Sie aussteigen werden, sollten Sie das Full House nicht bekommen. Die eventuelle Erhöhung um 1.000 Dollar, sollten Sie das Full House bekommen, ist also risikofrei. Eine Erhöhung empfiehlt sich für Sie nicht, bevor Sie wissen, ob Sie wirklich ein Full House bekommen, denn andernfalls hätten Sie Verlust zu erwarten.

Aus mathematischer Sicht ist das alles richtig, es lässt sich jedoch selten ein besonders hoher Nutzen aus diesem Wissen ziehen, wenn Sie Ihr Blatt einschätzen. Die anderen Spieler werden ebenso vermuten, dass Sie diese Karten auf der Hand haben oder ein Paar Siebener oder Achter. Eine Erhöhung um 1.000 Dollar wird vielleicht keiner callen, es sei denn, Sie hätten vorher geblufft (in diesem Fall dürfen Sie den Blick auf die Kosten nicht vernachlässigen). Außerdem können Sie nicht wirklich sicher sein, was die anderen Spieler betrifft. Warum callt jemand mit drei Sechsen einen vermeintlichen Kreuz-Flush? Und warum erhöht dieser nur um 100 Dollar? Vielleicht ist der Drilling ein Bluff und der Flush nicht vollständig. So könnten Sie den Pot mit einem einfachen Raise gewinnen. Vielleicht hält aber auch einer der Mitspieler ein Achter-Paar und Sie können gar nicht gewinnen. Oder aber auch die Sieben wird aufgedeckt, Sie bieten 1.000 Dollar mit einem Full House (drei Siebener, zwei Achten) und ein anderer erhöht um 10.000 Dollar mit einem besseren Full House (drei Achter, zwei Siebener) auf der Hand. Oder vielleicht setzt ein anderer Spieler 10.000 Dollar, und Sie steigen mit dem besten Blatt in der Runde aus.

Der dritte und letzte Grund für einen Call ist es, die anderen Teilnehmer im Spiel zu halten. Mit einem sehr guten Blatt lassen sich manchmal höhere Gewinne erzielen, wenn die anderen Spieler nicht aussteigen. Sollten diese sich verbessern, kann es sein, dass sie für eine kleine Gewinnchance eine Menge Geld zusätzlich aufs Spiel setzen. Natürlich können Sie nicht ausschließen, dass Sie verlieren. Es ist jedoch erstaunlich, wie viele Spieler nach dem ersten Call bei Erhöhungen weiter mitgehen oder umgekehrt nach einem Check nicht bereit sind, zu callen (solange sie anhand der Stärke der eigenen Karten nicht erwarten, zu gewinnen). Sie werden auch mit Blättern verlieren, die Sie als gewinnsicher eingeschätzt haben. Callen Sie im gesamten Spiel nur ein einziges Mal zum Abschluss, werden die anderen Spieler von einem stärkeren Blatt als bei einem Raise ausgehen. Die ersten beiden Situationen für Calls sollten nicht mit dieser verwechselt werden. Wer nach diesem Schema callt, sollte auch mit schwächeren Händen callen, um ein durchschaubares Spiel zu vermeiden. Das klingt natürlich seltsam, ist aber sinnvoll – normalerweise geht man nur bei starken Blättern mit, dennoch sollte man hin und wieder auch bei schwächeren Blättern callen, um nicht zu berechenbar zu sein.

Der häufigste Grund für einen Call ist die Absicht, sinnlos zu spielen. Eben weil es keine Veranlassung gibt zu callen, tut man es. Beim Poker ist es wesentlich wichtiger, undurchschaubar zu sein, als immer rein rechnerisch sinnvoll vorzugehen. Merke: Wer niemals callt, kann gutes Poker spielen. Wer immer callt, kann kein gutes Poker spielen.

STEUERN

In den USA hat Einkommenssteuer auf Pokergewinne enormen Einfluss auf die gesamte Pokerszene. Erhält man von einer anderen Person Geld, kann dies auf zwei verschiedene Arten bewertet werden. Bei wirtschaftlichen Transaktionen, wie zum Beispiel Käufen oder Verkäufen, Gehaltszahlungen, etc., wird seitens des Empfängers eine Einkommenssteuer fällig. Ob die Zahlung absetzbar ist, hängt von vielen Faktoren ab – generell sind alle Ausgaben, die zum Geldverdienen getätigt werden, absetzbar (höheres Einkommen bedeutet höhere Steuerzahlungen, was im Sinne des Gesetzgebers ist). Die meisten anderen Ausgaben sind nicht absetzbar, außer Lebenshaltungskosten und eine Reihe weiterer Ausgaben.

Wird ein Geldtransfer jedoch als Geschenk eingestuft, fallen für den Empfänger keine Steuern an. In bestimmten Fällen fällt für den Geber eine Schenkungssteuer an, die eigentlich eine Vermögenssteuer ist und verhindern soll, dass das gesamte Vermögen kurz vor dem Ableben verschenkt wird.

Im Prinzip kann Glücksspiel in jede dieser Kategorien eingestuft werden. Man könnte Poker als Versuch, Geld zu verdienen, definieren – in diesem Fall wäre Gewinn abzüglich Verlust steuerpflichtig. Ebenso könnte man Pokergewinne als Geschenke klassifizieren, die somit steuerfrei wären. (Dann könnten jedoch Verluste nicht abgesetzt werden und auf große Verluste, durch welche jemand die Vermögenssteuer zu umgehen versucht, müsste vielleicht sogar eine zusätzliche Steuer erhoben werden.)

Die Realität sieht jedoch anders aus. Da die Regierung Glücksspiel nicht fördern will, werden hier besonders widersprüchliche Steuern erhoben. Die Summe aller Gewinne in einem Jahr gilt als voll zu versteuerndes Einkommen, Verluste sind nur bis zur Höhe der Gewinne absetzbar, und auch dann nur als spezieller Posten. Dies bedeutet, dass Steuerzahler mit vergleichsweise geringem Einkommen auf den Steuerfreibetrag für Lebenshaltungskosten verzichten müssen, wenn sie Glücksspielverluste geltend machen wollen. Am stärksten profitieren hierbei Steuerzahler mit einer hohen Hypothek in Staaten mit hohem Einkommenssteuersatz.

Es gibt jedoch eine Ausnahme. Wer Glücksspiel als Beruf angibt, kann Gewinne und Verluste wie jeder andere Berufstätige miteinander verrechnen. Das US-amerikanische Finanzamt (IRS) ist jedoch bisher professionellen Glücksspielern gegenüber eher intolerant. Meinen Erfahrungen zufolge haben die meisten professionellen Spieler keinen anderen Beruf und beschäftigen gute Steuerfachan-

KAPITEL 2: GRUNDLAGEN DES POKERSPIELS

wälte. Als weitere Alternative geben viele Spieler an, Glücksspiel als zusätzliches Standbein im Rahmen ihrer beruflichen Selbstständigkeit neben anderen Tätigkeiten zu betreiben, zum Beispiel zusätzlich zu ihren Berufen als Schriftsteller oder Lehrer. Ich bin mir nicht sicher, ob sich das Finanzamt damit zufrieden gibt. Einige meiner Bekannten haben jedoch eine dementsprechende Steuererklärung eingereicht und wurden (noch) nicht dafür belangt.

Diese Methode funktioniert für drei sehr seltene Arten von Spielern:

1. *Der Spieler, der immer gewinnt.* Die Gewinne müssen ordnungsgemäß versteuert werden. Da nie Verluste anfallen, wird ein angemessener Anteil des Einkommens abgeführt.

2. *Der Spieler, der immer verliert.* Die Verluste können nicht angerechnet werden, es fallen aber auch keine zusätzlichen Steuern an.

3. *Der hauptberufliche Spieler* ohne andere Nebentätigkeiten, welcher über ausreichende Finanzkraft verfügt und sich einen Anwalt für Steuerrecht leisten kann.

Wegen dieser ungünstigen Situation geben die meisten Pokerspieler weder Gewinne noch Verluste an oder verrechnen die Gewinne vor der Steuererklärung mit angefallenen Verlusten. Hier besteht natürlich die Gefahr, von der Steuerbehörde geprüft zu werden. Viele Online-Spieler und Glücksspieler im Allgemeinen nehmen diese Gefahr nicht ernst genug. Die meisten gehen davon aus, dass die Wahrscheinlichkeit, geprüft zu werden, nicht besonders hoch sei, da sehr viele Glücksspieler ihr Einkommen nicht korrekt versteuern. Auch verdienen Online-Pokeranbieter so viel Geld, dass es kaum in ihrem Interesse liegt, dem IRS Informationen über die eigenen Kunden zukommen zu lassen.

Dieselben Argumente waren in den neunziger Jahren zu vernehmen, als in Steueroasen niedergelassene Banken Kreditkarten und Fonds anboten, wobei Kundendaten streng vertraulich behandelt wurden. Nach Schätzungen des IRS nutzten Millionen von Steuerzahlern diese Angebote, einige große Rechtsanwaltskanzleien verteidigten die Legalität. (Einige dieser Varianten waren im Prinzip legal und wurden doch von vielen Kunden für illegale Machenschaften verwendet, während andere von vorneherein gegen das Gesetz verstießen.) Solche Offshore-Banken verdienten gutes Geld und legten scheinbar großen Wert auf den Schutz der Kundendaten. Dann wurde John Mathewson, einer der Pioniere in diesem Geschäft, festgenommen und willigte ein, im Gegenzug für seine Freilassung Kundendaten an den IRS herauszugeben. Viele bekannte Autoren und Akteure dieses Bereichs wie Terry Neal, Jerome Schneider und Eric Witmeyer, um nur einige zu nennen, folgten ihm.

Der IRS verschickte darauf viele Rechnungen mit dem Angebot, Steuerzahler könnten der Strafverfolgung entgehen, wenn sie bereit wären, alle relevanten Informationen herauszugeben und die hinterzogenen Steuern plus 20 Prozent

Strafe zügig nachzuzahlen. Meiner Meinung nach werden auch Online-Glücksspielanbieter eines Tages Sozialversicherungsnummern und Kontostände herausgeben müssen. Jeder Spieler wird eine Forderung über hohe Steuernachzahlungen erhalten, was solche Spieler besonders hart trifft, die nur verloren haben. Zum Beispiel jemand, der 100 Dollar in ein Online-Kasino eingezahlt und im Laufe einiger Monate verloren hat. Er hat nicht geradlinig Verlust gemacht, sondern zwischenzeitlich auch Gewinne verbucht (beispielsweise zahlreiche gewonnene 20-Dollar-Spiele, aber auch viele verlorene 25-Dollar-Spiele). Insgesamt könnte er Gewinne von 1.000 Dollar gemacht haben. Trotz des Gesamtverlusts von 1.100 Dollar kommt nun eine Steuernachzahlung von 300 Dollar plus Strafe und Zinsen auf den unglücklichen Spieler zu. Wer Rakeback-Bonuszahlungen genutzt hat, muss in ungünstigen Fällen mit einer doppelt so hohen Nachzahlung rechnen. Auch die Tatsache, dass der Anbieter von einer Steueroase aus operiert, ist unerheblich (und rechtlich fragwürdig), da US-Bürger Steuern auf ihr weltweites Einkommen zu zahlen haben. Viele Online-Spieler kümmert all dies nicht, sie geben ihre Daten sogar noch an dritte Firmen weiter, damit diese Statistiken über all ihre Spielaktionen führen. So wird dem IRS die Arbeit noch erleichtert, und der Spieler kann kaum behaupten, er wüsste nicht mehr genau über seine Spielergebnisse Bescheid.

Selbst wenn man Anbieter wählt, die keine Daten speichern, bleibt man angreifbar. Die meisten Steuerhinterzieher werden durch Freunde oder Verwandte gefasst, die bereit sind, gegen eine ausgesetzte Belohnung Hinweise zu geben. Und der Festgenommene wird wiederum dazu überredet, weitere Namen zu nennen. Trotzdem ist man meiner Meinung nach hierzulande immer noch sicherer. Der IRS hat bis heute keine Kasinos oder staatlichen Lotterien schließen lassen, obwohl er das unter Zuhilfenahme der Steuergesetzgebung jederzeit tun könnte. Ich denke, dass es eine Art Übereinkunft gibt, dies nicht zu tun. Ebenso ist meines Wissens noch nie ein privates Pokerspiel Ziel des IRS gewesen.

Wer die Steuergesetze ignoriert, wird in Kasinos und insbesondere bei Turnieren auf ein weiteres Problem stoßen. Der IRS behält 28 Prozent aller größeren Gewinne ein, welche der Finanzbehörde mitgeteilt werden müssen (so könnte der Steuersatz mehr oder weniger als 28 Prozent ihrer Gewinne betragen). Für viele Spieler bedeuten 28 Prozent der größeren Gewinne mehr als der gesamte Nettogewinn eines Jahres.

Aus diesen Gründen fallen Pokerspieler für gewöhnlich unter eine der vier folgenden Gruppen:

1. *Professionelle Pokerspieler, die ihr gesamtes Einkommen mit Poker bestreiten. Nettogewinne werden hier entsprechend versteuert.* Diese Spieler benötigen vollständige Aufzeichnungen ihrer Spiele, die dem IRS im Falle einer Prüfung zur Verfügung gestellt werden müssen. Daher sind viele Steuerhinterzieher abgeneigt, mit Personen aus dieser Gruppe Spiele zu bestreiten.

KAPITEL 2: GRUNDLAGEN DES POKERSPIELS

2. *Semiprofessionelle Spieler, die einen Großteil ihres Einkommens mit Poker bestreiten und keine Steuern zahlen.* Manche dieser Spieler geben keine Steuererklärung ab. Bei den meisten Transaktionen wird Bargeld verwendet, die Spieler haben kein Konto und geben ihre Sozialversicherungsnummer nicht heraus. Das eigene Vermögen wird in bar verborgen gehalten und ist dadurch nur schwer zu erfassen.

3. *Spieler mit anderen Jobs, die bereit sind, Gewinne zu versteuern.* Verluste können nicht abgesetzt werden. Wer hier auf Dauer Profit erwirtschaften will, muss entweder extrem beständig gewinnen oder aber einen gutbezahlten Job neben dem Pokerspiel haben.

4. *Spieler mit regulären Berufen, die keine Steuern bezahlen.* Diese Variante ist relativ risikofrei, da man bereits eine Steuererklärung abgibt. Solange niemand den IRS informiert und dieser eine Prüfung ankündigt, ist es schwer, entdeckt zu werden. Denoch macht man sich eines schweren Verbrechens schuldig und könnte eines Tages eine unangenehme Überraschung erleben.

Spieler der ersten Kategorie nutzen oft den Steuervorteil, indem sie die eigene Strategie stark variieren. Das führt zu zufälligen Gewinnen bei hohen Standardabweichungen. Bei professionellen Spielen führt die Zwangsabgabe von 28 Prozent dazu, dass Spieler aus Gruppe 2 und 4 sich eine Teilnahme nicht leisten können, da Verluste nicht abgesetzt werden können. Bei nichtprofessionellen Spielen können Spieler aus Gruppe 3 es sich nicht leisten, oft zu verlieren, selbst wenn sie am Ende des Jahres im Plus sind.

Dies stellt meiner Meinung nach ein ernsthaftes Problem für das Pokerspiel dar. Bei anderen Glücksspielvarianten werden so nur die Verluste erhöht, was zwar unfair ist, aber den Spielablauf nicht beinflusst. Im Poker wird es nie wirklich faire Meisterschaften geben, solange die Steuergesetzgebung nicht dementsprechend angepasst wird.

Kapitel 3

Grundlagen des Finanzwesens

Um alle Aspekte des Finanzwesens in einem einzelnen Kapitel abzuhandeln, müssen wir das Thema vereinfachen. Die Welt besteht aus nur zwei Dingen: Menschen und Kapitalvermögen. Das Wort *Kapital* hat so viele verschiedene Bedeutungen, welche eher für Verwirrung sorgen, statt zur Aufklärung beizutragen. In diesem Zusammenhang spreche ich von Kapitalanlagen (gute Dinge), mit denen man Geld verdienen kann. Der Besitz eines Automobils wird als Vermögensgegenstand angesehen und nicht als Kapitalvermögen. Wenn dasselbe Auto allerdings einem Taxifahrer oder einer Firma gehört, so ist es eine Kapitalanlage oder auch ein Anlagevermögen.

Bei diesem Grad der Abstraktion lassen wir die Regierung mal außen vor. Im Prinzip funktioniert sie wie ein Geschäftsbetrieb: Kapitalvermögen anlegen, Erträge erwirtschaften und dafür *Güter* und *Dienstleistungen* liefern. Die Preispolitik ist allerdings ungewöhnlich: Sie bestimmt selbst, wieviel der Kunde zu zahlen hat, und entscheidet dann, welche Waren und Dienstleistungen sie dafür zu liefern oder zu erbringen hat. Gute Arbeit, wenn es denn wirklich so klappt.

FINANZJARGON

An dieser Stelle muss ich Sie vor der Terminologie warnen. Die Bezeichnungen für die Dinge, die in diesem Kapitel diskutiert werden, sind von Wirtschaftswissenschaftlern erfunden worden. Wirtschaftswissenschaftler sind gescheite Leute, denen es einen Heidenspaß bereitet, Begriffe genau entgegengesetzt ihrer eigentlichen englischen Wortbedeutung zu definieren. Wir haben schon Güter und Dienstleistungen erwähnt. Güter sind nicht zwangsläufig gute Dinge und gute Dinge sind nicht zwangsläufig Güter. Ein Sonnenuntergang ist keine Ware, da niemand dafür etwas bezahlt, eine Flasche mit Zyanid-haltigen Schmerztabletten dagegen schon, weil jemand etwas dafür zahlt. Was innerhalb der Wirtschaft alles als Dienstleistung durchgeht, werde ich an dieser Stelle nicht einmal erwähnen.

Wie auch immer, Firmen liefern Güter und Dienstleistungen an Leute – Verzeihung, an Haushalte. Natürlich müssen Haushalte nicht zwangsläufig ein Haus oder irgendetwas anderes besitzen. Das soll uns nur daran erinnern, dass viele wirtschaftliche Aktivitäten außerhalb der Finanzwirtschaft stattfinden. Wenn eine Mutter ihrem Kind Essen gibt, gilt das nicht als wirtschaftliche Transaktion, weil es innerhalb eines Haushalts stattfindet. Wenn man das ganze Wochenende mit Hausputz verbringt, hat auch keine wirtschaftliche Transaktion stattgefunden, wenn man jedoch eine Person außerhalb des Haushalts dafür bezahlt, so hat eine Transaktion stattgefunden, die statistisch erfasst wird.

Haushalte bekommen Geld, um Waren und Dienstleistungen zu erwerben, hauptsächlich, indem sie Arbeitsleistungen an Unternehmen liefern und dafür Löhne und Gehälter ausbezahlt bekommen. Das Beispiel, das ich an dieser Stelle gerne meinen Studenten nenne, ist, sich eine Abschlussprüfung vorzustellen, in der ich bei einem Kreuzworträtsel sitze und iPod höre, während sie (die Studenten) schwitzen, fluchen, die Tasten des Taschenrechners drücken und hastig schreiben. Ich erbringe eine Dienstleistung, weil ich bezahlt werde. Die Studenten wiederum erbringen keine, weil sie nicht bezahlt werden.

HANDELSBANKEN

Kommen wir jetzt endlich zum finanziellen Part. Unternehmen machen Profit, was bedeutet, dass die eingenommenen Umsätze für Waren und Dienstleistungen die ausbezahlten Löhne und Gehälter übertreffen. Der Überschuss kann entweder benutzt werden, um Vermögenswerte oder Arbeitsleistungen von Haushalten zu erwerben und somit den Bestand an Kapitalvermögen zu steigern, oder er kann durch die Verzinsung von Kapitalanlagen an die Haushalte zurückgegeben werden. Obwohl dies die gesamtwirtschaftliche Richtung des Kapitalflusses ist, nehmen viele Haushalte mehr Geld ein, als sie ausgeben. Dieser Überschuss kann entweder für weitere Konsumgüter ausgegeben werden (darunter fällt auch das Horten des übrigen Geldes), oder er kann in den Wirtschaftssektor zurückgeführt werden.

An dieser Stelle werde ich den Großteil der finanziellen Dienstleistungen, die innerhalb des Wirtschaftssektors üblich sind, auslassen. Banken und andere Finanzinstitutionen lassen sich allerhand Dinge einfallen, um Unternehmen miteinander ins Geschäft zu bringen: Währungsumtausch, das Ausstellen von Akkreditiven, die Bewilligung von Kreditlinien und so weiter. Nur weil wir uns auf einer höheren Ebene bewegen, unterscheiden sich diese geschäftlichen Dienstleistungen nicht von beispielsweise juristischen oder hausmeisterlichen. In diesem Sinne ist das Finanzwesen nichts anderes als alle übrigen Geschäftsfelder. Es gibt allerdings einen kleinen, aber dennoch wichtigen Teil des Finanzsektors, der sich ausschließlich innerhalb des Bereichs der Privathaushalte abspielt. Zum Beispiel eine Kreditgenossenschaft, die von ihren Mitgliedern Einlagen entgegennimmt und ihnen dafür Darlehen gewährt.

Für unsere Zwecke ist einer der wichtigsten Aspekte des Finanzwesens, dass finanzielle Mittelsmänner sich zwischen Haushalte und Unternehmen drängen. Banken sind eine der geläufigen Institutionen. Wir nennen diese *Handelsbanken*, wenn die breite Masse dort Geld einzahlen kann, obwohl Deregulierungen diese Unterscheidungen bald abschaffen werden. Die Einzahlungen werden an Unternehmen verliehen oder verwendet, um Wertpapiere zu kaufen (man kann sie auch an Haushalte verleihen, zum Beispiel in Form von Hyphotheken, aber darauf gehen wir im Moment nicht näher ein). Die Geschäftsbetriebe zahlen die Darlehen mit Zinsen zurück (hoffentlich) und die Wertpapiere steigen im Wert

KAPITEL 3: GRUNDLAGEN DES FINANZWESENS

(hoffentlich), so dass die Bank den einzahlenden Parteien ihr Geld mit Zinsen zurückzahlen kann, entweder bar oder in Form von Dienstleistungen, zum Beispiel gebührenfreie Girokonten.

Eine Versicherungsgesellschaft entspricht diesem Prinzip, mit dem einzigen Unterschied, dass ein solches Unternehmen seinen Kunden nicht exakt den Betrag zurückzahlt, der eingezahlt wurde. Stattdessen ist die Höhe der Auszahlung abhängig vom jeweiligen Vorfall, je nachdem ob der Kunde beispielsweise stirbt oder einen Autounfall hat. Vom finanziellen Standpunkt aus stellt das kaum einen Unterschied dar. Investmentfonds haben ein anderes System: Die Investoren werden danach ausgezahlt, wieviel Geld der Fonds eingenommen hat. Aber dies ist auch nur eine Variation einer Handelsbank. Ein Hedge-Fonds ist ein Investmentfonds, der weniger strengen Bestimmungen unterliegt, da dieser Fonds keine Publikumswerbung betreibt, sondern verlangt, dass die Investoren wohlhabend sind. Diese Hedge-Fonds fordern erheblich höhere Gebühren als ein offener Investmentfonds, aber nur, wenn sie rentabel sind. Außerdem betreiben sie wesentlich mehr anspruchsvolle Investitions-Strategien. Aber nicht alle diese Strategien sind riskant, die meisten Hedge-Fonds bieten Investitionsmöglichkeiten mit moderatem Risiko an.

INVESTMENTBANKEN

Ein andere Art von Finanzinstitution ist eine Investmentbank (obwohl, wie bereits erwähnt, der Unterschied zwischen Investment- und Handelsbanken immer geringer wird, da mehr und mehr Institutionen beide Dienste anbieten). Der Hauptjob einer Investmentbank ist, Gesellschaften finanzielle Dienstleistungen anzubieten, was uns persönlich hier nicht interessiert, bis auf eine spezielle Dienstleistung: Investmentbanken fungieren auch als Versicherungsträger, was bedeutet, dass sie für neue Unternehmen Geld aufbringen, indem neue Wertpapiere ausgegeben und verkauft werden.

Die wichtigsten Wertpapiere innerhalb einer Gesellschaft sind Pfandbriefe und Aktien. Es gibt viele Mischformen, Variationen und Kombinationen und einige andere Möglichkeiten, wer aber etwas von Wertpapieren und Aktien versteht, weiß über die Grundlagen Bescheid. Anleihen sind Darlehen – die Zinszahlungen finden regelmäßig statt und der Kapitalwert wird zum vereinbarten Fälligkeitsdatum zurückgezahlt. Falls der Emittent[14] (in diesem Fall die Gesellschaft, nicht die Investitionsbank) versäumt, Zahlung zu leisten, können die Wertpapierbesitzer die betreffende Gesellschaft in den Konkurs zwingen. In den USA bedeutet das zumeist, dass die Aktieninhaber und andere Gläubiger von da an bestimmen können, wie das Unternehmen weitergeführt oder ob es verkauft wird und so die Schulden teilweise abgezahlt werden. In anderen Ländern ist die Konkursanmeldung schwieriger oder weniger gläubigerfreundlich, was zur Folge hat, dass in diesen Ländern Anleihen für Investoren weniger attraktiv sind.

---

14 Emittent: Herausgeber eines Wertpapiers.

Die Investoren, welche Aktien eines Unternehmens kaufen, wählen den Vorstand, um die Leitung des Unternehmens zu überwachen (solange kein Konkurs angemeldet wird). Grundsätzlich achtet der Vorstand darauf, das Vermögen der Aktionäre zu maximieren und man könnte eigentlich dieses ganze Buch der Diskussion über die Vielschichtigkeit dieser Abmachung widmen. Den Aktionären stehen die Resterträge des Unternehmens zu, nachdem alle Kosten und alle Inhaber von Anleihen bezahlt worden sind. Das Unternehmen kann den Aktionären entweder Schecks ausstellen (*Dividenden* oder *Ausschüttungen* genannt), das zusätzliche Geld dazu benutzen, Aktien auf dem Aktienmarkt aufzukaufen (was zur Steigerung des Wertes der restlichen Aktien führt, vergleichbar mit einer automatischen, steuerfreien Ausschüttung), oder das Geld in die Expansion des Unternehmens investieren. Manche Anleihen bringen hohe Dividenden, andere überhaupt keine (in diesem Fall muss der Aktienkurs steigen, sonst sind die Aktionäre unzufrieden).

DIE BÖRSE

Die dritte wichtige Finanzinstitution ist die Börse. Beispiele hierfür sind die New York Stock Exchange und das Chigaco Board of Trade. Hier können sowohl Haushalte als auch Firmen Wertpapiere wie Aktien und Anleihen kaufen und verkaufen, sowie Commodities, Devisen und vollkommen künstlich ausgedachte Wertpapiere, so genannte Derivate. Nicht alle Börsen sind wirkliche Orte im Sinne eines Gebäudes, wo sich die Händler persönlich treffen. Heutzutage wird der Handelsverkehr meistens elektronisch abgewickelt – entweder direkt von Institution zu Institution (dieser Vorgang heißt *Interbank* oder *Dealer-Network* oder auch *Over-the-Counter-Trades)* oder durch Privatunternehmen, die Tauschgeschäfte gegen Profit abwickeln.

Ich möchte Ihre Aufmerksamkeit auf zwei besondere Arten von Derivaten – zwei der einfacheren – lenken, da ich diese an mehreren Stellen in diesem Buch behandle. Eine *Call-Option* verleiht einem das Recht, aber nicht die Verpflichtung, einen bestimmten Gegenstand für einen bestimmten Preis zu einer bestimmten Zeit in der Zukunft (oder manchmal auch vorher) zu kaufen. Der Gegenstand wird als *Basiswert* (*underlying*) bezeichnet, der Kurs wird *Basispreis (strike* oder *exercise price)* genannt und der Zeitpunkt ist der *Verfallstermin (expiry).* Eine Kaufoption gibt einem beispielsweise das Recht, aber nicht die Pflicht, zehn Unzen Gold (Basiswert) für 4.000 Dollar (der Basispreis) vor dem 10. Januar 2007 (der Verfallstermin) zu erwerben. Eine *Put-Option* ist genau dasselbe, gibt einem aber das Recht, das Basisobjekt zum Basispreis weiterzuverkaufen.

Eine Person erstellt die Option in schriftlicher Form und erhält immer Geld, wohingegen der Optionskäufer oder Optionshalter immer zahlt. Der Betrag, für welche die Optionen verkauft werden, ist die *Prämie (premium).* Die Prämie ist fällig beim schriftlichen Ausstellen der Option und wird niemals zurückerstattet, unabhängig davon, ob die Option genutzt wurde oder nicht.

Das eigenartige in Bezug auf diesen dritten Bereich ist, dass er eigentlich unnötig erscheint. Alle anderen Finanzinstitutionen kassieren Geld von Haushalten, leiten es an Unternehmen weiter und zahlen den Profit, abzüglich Gebühren, an die Haushalte zurück. Im Gegensatz dazu wird im reinen Handelsverkehr lediglich Geld von einer Instanz zur nächsten weitergegeben, ohne dass eine Auswirkung auf die Wirtschaft offensichtlich wäre. Wenn ich eine Aktie an der New Yorker Börse kaufe, erhält nicht das ausgebende Unternehmen das Geld, sondern ein anderer Investor. Wenn ich also mein Geld in ein Rindfleisch-Future investiere und mich drei Tage später auszahlen lasse, habe ich entweder Geld gewonnen oder verloren, aber die Rinder, die für ein paar Tage mir gehörten – oder zu denen ich zumindest eine wirtschaftliche Verbindung hatte –, bleiben von dieser Transaktion unberührt. Tatsächlich sind diese ja gar nicht spezifisch identifiziert worden.

Bis zur Besiedelung des amerikanischen Westens war diese Ansicht weitgehend richtig. Börsen betrachtete man eher als nachrangige wirtschaftliche Einrichtungen, die mehr Unheil und Skandal mit sich brachten als Nutzen. Aber in diesem dynamischen selbstorganisierten Wirtschafts-Netzwerk, das vor anderthalb Jahrhunderten entstanden ist, haben sich Börsen als eine der wichtigsten Institutionen etabliert. Die Marktentwicklung eines Wertpapiers ist im Laufe der Zeit wichtiger geworden als die zugrundeliegenden realwirtschaftlichen Vorgänge. Das virtuelle Wirtschaftswesen treibt mittlerweile das realwirtschaftliche Wirtschaftswesen voran, was eigentlich umgekehrt sein sollte. Wie und warum dies geschah sowie die Auswirkungen dessen auf die heutige Zeit ist das Thema dieses Buches.

THEORIE

Vor einem halben Jahrhundert galt das Finanzwesen als reines Fachgebiet, wie zum Beispiel die Biologie, bevor die Evolutionstheorie entstand. Studenten lernten, was ein Akkreditiv ist und welche Dokumente benötigt werden, um eine Unternehmensanleihe zu beantragen, aber es gab keine aussagekräftige Theorie. Eine Gruppe von Professoren – insbesondere Franco Modigliani, Merton Miller, Jack Treynor, John Lintner und Harry Markowitz – versuchte, das zu ändern. Die Studie mit dem breitesten Anwendungsgebiet war Markowitz' *Modern Portfolio Theory* oder auch MPT genannt.

Heutzutage ist das Schwierigste beim Unterrichten der MPT, zu erklären, warum die Theorie nicht offensichtlich ist. Das ist ein imponierendes Zeugnis vom Erfolg der Theorie und bestätigt, dass sich die Investoren lediglich um die statischen Werte ihrer Portfolios kümmern. Heutzutage würde niemand auf den Gedanken kommen, in Anlagefonds zu investieren, ohne den voraussichtlichen Gewinn und die übliche Volatilität in Betracht zu ziehen. Anspruchsvollere Investoren ziehen andere Kennzahlen wie den Sharp Ratio oder Beta zu Rate.

Wie auch immer, der Gedanke liegt nahe, dass die meisten Produkte, die Leute kaufen, nicht statistisch erfasst sind. Wenn man den Wert einer Sache relativ genau ermessen oder schätzen kann, spielen statistische Werte keine große Rolle. Auch wenn diese Aussage nicht zutrifft – zum Beispiel bei der Wahl einer Berufslaufbahn oder eines Ehepartners – es gibt nicht viele Statistiken, die einem dabei helfen können.

Wenn Markowitz also behauptet, dass Investoren an statistischen Werten interessiert sind, trifft er in Wirklichkeit zwei Aussagen: eine negative und eine positive. Zum einen, dass die Forschung und Analyse keine glaubwürdigen Schätzwerte zur Entscheidungsfindung beitragen kann. Zum Zweiten, dass genug hochwertige Daten für eine brauchbare statistische Analyse vorhanden sind. Mitte der fünfziger Jahre wurden diese Aussagen langsam wahr. Vor den dreißiger Jahren waren so viele Daten nicht öffentlich, dass erst aufwändige Recherchen gute und schlechte Werte an den Tag brachten. Investoren waren an Insider-Informationen interessiert, um auf sichere Geschäfte zu wetten, nicht an Statistiken über historische Renditen. Nach der Reform in den dreißiger Jahren hat es ungefähr 20 Jahre gedauert, bis es genügend Statistiken gab, um den Aktienmarkt wirklich zu verstehen. Hilfreich hierbei war natürlich auch, dass immer mehr Computer für diese Arbeit verfügbar waren.

Der andere Teil von MPT besteht daraus, dass Investoren auf der Porfolio-Ebene denken. Sie sind nicht auf der Suche nach einzelnen guten Wertpapieren, sondern nach solchen, die mit dem Rest ihrer Investitionen zusammenpassen. Manche Leute kaufen ein Hemd, weil sie es mögen. Andere Leute denken beim Kauf eines Hemdes an ihre restliche Kleidung, zu welcher das Hemd passen könnte und für die sie noch kein passendes Hemd besitzen. Laut Markowitz kaufen Investoren eine ganze Garderobe, nicht nur ein Hemd. Aber er hat nicht gesagt, dass Investoren ihre Portfolios auch an die gesamten Umstände ihres Lebens anpassen müssen wie zum Beispiel Karrieren, Häuser und Lebenspartner. Nach der MPT werden finanzielle Investitionen im Zusammenhang mit allen anderen finanziellen Investitionen evaluiert, aber nicht mit allem anderen.

MPT setzt nicht voraus, dass Märkte effizient sind. Jeder Investor kann seine eigene Ansicht in Bezug auf Wertpapierkurse haben und somit das entsprechende Portfolio wählen. Investoren können sich in Bezug auf statistische Werte irren. Der Kurs von Wertpapieren kann falsch angegeben sein. Deshalb kann MPT nie als richtig oder falsch eingestuft werden, mit Ausnahme der irrelevanten Bedeutung einer Aussage über Investoren-Psychologie (welche in diesem Fall eindeutig falsch ist – Investoren kümmern sich nur darum, wie viel Geld sie verdienen oder verlieren, nicht um abstrakte statistische Werte). MPT ist wichtig, weil bedeutende Eigenschaften des Aktienmarktes vereinfacht erklärt werden, wenn diese denn wirklich wahr sind. Mit anderen Worten: Die Wertpapierkurse verändern sich, als würden die Investoren sich für die statistischen Werte ihrer Portfolios interessieren, obwohl sie sich eigentlich nicht dafür interessieren.

Einige Jahre später machte Eugene Fama einen wichtigen Schritt vorwärts, um dem Finanzwesen ein Fundament zu verschaffen. Er recherchierte die Ergebnisse unter der Annahme, dass die Aktienkurse alle Informationen beinhalten – in anderen Worten, dass keinerlei Information dazu benutzt werden kann, Schwankungen von zukünftigen Aktienkursen vorauszusagen. Ohne die Effiziente-Markt-Hypothese (EMH) kann man alles Beliebige zu einer Unstimmigkeit zwischen Investoren erklären. Er hat Aktie A an sie für 50 Dollar verkauft, weil er dachte, dass die Aktie weniger als 50 Dollar wert sei, und sie dachte, dass die Ak-

KAPITEL 3: GRUNDLAGEN DES FINANZWESENS 75

tie mehr wert sei. Aktie A stieg anschließend auf 52 Dollar, weil mehr Investoren sie kaufen wollten. Wenn man alles erklären kann, erklärt man eigentlich nichts. Was auch passieren mag, die Theorie ist allumfassend und muss nie geändert werden. Natürlich kann die Theorie nicht die Zukunft vorhersagen – in der Zukunft ist alles möglich.

Fama stellte folgende Frage: „Was passiert, wenn alle Investoren sich auf den statistischen Wert der Wertpapiere einigen und versuchen ihre Portfolios zu verbessern?" Im Anschluss hat er geprüft, ob sich die Aktienkurse gemäß den Vorhersagen veränderten. Es ist entscheidend, festzustellen, dass niemand wirklich daran geglaubt hat, der Aktienmarkt sei effizient – es war einfach eine Methode zur genauen Beobachtung der Entwicklung. Wenn Fama die Produktivitätsabweichungen dokumentieren könnte, gäbe es etwas zu analysieren und dadurch die Möglichkeit, etwas zu lernen. Zur großen Überraschung zeigte sich, dass die Handelsmärkte fast gänzlich effizient waren und es somit fraglich war, ob es überhaupt Abweichungen gab. Einige Unregelmäßigkeiten tauchten auf, welche entweder auf Ineffizienz, Datenfehler oder den Bedarf an differenzierteren Theorien zurückzuführen sind. Allerdings konnte bisher niemand Unregelmäßigkeiten ausmachen, ohne die EMH angewendet zu haben. Effiziente Handelsmärkte werden immer wieder kritisiert, doch bisher hat man keinen alternativen Weg gefunden, das Finanzwesen zu untersuchen. Wer ständig über Meinungen diskutiert und kein Datenmaterial benutzt, um die Streitfrage zu lösen, ist kein Freund der EMH. Wer allerdings Fortschritte machen und versuchen will, Einzelheiten und Sachverhalte zu begreifen und etwas zu lernen, der braucht die EMH. Dabei ist es unerheblich, ob man davon ausgeht, der Aktienmarkt sei effizient oder nicht.

William Sharpe, John Lintner, Jack Treynor und Fischer Black haben alle unabhängig voneinander verschiedene Varianten vom „Capital Asset Pricing Model"[15] oder CAPM („Cap Em" ausgesprochen) veröffentlicht. Des Weiteren existieren zahlreiche andere Versionen, welche ich für meine Abschlussprüfung zur Promotion im Finanzwesen an der Universität von Chicago auswendig lernen musste. Litners Version entstand wahrscheinlich zuerst, wobei Sharpes Version am verständlichsten und einflussreichsten ist. Aufgrund ihrer Ausgeglichenheit stellten sich Treynors und Blacks Versionen als die nützlichsten heraus.

Alle drei Varianten geben eine Formel für den Vergleich des voraussichtlichen Ertrages eines Anlagewertes in Relation zu dem systematischen Risiko an, welches als *Beta* bezeichnet wird. Systematisches Risiko bedeutet Risiko in Bezug auf deutliche Veränderungen des Aktienmarktes im Gegensatz zum spezifischen Risiko, welches nur gewisse Unternehmen oder Branchen oder Sektoren betrifft. CAPM behauptet, dass nur das systematische Risiko durch Steigerung der zu erwartenden Erträge belohnt wird. Damit wird die wichtige Aussage getroffen, dass riskante Projekte nicht unbedingt gesteigerte Erträge erbringen müssen, um sichereren Projekten vorgezogen zu werden – es sei denn, der Aktienmarkt müsste für den Erfolg des riskanten Projektes steigen. Wenn ein Unternehmen zwischen

---

15 Modell der Wertpapierlinie.

einem risikoreichen und einem risikoarmen Forschungsprojekt zu entscheiden hat, sollte es das risikoreiche Projekt nicht ausschließen, da der Erfolg des Forschungsprojektes nicht in direkter Relation zu dem Aktienmarkt steht. Wenn jedoch das gleiche Unternehmen zwischen zwei Marketingprojekten wählen muss, wovon eines riskanter ist und nur bei guter Wirtschaftslage erfolgreich sein kann, und dennoch für beide Projekte derselbe Gewinn zu erwarten ist, so sollte die Firma sich für das weniger riskante Projekt entscheiden. Wenn allerdings das riskantere Marketingprojekt in schlechten Zeiten erfolgversprechender ist, würde dieses dem weniger riskanten Projekt vorgezogen werden.

FINANZIELLE HERAUSFORDERUNGEN

Einer der Gründe für mich, dieses Buch zu schreiben, ist der Versuch, mehr Menschen für das Finanzwesen zu interessieren. Ich halte es für eine faszinierende Fachrichtung, die allerdings frischen Wind gebrauchen kann. Die Nutzen sind allgemein bekannt – gute Bezahlung, interessante Arbeit, und wenn man einen Fehler macht, nun ja, es geht ja nur um Geld und keiner stirbt. Es dringen zu viele Leute in diesen Bereich ein, um risikofrei Geld zu verdienen, nicht wegen der Herausforderungen. Momentan bietet dieses Feld mehr als genug Gelegenheit, den Durchbruch zu schaffen, die einen reich oder andere berühmt zu machen, sowie weitere Möglichkeiten, die von sozialem Nutzen sein können.

- Wir sind nicht im Stande, die halbe Weltbevölkerung mit selbst den minimalsten finanziellen Dienstleistungen zu versorgen. Dies schließt sowohl arme als auch unabhängige, und sogar reiche Personen mit ein. Der Mittelschicht geht es gut, doch nicht jeder zählt dazu. Bessere finanzielle Dienstleistungen könnten zu einem gewaltigen Fortschritt in Bezug auf die Linderung von Elend durch Armut und soziale Ächtung beitragen, sowie für eine ergiebigere Wohlstandsverdichtung sorgen.

- Uns fehlt die theoretische Grundlage zu den Unternehmensfinanzen. Wir wissen weder, warum Unternehmen auf eine bestimmte Art organisiert sind, noch wie sie finanziert oder beaufsichtigt werden. Eine brauchbare theoretische Grundlage könnte Unternehmen helfen, sich besser um ihre Angestellten, Kunden, Investoren und um die Gesellschaft zu kümmern. Ich glaube zwar nicht, dass wir momentan schlechte Arbeit in Bezug auf Unternehmensfinanzierung leisten, aber alles beruht auf traditionellem Fachwissen.

- Wir verstehen nicht wirklich, was es bedeutet, Risiken einzugehen. Wir wissen, dass es manchmal katastrophal ausgehen kann und dass Risiken trotzdem notwendig für alle guten Dinge des Lebens sind. Wir sind grob in der Lage, gutes Risiko von schlechtem Risiko zu unterscheiden. Aber ein tieferes Verständnis ist vonnöten.

KAPITEL 3: GRUNDLAGEN DES FINANZWESENS

- Obwohl sich unsere Finanzmodelle als sehr gut in Bezug auf Aktienkurs-Kalkulationen erwiesen haben, bedürfen sie wirtschaftlicher Annahmen, die eindeutig mit der tatsächlichen Kursveränderung von Wertpapieren in Konflikt stehen. Dies sorgt für geringfügige technische Probleme, aber die Menschen haben sich längst daran gewöhnt, solche Ungereimtheiten zu ignorieren. Dieses Problem wird letztendlich angesprochen werden müssen, aber wenn erst eine Lösung gefunden ist, werden jede Menge bis dato versteckte Möglichkeiten zum Vorschein kommen.

- Die neuen Techniken des Finanzwesens können ergiebig auf Bereiche menschlicher Zusammenwirkung, die sich bisher gegen Geldhandel gesträubt haben, übertragen werden. Damit meine ich nicht, dass man alles mit einem Geldwert versehen und damit Handel treiben sollte, sondern vielmehr, dass Erkenntnisse aus dem Austausch von Geschenken und dem Glücksspiel auf den mathematischen Mechanismus des modernen Finanzwesens angewendet werden sollen. Dies bietet weit bessere Möglichkeiten, das Glücksgefühl zu steigern, als alles andere, das ich kenne.

- Wir haben wenig Einfluss auf die Wirtschaft. Ich glaube nicht, dass Geld- und Finanzpolitik hier einen Unterschied machen können. Es ist zwar beruhigend, dass scheinbar ein stetiges, uneingeschränktes und langfristiges Wachstum verzeichnet werden kann, aber auch die Gründe dafür zu kennen wäre interessant, besonders falls diese Entwicklung nicht anhält. Außerdem gibt es gewisse Bereiche, auf welche sich diese Richtlinien nicht anwenden lassen. Menschen sollten in der Lage sein, selbst zu wählen, wie viel und welche Art von Wachstum sie befürworten. Die Kehrseite ist, dass scheinbar permanente Wachstumsunterschiede zwischen und innerhalb einzelner Gruppierungen auftauchen. Noch einmal: Wir sollten in der Lage sein, den Grad der Ungleichheiten, den wir akzeptabel finden, selbst zu bestimmen.

Zweifellos gibt es über diese Punkte verschiedene Ansichten. Für meine Begriffe ist das Finanzwesen dann hochinteressant, wenn es möglich ist, mit relativ wenig Sachverständnis eine massive Gedankenumstrukturierung auszulösen. Dies wiederum könnte zur Lösung eines uralten Problems oder auch zur Entstehung einer unglaublichen Chance führen. Dies ist genau die richtige Zeit, um in diesen Bereich einzusteigen. Selbst wenn es erfolglos bleibt, so haben Sie doch die Gelegenheit, jede Menge andere talentierte und interessante Personen zu treffen. Diese Leute ziehen dann weiter auf der Suche nach der nächsten Herausforderung und nehmen Sie mit. Oder Sie machen selbst eine vielversprechende Möglichkeit ausfindig und haben so direkt Verbündete, die sich Ihnen anschließen.

FLASHBACK

POKERNACHT AN DER WALL STREET

Bei der Wall Street, wie sie im Originaltitel des Buches genannt wird, handelt es sich nicht um die eigentliche Straße, die „zwischen einem Fluss und einem Friedhof" im südlichen Teil von Manhattan gelegen ist. Die letzte der Finanzinstitutionen ist dort schon vor mehreren Jahren weggezogen, ein Jahr vor den Anschlägen des 11. September. Die New Yorker Börse und die New Yorker Federal-Reserve-Filiale sind zwar immer noch in der Nähe gelegen, aber der tatsächliche Börsensaal stellt keinen wichtigen Teil der Finanzmärkte mehr dar. Außerdem hat sich das Zentrum der US-Notenbank nach Washington verlagert. Es gibt wohl noch ein Geschäftsviertel, aber bis auf Goldman Sachs sind alle Hauptniederlassungen großer Unternehmen in die Stadtmitte von Manhattan oder weiter weg gezogen.

In den achtziger und frühen neunziger Jahren fanden viele hochwertige Pokerspiele in der Umgebung der Wall Street statt, manche davon in Privatclubs, die es inzwischen nicht mehr gibt. Andere wurden in luxuriösen Speisesälen großer Bankgebäude abgehalten. Die wenigen Orte, welche die Kostenreduzierung überlebt haben, sind mittlerweile Unterhaltungsveranstaltungen vorbehalten und es wäre heute undenkbar, dort Glücksspiele (mit Spielkarten) zu veranstalten. Im Sommer wurden Glücksspiele auf Yachten ausgetragen.

Zweifellos finden einige Pokerspiele immer noch auf der eigentlichen Wall Street statt, aber ich persönlich bin schon seit zehn Jahren bei keinem größeren Spiel in dieser Gegend mehr gewesen. Heutzutage spielen Börsenhändler und andere Finanzleute, die ihr Pokerspiel sehr ernst nehmen, höchstwahrscheinlich in Hotelzimmern in der Innenstadt, Privatwohnungen oder Reihenhäusern in der Upper East Side, sowie in Häusern oder Country Clubs in Westchester oder Greenwich. Das gestrige Spiel wurde in der Tower Suite des Mark-Hotels veranstaltet. Die Lage der Suite ist einmalig, mit wunderschönem Blick auf den Central Park und die Innenstadt. Es war eine Schlingerpartie, bei der einige Händler schon um fünf Uhr nachmittags anfingen, während die Banker so zwischen acht Uhr abends und Mitternacht eintrudelten. Die meisten spielten für fünf oder sechs Stunden. Das Spiel endete um fünf Uhr am nächsten Morgen, eine Stunde nachdem ich nach Hause ging. Das Hotel ist für diese Art von Spiel günstig gelegen, insbesondere da einige der Spieler mit besonderer Ausdauer ein Nickerchen machen und duschen, bevor sie dann wieder zur Arbeit gehen, ohne vorher noch einmal nach Hause zu kommen.

Ich hatte im Sommer nicht viel Poker gespielt, weil ich zu beschäftigt damit war, dieses Buch zu schreiben. Allerdings war ich 2005 bei der World Series of Poker, vor allem um dort Interviews zu machen. Mir fehlte die Konzentration, um selbst am Turnier teilzunehmen, und wenn ich bei einem der Spiele außerhalb des Turniers mitmachte, war ich nicht besonders gut.

Vor ein paar Wochen habe ich einen Entwurf des Buches an einige der Spieler geschickt – ich sammele also beides: Kommentare und Poker-Chips. Ich würde die Spieler gerne offiziell zitieren, aber alle weigern sich. Das ist eigentlich albern, da die meisten schon irgendwo in einem Archiv als Pokerspieler erwähnt sind, manche haben große Turniere gewonnen. Die meisten ihrer Kollegen wissen ge-

KAPITEL 3: GRUNDLAGEN DES FINANZWESENS

nau, wie sie spielen. Aber Cao Chong spricht für die Gruppe, wenn er sagt, dass es einen Unterschied ausmacht, ob die Kollegen im Allgemeinen wissen, wie man spielt, oder ob man in der Öffentlichkeit mit einer bestimmten Spielweise identifiziert wird. Glücksspiel im Urlaub in Las Vegas ist nicht vergleichbar damit, in New York nach der Arbeit zu spielen. Man kann nie wissen, wann einen die Entlarvung heimsuchen wird. Ich habe versucht, den Gebrauch von Pseudonymen in diesem Buch so minimal wie möglich zu halten –, außer in diesem Kapitel gibt es nur drei weitere – aber alle Teilnehmer des heutigen Abends werden beim Spitznamen genannt. Einige tauchen auch in anderen Kapiteln unter ihrem wirklichen Namen auf.

Die Spieler

Cao Chong habe ich von allen Spielern am längsten gekannt, über 20 Jahre. Er war einer von dem original Liar's Poker Team, welches im Flashback von Kapitel 8 beschrieben wird. Er hat sogar die Regeln des Spiels umgeschrieben und es mit der Vorschrift, dass jeder das letzte Gebot herausfordern und an dem Ergebnis teilhaben soll, zivilisierter gemacht. Mittlerweile arbeitet er sehr erfolgreich als Börsenmakler, verwaltet einen Hedge-Fonds und ist einer der besten Mathematiker, die ich kenne. Er schreibt gerade auch ein Buch über Poker, aber von solch hohem mathematischem Niveau, dass nur zehn Leute auf der Welt es überhaupt verstehen werden, wenn es posthum veröffentlicht wird – diese zehn Personen allerdings werden das Pokerspiel revolutionieren.

Einer der Spieler, die ich vorher noch nie getroffen habe, ist „The Kid" – ein Student, der im vergangenen Jahr 350.000 Dollar beim Online-Poker gewonnen hat. Er ist natürlich hier, um zu spielen, aber auch auf der Suche nach einem Job. Poker war schon immer eine Methode für ehrgeizige junge Leute, ihr Können unter Beweis zu stellen und so die Börsenmakler auf sich aufmerksam zu machen. Poker und alles, was damit zu tun hat, ist innerhalb der letzen Jahre regelrecht explodiert. Früher hätten die Studenten an ernstzunehmenden Pokerspielen in der Nähe ihrer Universität teilgenommen, und dort hätte sie jemand an einen Spieler an der Wall Street weiterempfohlen. Heutzutage kreuzen die jungen Leute frisch von einem Turniersieg oder einem Online-Triumph auf, wobei viele überhaupt noch nie an einem Privatspiel teilgenommen haben. The Kid beweist Geschick – oder kann es zumindest perfekt vortäuschen, was sogar vorteilhafter wäre. Zusätzlich zu seinen Pokerkenntnissen und dem Charme verfügt er über den IQ und die Ausbildung, um den Einstieg schaffen zu können. In ein paar Jahren ist er mit hoher Wahrscheinlichkeit Geschäftsleiter einer großen Bank. Wenn nicht, wird er sein Geld mit Pokerspielen verdienen können.

Wenn man ein aufstrebender Unternehmer ist, hat man es nicht nötig, Poker zu lernen, um einen guten Job zu bekommen. Man muss allerdings den Hang zur Risikobereitschaft demonstrieren. Risikomanagement ist kein verborgenes Talent, das man plötzlich auf wundersame Weise entdeckt, seitdem man mit dem Geld anderer Leute betraut ist. Verfügt man über dieses Talent, zeigt es sich bereits in frühester Jugend.

Die meisten Anwärter glauben fälschlicherweise, sie müssten ein allzu extremes Risiko beweisen – entweder das Leben riskieren oder eine Gefängnisstrafe. Leute, die nach diesem Motto handeln und angemessene Ertragserwartungen haben, sind Schatzgräber. Wonach ich Ausschau halte, ist jemand, der ein klares Ziel hat und dieses nur erreichen kann, indem er ein Risiko eingeht, egal ob das Risiko groß oder klein ist. Es spielt keine Rolle, ob diese Person das Risiko auf geschickte Weise bewältigt – sondern einzig, dass sie um das Risiko weiß, es respektiert und dann trotzdem eingeht. Die meisten Menschen wandern durchs Leben und nehmen sorglos jedes Risiko an, das ihnen zufällig begegnet, ohne dafür entlohnt zu werden. Nie jedoch nehmen sie bewusst ein zusätzliches Risiko auf sich, um an Geld oder andere Nützlichkeiten zu gelangen, die praktisch nur auf sie warten. Andere Leute wiederum vermeiden reflexartig jedes Risiko oder aber strecken unbedacht die Hand nach jedem losen Dollar aus, ohne die geringste Vorsicht. Ich versuche nicht diese Verhaltensweisen schlechtzureden, ich bin sicher, dass sie den betreffenden Leuten absolut sinnvoll erscheinen. Ich verstehe sie bloß nicht. Allerdings weiß ich, dass keiner dieser Leute ein erfolgreicher Börsenmakler werden wird.

The Kid ist nicht der jüngste Spieler heute Abend – diese Ehre gebührt Ma Lian. Cao Chang ist ein typischer Vertreter der Chinesischen Bevölkerung, die früher an die Wall Street kam. An dem Tag, an dem er aufs Land geschickt werden sollte, um dort sein Leben mit harter Arbeit und in Armut zu verbringen, erhielt er die Nachricht, dass er einen Platz an der Universität bekommen würde, wenn er innerhalb von 20 Stunden dorthin kommen könnte. Er radelte mit seinem alten Fahrrad über staubige Straßen durch die dunkle Nacht und schaffte es. Später hat er in Physik promoviert und hat dann einen Job an einer Börse in New York angenommen. Ich finde es unvorstellbar, wie er das geschafft hat.

Ma Liangs Leben bietet dagegen einen extremen, aber erfreulichen Kontrast. Nahtlos verbindet er Peking mit Hong Kong und New York, indem er mühelos durch jede Stadt treibt, ohne einen offensichtlichen Plan zu haben, aber vermutlich hat er doch einen raffinierten Plan in petto. Ich kenne seine Kontakte nicht genau, aber scheinbar kennt er jeden. Er ist erstaunlich zurückhaltend diesbezüglich – er lässt keine Namen fallen, man sieht ihn einfach am Haupttisch sitzen, die Hand des Ehrengastes schütteln oder am Bildrand eines Presse-Fotos. Er arbeitet für eine private Kapitalanlagegesellschaft und hat beim Pokerspielen einen unverkennbaren texanischen Akzent. Die Einladung zu unserem letzten Spiel am ersten September 2005 hat er abgelehnt, tauchte dann aber unerwartet doch auf. Später habe ich erfahren, dass er eigentlich die Nacht im Weißen Haus verbringen sollte, aber dieser Besuch wurde wegen Hurrikan Katrina abgesagt. Zufälligerweise (hoffentlich) hat Hurrikan Rita heute Houston erreicht. Viele Leute im Raum verbrachten den Tag mit dem Versuch, Verbindung mit Partnern und Kunden dort aufzunehmen. Ein wohlbekannter Hedge-Fonds, der von ehemaligen Enron-Maklern betrieben wurde, wurde während der Laufzeit nach Las Vegas verlegt, eine Kombination, die von einigen Kritikern als Zusammenfassung des modernen Finanzsystems angesehen wurde. Ein ehemaliger Erdgas-Unternehmer namens Methane, heute ein leitender Angestellter in einem Elektrizitätswerk, ist wütend, dass sich die New York Mercantile Exchange bei Henry Hub, dem wichtigsten Knotenpunkt von Gaspipelines, auf höhere Gewalt berufen hat. Dies bedeutet, dass die Erdgasverkäufer aufgrund des Hurrikans nicht an den vereinbarten Ort liefern müssen, was ihnen die Kosten alternativer Pipelines spart (es die Käufer dafür umso mehr kostet).

Kotha ist ein Händler für Weichwaren (Weichwaren sind landwirtschaftliche Produkte, im Gegensatz zu Metall- und Energieprodukten). Bei Fragen nach seiner Herkunft weicht er aus, räumt aber ein, dass er Wurzeln in Nord-Indien hat oder vielleicht auch in Jammu, Kaschmir, Pakistan oder sogar Tibet. Angesichts der

KAPITEL 3: GRUNDLAGEN DES FINANZWESENS

Tatsache, dass die Einwohner dieser Regionen sich nicht über die genaue Lage der einzelnen Grenzen einig sind, ist seine ausweichende Art möglicherweise eine gute Überlebensstrategie. Er beanstandet meine Aussage in dem Buch, dass Fischer Black ein erklärter Gegner des Glücksspiels war. Er behauptet, Fischer mit Ed Thorp 1992 in Saratago beim Pferdewetten gesehen zu haben. Ed habe die Regressionen auf einem Taschenrechner kalkuliert, während Fischer die Wetten abgeschlossen habe, und die beiden seien sehr erfolgreich gewesen.

Im Laufe des Abends erschienen noch ungefähr ein Dutzend andere Leute. Nur ein Spieler unserer Runde hat Geld in der diesjährigen World Series of Poker gewonnen (wesentlich mehr als sein Startgeld, aber er war nicht im Finale). Eigentlich hätte er um neun Uhr abends erscheinen sollen, nach einem Abendessen um sieben Uhr mit anderen Spielern bei Alto. Da sie aber das Sechs-Gänge-Menü bestellt hatten, waren sie nicht vor Mitternacht fertig und zu sehr dem Wein zugetan, um zu spielen. Einige der modernen Spieler leben fast puritanisch – sie betrachten Poker als Leistungssport und würden nie während eines Spiels trinken oder Spaß haben. Keiner aus unserer Gruppe würde je betrunken spielen, aber genauso würde niemand von uns spielen, wenn es nicht Spaß machen würde. Wir führen durchaus Gespräche, die über selbstgefällige Anekdoten der Gewinner und das: „Sei ruhig und gib die Karten aus" der Verlierer hinausgehen. Die Spieler konzentrieren sich zwar auf das Spiel, das ist jedoch kein Grund, unhöflich zu sein.

Nichtsdestotrotz sind diese Leute hier nicht meine Freunde. Das ist schwer zu erklären, vor allem solchen, die keine Pokerspieler sind. Für mich scheint es offensichtlich – warum sollte ich meinen Freunden Geld abknüpfen wollen? Wir haben Respekt voreinander und sind Kollegen. In manchen Bereichen (aber nicht in allen) vertraue ich ihnen mehr als meinen Freunden. Selbstverständlich erweise ich ihnen Gefallen und erwarte von ihnen im Gegenzug dasselbe. Aber sogar meine Beziehung zu Cao Chang, dem Spieler, den ich am besten kenne, liegt irgendwo zwischen professionellen Kollegen und Freundschaft. Es besteht sowohl eine enge Verbundenheit zwischen ernsthaften Pokerspielern als auch eine gewisse Distanz. Ich war auch zu dem Essen bei Alto eingeladen – etwas, wozu ich normalerweise nie Nein sagen würde, besonders wenn ein anderer bezahlt. Aber ich entschloss mich zu einer ruhigen Mahlzeit mit meinen nicht Poker spielenden Freunden bei Capsouta Frères, dem besten Restaurant Manhattans, das kein Taxifahrer finden kann. Ich esse nicht gerne mit jemandem, bevor ich ihm das Geld abknüpfe, und noch weniger gern nehme ich eine Einladung zum Essen von jemandem an und verliere mein Geld anschließend an diese Person.

Wirtschaftslehre

Da ich darauf bestehe, den wirtschaftlichen Unterbau aller Pokerspiele zu analysieren, werde ich auch heute Abend keine Ausnahme machen. Warum sind diese Leute hier? Man muss ein sehr guter Spieler sein, um hier einsteigen zu können. Warum suchen sie sich keine leichtere Partie aus?

Am einfachsten lässt sich diese Frage aus der Perspektive eines Pokerspielers – wie ich es zum Beispiel bin – beantworten. Als ich auf der Universität mit dem Pokerspielen anfing, habe ich mir nur Runden ausgesucht, die in dem Ruf standen, gute Spieler zu den Teilnehmern zu zählen. Ich habe auch an einfachen Spielen teilgenommen, um Geld zu verdienen, aber vorrangig versuchte ich, schwierige

Spiele zu finden, um mein Geschick zu messen. Dazu kam der Wettbewerbsinstinkt: Wenn man gut ist, will man sich gegen andere gute Spieler behaupten. Es war aber auch eine Art Beschützerinstinkt mir selbst gegenüber. Ich musste herausfinden, ob es da draußen bessere Spieler als mich gab. Wenn ja, wollte ich diesen Spielern dann begegnen, wenn ich auf der Höhe und bereit für sie war. Wenn ich nicht in den schwierigeren Spielen gewinnen konnte, habe ich mich an die leichteren Spiele gehalten und gelernt, den besseren Spielern auszuweichen. Wenn ich aber in den schwierigeren Spielen gewann, konnte ich selbstsicher spielen. Es gibt nur einen Weg herauszufinden, wie gut man als Spieler ist: Man muss sich mit anderen Spielern messen. Diese Aussage war in den siebziger Jahren noch treffender, da noch nicht viele Poker-Theorien zur Verfügung standen und keine Computer-Simulationen, um hunderttausend verschiedene Spielrunden zu üben, aufzunehmen und zu analysieren. Der Drang, mich selbst zu messen, führte mich nicht nur zu ernsthaften Spielen nach Harvard, sondern auch nach Gardena, Kalifornien und in andere kommerzielle Hochburgen des Pokers, die für ihre ausgesprochene Professionalität bekannt waren. Es gibt soviel Zufälligkeit im Poker, dass man sich unmöglich mit einem anderen Spieler messen kann. Man kann nur hoffen, sich innerhalb eines Netzwerks oder einer Gemeinschaft von Spielern zu beweisen, welche ihr überlegenes Spielen in über Hundertmillionen von Pokerhänden bewiesen haben, was mehr ist, als eine Einzelperson je spielen könnte.

So nimmt es seinen Lauf. Wenn man regelmäßig auf einem bestimmten Level gewinnt, wird man von einem der anderen beständigen Gewinner in eine anspruchsvollere Runde eingeführt werden. Aber das geht nicht ewig so weiter. In dem Buch und Film „The Cincinnati Kid" gibt es eine Person namens „The Man", von dem jeder weiß, dass er der Beste ist. In der Wirklichkeit sieht das anders aus. Natürlich kann man annehmen, dass es wirklich einen „The Man" gibt, aber ich war nie gut genug, um von ihm zu erfahren. Ich kann es nicht beweisen, aber ich habe über die Jahre mit genügend Topspielern gespielt, so dass ich überzeugt bin, dass dieser Prozess auf der regionalen Ebene endet. In Boston zum Beispiel habe ich über kurz oder lang an ungefähr fünf Partien teilgenommen, die generell zu den Besten gerechnet werden. Es ist möglich, dass es ebenso viele gibt, an denen ich nicht teilgenommen habe. Aber es gab sicherlich nicht 100 Partien dieses Kalibers in Boston und es gab auch keine, die als die Beste schlechthin galt. Diese Partien zählten auch zu den Besten in New England – die Topspieler aus anderen Städten in der Gegend tauchten von Zeit zu Zeit dort auf.

Dabei blieb es aber. Die besten Spieler aus Boston blieben in Boston. Es zog sie nicht nach Houston oder Los Angeles oder Las Vegas, um dort an besseren Spielen teilzunehmen. Sie hatten Jobs oder andere Gründe, in der Stadt zu bleiben. Ebenso hielten sich die erfolgreichsten Geschäftsleute von Boston auch nicht in Chinatown oder im italienischen oder afrikanischen Viertel der Stadt oder bei einer Harvard-Studenten-Pokerrunde auf. Die meisten Leute spielten mit Leuten, mit denen sie sich wohlfühlten. Zwischen diesen Spielrunden gab es nur wenig Austausch. Als Student habe ich an einigen solcher Partien teilgenommen und auch einige in anderen Städten besucht, die angeblich gut waren. Manchmal tauchten Spieler aus anderen Runden auf, entweder aus derselben Stadt oder von außerhalb. Die Tendenz war klar: keine einzige Gruppe oder Spielform hatte das Monopol für guten Poker inne. Die Profis von Las Vegas nahmen die Stammspieler vor Ort nicht während ernsthafter Privatspiele aus, aber dies galt auch umgekehrt, und genauso für Privatspieler, die Kasinos oder Spielhallen besuchten.

KAPITEL 3: GRUNDLAGEN DES FINANZWESENS

Ernsthafte Pokerspieler werden mit Herausforderungen vielerlei Art konfrontiert. Die Spiele sind oft illegal. Man muss Schulden eintreiben und aufpassen, nicht betrogen zu werden. Pokerspieler sind dafür bekannt (oder haben zumindest den Ruf), dass sie viel Bargeld mit sich herumtragen, was bedeutet, dass sie Zielscheiben für Räuber und Einbrecher sind. Deshalb ist es extrem hilfreich, innerhalb eines Poker-Netzwerks zusammenzuhalten. Dort lernt man, wo die ungefährlichen Spielorte sind und welchen Spielern man trauen kann. Außerdem kann man dort andere Spieler von der eigenen Zuverlässigkeit überzeugen. Das Netzwerk hilft dabei, Gewinne einzutreiben und Probleme legaler Natur zu vermeiden. In kommerziellen Etablissements werden Spieler von der Geschäftsführung beschützt, ich werde das in den folgenden Kapiteln ausführen. Aber Privatspieler müssen zusammenhalten, um auf sich aufzupassen.

Das Spiel

Das heutige Spiel ist ein No-Limit Texas Hold 'Em mit Blinds von 25 Dollar und 50 Dollar. Die meisten Leute kaufen sich für 5.000 Dollar oder 20.000 Dollar ein. Es ist nicht wie in einem Kasino oder anderen Kartenspielsaal, wo viele Spieler mit dem minimalen Betrag einsteigen, dann weitere Chips kaufen, wenn sie verlieren, und sogar zu anderen Tischen wechseln, um im Falle eines Gewinns ihre Chips einzusammeln (die meisten Kasinos erlauben nicht, dass man seine Chips an das Haus zurückverkauft, ohne das Spiel zu verlassen). Weniger Chips zu haben, hat einen mathematischen Vorteil. Wenn man All-In geht, setzen die anderen Spieler weiter, ohne dass man selbst das Risiko tragen muss. Der Spieler mit dem besten Blatt könnte es vorziehen, auszusteigen, als bei dem Einsatz eines anderen Spielers mitzugehen, und so könnte man die Gelegenheit bekommen, den entsprechenden Anteil des Pots zu gewinnen. In kommerziellen Etablissements betrachten manche Spieler das Vorgehen, Vorteile auf diese Art und Weise auszunutzen, als Teil des Spiels. Aber in den meisten privaten Spielen, die ich kenne, wird von den Spielern erwartet, dass sie alles, was sie zu riskieren bereit sind, auf den Tisch legen und aufhören, wenn sie diesen Betrag verspielt haben. Die meisten Leute steigen aus, wenn ihre verbleibenden Chips unter ein für das Spielen angenehmes Niveau von vielleicht 500 Dollar fällt. Es gibt keine offiziellen Regeln in Bezug auf die Start- oder Rückkauf-Summen, die guten Gepflogenheiten gelten als Ehrensache. Zieht man eine andere Art von Spiel vor, gibt es genug Angebot.

Dies hält die Einsätze etwas niedriger als bei Spielen desselben Kalibers in einem kommerziellen Etablissement. Ein All-In-Showdown kommt selten vor, es sei denn, einer der Spieler ist mit einem kleinen Starteinsatz ins Spiel eingestiegen. Meistens hat ein All-In-Spieler ein unschlagbares Blatt, so dass keiner mitgehen wird. Manche Spieler bluffen beim All-In, aber sollte man dies jemals tun und jemand geht mit, hat man ausgespielt. Genauso verhält es sich natürlich in einem Turnier, aber wenn man eines verliert, kann man in ein anderes Tunier einsteigen oder an einem der Spiele teilnehmen, die rundherum stattfinden. Wenn man jedoch in dieser Partie erledigt ist, dann ist man für den Rest der Nacht erledigt. Wer zu oft verliert, wird nicht wieder eingeladen.

Ich habe bemerkt, dass die Wetteinsätze der privaten Pokerspiele, an denen ich teilgenommen habe, über die Jahre ziemlich konstant geblieben sind, sieht man von der Inflationsanpassung ab. Als ich Mitte der siebziger Jahre auf der Universität war, lagen die Startsummen gewöhnlich entweder bei 1.000 Dollar oder bei 1.500 Dollar. Diese Beträge sind ständig gestiegen, bis sie den jetzigen Stand von 5.000 Dollar erreicht haben, in Übereinstimmung mit dem Verbraucherpreisindex. Es mag vielleicht seltsam erscheinen, aber ich strebte keine höheren Wetteinsätze an, als ich reicher wurde. Heute Abend spielen hier Menschen, deren Vermögen bei um die 100 Millionen liegt, und andere, die nicht einmal 100.000 besitzen. Trotzdem sind wir alle mit der Höhe des Wetteinsatzes zufrieden. Poker ist am besten, wenn der Wetteinsatz bedeutsam ist, aber nicht so hoch, dass Furcht und Habgier mit ins Spiel kommen. Das Geld sollte der Konzentration dienlich sein, nicht blenden.

Leute die tausendmal mehr Geld besitzen, geben nicht tausendmal mehr für Essen, Kleidung oder Miete aus. Deshalb ist selbst die Summe von 5.000 Dollar für Multimillionäre von Bedeutung – wenigstens für diejenigen, die ich kenne – in Relation zu ihren alltäglichen Entscheidungen. Andrerseits kann jeder, der geschickt im Pokern ist, irgendwo 5.000 Dollar auftreiben. Das bedeutet, der Wetteinsatz schließt niemanden aus, der sonst eingeladen werden würde, aber er langweilt auch niemanden. Glücksspieler treiben den Wetteinsatz gern so hoch wie möglich, ernsthafte Pokerspieler hingegen ziehen einen Wetteinsatz vor, der gerade richtig ist.

Obwohl ich eine Weile nicht gespielt habe, bin ich nicht eingerostet. Ich treffe gegen acht Uhr abends ein, kaufe mich für 5.000 Dollar in die Partie ein und liege um halb vier am nächsten Morgen mit 37.500 Dollar in Führung. Niemand hat bisher mit großem Abstand vorn gelegen, so dass jede Menge Geld im Spiel ist. Ich habe meine Einsätze stetig gesteigert – ein gutes Blatt pro Stunde und niedrigere Spiele dazwischen, ohne nennenswerte Gewinne oder Verluste. Weder habe ich den ganzen Abend zurückgelegt, noch habe ich besonderes Glück mit der letzen Gemeinschaftskarte gebraucht. Alles in allem eine fast perfekte Pokernacht für mich. Dann kommt das stärkste Spiel und das letzte für mich. Im Big Blind halte ich die folgenden Karten:

Das ist nicht das stärkste Blatt für Hold 'Em, aber es ist das vielseitigste. Es ist stark genug, um hohe Paare zu bilden, zwei Paare und Drillinge, plus die größtmögliche Anzahl von Straßen- und Flush-Möglichkeiten. Wenn man eine Straße hat, muss es die höchstmögliche sein, es sei denn eine Zehn oder ein Bube liegt im Board.

Cao Chong steht unter Druck und wettet 500 Dollar. Drei andere gehen mit, bevor ich an der Reihe bin. Es sieht so aus, als ob dies ein starkes Blatt werden würde. Das ist perfekt für mich. Ich lege 450 Dollar in den Pot für eine Gesamtsumme von 2.525 Dollar. Entweder verhilft mir der Flop zu mindestens vier Karten für einen Flush oder eine Open-ended-straight, oder nicht. Wenn ja, habe ich eine 1:4-Chance zu gewinnen, und möglicherweise einen hohen Betrag. Wenn nicht, werde ich aussteigen.

KAPITEL 3: GRUNDLAGEN DES FINANZWESENS 85

Der Flop bringt:

Dies ändert die Lage. Anstatt nur gute Chancen auf mögliche Kombinationen zu erhalten, die mit den nächsten offenen Karten gebildet werden könnten, habe ich gleich ein starkes Blatt, zwei Paare. Der Flop bietet mir mehrere Straight- und Flush-Möglichkeiten, aber es ist nicht möglich, dass einer der Spieler schon einen Flush hat. Allerdings wäre es denkbar, dass jemand mit einer Dame und einer Neun auf der Hand eine Straße hat, was aber anhand des Einsatzes von 500 Dollar eher unglaubhaft scheint (Neun und Sieben ist sogar noch weniger wahrscheinlich). Es könnte auch Spieler mit hohen Paaren geben, Damen oder besser, die mich schlagen könnten, wenn eine davon im Board auftaucht. Eine weitere Sorge ist ein Blatt mit Dame und Bube auf der Hand, welches mich sicherlich besiegen würde, sollte eine weitere Dame dazukommen. Jedes Paar könnte zum Drilling werden. Mit vier anderen im Spiel gibt es zu viele Möglichkeiten, zu verlieren – vor allem wenn alle Spieler bis zum Showdown dabei bleiben. Aber es ist gut möglich, dass ich momentan das beste Blatt habe und mich somit jedem Einzelnen der anderen Spieler gegenüber im Vorteil befinde.

Es ist wichtig, diese Situation mit einer anderen Situation zu vergleichen, wo mir nur eine Karte fehlt, um ein gutes Blatt zu haben. Nehmen wir einmal an, ich hielte das Ass und eine weitere Herzkarte auf der Hand, bei demselben, oben abgebildeten Flop. In diesem Fall würde ich gegen so viele Spieler wie möglich spielen wollen, da ich voraussichtlich entweder gegen alle gewinnen oder gegen alle verlieren würde. Mit der Bube-Zehn-Kombination, die ich habe, werde ich höchstwahrscheinlich gegen exakt einen der anderen Spieler verlieren. Mein Ziel ist es, den Pot mit einem oder keinem anderen Spieler auszuhandeln – welches von beiden, ist mir ziemlich egal. Da das Small Blind ausgestiegen ist, eröffne ich das Wetten und setze All-In. Alle anderen gehen mit.

Das ist nicht ganz so überraschend, wie man vielleicht zunächst denken mag, da 2.525 Dollar im Pot sind und einige der Spieler nur noch wenige Chips vor sich liegen haben. Methane hat:

Damit hat er eine Open-ended Straight, drei Karten für einen Flush und die Chance, dass ein Ass mit einer anderen Karte auftaucht und ein Paar bildet, entweder mit dem auf seiner Hand oder sogar im Board. Die Straße wäre die beste Möglichkeit, denn mit diesem Blatt könnte er leicht gegen einen Flush oder eine höhere Straße verlieren. Aber er hat nur 1.500 Dollar, und da alle anderen mithalten, ist er mit seiner Gewinnchance zufrieden. Ein anderer Spieler hat ein paar Könige und auch ungefähr 1.500 Dollar. Kotha denkt, dass sein Blatt mit Ass Herz und Sechs Herz einen Einsatz von 3.000 Dollar wert ist.

Natürlich ist diese Situation genau das, was ich nicht wollte. Trotzdem habe ich gegen diese drei Blätter immer noch gute Aussichten. Meine Chancen, gegen alle drei gewinnen zu können, sind etwas besser als 1:3 und würden mir 8.000 Dollar Profit bringen, gegenüber einer 1:3-Chance, entweder 3.500 Dollar oder 500 Dollar netto zu verlieren, indem ich zwar gegen Kotha gewinnen, aber gegen die anderen beiden verlieren würde.

Alles ändert sich, als Cao Chong seine Karten hinlegt:

Jetzt gibt es nur noch eine Möglichkeit für mich, das Spiel zu gewinnen, und das ist, wenn der Turn und der River die zwei übrigen Zehner aus dem Kartendeck wären – eine Chance von 1:741. Meine Chance auf ein Unentschieden liegt bei 6:741 (Kreuz- oder Karo-Neun mit der Kreuz-, Karo- oder Pik-Sieben). Doch nichts dergleichen passiert, und um die Sache noch schlimmer zu machen, hat Cao Chong das meiste Geld von allen vier Spielern, etwas mehr als 10.000 Dollar. Das bringt ihm über 28.000 Dollar ein und mir 27.000 Dollar – ein Profit von 22.000 Dollar für einen Abend und Zeit für mich, nach Hause zu gehen.

Kapitel 4

Eine kurze Geschichte der Risikoverleugnung

Über das Risiko im Finanzwesen und die Leute, die vorgeben, es nicht zu sehen

Irgendwann in ferner Vergangenheit, nach der Erfindung der Sprache, trafen zwei kommunikationsfähige Fremde zum ersten Mal aufeinander. Ich weiß nicht, was sie sagten, aber zwei gute Vermutungen wären: „Wollen wir wetten?", oder: „Wollen wir tauschen?" Spielen und Handeln sind zwei der ältesten Aktivitäten der Menschheit. Tatsächlich spüren einige Forscher diese auch bei Tieren, Bakterien sogar bei Genen auf. Beide Aktivitäten bergen Risiken – eines der wichtigsten und am wenigsten verstandenen Puzzles, welche das Leben mit sich bringt.

In vormodernen Gesellschaften stellte das Glücksspiel die bevorzugte Art und Weise der Entscheidungsfindung dar, wenn adäquate Fakten für eine begründete Entscheidung fehlten. Steinzeitliche Gesellschaften warfen Stöcke, Steine oder Knochen – oder untersuchten tierische Eingeweide –, um darüber zu entscheiden, wo gejagt oder ob weitergezogen wurde. Die Bibel und andere altertümliche Quellen erwähnen häufig die Verwendung des Losentscheids, um den Willen Gottes zu ergründen.

Spielen als Freizeitbeschäftigung genoss geringeres Ansehen. Im Allgemeinen wurde es zwar toleriert, aber missbilligt. Es erschien pietätlos, mit Instrumenten zu spielen, mit welchen Gott uns für höchst seriöse soziale Entscheidungen ausgerüstet hatte. Der Monotheismus brachte die Idee auf, passiv das von Gott zugeteilte Schicksal zu akzeptieren. Das Spiel erschien als Verweigerung, dies zu tun. Ähnliches galt für finanzielle Transaktionen. Das Kaufen und Verkaufen von Sachwerten wurde akzeptiert, aber rein finanzielle Transaktionen wie das Erheben von Zinsen, der Geldwechsel, das Spekulieren, das Kaufen und Verkaufen von Versicherungen und das Handeln mit Wertpapieren, wurden mit starkem moralischem Misstrauen betrachtet.

ICH BIN SCHOCKIERT – SCHOCKIERT, DASS HIER DRINNEN IMMER NOCH GESPIELT WIRD!

Die Einstellung zum Finanzwesen begann sich im Italien der Renaissance zu ändern, und dieser Wandel beschleunigte sich während der Reformation in Nordeuropa. Als Ausmaß und Risiko rein finanzieller Transaktionen zunahmen, wurde es schwieriger, den Faktor Glücksspiel zu ignorieren. Geldgeber hatten die Wahl zwischen der Behauptung, Glücksspiel sei gut, und der Behauptung, das Finanzwesen habe nichts mit Glücksspiel zu tun. Die meisten von ihnen wählten das Letztere (in der Theorie zumindest; in der Praxis betätigte sich ein Großteil von ihnen nebenher als ernsthafte professionelle Spieler).

Zum Teil ist das bloße Beschönigung, in der Art von Hollywood-Produzenten, die ihre Filme mit einer sorgsam bemessenen Menge gut aussehender junger Menschen in Unterwäsche würzen und behaupten, keine Pornographen zu sein, oder mit Menschen, die ihre Stimmungen durch den Konsum von Koffein, Nikotin oder Alkohol beeinflussen und behaupten, keine Drogen zu nehmen. Spielen, Pornographie und Drogen sind für schäbige, zwielichtige Gestalten – und haben nichts damit zu tun, Aktien zu kaufen, D.H. Lawrence zu lesen oder sich vom Arzt Antidepressiva verschreiben zu lassen.

Wer gerne solche Unterscheidungen macht, kann das meinetwegen tun, aber täuschen Sie sich nicht über die Realität der damit verknüpften Geschäfte. In diesem Kapitel geht es nicht um törichte Dinge, die Leute gesagt haben, um das Wort „Glücksspiel" im Hinblick aufs Finanzwesen zu vermeiden. Es geht um törichte Dinge, die Menschen getan haben.

Fangen wir mit etwas Einfachem an: britische Prämienanleihen. Sie sind die beliebtesten Privatinvestitionen in Großbritannien – 23 Millionen Bürger besitzen Werte in der Höhe von 50 Milliarden Dollar (27 Milliarden britische Pfund). Sie werden von der National Savings and Investment Agency[16] verkauft. Mit jedem in die Anleihen investierten Pfund erhält man eine Nummer, und monatlich findet eine Lotterieziehung statt. Zwei Glücksnummern erhalten je den ersten Preis von einer Million Pfund, zudem gibt es über eine Million weitere Preise bis hinunter zu 50 Pfund. Die Chancen stehen nur 1:24.000, in einem bestimmten Monat überhaupt einen Preis zu erhalten, aber anders als bei einer gewöhnlichen Lotterie muss der Beleg nach der Ziehung nicht vernichtet werden, denn im nächsten Monat besteht wieder die Möglichkeit, zu gewinnen.

Ich hoffe, niemand wird behaupten, Prämienanleihen seien alles andere als ein im Voraus bezahlter monatlicher Lottoschein. Nichtsdestoweniger sind sie aus Sicht der Regierung eine Staatsanleihe wie jede andere auch. Die Regierung erhält heute Geld und zahlt monatlich Zinsen an die Wertpapierbesitzer. Statt, wie es üblich ist, die gleiche Summe für jedes Wertpapier auszuzahlen, zahlt die Regierung zwischen 50 und einer Million Pfund Nominalwert für eine Million Wertpapiere und überhaupt nichts für 26 Milliarden andere Wertpapiere. Das macht der Regierung nichts aus, nur den Wertpapierbesitzern.

Die Website der NS&I bietet zwei Wahlmöglichkeiten: „garantierte Gewinne" und „potentiell hohe Gewinne". Die garantierten Gewinne sind Standard-Investitionen wie festverzinsliche Staatsanleihen und Sparbriefe. Für die potentiell hohen Gewinne gibt es zwei Optionen: die Prämienanleihe und die garantierte

---

16 NS&I: Eine staatseigene Sparkasse der britischen Regierung.

KAPITEL 4: EINE KURZE GESCHICHTE... 89

Eigenkapitalanleihe, ein ähnliches Wertpapier, dessen Ausschüttung sich an der Entwicklung des Aktienmarktes orientiert und nicht einer Lottoziehung gleicht.

Laut der konventionellen Finanztheorie gibt es einen himmelweiten Unterschied zwischen der (mit dem Glück spielenden/schlechten) Prämienanleihe und der (investierenden/guten) garantierten Eigenkapitalanleihe. Aus dem Blickwinkel eines Anlegers ist der einzige Unterschied die Ausschüttung der Dividenden. Wenn nur eine einzige Prämienanleihe gekauft wird, ist sie risikoreicher als die garantierte Eigenkapitalanleihe, sie ist jedoch sicherer, wenn eine große Anzahl erworben wird. Während die erwartete Dividende einer Prämienanleihe bekannt ist, kann diese bei der garantierten Eigenkapitalanleihe nur geraten werden, doch beides scheint auf dasselbe hinauszulaufen. Ein großer Nachteil der garantierten Eigenkapitalanleihe besteht darin, dass sie die größten Gewinne ausschüttet, wenn die meisten Leute sie am wenigsten benötigen – geht es der Wirtschaft gut, gibt es eine Menge Arbeit, und andere Investitionen laufen gut. Aus Sicht der Regierung gibt es überhaupt keinen Unterschied. Sie erhält heute Geld und schüttet entweder in einer monatlichen Lotterie Zinszahlungen an die Wertpapierbesitzer aus, oder sie investiert die monatlichen Zinszahlungen basierend auf einer komplexen Formel in den Aktienmarkt und schüttet die Gewinne (wenn vorhanden) an die Wertpapierbesitzer aus.

Man könnte natürlich argumentieren, der Unterschied bestehe darin, dass garantierte Eigenkapitalanleihen die Regierung dazu bringen, die monatlichen Zinszahlungen in den Aktienmarkt zu investieren. Das heißt, dass die Regierung Aktien von anderen Investoren kauft. Diese anderen Investoren nutzen möglicherweise das Geld der Regierung, um Realinvestitionen zu tätigen – zum Beispiel, um neu ausgestellte Aktien direkt von den Firmen zu kaufen. In diesem Fall würden die garantierten Eigenkapitalanleihen dazu führen, dass wirkliches Geld in reale wirtschaftliche Vorgänge gesteckt werden würde. Doch was, wenn dies nicht geschieht? Was, wenn die Regierung keine Aktien kauft? Was, wenn die Leute, die ihre Aktien an die Regierung verkaufen, das Geld einfach ausgeben oder horten und die Leute, die die garantierten Eigenkapitalanleihen gekauft haben, Geld nutzen, welches sonst in reale wirtschaftliche Aktivität investiert worden wäre? Dann hätte die garantierte Eigenkapitalanleihe genau den gegenteiligen Effekt, nämlich Geld, das für Investitionen gebraucht wurde, für Glücksspiel auszugeben.

> **Risikoverleugnung 1:**
> **All unsere finanziellen Produkte sind rein, ohne künstliches Zusatzrisiko.**

Wenn all dies für Sie unglaublich abstrakt klingt, haben Sie Recht. Die schlichte Wahrheit ist, dass niemand den Effekt kennt, den das Angebot von Prämienanleihen gegenüber garantierten Eigenkapitalanleihen gegenüber Festzinsanleihen gegenüber Festzinsaktien hat. Eine großartige theoretische Antwort gibt es nicht, oder sie wurde schlichtweg bisher noch nicht gefunden. Die nackte Wahrheit ist, dass diese beiden Produkte, und alle im Einzelhandel verkauften Finanzprodukte, im Hinblick auf ihre Anziehungskraft auf den Investor entworfen wurden und nicht im Hinblick auf ihre feinen Auswirkungen auf die Wirtschaft. Wenn Anleger gerne spielen – und die meisten Menschen tun dies –, werden die Emittenten einen Weg finden, deren Spieltrieb zu befriedigen.

Beinahe alle Finanzprodukte und Finanzinstitutionen bergen ein beabsichtigtes Zusatzrisiko, welches über das, was als natürlich aus dem Leben oder der wirtschaftlichen Aktivität entstehend begründet werden kann, hinausgeht. Einige solcher Risiken, wie die aus den Prämienanleihen gezogenen Lotteriezahlen, dienen dazu, die Wirkung auf den Anleger zu steigern, ähnlich wie Fertiggerichten oft viel Zucker und Salz beigemischt sind. Wirtschaftswissenschaftler fühlen sich mit dieser Tatsache häufig unwohl, da die konventionelle Nutzentheorie behauptet, dass Anleger kein Zusatzrisiko goutieren sollten. Die Schwachstelle dieser Argumentation werden wir im Kapitel „Werkzeuggürtel" behandeln (Kapitel 10). Deshalb jedoch ziehen es viele Wirtschaftswissenschaftler vor, Prämienanleihen vollständig zu ignorieren und die Existenz von Risikozusätzen in anderen Finanzprodukten zu leugnen. Wer sich im Finanzwesen behaupten oder Finanzprodukte klug einsetzen möchte, sollte diese Zusätze verstehen.

Nicht alle Nahrungsmittelzusätze sind dafür da, die Nahrung für den Konsumenten attraktiver zu machen. Konservierungsstoffe und Stabilisatoren dienen als Annehmlichkeiten für den Hersteller. Natürlich klingen „konservieren" und „stabilisieren" gut – man würde nicht sagen: „Wir fügen dieser Nahrung Dinge bei, damit nicht einmal mehr Bakterien sie essen würden." Finanzinstitutionen reichern Aktiva aus demselben Grund mit Risiko an: damit die Leute sie nicht konsumieren oder horten. Andere Zusätze sichern die korrekte Menge an Bakterien in der Nahrung – niemand möchte, dass Dinge zerkrümeln oder aufgehen. Indem man, anstelle der Vermögen selber, das Risiko in Devisenmärkten reguliert, verändert sich die Vermögensverteilung unter den Anlegern. Sollte der Wertpapierbesitz zu konzentriert oder zu verstreut sein, verursacht dies reale wirtschaftliche Ineffizienz. Die höfliche Umschreibung für dieses Verfahren lautet *Kapitalbildung*.

Anlagevermögen wird zum Zweck des Geldverdienens gehalten. Das hat nichts mit dem Vermögenswert zu tun, alles spielt sich im Kopf des Besitzers ab. Der Vater einer meiner Freunde war Elektroingenieur und trug zwei identische Kugelschreiber in einem Etui in seiner Brusttasche. Den einen hatte er für private Notizen selbst gekauft, den anderen hatte er für berufliche Zwecke aus dem Büro mitgenommen. Beide waren Vermögensgegenstände, doch nur der zweite stellte ein Anlagevermögen dar. Damit die Wirtschaft wächst, müssen die Menschen dazu gebracht werden, Vermögensgegenstände zum Geldverdienen zu nutzen, anstatt sie zu horten oder für ihr Privatvergnügen zu nutzen. Dieses Denken zu fördern, ist eine wichtige Aufgabe von Finanzinstitutionen.

Einer der besten Wege der Kapitalbildung besteht darin, Aktiva zu konzentrieren. Stellen Sie sich 1.000 Personen vor, die jeweils 1.000 Dollar für Notfälle unter ihren Matratzen liegen haben. Bringen Sie sie dazu, eine Lotterie zu veranstalten, in der eine von ihnen die gesamte Million gewinnt und – voilà! – sofortiges Kapital. Niemand versteckt eine Million unter seiner Matratze, die meisten würden sie investieren. Einige würden das Geld direkt ausgeben, aber auch das ist in Ordnung. Geld, das ausgegeben wird, steigert Geschäftsprofite, und die Profite vermehren wiederum das Kapital. Darüber hinaus ermutigen zunehmende Geschäftsprofite andere Personen zu Investitionen. Und ein weiterer Vorteil: Die 999 Verlierer werden sich bemühen, durch wirtschaftliche Maßnahmen ihre Notfallfonds wieder aufzubauen, was ebenfalls weiteres Kapital schafft.

> **Risikoverleugnung 2:**
> **Es ist Kapitalbildung,**
> **nicht Glücksspiel.**

Die herkömmliche Wirtschaftslehre betrachtet die Börse als eine bequeme Einrichtung für Leute, die Aktien kaufen und verkaufen möchten – eine Art eBay für Wertpapiere. Doch das erklärt noch nicht die Anzahl oder die Volatilität von Transaktionen an der Börse. Nur ein winziger Teil der Börsentransaktionen vermag es, die Stellung eines Endinvestors am Markt zu verändern – meist handelt es sich um Nullsummenspekulationen zwischen zwei Anlegern. Wenn der Aktienmarkt insgesamt um zehn Prozent innerhalb eines Jahres steigt, erzielt der Durchschnittsanleger natürlich Gewinne in Höhe von zehn Prozent. Einzelne Anleger werden jedoch Erträge in der gesamten Bandbreite haben, von minus 100 Prozent (wodurch sie ihr gesamtes Geld verlieren) bis plus 1.000 Prozent oder mehr durch Stock Picking und Day Trading. Für das Verständnis des Aktienmarkts ist die *Volatilität* um den Mittelwert sehr viel wichtiger als die durchschnittlichen 10 Prozent. Denn das ist es, was Händler begeistert, worüber Börsenanalytiker schreiben, weshalb Leute sich gegenseitig verklagen und womit Investmentfonds (ausgenommen Indexfonds) werben. Dies ist der Grund, warum die Börse entstand und warum es überhaupt einen Unterschied macht. Das ist das Geheimnis, wie man sich an der Börse behaupten und sie individuell weise nutzen kann.

Ein weiterer Trick der Kapitalbildung baut auf die Spielpsychologie. Zahlt man sein Geld auf einem Girokonto ein, bleibt die Summe jeden Tag gleich. Man zahlt etwas ein oder hebt etwas ab, je nach Bedarf. Dies ist nicht gut fürs Kapital – die meisten Investitionen benötigen das Geld für eine längere Zeitspanne, und ihr Erlös ist ungewiss. Investiert man sein Geld stattdessen in einen Investmentfonds, wird der Fonds entweder steigen oder fallen. Die Menschen hassen es, mit Verlust zu verkaufen. Wenn der Fonds fällt, werden sie deshalb lieber erst einmal ohne das Geld auskommen, als den Fonds wieder zu verkaufen, um sich davon etwas zu kaufen. Steigt der Fonds, werden die Leute noch mehr Geld in Investmentfonds investieren wollen – schließlich haben sie gerade Geld damit verdient.

Ein weiterer Nutzen des Glücksspiels bei der Kapitalbildung ist vor allem in schlechten Zeiten äußerst wichtig. Geht es der Wirtschaft schlecht, finden kaum wesentliche Investitionen statt. Doch das ist natürlich genau der entscheidende Zeitpunkt, um Leute zur Kapitalbildung zu ermutigen. Wird dies nicht erreicht, werden die schlechten Zeiten niemals enden. Die meisten Transaktionen auf dem Finanzmarkt sind Nullsummenspiele. Jede Anleihe hat einen Kreditnehmer und einen Verleiher. Alles, was der Kreditnehmer verdient, kommt vom Verleiher. Kauft jemand Euro mit US-Dollar, steht jemand am anderen Ende dieses Handels. Verkaufe ich meine General-Motors-Aktien, um in Ford zu investieren, ist wiederum jemand am anderen Ende. Deshalb werden viele schlaue oder glückliche Menschen Geld verdienen, sogar wenn die durchschnittlichen Investitionserträge der Wirtschaft negativ sind. Als zum Beispiel 1970 die Aktien- und Wertpapierkurse fielen, stiegen die Kurse für Handelswaren ins Unermessliche. In den 1990ern gab es Jahre, in denen die Zinssätze für Leveraging – einem Finanzierungsvorgang, bei dem Fremdkapital zum Zweck der Substitution von Eigenkapital aufgenommen wird – große Gewinne einfuhren. Als dies zusammenbrach, stiegen die Investitionen in Schwellenländern. Als diese zusammenfielen, schnellten Internet-Aktien in die Höhe. Was auch immer passierte, es gab stets einen attraktiven Sektor, in dem Devisenfonds in Kapital umgewandelt werden konnten. Würde niemand in guten Zeiten gegen den Strom schwimmen, gäbe es keine Gewinner, welche die Leute in schlechten Zeiten inspirieren könnten.

Ich möchte nicht behaupten, dass Glücksspiel essentiell für Kapitalbildung ist. Eines Tages mag es einen sensiblen Wirtschafswissenschaftler geben, der eine „Bio-Laden"-Institution eröffnet, die Finanzprodukte ohne Zusatzrisiko anbietet. Umfassend informierte Anleger mögen den Nutzen maximieren, indem sie einen Teil ihres Einkommens in Kapital umwandeln. Einige werden vielleicht behaupten, dies sei bereits geschehen, und kostengünstige Investmentfonds als Beispiel anführen. Ich denke, dass in ihnen mehr Zusatzrisiko steckt, als auf den ersten Blick zu sehen ist. Ich stimme jedoch zu, dass sie weniger Risiko bergen als aktive Investmentfonds oder der direkte Aktienhandel. Aber meines Erachtens gibt es einen Grund dafür, dass Glücksspiel immer schon die dominante Kapitalbildungstechnik gewesen ist, und ich erwarte dies auch in nächster Zukunft weiterhin. Wer den Finanzmarkt verstehen möchte, muss die Risikozusätze verstehen. Finanzinstitutionen sind nicht nur für Kapitalbildung, sondern auch für die Kapitalallokation verantwortlich. Welche Projekte erhalten das rare Kapital? Man könn-

> **Risikoverleugnung 3:
> Händler sind bloße
> Order-Verwalter.**

te meinen, dass solche Entscheidungen von Expertenkomitees mit Auszeichnungen und einschlägigen Erfahrungen im Wirtschaftssektor gefällt werden sollten. Doch es lässt sich feststellen, dass solche Leute grandios scheitern, ob sie nun bei der Regierung oder im privaten Bereich angestellt sind. Dies gilt insbesondere in dynamischen Wirtschaftszweigen. Kapitalallokation gleicht mehr einem Spiel als einer Kunst oder Wissenschaft, und die Spieler scheinen das Beste dabei herauszuholen. Erfolgreiche Finanzmärkte müssen Händler mit den richtigen Fähigkeiten anziehen, was bedeutet, sich die richtigen Spiele auszudenken. Wirtschaftswissenschaftler tendieren dazu, den Händlern die passive Rolle zuzuweisen, Aufträge zu erfüllen und Liquiditäten zur Verfügung zu stellen, um kurzfristige Schwankungen auszugleichen. Doch das entspricht keineswegs der Realität. Händler sind essentielle und hochbezahlte Beteiligte im Innersten der Finanzmärkte. Um genau zu sein, sind sie das einzig Wesentliche. Mit guten Händlern kann Kapital ganz ohne ein Gebäude, ohne Regulierungen oder zentralisierte Informationen gebildet und zugeteilt werden. Ohne gute Händler sind diese anderen Dinge nicht effizienter als von der Regierung betriebene Programme.

Händler spielen sogar nach ihrem Ausstieg noch eine wichtige Rolle. Vermögen, die durch An- und Verkauf von Wertpapieren entstanden sind, haben wirtschaftliche Revolutionen garantiert. Der Einfluss dieses Geldes ist viel größer als der von Vermögen, die im Geschäftsleben oder auf andere Weise entstanden sind. Ehemalige Händler haben neue Jobs angenommen, welche die Wirtschaft ohne direkte Investitionen beeinflusst haben.

HEDGING-WETTEN

Risikoverleugnung führte zu solchen Absurditäten wie der Verweigerung bis in die 1830er hinein, die Wahrscheinlichkeitsrechnung zu benutzen, um Lebensversicherungen zu bewerten. Denn während der 250 Jahre zuvor war Basismathematik auf Glücksspiele angewandt worden, die Versicherungsgesellschaften aber mussten behaupten, dass Lebensversicherungen deterministische Tauschbörsen seien (Determinismus und Tauschbörsen waren beliebt bei protestantischen religiösen Anführern) und weniger eine Wette aufs eigene Sterben. Doch am Ende stirbt jeder, so dass Lebensversicherungen keine Wette, sondern eine Investition darstellen.

> **Risikoverleugnung 4:
> Es ist kein Spielen, es ist Hedging.**

Hierbei handelte es sich nicht nur um leeres Gerede ohne Konsequenzen – die Verweigerung, Mathematik anzuwenden, führte zu enormen Falschbewertungen. Regierungsannuitäten wurden an Personen jeglichen Alters zum selben Preis verkauft. Die Versicherungsgesellschaften verpassten es, Statistiken zu erstellen, die rationale versicherungsmathematische Vorhersagen ermöglicht hätten.

Nach reichlichen Verlusten brachte ein anonymes Genie eine Antwort hervor. Auf Versicherungen, so das revidierte Argument, lässt sich dieselbe Mathematik anwenden wie beim Würfeln oder Roulette, aber sie unterscheiden sich in einem wesentlichen Punkt. Glücksspieler schaffen zu Unterhaltungszwecken künstlich ein Risiko, während Versicherungen es den Menschen ermöglichen, natürlich eintretende Risiken abzusichern. Das bedeutet, dass Versicherungsgesellschaften die von Würfelspielern erfundene Mathematik nutzen können, ohne selbst sündige Glücksspieler zu sein.

Damit war das Konzept des *Hedging* erfunden: Eine Wette abzuschließen, die zwar in sich riskant ist, das allgemeine Risiko jedoch verringert. Das Prinzip klingt wunderbar, versagt jedoch häufiger, als es funktioniert. Viele finanzielle Desaster sind auf Personen zurückzuführen, die vermeintlich Hedging betrieben. Das Problem mit der Idee des Hedging besteht darin, dass es entscheidend auf den Umfang der eigenen Analyse ankommt. Betrachtet man einen größeren Bildausschnitt, entpuppt sich das Sicherungsgeschäft als Risikosteigerung.

Das andere Problem mit der Erläuterung des Hedging ist, dass sie nicht aufgeht. Lebensversicherungen sichern nicht das Risiko des Sterbens ab – hierauf haben sie keinen Einfluss. Im Prinzip könnten sie genutzt werden, um nach dem eigenen Ableben die finanziellen Konsequenzen für die Familienangehörigen zu verringern. Würden die Lebensversicherungen in diesem Sinne genutzt, bräuchten Jungverdiener mit vielen Familienangehörigen sehr viel mehr Lebensversicherungen, während Singles und Pensionäre mit wesentlich weniger auskämen. Ungefähr die Hälfte der heute lebenden Menschen wird bis zu ihrem Lebensende viel mehr konsumieren als verdienen. Sie müssten eine negative Summe von Lebensversicherungen besitzen (eine Lebensjahresrente ist eine Form der negativen Lebensversicherung – man wird dafür bezahlt, länger zu leben, anstatt dafür, früh zu sterben).

Die Zahlen zeigen, dass die Menge der abgeschlossenen Lebensversicherungen von der Höhe des Risikofaktors unabhängig ist, die angeblich begrenzt werden soll. Wenn überhaupt, gibt es eine negative Wechselbeziehung: Personen, die viele Versicherungen benötigen, besitzen diese mit geringerer Wahrscheinlichkeit als Personen, die weniger benötigen. In den Vereinigten Staaten entspricht die Gesamtsumme der abgeschlossenen Versicherungen ungefähr der der Gesamtsumme der Risiken aller Familien, allerdings sind die Versicherungen im Besitz der falschen Familien. Im Allgemeinen verstärkt eine Lebensversicherung die finanziellen Auswirkungen davon, wenn jemand früh stirbt – sie federt sie nicht ab.

Ich bin nicht gegen Versicherungen. Einige Menschen kaufen sie wirklich zur Absicherung. Jeden Tag brennt irgendwo ein Haus ab, und die Versicherung zahlt dem Geschädigten den Verlust. Einige Jungverdiener knausern mit ihren Budgets, um sich ausreichend Versicherungen leisten zu können, damit die Hypothek abgezahlt werden kann und die Kinder auch dann aufs College gehen können, wenn der Tod zu früh an die Tür klopft.

KAPITEL 4: EINE KURZE GESCHICHTE...

Doch lassen Sie uns realistisch sein. Die meisten Menschen, einschließlich der meisten Akademiker und Wohlhabenden, spielen Lotto. Viele von ihnen geben große Summen aus – 50 oder 100 Dollar pro Woche. Für solche Summen kann man Versicherungspolicen mit Renditen – in der Höhe vergleichbar mit Lotteriegewinnen – kaufen. Üblicherweise behält der jeweilige Bundesstaat 55 Prozent vom Einsatz des Lotteriespielers, danach streicht die Bundesregierung 28 Prozent aller Gewinne ein (und zusätzlich greift der Bundesstaat nochmals zu). Für ernsthafte Spieler gibt es eine weitere Steuer. Da sie kleinere Gewinne nutzen, um weitere Lotteriescheine zu kaufen, steigt der tatsächliche Anteil des Staates von 55 auf etwa 85 Prozent. Für jeden ausgegebenen Lotterie-Dollar erwartet der seriöse Langzeitspieler demnach, zehn Prozent zurückzubekommen.

> **Risikoverleugnung 5: Auszahlungen von Versicherungen decken wichtige Investitionen ab, während Lottogewinner ihren Gewinn vergeuden**

Ergibt es nicht Sinn, dass zumindest einige von ihnen es vorziehen, eine Lebensversicherungspolice zugunsten des Ehepartners für die gleiche Geldsumme zu kaufen, welche sich mit Gewissheit bezahlt macht und im Durchschnitt das Zwei- bis Dreifache oder noch mehr der ursprünglichen Einzahlung einbringt, und nicht nur zehn Prozent? Was wäre, wenn die Prämien im Gegensatz zu Lotteriescheinen steuerlich absetzbar und die Gewinne steuerbegünstigt wären? Wäre es nicht verrückt, würde keiner dies vorziehen? Der demographische Beweis legt die Vermutung nahe, dass Leute, die eine schwer zu begründende Menge an Lebensversicherungen besitzen, regelmäßigen Lottospielern ähneln, abgesehen davon, dass sie reicher sind.

Erlöse aus Lebensversicherungen, die nicht aus der Not heraus erworben wurden, werden eher so wie Lotteriegewinne ausgegeben als solche, die einen Einkommensverlust eines Erwerbstätigen ersetzen sollen. Die Besitzer von Lebensversicherungen werden positiv betrachtet, Lotteriescheinkäufer negativ. Man könnte also meinen, dass die Einnahmen aus Lebensversicherungen in vernünftige Investitionen angelegt werden, um Witwen und Waisen zu unterstützen, während Lotteriegewinne für wilde Ausschweifungen vergeudet werden. Tatsächlich werden beide häufig genutzt, um bei relativ jungen Menschen einen kontinuierlichen Aufstieg im sozialen Status zu erreichen (zum Beispiel, um Kinder aufs College zu schicken) und um bei Senioren eine anhaltende Steigerung der Lebensqualität zu erzielen (zum Beispiel, das Vorstadthaus zu verkaufen und eine Eigentumswohnung in Florida zu erwerben). Für viele Käufer beider Produkte ist dies das einzige Finanzprodukt, das geeignet scheint, um diese Ziele zu erreichen. Lebensversicherungen sind verlässlicher, allerdings muss erst jemand sterben, damit die Summe ausgezahlt wird. Am sinnvollsten sind sie also, wenn nur für einen von beiden eine Steigerung der Lebensqualität gewünscht wird. Sobald Versicherungsgesellschaften Glücksspielanalysen akzeptiert hatten, finanzierten sie enorm nützliche Risikoforschung. Auf der einen Seite führte die Entwicklung der versicherungsmathematischen Wissenschaft zu einem wichtigen Fortschritt auf dem Gebiet der Statistik. Auf der anderen Seite erstellten Firmen anhand großer Datenmengen Statistiken über die Risiken im alltäglichen Leben. Hunderte Millionen von Menschen durften Wetten abschließen, welche ihr Leben verbesserten. Sie erhielten einigermaßen faire Wettchancen, ohne beim Wetten gegen das Gesetz verstoßen zu müssen. Steuerrichtlinien wurden zu ihren Gunsten anstatt zu ihrem Nachteil gedreht, wie es beim Spiel im Kasino oder beim Poker der Fall ist.

> **Risikoverleugnung 6:**
> **Wie spielen nicht, wir investieren.**

EIN ZUFALLSSPAZIERGANG DIE WALL STREET ENTLANG

Es dauerte weitere anderthalb Jahrhunderte, bevor Börsenhändler zugaben, dass der Aktienmarkt eine Zufallsbewegung (Random Walk) ist. Wie bei den Versicherungen war der Widerstand gegen Glücksspielanalysen nicht nur eine folgenlose Formulierung – er führte zu Fehlbewertungen. Heute stimmen Finanztheoretiker darin überein, dass die Renditen der Aktiendividenden niedriger sein sollten als die Renditen von Anleihen, da Aktien an Wert gewinnen können (Anleihen zahlen entweder den versprochenen Betrag oder weniger aus – in diesem Sinne können sie nur sinken, so dass der Anleger eine höhere zugesicherte Rendite benötigt, damit sie attraktiv sind). Aber bis zur Erfindung der modernen Portfoliotheorie in den 1950ern waren die Gewinne aus Aktiendividenden höher als die aus Anleihen, da Aktien als risikoreicher galten. Zudem waren Aktienportfolios nicht richtig gestreut, und niemand berechnete die Erfolgsbilanzen von Managern, da die Erhebung von Diversifikation und Performance nur unter der Voraussetzung sinnvoll war, dass Aktienkursschwankungen zufällig waren. Die Ablehnung, die Zufälligkeit von Aktienkursveränderungen anzuerkennen, schaffte Steuerschlupflöcher und irrationale Gesetzesregelungen.

Der Anspruch des Aktienmarkts erscheint insbesondere in Anbetracht der Geschichte von Finanzinstitutionen albern. Von 1607 an, als die Stadt Jamestown in Virginia mit Lotteriegeldern gegründet wurde, bis hin zum Amerikanischen Unabhängigkeitskrieg, als durch die Lotterie die Zinsen für niederländische Kredi-

KAPITEL 4: EINE KURZE GESCHICHTE...

te an die Vereinigten Staaten zurückgezahlt wurden, wurde die Entwicklung der Vereinigten Staaten durch Glücksspiel finanziert. Kriege, Kirchen, Universitäten und öffentliche Gebäude wurden alle aus der Lotterie bezahlt. Die Regierung ermutigte private Unternehmen, Glücksspiel zu nutzen, um Kapital aufzutreiben.

Als sich das Finanzsystem entwickelte, begannen die Unternehmen stattdessen, Aktien und Anleihen auszustellen – aus Glücksspielbetreibern wurden Börsenmakler. Beide Finanzformen existierten im 19. Jahrhundert nebeneinander und stützen sich sogar gegenseitig. Lotteriegesellschaften verkauften Aktien, Bucket Shops entstanden – eine Art Wettbüros für Aktienkurse, in denen Wetten auf die Kursentwicklung von Aktien und Handelswaren abgeschlossen werden konnten, ohne sie selbst zu besitzen. Erst im späten 19. Jahrhundert begann man, genauer zwischen seriösen Investitionen und Glücksspiel zu unterscheiden, indem das erste im Ansehen stieg und das zweite zunehmend verachtet wurde.

Als die Börsenprofis schließlich Handwerkszeug übernahmen, das für Glücksspieler entwickelt worden war, benötigten sie eine Rechtfertigung. Sie konnten nicht behaupten, dass Leute Anteile kauften, um natürlich auftretende Risiken in ihrem Leben abzusichern. Stattdessen erklärten sie, das Risiko sei wirtschaftlichen Aktivitäten von Natur aus zu eigen, und der Aktienmarkt würde es lediglich den Menschen zur Verfügung stellen, die auch gewillt sind, es einzugehen. Dies verhalf der Wirtschaft zum Wachstum, indem Risikokapital zur Verfügung gestellt wurde und bedeutete, dass unvermeidbare Verluste durch Pech oder Fehlkalkulation denjenigen Personen zuteil wurden, die sie am ehesten verkraften konnten.

Ähnlich wie die Rechtfertigung der Versicherungen ergibt dies in gewisser Weise Sinn – bis man näher darüber nachdenkt. Ein Unternehmen aufzubauen, ist riskant – es kann gelingen, es kann scheitern. Werden 100 Dollar in ein neues Unternehmen investiert, können 1.000 Dollar oder auch null dabei herauskommen. Doch wird jeweils ein Dollar in 100 neue Unternehmen investiert, steigt die Erfolgswahrscheinlichkeit. Dadurch kann das Risiko nicht eliminiert, aber reduziert werden. Dies nennt man *Diversifikation* oder *Streuung*. Wie Hedging ist das grundsätzlich richtig, jedoch abhängig von der Bandbreite der Analyse. Darauf zu vertrauen, hat in der Vergangenheit zu mehr finanziellem Schaden als Gewinn geführt.

Würde der Aktienmarkt zum Zweck existieren, die den einzelnen Unternehmen innewohnenden ökonomischen Risiken in sicherere, diversifizierte Portfolios umzuwandeln, würde sich die meiste Aktivität um das Ausstellen neuer Aktien drehen. Dies ist ein winziger Bruchteil des Aktienhandels, und er findet außerhalb der Börse statt. Der Großteil des Risikos für Marktteilnehmer entsteht durch kurzfristige An- und Verkäufe von Aktien untereinander – ein Risiko, welches nichts mit tatsächlicher wirtschaftlicher Aktivität zu tun hat oder damit, Kapital für ein Unternehmen anzuhäufen. Junge Menschen, die den weitesten Zeithorizont für die Streuung von Risiken haben, sollten langsam Index-Fonds ansammeln und sich nach der Pensionierung langsam wieder aus ihnen zurückziehen. Tatsächlich wird das meiste Geld von älteren Menschen in den Aktienhandel investiert. Bis vor kurzem besaßen die meisten Aktienbesitzer lediglich Aktien von einem einzelnen Unternehmen.

In diesem Fall bewegt sich die Praxis auf die Theorie zu. Investitionen in Index-

Fonds steigen an, und mehr junge Menschen bauen sich Positionen am Aktienmarkt auf. Portfolios sind jedoch immer noch weit von dem entfernt, was theoretische Modelle empfehlen, und der Großteil der Untersuchungen und Berichterstattungen über den Aktienmarkt betrifft das Streben nach undiversifizierten kurzfristigen Gewinnen (heißen Tipps), und nicht nach diversifizierten langfristigen Erträgen. Dies wäre nicht sinnvoll, wenn der Zweck des Aktienmarktes darin bestünde, unvermeidbare ökonomische Risiken zu verteilen, ist aber durchaus sinnvoll, wenn Menschen zum Glücksspiel animiert werden sollen.

Wenn der Aktienmarkt es Anlegern erlauben soll, das Risiko zu streuen, sollte kein Unternehmen mehr als eine Art von Wertpapieren ausgeben dürfen. Tatsächlich haben viele Unternehmen mehrere Aktiensorten, von denen einige unterschiedliche Typen von Wetten auf die zugrundeliegenden Geschäfte repräsentieren (in anderen Fällen unterscheiden sich die Aktien nur in ihren Kontrollrechten). Sie können viele unterschiedliche Formen von Anleihen, Vorzugsaktien, Optionsscheinen und anderen Wertpapieren ausgeben. Vor einigen Jahren waren *Tracking Stocks* sehr beliebt, bei welchen die Unternehmen es den Investoren erlauben, auf einzelne Tochtergesellschaften zu spekulieren. Nichts hiervon fördert die Streuung bestehender Risiken, sondern bedeutet lediglich ein neues Spiel für willige Anleger.

Intraday-Handel (Daytrading) ist das Wesentliche der Börse und erfüllt keinen Diversifikationszweck. Verkauft man eine Aktie um 11.00 Uhr, erhält man das Geld zum selben Zeitpunkt am nächsten Tag, als hätte man sie um 10.00 oder 15.00 Uhr verkauft. Es gibt keinen Grund dafür, warum nicht alle Aufträge zum An- und Verkauf eines Tages gesammelt und um 16.00 Uhr gemeinsam zu einem Kurs durchgeführt werden könnten, wie es bei Investmentfonds gehandhabt wird. Dann bräuchten wir all diese schreienden Broker nicht, und nicht die Kurzmeldungen, die während geöffneter Börse ohne Unterlass auf Blackberries und als Eilmeldungen in Börsensendungen erscheinen.

Der gesamte Intraday-Handel besteht im Grunde nur aus Daytradern, die Spekulationen mit Negativsummen miteinander abschließen. Seriösen Langzeitinvestoren würde es vollkommen ausreichen, einmal am Tag oder meist sogar noch seltener zu kaufen oder zu verkaufen.

Natürlich wäre die Börse ohne Intraday-Handel nicht die Börse. Was für einen Wertpapierhändler das Wesentliche des Aktienhandels darstellt, hat für einen Wirtschaftswissenschaftler keinerlei Bedeutung.

Ein weiteres Problem besteht darin, dass Aktienkurse weit mehr zu steigen und zu fallen scheinen, als es in ökonomischem Rahmen sinnvoll wäre. Ein extremes

> **Risikoverleugnung 7:**
> **Die Hochs und Tiefs an der Börse spiegeln lediglich die Hochs und Tiefs der Wirtschaft wider.**

KAPITEL 4: EINE KURZE GESCHICHTE...

Beispiel hierfür war der 19. Oktober 1987, als der Aktienmarkt ganz ohne maßgebliche Nachrichten innerhalb eines Tages um fast 25 Prozent fiel. In weniger als drei Wochen fiel der Markt um 40 Prozent vom höchsten auf den niedrigsten Stand. Dies ist schwerlich als inhärentes ökonomisches Risiko zu erklären, und ebenso wenig kann man die Vorteile der Diversifikation anpreisen, wenn 1.973 Aktien an der New Yorker Börse fielen und nur 52 Aktien (hauptsächlich kleine und obskure) stiegen.

Keiner der größeren dokumentierten Börsencrashs war an offensichtlich bedeutsame Neuigkeiten gekoppelt, weder vor noch nach dem Crash. Fünf der Top-Ten-Rückgänge bis heute fanden in der zweiten Oktoberhälfte statt, ein weiterer am 6. November. In einer modernen Wirtschaft, die nicht länger auf Landwirtschaft basiert, ist dies eher mit der Psychologie der Anleger als mit ökonomischen Grundlagen zu erklären. Wenn sich überhaupt etwas über den Oktober sagen lässt, ist er eine Zeit im Jahr, in der es relativ wenig wirtschaftliche Neuigkeiten gibt: nur wenige extreme Wetterlagen, keine größeren saisonalen Ereignisse wie Weihnachten oder der Stichtag der Einkommensteuer, auch im Baugewerbe und in der Landwirtschaft eine ereignisarme Zeit. US-Wahlen finden normalerweise Anfang November statt, allerdings fand keiner der Börsencrashs in einem Jahr mit Präsidentschaftswahlen oder anderen bedeutenden Wahlen statt.

Für Menschen, die das Argument des „ökonomischen Aktivitäten inhärenten Risikos" nicht gerne hörten, hielten Börsenexperten ein weiteres bereit. Dies ergab zwar in der Praxis mehr Sinn, um so weniger jedoch in der Theorie. Es besagte, dass Aktieninvestitionen kein Glücksspiel seien, da der Aktienmarkt eine positive Gewinnerwartung habe. Wie sollte also das Glück eine Rolle spielen, wenn der Langzeit-Anleger immer gewann?

Alle gingen davon aus, dass bei zwei Menschen, die miteinander wetten, beide auf gut Glück spielen würden. In dieser Neuformulierung wäre nur der Verlierer der Glücksspieler. Der andere dagegen würde eine noble wirtschaftliche Pflicht erfüllen. In einer Umkehrung älterer Moralvorstellungen wäre der professionelle Gerissene im Recht und der unglückselige Trottel der Sünder. Willkommen in den 1980ern, im Jahrzehnt, als Gier etwas Gutes war!

Es gibt vernünftige Gründe für die Ansicht, Aktien hätten höhere Langzeiterträge als festverzinsliche Wertpapiere, und dies lässt sich auch untermauern, wirft man einen Blick in die Vergangenheit. Aber das ist keine Garantie. Selbst wenn man dies als richtig annimmt, birgt der Aktienmarkt eine Unmenge von Risiken – auch wenn man alle künstlichen Zusätze weglässt, indem man einen preiswerten, weit gefächerten Index-Fonds hält, und das sogar über eine Zeitspanne von 20 Jahren hinweg. Deshalb kann ich die wahrscheinlich positive Gewinnerwartung nicht als wesentlichen Unterschied zwischen Aktienmarkt und Glücksspiel akzeptieren.

AUSLÄNDISCHE ANLEIHEN

Der nächste Ort, an dem man sich dem Glücksspiel widmete, war der Markt für Zinssätze und Wechselkurse. Ähnlich wie bei Versicherungen und Aktien führte Leugnen der Zufälligkeit von Kursentwicklungen zu Fehlbewertungen. Die Regierung ermutigte Banken, Hausbesitzern 30 Jahre laufende Hypotheken zu festen Zinssätzen zu verkaufen, indem man sie mit Einlagen absicherte, die jederzeit wieder entnommen werden konnten. Dies bedeutete natürlich, dass das Bankensystem in große Schwierigkeiten kommen würde, wenn die Zinssätze steigen würden, da die Staatseinkünfte (das Einkommen aus den Hypotheken) festgelegt waren, die Kosten (die Raten, die auf die Einlagen gezahlt werden müssen) jedoch steigen würden. Bis 1980 bestand die Lösung in der *Regulation Q*[17], die eine maximale Summe von kurzfristigen Zinssätzen festlegte. Das ist selbstverständlich sinnvoll, wenn man davon ausgeht, dass die Regierung die Zinssätze festlegt. Wenn Zinssätze aber zufällig sind, dann bittet man die Banken, eine Billionen-Dollar-Wette mit Regierungsgeldern abzuschließen. Natürlich versagte Regulation Q, und die Regierung war gezwungen, mehrere 100 Milliarden Dollar auszugeben, um den Banken aus der Patsche zu helfen. Und nur eine wundersame Effizienz in den Aufräumbemühungen der Regierung und ein wenig Glück sorgten dafür, dass nicht die Verbraucher am Ende die Zeche zahlen mussten. Japan litt weit mehr – politischer Unwille, die Rechnung zu begleichen, ergriff die dynamischste Wirtschaft der Welt und ließ sie fast zwei Jahrzehnte in Rezession versumpfen.

> **Risikoverleugnung 8: Regierungen setzen Zinssätze und Währungskurse fest**

Regierungen versuchten nicht nur, Zinssätze gesetzlich festzusetzen, sondern benutzten ihre Zentralbanken auch für den Versuch, Wechselkurse festzulegen. Den letzten Sargnagel schlug George Soros, ein berühmter Hedge-Fonds-Manager, in das Holz. Großbritannien beharrte darauf, dass das Britische Pfund 3,20 Deutsche Mark wert sei. George Soros erhielt den Verkauf von Britischen Pfund zu diesem Preis so lange aufrecht, bis die Regierung am Schwarzen Mittwoch, dem 16. September 1992, aufgab. George verdiente mehrere Milliarden Dollar, England verlor zehnmal so viel, und das Pfund fiel auf 2,90 DM. Trotz des Vorteils, die Zeitungen zu kontrollieren und die Gesetze zu erlassen, waren Regierungen bestimmten Spekulanten nicht gewachsen.

Zentralbanken beeinflussen noch immer die Zinssätze und Wechselkurse, aber keine ist kühn genug, sich einer bestimmten Marktbewegung oder gar einem be-

---

17 Gesetzesregelung der US-Regierung nach dem Glass-Steagall-Act von 1933, der die Zinssätze, die Banken zahlen durften, deckelte.

stimmten Hedge-Fonds-Manager in den Weg zu stellen. Jeder weiß, dass die unvorhersehbaren Kräfte des Marktes stärker als Regierungen sind. Wechselkurse und Zinssätze sind zufällig.

Ein Wirtschaftswissenschaftler würde erklären, dass Regierungen den Geldwert manipulieren, um die Wirtschaft zu steuern, um zu schnelles und zu langsames Wachstum zu verhindern. Ich glaube nicht, dass das funktioniert. Mitarbeiter der Zentralbanken benutzen überholte und ungenaue Informationen, um unberechenbare Werkzeuge zu führen. Zweifellos bringt dieser Vorgang der Wirtschaft hohes Risiko ein. Niemand kann sicher sein, was eine Währung im Vergleich zu einer anderen wert ist oder was die Währung in Zukunft wert sein wird. Händler warten atemlos auf Ankündigungen der Federal Reserve, welche häufig hektischen Handel und Marktvolatilität nach sich ziehen. Solche Risiken sind künstlich hervorgerufen. Wir könnten sie so gut wie abschaffen, indem wir zum Goldstandard zurückkehren. Die mit den Entscheidungen der Fed verbundene fanatische Geheimhaltung und Anfälligkeit erinnern mich mehr an Glücksspieler, die faires Kartenmischen versprechen, als an Wissenschaftler, die zu einem offenen Konsens über das Tunen einer Präzisionsmaschine kommen.

Meiner Meinung nach stimuliert Risiko die Wirtschaft. Die Fed erledigt ihre Arbeit, indem sie unberechenbar ist, nicht, indem sie in Bezug auf die Wirtschaft Recht hat.

Anschließend war es sogar noch schwieriger, zwischen Finanzmärkten und Glücksspiel zu unterscheiden. Im Hinblick auf Versicherungen und Aktien gab es ein gewisses physisches externes Risiko, welches die Märkte zu der Behauptung nutzen konnten, dass sie nicht ihre eigene Zufälligkeit generieren, damit die Menschen wetten können. Doch welches physische externe Risiko führt dazu, dass Zinssätze und Wechselkurse dermaßen schwanken? Das Ausmaß des Devisenhandels war weitaus größer als die Menge aller ausstehenden Anleihen. Der Handel mit Fremdwährungen stellte die Umwechslungen zur Unterstützung von Export und Import in den Schatten.

TERMINGESCHÄFTE UND OPTIONEN

Als Nächstes war der Warenterminhandel an der Reihe. Commodities sind Vereinbarungen darüber, eine festgelegte Menge und Güteklasse einer bestimmten Handelsware, wie zum Beispiel Weizen oder Schweinebäuche, gegen eine festgesetzte Geldsumme an einem bestimmten Ort innerhalb einer bestimmten Zeitspanne zu tauschen. Das klassische Beispiel in Finanzlehrbüchern ist ein Bauer, der diese Vertragsform nutzt, um seinen Weizen zu verkaufen. Angenommen, er hat einen Bestand, den er im Juni ernten möchte. Jetzt ist Anfang April, und der Preis für die Juni-Lieferung liegt bei drei Dollar pro Scheffel. Diesen Preis kann er nun mit einem Commodity-Kontrakt sichern, oder er kann bis Juni warten und hoffen, dass der Preis noch steigt. Entscheidet er sich für die zweite Möglichkeit, könnte er jedoch auch Verluste machen, sollte der Preis sinken. Auf der anderen Seite weiß ein Müller, dass er Weizen benötigt, um im Juni mahlen zu können. Also kann der Müller den Preis von drei Dollar pro Scheffel auch heute sichern, anstatt die Gefahr einer Preissteigerung zu riskieren. Aus diesem Blickwinkel betrachtet, sind Terminkontrakte das Gegenteil von Glücksspiel. Der Bauer und der Müller nutzen sie, um untereinander das Glücksspiel zu vermeiden.

Es sollte an dieser Stelle nicht überraschen, dass die Bauerngeschichte ein Märchen ist. So gut wie kein Bauer nutzt oder nutzte Warenterminhandel. Müller und andere Verarbeiter landwirtschaftlicher Produkte nutzen sie, allerdings verkaufen sie die Kontrakte gewöhnlich für die Zukunft, anstatt sie zu kaufen. Dies erscheint so, als würden sie sie verdoppeln, so dass sie den zweifachen Profit einstreichen, wenn der Preis für Weizen fällt, jedoch den doppelten Verlust riskieren, wenn er steigt. Die große Mehrheit der Händler hat keine Verbindung zur physischen Ware – sie bauen sie nicht an, transportieren sie nicht und verarbeiten sie nicht weiter. Sie kommen nur dann mit der Ware in Berührung, wenn sie wie jeder andere auch im Supermarkt ein Brot kaufen.

> **Risikoverleugnung 9:**
> **Derivate haben nichts mit Glücksspiel zu tun.**

Die Märkte für Termingeschäfte (Futures) sind lebenswichtig für die Wirtschaft, in der Vergangenheit sogar noch mehr als heute, aber nicht, weil sie Bauern halfen, Preisabsprachen mit Müllern zu treffen. Schlicht gesagt, gewinnt ein Getreide im Lauf der Entwicklung stetig an Wert: Es verändert sich vom Samenkorn in der Erde auf einem Hof bis zur Ernte, danach bei der Weiterverarbeitung, durch das Reinigen, Mahlen, bis hin zum Verpacken als Endprodukt. Wenn dies stimmt, werden Termingeschäfte nicht benötigt. In jedem Stadium können Menschen ökonomische Entscheidungen treffen, die auf dem gerade aktuellen Preis basieren.

Diese Form der „kurzsichtigen" Planung funktioniert gut, wenn es keine Optionen für Transport oder Weiterverarbeitung gibt, wenn der Wandel sich langsam vollzieht und die Infrastruktur bereits vorhanden ist. Keine dieser Bedingungen existierte zum Beispiel in Kansas City im Jahr 1880. Kurzsichtige Planung hat wechselweise Knappheit verursacht, wenn die teuren Weiterverarbeitungseinrichtungen der Stadt ungenutzt stillstanden, und ein Überangebot, wenn die Ware auf Abstellgleisen vor sich hin faulte. Die ökonomische Lösung dieses Problems erforderte eine durch Marktmanipulation künstlich erzeugte Preiswillkür. Ohne diese Willkür wäre das Versorgungsnetz nicht robust und dynamisch gewesen, und die Betreiber des Netzes hätten sich nicht die Mühe gemacht, das zu erreichen.

Wie können Optionen als etwas anderes als Glücksspiel dargestellt werden? Robert Merton, ein Professor am Massachusetts Institute of Technology (MIT) erhielt 1997 zusammen mit anderen den Wirtschaftsnobelpreis für eine 1973 entwickelte originelle These. Seiner Meinung nach waren Optionen keine Glücks-

KAPITEL 4: EINE KURZE GESCHICHTE... 103

spiele, sondern *Derivate*. Mertons Argumentation war höchst mathematisch, im Kern aber einfach. Es ist möglich, durch Kauf und Verkauf des Basiswertpapiers die Kursentwicklung der Option nachzubilden, und der Ertrag dieser Strategie kann im Voraus berechnet werden. Aus diesem Grund ist eine Option schlichtweg eine kundenfreundliche Verpackung anderer finanzieller Transaktionen und sollte für denselben Preis verkauft werden wie das „nachgebildete Portfolio".

Um diesen Vorgang zu begreifen, stellen Sie sich vor, dass das Baseballteam der Yankees in den World Series gegen die Braves spielt und es nach bisher vier Spielen 2:2 steht. Das Team, welches als Erstes vier Spiele gewinnt, gewinnt die World Series. Deshalb wird das Team, welches zwei der nächsten drei Spiele gewinnt, der Gesamtsieger sein. Jemand möchte mit Ihnen eine Wette über 100 Dollar abschließen, dass die World Series über alle möglichen sieben Spiele gehen wird. Vorausgesetzt, dass man auf jedes einzelne Spiel mit derselben Gewinnquote wetten kann – was wäre der faire Preis für diese Wette?

Sie können im sechsten Spiel 100 Dollar gegen das Team wetten, welches das fünfte Spiel gewonnen hat. Verlieren Sie die Wette, hat dasselbe Team das fünfte und das sechste Spiel gewonnen, die World Series ist nach sechs Spielen zu Ende, und Sie müssen keinen Wetteinsatz für die Sieben-Spiel-Wette tilgen. Gewinnen Sie die Wette, steht es in den World Series 3:3, und es wird ein siebtes Spiel geben. In diesem Falle haben Sie jetzt 200 Dollar, welches also der faire Einsatz für die Sieben-Spiel-Wette wäre. Schaubild 4.1 zeigt das Resultat der Wette um das fünfte Spiel. Sie beschließen die Wette mit null Dollar, wenn die World Series beim sechsten Spiel endet und mit 200 Dollar, wenn sie über sieben Spiele geht, so als hätten Sie die 7-Spiele-Wette abgeschlossen

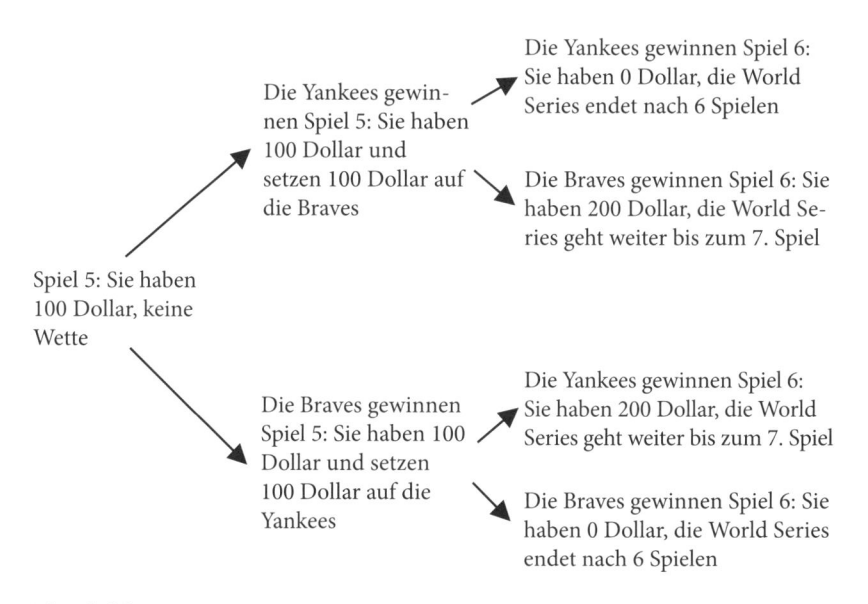

Spiel 5: Sie haben 100 Dollar, keine Wette

→ Die Yankees gewinnen Spiel 5: Sie haben 100 Dollar und setzen 100 Dollar auf die Braves
  → Die Yankees gewinnen Spiel 6: Sie haben 0 Dollar, die World Series endet nach 6 Spielen
  → Die Braves gewinnen Spiel 6: Sie haben 200 Dollar, die World Series geht weiter bis zum 7. Spiel

→ Die Braves gewinnen Spiel 5: Sie haben 100 Dollar und setzen 100 Dollar auf die Yankees
  → Die Yankees gewinnen Spiel 6: Sie haben 200 Dollar, die World Series geht weiter bis zum 7. Spiel
  → Die Braves gewinnen Spiel 6: Sie haben 0 Dollar, die World Series endet nach 6 Spielen

Schaubild 4.1

Dies scheint einer anderen Argumentation zu ähneln: Wenn jedes Spiel eine 50:50-Chance hätte, läge die Wahrscheinlichkeit einer World Series über sieben Spiele bei 0,5, so dass 200 Dollar eine faire Auszahlung für eine 100-Dollar-Wette darstellen würden. Doch diese Überlegung ist ein Glücksspiel. Es hängt von der Gewinnwahrscheinlichkeit jedes Teams ab, während es nach Mertons Argumentation von den Gewinnquoten abhängt, welche nicht mit den Wahrscheinlichkeiten übereinstimmen müssen (obwohl Sie nicht damit rechnen würden, dass sie zu sehr voneinander abweichen und ein kluger Wettender reich werden könnte). Darüber hinaus ist das Wahrscheinlichkeitsargument nur ein langfristig erwarteter Wert, Mertons Erörterung garantiert, dass der Buchmacher immer eine 200 Dollar-Ausschüttung sicher hätte.

Was passiert, wenn die Wettquote nicht gleichbleibend ist? Nehmen wir an, die Quote für einen Sieg der Braves steht bei 2:1 (für jeden eingesetzten Dollar würde man im Fall des Sieges zwei Dollar erhalten) und die der Yankees bei 1:2 (für zwei eingesetzte Dollar erhalten Sie beim Sieg der Yankees einen hinzu). Dadurch wird es ein wenig komplizierter. Im fünften Spiel setzen Sie 25 Dollar auf die Braves. Sollten Sie gewinnen, haben Sie 150 Dollar, welche Sie nun auf die Yankees setzen. Gewinnen die Yankees, so dass Sie die Sieben-Spiele-Wette auszahlen müssen, haben Sie 225 Dollar. Gewinnen jedoch die Yankees das fünfte Spiel, verlieren Sie die 25-Dollar-Wette, so dass Sie nur noch 75 Dollar haben, die Sie nun auf die Braves setzen. Gewinnen die Braves das sechste Spiel, so dass Sie die Sieben-Spiele-Wette auszahlen müssen, werden Sie 225 Dollar haben. Dadurch ist der faire Preis für die Sieben-Spiele-Wette nun 225 Dollar, und noch immer gehen Sie kein Risiko ein (vgl. Schaubild 4.2).

Dieses Beispiel mag beim Durchspielen ein wenig langweilig sein, ich werde später weitere anführen. Aber solche Beispiele sind entscheidend, um moderne Derivate-Märkte zu verstehen. Wenn Sie dem Prinzip der obigen World Series-Wette folgen können, haben Sie das Grundprinzip des *Financial Engineering* verstanden.

Obwohl es damals niemand zu bemerken schien, stellte die risikolose Hedging-Argumentation eine komplette Verkehrung aller anderen Finanzmärkte dar. Versicherungsunternehmen, Aktienbörsen sowie die internationalen Devisen- und Anleihenmärkte behaupteten alle, dass ihre Kunden kein Glücksspiel betreiben würden. Diese Finanzinstitutionen gestanden ein, dass sie wie ein Kasino handelten, indem sie viele Wetten von Kunden annahmen und auf die Streuung vertrauten, um das größte Risiko auszuschalten. Doch auch, wenn es dieselben Prinzipien anwendete, war es kein böses Glücksspiel, da die Kunden mit vernünftigen und sozial sinnvollen Aktionen beschäftigt waren.

Die Optionsmärkte ignorierten die Frage, was die Kunden machen. Sie behaupteten, dass Optionen kein Glücksspiel wären, da es gar kein Glücksspiel gäbe. Diese Börsen verhielten sich nicht wie Kasinos, die Kundenwetten streuten. Sie handelten wie Sportbuchmacher, welche die Quote so setzten, dass sie bei jeglichem Spielausgang immer gewinnen würden. Optionshändler interessierte es nicht, ob die Aktienkurse stiegen oder fielen, aus demselben Grund, warum es einen

KAPITEL 4: EINE KURZE GESCHICHTE...

Sportbuchmacher nicht interessiert, ob die Yankees oder die Braves die World Series gewinnen. Solange die Wetteinsätze auf beiden Seiten gleich sind, haben die Händler und Buchmacher eine risikolose Streuung.

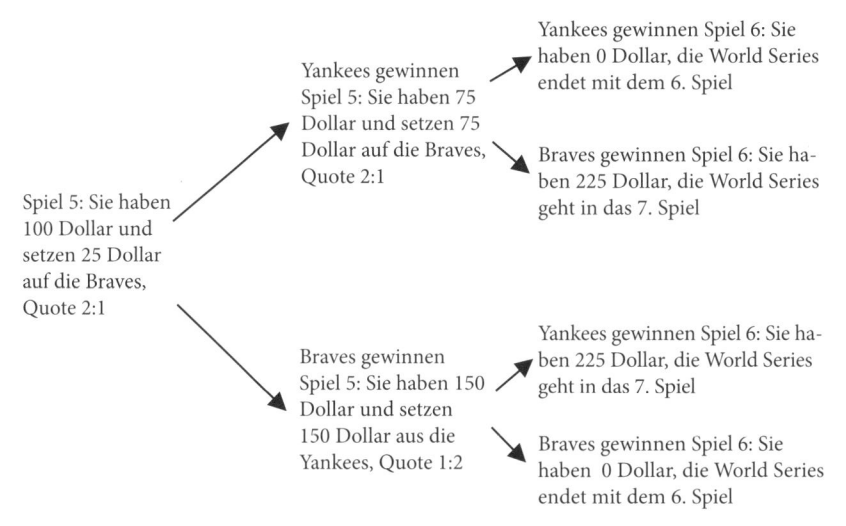

```
                                              Yankees gewinnen Spiel 6: Sie
                                              haben 0 Dollar, die World Series
                    Yankees gewinnen          endet mit dem 6. Spiel
                    Spiel 5: Sie haben 75
                    Dollar und setzen 75
                    Dollar auf die Braves,    Braves gewinnen Spiel 6: Sie ha-
                    Quote 2:1                 ben 225 Dollar, die World Series
Spiel 5: Sie haben                            geht in das 7. Spiel
100 Dollar und
setzen 25 Dollar
auf die Braves,
Quote 2:1
                                              Yankees gewinnen Spiel 6: Sie ha-
                    Braves gewinnen           ben 225 Dollar, die World Series
                    Spiel 5: Sie haben 150    geht in das 7. Spiel
                    Dollar und setzen
                    150 Dollar aus die
                    Yankees, Quote 1:2        Braves gewinnen Spiel 6: Sie
                                              haben 0 Dollar, die World Series
                                              endet mit dem 6. Spiel
```

Schaubild 4.2

In gewisser Hinsicht ist dies ein ehrlicheres Argument. Es erfindet keine albernen Kindergartengeschichten darüber, was die Kunden machen. Anders betrachtet jedoch ist es auch viel gefährlicher. Es besagt, dass Derivate kein Glücksspiel sind, da es kein Risiko gibt. Risiko schön zu verpacken und es dann Hedging zu nennen, ist albern, aber abzustreiten, dass es überhaupt existiert, ist schlicht Irrsinn.

Die Verweigerung, zuzugeben, dass Optionen ein Glücksspiel sind, führte zu einem unvermeidbaren Desaster. Wenn Sie Derivate für Optionen halten, können Sie eine beliebige Menge davon ohne jegliches Risiko kaufen, solange Sie die Abschlüsse mit Anleihen und Transaktionen der zugrunde liegenden Aktie aufrechnen.

Erinnern Sie sich, dass Sie 225 Dollar für die 100 Dollar-Wette notierten, die World Series würde über sieben Spiele gehen. Sie setzen 25 Dollar im fünften Spiel auf die Braves und verlieren. Jetzt haben Sie 75 Dollar, die Sie bei einer Quote von 2:1 gerne auf die Braves setzen würden, so dass Sie 225 Dollar gewinnen würden, wenn die Series sieben Spiele dauert. Aber stellen Sie sich vor, Sie finden kurz vor dem Platzieren der Wette heraus, dass die Quote auf 1:1 gesunken ist? Wenn Sie jetzt 75 Dollar auf die Braves setzen, würden Sie im Falle ihres Sieges nur 150 Dollar bekommen, womit Sie 75 Dollar Verlust hätten. Wenn Sie die zukünftigen Wettquoten nicht kennen, bergen Derivate ein Risiko.

DER CRASH VON 1987

Dieses große Risiko zeigte sich mit aller Macht am 19. Oktober 1987. Ich war damals nicht in der Stadt. Meine Frau und ich hatten uns entschlossen, drei Tage durch die Wälder zu wandern und in einer abgelegenen Pension zu übernachten. In der vorherigen Woche war es an der Börse nicht gut gelaufen, und wir waren ausgesprochen nervös. Am Freitagmorgen, dem 16. Oktober, schlug Deborah vor, wir sollten unsere Aktien verkaufen. Ich wollte früh los, den Verkehr zu umgehen, und sagte die berühmten letzten Worte: „Lass uns am Dienstag darüber sprechen."

Ich werde nicht die komplexen Gründe für den Crash wiederholen, auch nicht die beängstigenden Ereignisse am Dienstag, als der Markt fast vollständig zusammenbrach. Zu dieser Zeit konzentrierten sich die Menschen auf Portfolioabsicherung, Programmhandel und den Mangel an Kurssicherungssystemen – nichts davon scheint im Nachhinein ein entscheidender Faktor gewesen zu sein. Sehr viel wichtiger waren günstige Verkaufsoptionen, welche Menschen dazu brachten, in den Aktienmarkt zu investieren, ohne Risiken zu erwarten.

Wirklich bemerkenswert ist der plötzliche Paradigmenwechsel an allen Finanzmärkten. Von den ersten börsengehandelten Optionen im Jahre 1973 bis zum 16. Oktober 1987 nahm man an, dass alle Optionsscheine desselben Basiswerts mit derselben Laufzeit analoge Kursbewegungen vollziehen müssten. Gab es geringfügige Kursabweichungen, zogen die Händler hieraus Vorteile für sich, bis die Differenz wieder ausgeglichen war. Dies galt nicht nur für den Aktienmarkt, sondern auch für Optionen auf Verbrauchsgüter, Zinssätze und Wechselkurse.

Sobald die Optionen wieder zu einem einigermaßen normalen Handel zurückkehrten – gewiss bis Donnerstag, dem 22. Oktober –, war diese Annahme spurlos verschwunden. Dies passierte an allen Börsen gleichzeitig, ohne Kommentar oder Erklärung. Falls nun die 20-Dollar-Verkaufsoption auf Grundlage der Annahme einer Schwankungsbreite gehandelt wurde und die 25-Dollar-Kaufoption auf Grundlage einer anderen Annahme, jagte niemand heran, um aus dieser „Diskrepanz" einen Vorteil zu ziehen. Niemand sprach darüber, aber auf Portfolios, die eine Woche zuvor als risikolos behandelt worden waren, wurden nun signifikante Mengen an Risikokapital übertragen.

Um zu verstehen, was ich meine, gehen wir noch einmal zum Beispiel der World Series zurück. Vor 1987 bedeutete die Annahme, mit der Wettquote 2:1 auf die Braves setzen zu können, dass die Sieben-Spiele-Wette 225 Dollar wert ist. Dieselbe Annahme bedeutete, dass eine Wette von 100 Dollar auf die Yankees sich mit 135 Dollar auszahlen sollte. Um diesen Betrag zu erreichen, müssen Sie im fünften Spiel 40 Dollar auf die Yankees setzen. Wenn diese das fünfte Spiel gewonnen haben, setzen Sie im sechsten Spiel nochmals 30 Dollar auf das Team, andernfalls setzen Sie 60 Dollar. Gewinnen die Yankees die Spiele 5 und 6, haben Sie nun 135 Dollar. Verlieren Sie beide Spiele, haben Sie nichts mehr. Wenn es nach dem sechsten Spiel unentschieden steht, haben Sie nun 90 Dollar, welche Sie im siebten Spiel auf die Yankees setzen, was Ihnen bei einem Sieg 135 Dollar einbringt und nichts, wenn Sie verlieren (vgl. Schaubild 4.3).

KAPITEL 4: EINE KURZE GESCHICHTE...

Nehmen Sie an, dass die Sieben-Spiele-Wette 225 Dollar einbrachte, auf den Sieg der Yankees in der World Series zu setzen aber 180 Dollar anstatt 135 Dollar. Vor dem Crash sah jeder so etwas als eine Gelegenheit an. Wenn die Sieben-Spiele-Wette korrekt bewertet wäre, wäre das Setzen auf die Yankees eine großartige Wette. Wenn die Folgewette auf die Yankees korrekt wäre, sollte die Sieben-Spiele-Wette nur 201 Dollar auszahlen, also 225 Dollar zu bekommen, wäre auch nicht schlecht. Um einen maximalen Vorteil daraus zu ziehen, lassen Sie uns 1.500 Dollar auf die Yankees setzen, was uns im Falle des Sieges 2.700 Dollar einbringt, und 1.200 Dollar darauf, dass die World Series über volle sieben Spiele geht, was uns ebenfalls 2.700 Dollar einbringen würde, wenn wir richtig liegen. Gewinnen wir eine der beiden Wetten, kämen wir mit null heraus. Gewinnen die Yankees im siebten Spiel, gewinnen wir 2.700 Dollar. Das einzige Risiko ist, wenn die Braves im sechsten Spiel gewinnen; in diesem Falle verlieren wir 2.700 Dollar. Doch wir wollen kein Risiko eingehen, weshalb wir eine Absicherungsstrategie entwickeln, die uns in jedem Fall 500 Dollar sichern wird (vgl. Schaubild 4.4).

Unser sicheres Wetten führt zu einem Profit von 3.200 Dollar, wenn die Braves nach sechs Spielen gewonnen haben. Wir verlieren zwar unsere ursprünglichen Wetten, was uns 2.700 Dollar kostet, unser Nettogewinn in diesem Fall beträgt aber 500 Dollar. Gewinnen die Yankees in sieben Spielen, verlieren wir 2.200 Dollar von unserer Absicherung, gewinnen aber mit einem Profit von 2.700 Dollar unsere Ursprungswetten. Dies führt wiederum zu einem Nettogewinn von 500 Dollar. In allen anderen Fällen erhalten wir 500 Dollar durch unsere Absicherung und kommen bei den Ursprungswetten auf Null heraus. Wir haben einen risikolosen Profit, einen Arbitrage-Gewinn. Noch wichtiger ist, dass es uns nicht interessiert, wie die Wettquoten auf die Spiele zwischen den Yankees und den Braves stehen. Wir mögen daraufhin vielleicht unsere Ursprungswetten und unsere Absicherungsstrategie ändern, doch es gibt stets einen Arbitrage-Profit, wenn Sie (a) mit 0,8:1 auf die Yankees als Sieger setzen können, (b) mit 1,25:1 auf eine sieben Spiele dauernde World Series, und (c) Sie zu selben Wetteinsätzen auf die einzelnen Spiele zwischen den beiden Teams setzen können. Es war (c), was die Börse hart traf.

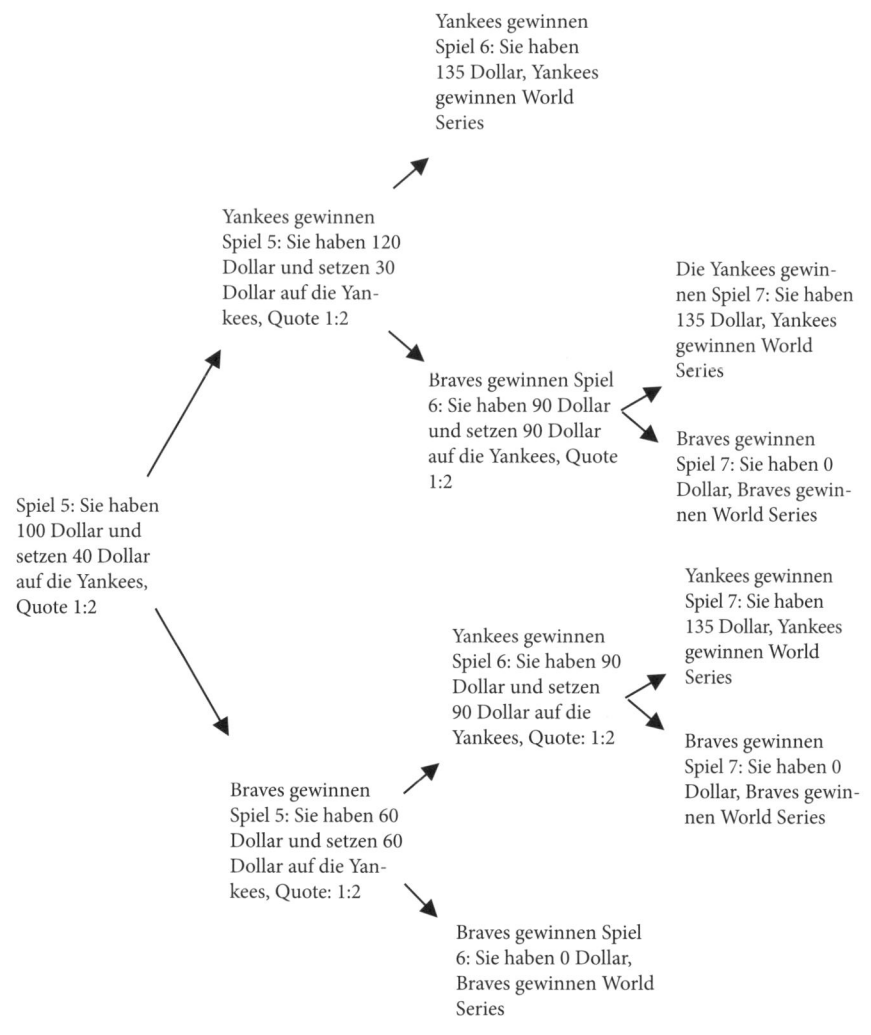

Yankees gewinnen Spiel 6: Sie haben 135 Dollar, Yankees gewinnen World Series

Yankees gewinnen Spiel 5: Sie haben 120 Dollar und setzen 30 Dollar auf die Yankees, Quote 1:2

Die Yankees gewinnen Spiel 7: Sie haben 135 Dollar, Yankees gewinnen World Series

Braves gewinnen Spiel 6: Sie haben 90 Dollar und setzen 90 Dollar auf die Yankees, Quote 1:2

Braves gewinnen Spiel 7: Sie haben 0 Dollar, Braves gewinnen World Series

Spiel 5: Sie haben 100 Dollar und setzen 40 Dollar auf die Yankees, Quote 1:2

Yankees gewinnen Spiel 7: Sie haben 135 Dollar, Yankees gewinnen World Series

Yankees gewinnen Spiel 6: Sie haben 90 Dollar und setzen 90 Dollar auf die Yankees, Quote: 1:2

Braves gewinnen Spiel 7: Sie haben 0 Dollar, Braves gewinnen World Series

Braves gewinnen Spiel 5: Sie haben 60 Dollar und setzen 60 Dollar auf die Yankees, Quote: 1:2

Braves gewinnen Spiel 6: Sie haben 0 Dollar, Braves gewinnen World Series

Schaubild 4.3

Sobald man so etwas einmal herausgefunden hat, wettet man natürlich immer mehr und leiht sich so viel Geld wie möglich. Dies schraubt die Profite herunter – anstatt 2.700 Dollar zu setzen, um 500 Dollar zu bekommen, setzen Sie nun 5.400 Dollar, um 250 Dollar zu gewinnen, danach 10.800 Dollar, um 125 Dollar herauszubekommen. Die Preise der Sieben-Spiele-Wette und der Folgewette auf die Yankees nähern sich immer mehr einer theoretischen Parität an.

Stellen Sie sich vor, Sie hätten dies nun seit fünf Jahren getan, Ihre Wetteinsätze jedes Jahr für die Hälfte des Profits zu verdoppeln, bis 1987. Sie sind bis zum sechsten Spiel gekommen, bei dem es 3:3 unentschieden steht, was bedeutet,

KAPITEL 4: EINE KURZE GESCHICHTE...

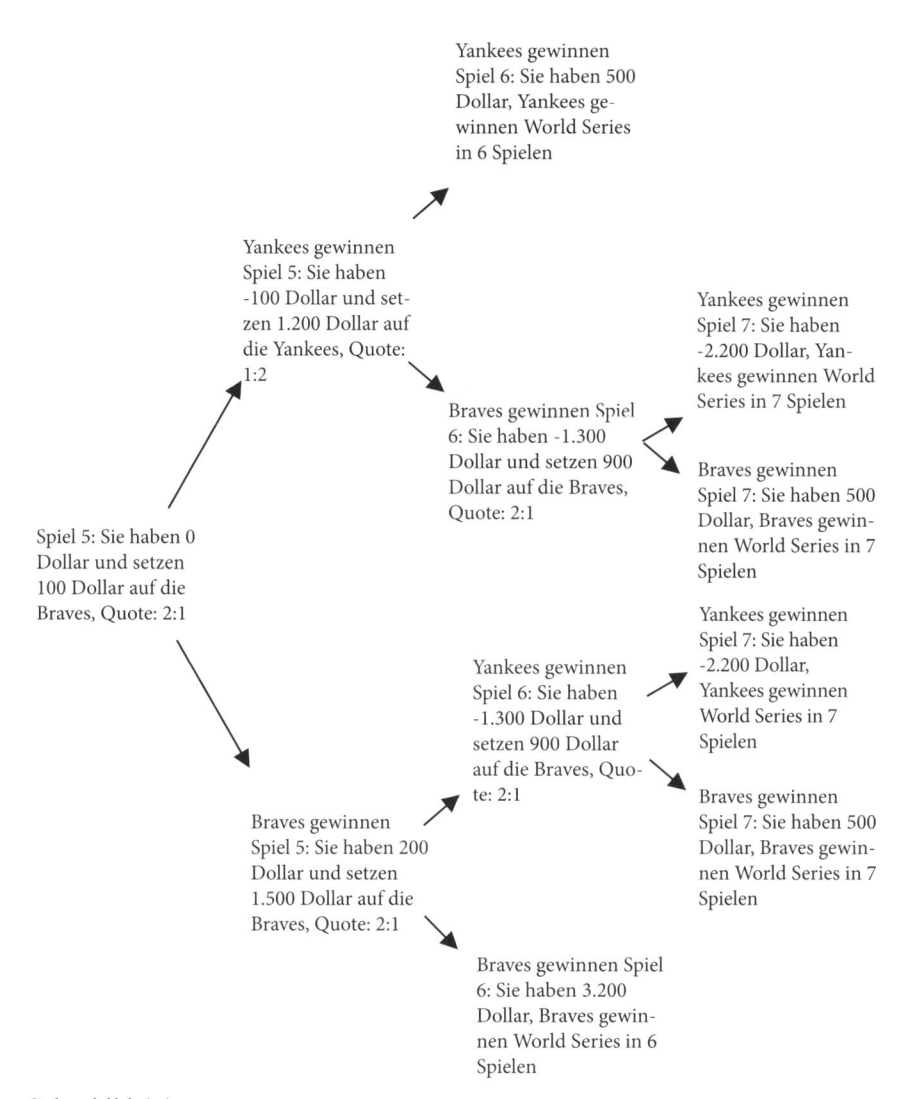

Spiel 5: Sie haben 0 Dollar und setzen 100 Dollar auf die Braves, Quote: 2:1

→ **Yankees gewinnen Spiel 5:** Sie haben -100 Dollar und setzen 1.200 Dollar auf die Yankees, Quote: 1:2

→ **Yankees gewinnen Spiel 6:** Sie haben 500 Dollar, Yankees gewinnen World Series in 6 Spielen

→ **Braves gewinnen Spiel 6:** Sie haben -1.300 Dollar und setzen 900 Dollar auf die Braves, Quote: 2:1

→ **Yankees gewinnen Spiel 7:** Sie haben -2.200 Dollar, Yankees gewinnen World Series in 7 Spielen

→ **Braves gewinnen Spiel 7:** Sie haben 500 Dollar, Braves gewinnen World Series in 7 Spielen

→ **Braves gewinnen Spiel 5:** Sie haben 200 Dollar und setzen 1.500 Dollar auf die Braves, Quote: 2:1

→ **Yankees gewinnen Spiel 6:** Sie haben -1.300 Dollar und setzen 900 Dollar auf die Braves, Quote: 2:1

→ **Yankees gewinnen Spiel 7:** Sie haben -2.200 Dollar, Yankees gewinnen World Series in 7 Spielen

→ **Braves gewinnen Spiel 7:** Sie haben 500 Dollar, Braves gewinnen World Series in 7 Spielen

→ **Braves gewinnen Spiel 6:** Sie haben 3.200 Dollar, Braves gewinnen World Series in 6 Spielen

Schaubild 4.4

dass Ihre Absicherung 1.300 Dollar verloren hat. Wenn man die Kosten der Ursprungswetten hinzurechnet, haben Sie 4.000 Dollar Verlust gemacht. Dies stört Sie jedoch nicht, da Sie ja bereits mit der Sieben-Spiele-Wette 2.700 Dollar gewonnen haben. Und für den Fall, dass die Yankees das siebte Spiel gewinnen, würden Sie weitere 2.700 Dollar erhalten. Sie wollen gerade Ihre 900 Dollar auf die Braves setzen, als man Ihnen sagt, dass die Quote nicht mehr bei 2:1 liegt. Alle Werfer der Yankees hat eine Grippe erwischt, und die Wettquote der Braves hat sich auf 1:2 geändert. Das Beste, was Sie machen können, ist 1.800 Dollar auf die Braves zu setzen und einen Verlust von 400 Dollar in Kauf zu nehmen, wer auch immer gewinnt. Zum jetzigen Zeitpunkt allerdings wäre es kein Verlust von 400 Dollar, wo Sie 500 Dollar Gewinn erwarteten, sondern es entspräche einem 32-fachen Verlust (12.800 Dollar), wenn Sie 1/32 des Profits erwarteten (16 Dollar).

Das Erstaunliche war: Sobald dies passierte, schnellten die Auszahlungen auf 180 Dollar und 225 Dollar zurück, und niemand sprach von einem Arbitrage-Gewinn. Derivate waren noch immer Glücksspiele, und die Leute kamen weiter zur Arbeit, um das Risiko zu überwachen und zu steuern. Die exaktere Optionsbewertung machte die Wertpapiere zu weit sichereren Hebeln der Finanzkontrolle und leitete ein neues Zeitalter des Financial Engineering ein.

Ich habe niemals etwas gesehen, das näher an ein Wunder grenzte. Die Märkte brachen zusammen, vollständig und unerwartet, aber als sich der Staub legte, war alles in einer stabilen Lage neu angeordnet. Stellen Sie sich vor, San Francisco wäre von einem Erdbeben erschüttert worden und der Embarcadero hätte die Bucht geflutet, um eine hübsche Insel zu formen, auf der alle Gebäude unversehrt blieben – und der Rest der Stadt würde herumschlittern, aber alles fände sich schließlich an einer passenden Stelle wieder ein. Jetzt stellen Sie sich weiter vor, niemand würde darüber sprechen, sondern alle machten einfach weiter, als wäre nichts geschehen.

Nebenbei, für alle, die sich ein bisschen mehr in Finanzmathematik vertiefen möchten: Es gab zwei quantitative Hauptlösungen für das Bewertungsproblem von Derivaten. Wenn wir sagen, es sei korrekt, 180 Dollar für eine 100-Dollar-Wette auf einen Sieg der Yankees bei der World Series zu setzen, und 225 Dollar darauf, dass sich die World Series über sieben Spiele erstreckt, dann können wir dies aufgrund der Annahme begründen, dass es unterschiedliche Gewinnquoten für jedes Spiel gibt. In diesem Fall, dass die Yankees bei Quoten von 2:1 in den Spielen 5 und 6 als Favoriten, aber im siebten Spiel bei einer Quote von 1:3 als Außenseiter gelten (vielleicht ist der Starwerfer der Braves in Topform, während die Yankees keinen ausgeruhten mehr zur Verfügung haben). Dies nennt man *lokale Volatilität*, da wir im Voraus die Wettquoten des Spiels kennen, sie aber nicht für alle Spiele gleich sind.

Alternativ kann man annehmen, dass die Quoten teilweise zufällig sind. Wir kennen die Quoten für das fünfte, aber nicht die für das sechste und siebte Spiel. Vielleicht finden wir heraus, dass wir unsere Wetten bei Quoten von 3:1 oder 1:1 für das sechste Spiel setzen können – aber wir wissen es nicht im Voraus. Dies nennt man *stochastische Volatilität*. Lokale Volatilität bewahrt die risikolose Absicherung – sie ist komplizierter, aber sie kommt vor. Stochastische Volatilität bedeutet, dass das Derivat nicht länger ein Derivat ist – seine Bewertung hängt nicht nur vom Basiswert ab, sondern kann sich eigenständig auf und ab bewegen. Eine risikolose Absicherung gibt es nicht mehr.

Obwohl beide Modelle in unterschiedlichen Finanzbereichen zum Einsatz kommen, legen sie in der Tendenz unterschiedliche Empfehlungen für Hedging

KAPITEL 4: EINE KURZE GESCHICHTE...

und Strategie nahe. Dies führte zu fruchtbaren Forschungen über die Natur des Risikos und zu unbegrenzten Beschäftigungsmöglichkeiten für Finanzhändler. Volatilität verändert sich sehr wohl, ist aber weder zufällig noch vorhersehbar. Es bedarf grundlegender theoretischer Durchbrüche, bevor wir ihre Natur verstehen werden. Die große Herausforderung der Vereinheitlichung im theoretischen Finanzwesen ist es, mit einem Modell aufzuwarten, das die Vorhersagen der lokalen Volatilitätsmodelle, der stochastischen Volatilitätsmodelle und die tatsächlichen Preisbewegungen von Termingeschäften in eine Linie bringt (zum jetzigen Zeitpunkt wird dies von keinem Modell zufriedenstellend erfüllt).

Natürlich gab es Opfer beim Crash von 1987. Einige der Schach-, Poker-, Bridge- und Backgammonspieler im Optionsmarkt verloren einen Großteil ihres Vermögens – und viele andere verloren ebenfalls. Eine besondere Geschichte, die bedeutsam für das Pokerspiel ist, betrifft Roger Low, einen der drei besten Backgammonspieler der 1970er Jahre, den Ron Rubin für den Optionshandel gewann und dessen spannende Geschichte detailliert in Kapitel 7 erzählt wird. Roger hatte einen weiteren Backgammon-Champion engagiert, Erik Seidel. Roger und Erik machten beide große Verluste während des Crashs. Erik wechselte zu Poker und wurde ein herausragender Spieler. Roger zog sich vom Handelsparkett zurück und eröffnete den Parallax-Hedgefonds. Der Bridge-Champion Josh Parker zog ebenfalls eine Etage höher (was bedeutet, dass er anfing, große Sammelbestellungen übers Telefon zu handeln anstatt kleinerer Mengen auf dem Parkett) und schloss sich später gemeinsam mit zwei weiteren Bridge-Champions dem Gargoyle-Hedgefonds an. Mike Becker, der ebenfalls in Kapitel 7 näher vorgestellt wird, kämpfte zwei Jahre lang darum, seine Händler am Leben zu erhalten, und zog schließlich nach Florida, um Tennis und Golf zu spielen. Dies waren die drei Möglichkeiten, die Spieler in den 1990er hatten: in gewöhnlichere Jobs im Finanzwesen zu wechseln, wieder mit Spielen Geld zu verdienen oder sich mit dem bereits verdienten Geld zurückzuziehen und dem nachzugehen, was man schon immer machen wollte. Bei vielen Finanzunternehmen ist es immer noch hilfreich, im Lebenslauf ansehnliche Spielerfolge vorweisen zu können, sie sollten aber eher im Abschnitt „Hobbies und andere Interessen" stehen, und im Vorstellungsgespräch sollte betont werden, dass Sie kindliche Angewohnheiten abgelegt haben.

Für Finanzmarktprofis, so genannte Quants, bestand die Offenbarung darin, dass Risiko seinen Preis hat. Es gab einen stabilen, liquiden, rationalen Risikomarkt. Optionen waren nicht risikolos, aber auch nicht konstant gefährlich. Das Finanzwesen wurde als Glücksspiel entlarvt, was alles durcheinanderbrachte, doch als das Beben nachließ, stellte sich heraus, dass man die Gewinnchancen errechnen konnte. Dies machte es zu einem rationalen Spiel, dem die Teilnehmer mit begrenztem Risiko und vernünftigen Gewinnchancen nachgehen konnten. Das veränderte die Welt für immer.

FLASHBACK:

GARDENA UND DER HETEROSEXUELLE SINGLE-MANN

Im Juni 1976 betrat ich zum ersten Mal ein kommerzielles Poker-Etablissement. Zu der Zeit war kommerzieller Poker noch nicht sehr weit verbreitet. In New Jersey war das Glücksspiel im Kasino erst im November desselben Jahres genehmigt worden. Die Kasinos in Nevada boten Poker an, jedoch eher in kleinerem Stil, und die Spieler mussten mindestens 21 Jahre alt sein. Ich war 19. In verschiedenen Teilen des Landes war legales Glücksspiel durch diverse Gesetzeslücken möglich – Indianer-Reservate, Kasinoschiffe und so weiter –, aber kein Kasino zog seriöse Spieler außerhalb der unmittelbaren Nachbarschaft an. Das Mekka für kommerziellen Poker zu dieser Zeit war Gardena, ein Vorort von Los Angeles, Kalifornien.

Für Stud-Horse kein Zutritt

Gegen Ende des 19. Jahrhunderts wurden in allen US-Bundesstaaten und auch auf Bundesebene Glücksspielgesetze eingeführt. Das kalifornische Statut aus dem Jahre 1885 erklärte Glücksspiele, bei welchen das jeweilige Etablissement Geld verdient (entweder indem es die Rolle einer Bank einnahm oder durch das Erheben einer prozentualen Gewinnbeteiligung), für ungesetzlich und spezifizierte: „Faro, Monte Carlo Roulette, Roulette, Landsknecht, Rouge et Noire, Rondo, Tan, Fan-Tan, Stud-Horse-Poker, Seven-And-A-Half, Black Jack, Hokey-Poker." Leider ist dies, abgesehen vom Zitat in diesem Buch, die letzte belegte Verwendung von „Stud-Horse-Poker". Einigen Zitaten aus Bergbaustädten in Colorado um das Jahr 1880 zufolge scheint es ein kurzzeitig und regional beliebtes Kasinospiel gewesen zu sein, das Poker-Blätter benutzte, wahrscheinlich ähnlich dem heutigen Three-Card-Poker. Ein Pokerspiel war es aber nicht.

Ein Mythos unbekannten Ursprungs besagt, dass Kalifornien Stud-Poker als eine Form des Glücksspiels verbot, Draw-Poker jedoch als Geschicklichkeitsspiel erlaubte. Das entspricht nicht der Wahrheit. Und in keinem Fall ist die Unterscheidung in Glück und Geschicklichkeit im kalifornischen Gesetz relevant, auch wenn es in öffentlichen städtischen Verordnungen so dargestellt wird. Die eindeutige Intention hinter dem Statut von 1885 war es, gewerbliches Glücksspiel zu verbieten, privaten Personengruppen das Spielen aber zu erlauben.

Nichtsdestoweniger führte die Stadt Gardena nur Draw-Poker einzeln auf, als sie 1931 kommerzielle Kartenspielräume erlaubte. Möglicherweise hat der damalige Stadtrat das Statut des Bundesstaates falsch interpretiert. Das legale Glanzstück, den Geist des Gesetzes zu umgehen, bestand darin, dass die jeweilige Spielstätte den Preis nach der Zeit berechnete und keinen Prozentsatz des Gewinns verlangte. Ganz legal behaupteten die Etablissmenets, lediglich Sitzplätze zu vermieten. Was die Spieler an den Tischen trieben, war deren eigene Angelegenheit. Es schadete nicht, dass die Amerikanische Veteranenlegion drei der sechs Etablissements betrieb. Einrichtungen dieser Organisation blieben von Gesetzen zu Spirituosen, Kabarett und Glücksspiel im ganzen Land verschont.

Robert nannte diesen Ort aufgrund seiner Vorrangstellung im damaligen amerikanischen Poker den „Gardena Eden". Er war ein Anwalt aus San Francisco, sein Studium in Stanford hatte er mit dem Betreiben eines Poker-Cafés finanziert. Er begann als Spieler und arbeitete sich hoch zum Dealer und später zum Manager. In den Pokerräumen von Gardena war die Qualität der Spitzenspiele allerdings sehr viel höher. Robert war ein beständiger Sieger in San Francisco, konnte sich in Gardena aber nicht an der Spitze halten (100 Dollar/200 Dollar mit einem damaligen Minimum von 2.000 Dollar, um in die Runde einzusteigen – entsprechend 350 Dollar/700 Dollar im Jahr 2005). Im Jahr zuvor hatte ich ihn bei einem privaten Spiel in Boston getroffen. Ich spielte in dieser Nacht gut und er schlug mir vor, in den Westen zu ziehen, um meine Fähigkeiten dort auszuprobieren.

Einen Platz zum Übernachten hatte ich, da mein Bruder damals an der Technischen Universität von Kalifornien studierte, die sich in Pasadena befand, etwa 25 Meilen nordöstlich von Gardena. Ich brauchte aber über ein Jahr, um vom Campus in den Pokerraum zu gelangen. Ein Student namens Tom begleitete mich. Er gab sich als regelmäßiger Spieler aus, doch schon bald glaubte ich nicht mehr daran, als er den Ort „Gardenia" aussprach, wie die Blume. Oder vielleicht dachte er, es sei ein spanischer Name, „Gardeña". Wie auch immer, er kannte den Weg zum „Horseshoe". Der Eintritt wurde uns verwehrt, da ich keinen Ausweis dabeihatte – beziehungsweise keinen, der beweisen konnte, dass ich 21 Jahre alt sei. Wir fuhren zum „El Dorado", wo niemand kontrollierte, und baten um Plätze. Für mich war sofort einer frei – Toms Initialen wurden auf der Warteliste für ein neues Spiel am Brett angeschlagen.

Die Subkultur

Ich spielte regelmäßig genug und mit ausreichend hohen Einsätzen, um irgendwann einige der Spieler und Angestellten zu kennen. Ich probierte ein paar andere Pokerräume aus, verbrachte aber meine meiste Zeit im „El Dorado". Das „Horseshoe" habe ich nie wieder ausprobiert, doch keine andere Spielstätte fragte nach dem Alter.

Schließlich fand ich meine Profispieler. Einer der Besten zu der Zeit war Crazy Mike. Das ist kein erfundener Spitzname, so nannte ihn einfach jeder. Wenn Sie bei dem Namen an einen fröhlichen Exzentriker denken, der immer herumwitzelt, irren Sie sich. Sein Benehmen ließ auf ernsthafte kühle Sachverhalte schließen und seine Spielweise war sehr unberechenbar. Er gehörte zu den besten Spielern, die ich je gesehen habe, allerdings glaubte ich wirklich nicht, dass er sich verstellte, und selbst heute bin mir da nicht sicher. Wie auch immer, er muss mittlerweile ein wenig zur Ruhe gekommen sein, da er heute „Verrücktes Genie" („Mad Genius") genannt wird und Witze über seine Grimassen erzählt werden. Ich war geschockt, als ich sein Bild 15 Jahre später wiedersah – als Mike Caro, der gefeierte Spieler und Autor.

Seltsamerweise traf ich noch einen weiteren großartigen Spieler, der ein Buch über Poker schrieb. Ich kann nicht sagen, ob das Gardena 1976 wie das Paris der 1920er Jahre war, oder ob ich nur Glück hatte. Er wurde „One-Armed-Bandit" oder nur „The Arm" genannt. Es handelte sich um einen etwa 30-jährigen Japaner mit extrem offensivem Stil und Verhalten. Er spielte viele Pokerblätter und strich zahlreiche Einsätze und kleine Pots ein. Als ich ihn kennenlernte, war ich überrascht, dass er noch beide Arme besaß. Mit ihm zu spielen, so wurde mir später erklärt, sei wie das Ziehen des Hebels am Spielautomaten. Gewöhnlich nahm er einem das Geld ab, doch ab und zu konnte man den Jackpot einstreichen. Ich habe nicht erlebt, dass er viele Jackpots abgab.

The Arm und ich freundeten uns ein wenig an, da wir das Interesse an Pokertheorie teilten. Lose Bekanntschaften in Gardena erzählten einem häufig einiges über sich selbst, oft mehr, als im Rest der Welt üblich war. Aber Fragen wurden zurückgewiesen. Die Leute erzählten das, was sie wollten und nicht mehr. Ich traf viele Leute, lernte aber nur wenige Nachnamen kennen. Ich erhielt eine Eins-zu-Eins-Beschreibung der Scheidung eines Mitspielers und lernte nicht einmal seinen Vornamen kennen. Er war unter dem Namen „Blackie" bekannt, schwarz war er jedoch nicht.

The Arm erzählte mir, er sei „Autoethnograph". Das ergibt nicht sehr viel Sinn. Ethnographen schreiben über bestimmte menschliche Kulturen, üblicherweise in Gebieten wie Papua Neu-Guinea, wo The Arm später einen professionellen Ruf erlangen sollte. Ein Autoethnograph also schreibt über seine eigene Kultur, doch dann ist er schlichtweg ein Autor. Ich nahm das nicht ernst. Doch sechs Jahre später veröffentlichte er das Buch „Poker Faces", in dem ich erwähnt wurde. Er analysierte die Pokerspieler von Gardena als eine separate Kultur und begann schlauerweise mit einem Zitat von Marco Polo: „Und ich schrieb nur die Hälfte von dem, was ich sah." Und er brachte das Wort „Autoethnograph" ins Wörterbuch.

Die Wurzeln der Gardena-Kultur gehen auf etwas zurück, das Soziologen als Subkultur der heterosexuellen Single-Männer beschreiben. In allen komplexen Gesellschaften entwickelt sich eine solche für Männer, die nicht sesshaft werden und keine Familie gründen. Manchmal werden diese Männer zur Kriegsführung und zum Befestigen der Grenzen benötigt, ansonsten hängen sie in Poolbars, auf Rennstrecken und in Kneipen herum, in sozialen Vereinen und bei der Freiwilligen Feuerwehr, oder was auch immer dem vor Ort entspricht. Sie leben in Einzelzimmern in Hotels, in Baracken, in Häusern des YMCA[18], in billigen Appartments oder in selbst gebauten Hütten im Wald. Junge, unverheiratete Männer verbringen oftmals einige Jahre in dieser Gesellschaft, und ältere, verheiratete Männer kommen oft für einen Abend zu Besuch vorbei. Es gibt auch Frauen, die mit dieser Gesellschaft in Verbindung stehen – manche sind Prostituierte oder anderweitig in diesem Ressort Beschäftigte, wieder andere sind die Betreiber der Orte, an welchen man sich trifft, oder sie leben einfach in der Peripherie. Die Männer schlafen mit ihnen, und die Subkultur unterstützt sie ökonomisch, aber sie gehen keine monogamen Arrangements mit gegenseitiger Unterstützung ein.

„Heterosexuell" bezieht sich nicht darauf, was die Männer in ihrem Schlafzimmer oder auf Bahnhofstoiletten tun, noch weniger darauf, wonach es sie innerlich gelüstet. Es bedeutet schlichtweg, dass diese Kultur Homosexualität nicht fördert. Sie ist nicht der richtige Ort, an dem ein romantisch veranlagter Mann einen Partner findet – die sexuellen Tabus sind sogar eher strenger als in der mehrheitlichen Gesellschaft. Man kann homosexuell sein, doch sollte man sich dabei nicht erwischen lassen. Ohnehin haben Homosexuelle häufig ihre eigenen Subkulturen, die sehr viel mehr ihren Bedürfnissen entsprechen. Obwohl Sex-Statistiken notorisch unzuverlässig sind, deutet der empirische Beweis an, dass Homosexualität in dieser Subkultur weit seltener vorkommt als in der Gesamtgesellschaft.

---

18 YMCA: Young Men's Christian Association, so heißt die internationale Vereinigung; der CVJM – Christlicher Verein Junger Menschen – ist einer der zugehörigen Nationalverbände.

KAPITEL 4: EINE KURZE GESCHICHTE...

Gardena hob sich von dieser Subkultur in mehrerlei Hinsicht ab. Zum einen waren gut zehn Prozent der Spieler und ein Drittel der Angestellten weiblich. Zum anderen – und dies ist ein Punkt, den The Arm und andere Forscher übersahen – war das Verhältnis untereinander sehr intensiv. Es gab durchaus Leute, die zum Dinner ausgingen, Sportereignisse im Fernsehen verfolgten und ein wenig miteinander plauderten. Auch gab es einige Zaungäste[19], die rumhingen und das Geschehen beobachteten. Aber in der Regel kamen die Leute zum Pokerspielen. Sie spielten mit Tempo und Konzentration, ein Zeichen für das ernsthafte Interesse an den Ergebnissen. Kneipen erheben keine Gebühren für ihre Sitzplätze, Stammkunden können an ihrem Drink nuckeln, solange sie wollen. Man kann den ganzen Tag an einer Rennstrecke und den ganzen Tag und die ganze Nacht in einer geselligen Runde herumhängen. Auch die meisten Leute in einer Poolkneipe spielen keineswegs die ganze Zeit Pool. Doch in Gardena wurde Poker immer ernsthaft gespielt.

Trotzdem waren die Gemeinsamkeiten größer als die Unterschiede. In jedem Raum gab es einen einsamen Hai, einen Hehler und einen Buchmacher sowie die anderen üblichen Charaktere. Es gab dieselben zwischenmenschlichen Regeln, schnell geschlossene Freundschaft, in der jeder nur das preisgab, was er wollte. Selbst bei einem engen Poker-Bekannten ging man nicht davon aus, dass er das Recht habe, Fragen zu stellen oder Ratschläge zu erteilen. Es gab dieselbe, nichtdiskriminierende Mischung aus sozialen Klassen und Sitten und dasselbe immerwährende Gefühl, der Ort existiere in einer anderen Dimension als die reale Welt.

Ich möchte nicht behaupten, dass ich aufgrund von ein paar Duzend Besuchen, dem Lesen einiger akademischer Studien und Gesprächen mit Stammkunden alles über Gardena wüsste. Ich möchte nur herausstellen, dass man einige sonst verwirrende Fakten über diesen Ort besser verstehen kann, wenn man Poker nicht so sehr als Karten- oder Glücksspiel, sondern vielmehr als eine Finanzinstitution betrachtet.

Alle menschlichen Aktivitäten haben mehrere Bedeutungsschichten. Stellt man die Frage, warum jemand geheiratet hat, könnte die Antwort in Begriffen der Evolutionsbiologie, der kulturellen Anthropologie oder der Wirtschaftswissenschaften ausgedrückt werden. Oder man könnte sagen, dass die beiden sich verliebt haben, die Frau keine Lust mehr auf Verabredungen hatte und dem Mann die Pistole auf die Brust gesetzt hat. All diese Antworten können zur selben Zeit auf unterschiedlichen Ebenen der Wahrheit entsprechen. Die Evolutionsbiologie könnte erklären, warum die Heiratsquote steigt, wenn zum Beispiel nach einem Krieg ein relativer Mangel an jungen Männern besteht. Kulturanthropologie könnte vielleicht erläutern, warum die Menschen in ländlichen Gebieten früher heiraten als in Städten. Die Wirtschaftswissenschaften könnten erklären, welchen Einfluss der Zuwachs von berufstätigen Frauen auf den durchschnittlichen Altersunterschied zwischen Ehepartnern hat. Die individuellen Faktoren mögen erklären, warum Harry Sally geheiratet hat, und weder Harry noch Sally müssen sich über diese Erklärungen Gedanken machen oder sie überhaupt kennen.

Ähnlich verhält es sich bei der Frage, warum der Poker in Gardena so intensiv und die Einsätze so hoch waren. Es gibt viele Antworten, von: „Die Spieler mochten es eben", bis hin zu Theorien, die auf Soziologie, Psychologie oder Wirtschaftswissenschaften beruhen. Ich werde mich nur der Wirtschaftswissenschaft widmen. Die anderen Ansätze mögen auch stimmen, und sie zu verstehen, kann

---

19 Railbird: Beim Poker die Leute, die zuschauen oder darauf warten, in eine Runde einsteigen zu können.

einem gewiss im Poker wie für das Leben hilfreich sein. Doch hierfür müssen Sie andere Bücher lesen.

Fragen Sie nie, was jemand, der Geld ausgibt, glaubt, was mit seinem Geld gemacht wird

Pokerräume in Kalifornien wurden intensiver untersucht als jede andere Glücksspielkultur. Ich denke, dies hängt mit der Anzahl der ortsansässigen Universitäten und dem ungewöhnlichen Bildungsniveau einer signifikanten Minderheit der Spieler zusammen. All die Beobachtungen und gesammelten Daten haben die Betrachtung der finanziellen Aspekte von Gardena vernachlässigt. Sie können uns aber trotzdem helfen, genau auszumachen, wer Geld mit dorthin brachte und wer es wieder mitnahm.

Um das große Ganze zu verstehen, beginnen wir mit einer vereinfachten Aufstellung der Pokerwirtschaft von Gardena. Das Verhältnis der unterschiedlichen Spielertypen variierte im Laufe der Tage und Jahre. Um 10.00 Uhr am Weihnachtsmorgen gab es einen anderen Spielermix als um 16.00 Uhr an einem Dienstag im Juni oder um 10.00 Uhr an einem Freitag im Oktober. Die Zusammensetzungen veränderten sich auch über die Jahre hinweg und in kleinerem Maße innerhalb unterschiedlicher Pokerspielräume. Zu einem beliebigen Zeitpunkt zum Beispiel waren 70 Prozent der Spieler auf irgendeine Weise mit dem Boardman vertraut, 30 Prozent waren Neulinge oder spielten sehr selten. Allerdings repräsentieren diese 30 Prozent sehr viel mehr Einzelpersonen als die 70 Prozent, da die 30 Prozent ständig wechselten, während die 70 Prozent eine Halbwertzeit von etwa vier Jahren hatten (das bedeutet, wenn man die Stammspieler heute und in vier Jahren betrachtet, wird die Hälfte von ihnen noch dort sein). Diese Zahlen umfassen alle Personen im jeweiligen Pokerraum – Angestellte, Zaungäste und Spieler – zu einem gedachten Standbild zu einem durchschnittlichen Zeitpunkt (vgl. Schaubild 4.5).

An der Spitze der sozialen Hierarchie spielten etwa zwei Prozent um hohe Einsätze und wurden als beständige Gewinner wahrgenommen. Eine ebenso große Gruppe spielte zu denselben hohen Einsätzen, spielte aber wild und verlor andauernd. Diese Spieler waren die mit Abstand größten Verlierer in den Kartenspielräumen. Nennen wir die erste Gruppe Gewinner und die zweite Action-Spieler. Auf jeden Gewinner kamen fünf Personen (zehn Prozent der insgesamt Anwesenden), die bei Spielen mit hohen Einsätzen mitgingen und als Spieler galten, die meist kostendeckend oder mit Verlust spielten. Im Vergleich zu den Action-Spielern spielten sie konservativer und verloren geringere Summen, wenn sie verloren. Ich nenne sie die Zu-Null-Spieler. Eine typische Runde mit hohen Einsätzen bestand also aus einem Gewinner, einem Action-Spieler und fünf Zu-Null-Spielern. Eine andere Gruppe von ungefähr derselben Größe wie die Zu-Null-Spieler, gewann beständig, aber mit niedrigeren Einsätzen. Diese Eigenbedarfsspieler und die Zu-Null-Spieler wechselten manchmal.

Am Ende der Hierarchie stand eine Gruppe von 30 Prozent, die aus Fremden und Touristen bestand. Als Gruppe betrachtet verloren sie sogar noch häufiger als die Action-Spieler. Dazwischen konnte man die 40 Prozent ausmachen, die aus Stammspielern mit niedrigeren Einsätzen bestand, die kostendeckend spielten oder leichte Verluste einfuhren. Nennen wir sie Hobbyspieler. In dieser Rechnung bleiben sechs Prozent für die Nichtspieler übrig.

KAPITEL 4: EINE KURZE GESCHICHTE...   117

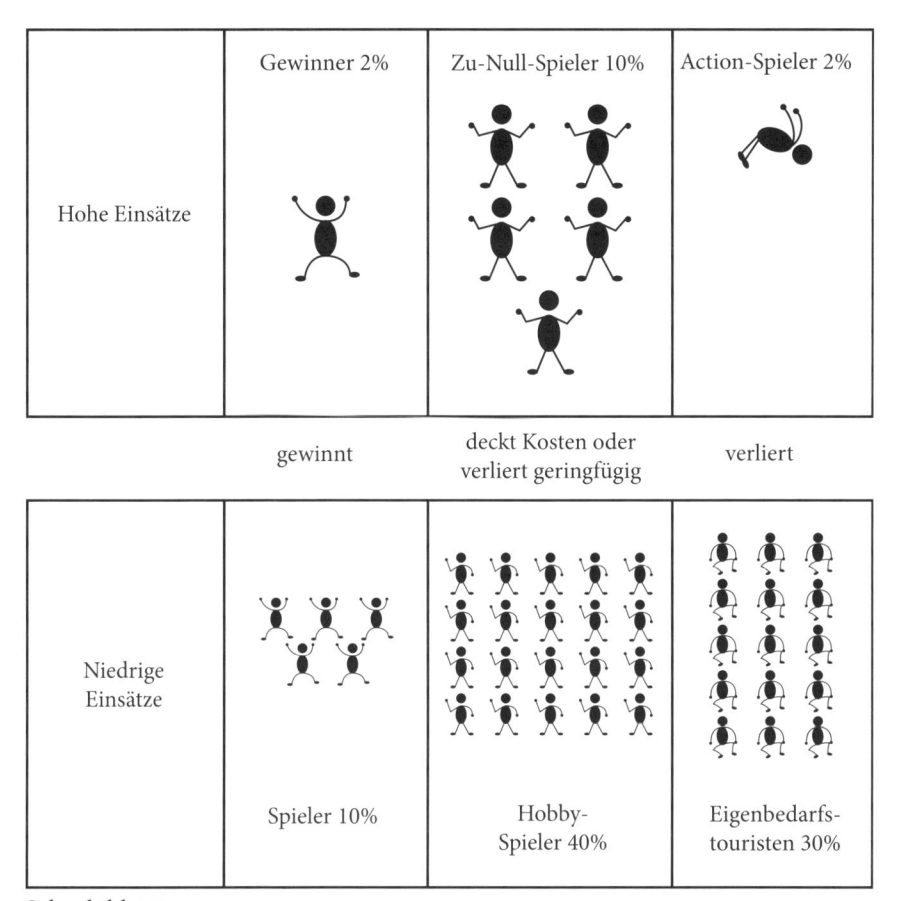

	Gewinner 2%	Zu-Null-Spieler 10%	Action-Spieler 2%
Hohe Einsätze			
	gewinnt	deckt Kosten oder verliert geringfügig	verliert
Niedrige Einsätze	Spieler 10%	Hobby-Spieler 40%	Eigenbedarfs-touristen 30%

Schaubild 4.5

Natürlich ist dies nur ein grober Überschlag von einem typischen Ort zu einem typischen Zeitpunkt. Die Gruppen sind nicht besonders gut definiert, außer die der Action-Spieler. Die anderen überschneiden sich zu einem gewissen Grad, und die Spieler wandern zwischen den einzelnen Gruppen hin und her.

Das Geld fließt von der rechten Spalte zur linken, von den Touristen zu den Eigenbedarfsspielern und von den Action-Spielern zu den Gewinnern. Auch die mittlere Spalte trägt geringfügig zum Geldfluss nach links mit bei. Die Eigenbedarfsspieler links unten wandern manchmal zu den Zu-Null-Spielern oben in der Mitte und wieder zurück – dadurch gelangt Geld aus Spielen um niedrige Einsätze in solche mit hohen Einsätzen. Ansonsten bleiben die meisten Spieler in der Regel in ihrer Kategorie, auch wenn einige Touristen Hobby- oder Eigenbedarfsspieler werden oder sogar aufsteigen und Zu-Null-Spieler oder sogar Gewinner werden. Manchmal bewegen sich Spieler auch nach unten, obwohl die meisten Spieler eher ganz aufhören, als einen niedrigeren Status zu akzeptieren.

In den 1970er Jahren hatte ein typischer Club Bruttoeinnahmen von ungefähr fünf Millionen Dollar pro Jahr, hauptsächlich durch die Sitzplatzgebühren, aber auch aus dem Verkauf von Speisen und Getränken. Er beherbergte ungefähr zehn Gewinner und 50 Eigenbedarfsspieler – die Gewinner brachten jeweils ungefähr 50.000 Dollar pro Jahr nach Hause, die Eigenbedarfsspieler jeweils ungefähr 10.000 Dollar, eine Gesamtsumme von einer Million Dollar. Die Armutsgrenze lag 1975 für eine vierköpfige Familie bei 5.050 Dollar, und das durchschnittliche Familieneinkommen lag bei 13.719 Dollar. Aus Gründen, die wir noch untersuchen werden, lag das Einkommen von erfolgreichen Spielern jedoch sehr viel höher, als es den Anschein hatte.

Dies ergibt sechs Millionen Dollar Einkünfte der Spielcafés und Gewinne, die von den Verlierern gedeckt werden mussten. Ich hatte gesagt, dass es in jedem Pokerraum üblicherweise ungefähr 50 Eigenbedarfsspieler gab, und zu jedem Zeitpunkt gab es ungefähr fünfmal so viele Zu-Null- und Hobbyspieler. Doch das repräsentiert sehr viel mehr Personen – sagen wir 1.000 anstatt 250 –, da die zweite Gruppe ungefähr ein Viertel so viele Stunden pro Woche spielte. Zu jedem Zeitpunkt gab es ungefähr dreimal so viele Touristen wie Eigenbedarfsspieler, doch das steht für einen sogar noch größeren Multiplikator – sagen wir 5.000 Personen anstatt 150. Man kann den Unterschied nicht ausmachen zwischen vier Personen, die jeweils nur einmal kommen, und einer Person, die viermal im Jahr kommt, insbesondere, wenn diese unterschiedliche Kartenspielräume besucht. Diese Personen steuerten jede durchschnittlich 1.000 Dollar bei. Die jeweiligen Beträge variierten stark. Einige Touristen kamen einmal herein und gewannen, und einige Zu-Null-Spieler erzielten einen beträchtlichen Jahresprofit. Andere hingegen verloren 10.000 Dollar oder mehr.

Misst man über ein kürzeres Intervall als ein Jahr, erhält man mehr Gesamtgewinne und -verluste. Stellt man sich zum Beispiel neben den Auszahlungsschalter und misst die Gesamtgewinne und -verluste eines jeden Spielers über jede Session eines ganzen Jahres, würde man in etwa auf 100 Millionen Dollar Gewinn und 105 Millionen Dollar Verlust kommen. Da jeder beliebige Spieler in verschiedenen Sessions mal gewinnt und mal verliert, wird ein Großteil des Geldes ausgeglichen, wodurch über das Jahr verteilt gesehen am Ende eine Million Dollar Gewinn und sechs Millionen Dollar Verlust entstehen. Dadurch ist es für einen Pokerspieler so schwer, sich als Gewinner oder Verlierer zu bezeichnen, und noch schwerer zu sagen, ob ein anderer Spieler gewinnt oder verliert. Gemessen an den Karten auf der Hand sind die Zahlen wahrscheinlich noch zwanzigmal höher – zwei Milliarden Dollar Gewinn und 2.006 Milliarden Dollar Verlust, wenn man die Gewinne und Verluste aller Pots addiert.

Eine globale Miniaturwirtschaft, ausgebreitet auf einem ovalen Tisch mit grünem Fries

Betrachtet man Gardena als eine Finanzinstitution, möchte man die Eigenkapitalquote kennen: Wie viel Bargeld waren die Spieler wirklich bereit zu verlieren, versus: Wie viel von der in Umlauf gebrachten Summe stand produktiven wirtschaftlichen Aktivitäten zur Verfügung? Eine Bank zum Beispiel mag vielleicht 12 Dollar pro einzelnen Dollar ihres Kapitals verleihen. Sie kann dies tun, da das ausgeliehene Geld entweder im Bankensystem ausgegeben oder wieder angelegt wird. Wird es ausgegeben, wird es wiederum entweder ausgegeben oder erneut angelegt. Jeder verliehene Dollar kommt als Einlage wieder zurück, so dass er erneut verliehen werden kann. In der Theorie kann man einen Dollar Kapital nutzen, um jeden Kredit der Welt zu finanzieren (und dies wurde versucht), doch in der

KAPITEL 4: EINE KURZE GESCHICHTE...

Praxis muss die Bank genügend Geld zurückhalten für den Fall, dass jemand etwas abheben möchte. Tatsächlich muss genügend Geld vorhanden sein, damit jeder Kunde darauf vertraut, jederzeit etwas abheben zu können. Sonst würde es einen Sturm auf die Banken geben, und es wären keine liquiden Mittel mehr übrig. In den meisten Ländern wird die Eigenkapitalquote heutzutage von der Regulierungsbehörde überwacht, und die Regierung garantiert die Einlagen.

Es ist wichtig zu verstehen, dass das Geld, welches über die Multiplikation durch Banken entsteht, reales Geld ist – es hat denselben wirtschaftlichen Effekt wie Scheine und Münzen. Nur wenn das Bankensystem versagt, verschwindet es. Eine Bank schafft wirtschaftliche Aktivität, indem sie einen Dollar Risikokapital nutzt, um 12 Dollar in produktive Kredite zu investieren. Dies kann profitabel sein. Die Siebziger-Jahre-Version der 9-6-3-Regel im Bankgeschäft besagt, Geld zu neun Prozent zu verleihen, Einlegern sechs Prozent zu zahlen und um drei Uhr mittags auf dem Golfplatz zu sein. Eröffnet man eine Bank mit 100 Dollar Kapital, verleiht dann 1.200 Dollar, legt eine Kreditspanne von drei Prozent oder 36 Dollar fest, so erhält man einen Ertrag von 36 Prozent auf die 100 Dollar Anfangskapital und ist pünktlich zum Abschlag auf dem Golfplatz, bevor er überfüllt ist.

Ganz so einfach ist es natürlich nicht, aber Banken können sehr viel Geld verdienen. Doch nicht nur Banken schaffen Geld. Der Wirtschaftswissenschaftler John Kenneth Galbraith wies auf die wirtschaftliche Bedeutung dessen hin, was er „bezzle"[20] nannte – der Gesamtbetrag an Geld, das zu jedem beliebigen Zeitpunkt unterschlagen wird. Da sowohl der Veruntreuer als auch der ‚Veruntreute' das Geld zu besitzen glauben, werden beide dementsprechend leben und es ausgeben. Solange die Unterschlagung unentdeckt bleibt, ist mehr Geld in der Welt im Umlauf. Wird sie entdeckt, hat dies einen depressiven Effekt auf die Wirtschaft, der nicht im Verhältnis zum veruntreuten Betrag steht, denn Veruntreuer sind meist dynamische Geldausgeber, und aufgeklärte ‚Veruntreute' tendieren zum anderen Extrem.

Um ein Bild des Kapitals der Kartenspielräume zu zeichnen, können wir die Touristen, Action- und Hobbyspieler ignorieren. Diese Gruppen verloren ungefähr die Geldmenge, die sie zu verlieren bereit waren. Wenn sie an einem Abend schneller verloren, gingen sie einfach früher nach Hause. Die Kartenspielräume selbst waren nicht willens, Verluste zu machen: Wären die Profite gesunken, hätten sie das Management ausgewechselt oder einfach den Laden geschlossen. Obwohl die Kartenspielräume 25 Prozent des Budgets der Stadt Gardena stellten, konnten sie nicht mit der Unterstützung der Regierung oder einer anderen externen Stelle rechnen.

Die Gruppe der Gewinner hätte wohl so lange gespielt, bis sie alle ihre mitgebrachten Scheine verloren hätte, welche ich auf ein halbes Jahresgehalt oder 250.000 Dollar schätzen würde. Die Eigenbedarfs- und Zu-Null-Spieler hätten aufgehört, bevor sie so viel verloren hätten, würden also weitere 250.000 Dollar beisteuern. Wenn die gesamten zwei Milliarden Dollar Gewinne und Verluste aus allen Spielen für produktive Investitionen zur Verfügung stünden, würde ich schätzen, dass der Kartenspielraum eine Eigenkapitalquote von 0,025 Prozent hätte. Jeder Dollar Risikokapital würde 4.000 Dollar an Gewinnen und Verlusten durch die Spielkarten schaffen. Selbstverständlich sind nicht die gesamten zwei Milliarden Dollar für wirtschaftliche Aktivität verfügbar, und in dieser Schätzung steckt ungeheuer viel Mutmaßung. Offensichtlich wurden die Kartenspielräume aber mit weniger

---

20 Nimmt Bezug auf das englische Wort „embezzler" (der Veruntreuer) und die weitere eigene Wortschöpfung „embezzlee" (der ‚Veruntreute').

als einem Prozent des Kapitals einer sogar fragwürdigen Bank betrieben. Dies ist natürlich der Reiz für Leute, die gerade pleite sind.

Dieses Niveau der Eigenkapitalquote ist in der Wirtschaftgeschichte nicht unbekannt. Länger als ein Jahrhundert gab es im Süden und Westen der Vereinigten Staaten „Soft-Money"-Banken. Diese Banken nahmen geringe Kapitalmengen entgegen und verliehen diese hundert- oder tausendfach. Sie versagten häufig, aber sie trugen auch mehr zur Entwicklung der natürlichen Ressourcen Nordamerikas bei als die „Hard-Money"-Banken. Soft-Money-Banken entstanden spontan, wenn sich Menschen an der Landesgrenze zusammenscharten. Sie liehen das Geld, welches für die Erschließung und Entwicklung des neuen Ortes benötigt wurde.

War die Stadt erfolgreich, blühte auch die Bank auf und wurde zu einer Hard-Money-Bank. Die Investoren, die das Risikokapital der Bank geschaffen hatten, wurden extrem reich. Schaffte die Stadt es nicht, zog sowieso jeder pleite weiter. Der einzige Unterschied ist, dass es bei den Soft-Money-Banken die Chance gab, erfolgreich zu sein. Hätten Regulierungen eine achtprozentige Eigenkapitalquote vorgeschrieben, hätte niemand der Bank Geld zur Verfügung gestellt. Bedenken Sie, dass zur selben Zeit, als die kalifornischen Pokerräume aufkamen und das Glücksspiel in Nevada legalisiert wurde, der Kongress die Soft-Money-Banken erfolgreich verbot.

„Nor tie to Earths to Come, nor Action New"

Einen Hinweis darauf, wie die Gardena-Bank funktionierte, liefert die Betrachtung der Action-Spieler. Warum kamen diese Spieler wieder und wieder, um Geld zu verlieren? Sie waren keine schlechten Spieler – zumindest nicht alle von ihnen. Oft waren sie in einer Nacht die großen Gewinner, denn wildes Spiel kann große Gewinne einbringen. Ich habe bemerkt, dass viele von ihnen sich auch sehr gut mit anderen Spielen auskannten wie Bridge oder Schach, die im Kartenspielraum nicht unbedingt üblich waren. Trotz ihres Geschicks lieferten sie den Löwenanteil an Verlusten, die die Gemeinschaft am Laufen hielten, und einen wesentlichen Teil des großen Pots. Sie spielten wie Glücksspieler, nicht wie Pokerspieler.

Jeder Action-Spieler, den ich in Gardena traf, war Freiberufler oder besaß ein kleines Geschäft vor Ort. Akademische Studien kommen zu demselben Schluss, obwohl niemand die offensichtliche Bedeutung erfasst zu haben scheint. Nicht allen Action-Spielern konnte ich in den Kartenspielräumen dabei zusehen, wie sie ihren Geschäften nachgingen, aber ich weiß, dass viele Stammspieler in Autowerkstätten, Haushaltswaren- und Bekleidungsgeschäfte gingen, die Action-Spielern gehörten. Andere mieteten Wohnungen von ihnen oder verrichteten einfache Arbeiten für ihre Firmen. Wenn Sie den Film „Rounders" gesehen haben, denken Sie an Joey Knish, gespielt von John Turturro. Dort gab es Spielkartenzimmer-Ärzte, -Zahnärzte, -Anwälte und -Buchhalter.

Jede Gemeinschaft benötigt Händler, Selbständige, Angestellte und Grundbesitzer. Und die Spieler von Gardena hatten besondere Bedürfnisse. Viele, insbesondere die Eigenbedarfsspieler, betraten einen Kartenspielraum erstmals nach einem traumatischen Ereignis in ihrem Leben: Scheidung, Verlust des Arbeitsplatzes, Bankrott oder gesundheitliche Probleme. Ein solches Trauma ließ sie womöglich mit Schulden, Steuerlasten oder ohne Kreditmöglichkeit zurück. Es konnte extrem gelegen kommen, Geld abseits der offiziellen Buchführung zu verdienen und es bei

Händlern auszugeben, die keine Fragen stellten. Der Arbeitgeber und der Kaufmann konnten Steuern sparen, womöglich Tantiemen und Investorenrückzahlungen. Fachleute konnten ohne Berechtigungsnachweis und Bürokosten Geschäfte machen, die sonst nötig sind, wenn man um Nicht-Pokerspieler als Klienten wirbt. Beide Seiten dieser Art der Transaktionen wussten, wo sie sich finden konnten und wertschätzten ihren jeweiligen Stand in der Gemeinschaft von Gardena. Ein Poker spielender Hausbesitzer konnte einem Eigenbedarfsspieler vertrauen, denn er konnte die Miete immer dann einfordern, wenn der Mieter einen erfolgreichen Abend hatte – wenn nötig sogar, wenn der Mieter ein gutes Blatt auf der Hand hatte. Der Spieler mag bis über beide Ohren verschuldet und ein Langzeitverlierer sein, doch trotzdem einige Abende ausgehen oder zumindest an dem einen oder anderen Spiel für einige Monatsmieten in bar teilnehmen. Es ist nur wichtig, als Erster da zu sein, um das Geld von ihm einzufordern, ein Geldeintreiber von außerhalb hat keine Chance.

Geld ins Pokerspielen zu stecken, war so ähnlich, wie es auf der Bank einzuzahlen. Es hatte die Vorteile, privat, steuerfrei und sicher vor Gläubigern zu sein. Es hatte den Nachteil, unsicher zu sein. Stellen Sie sich vor, Sie wollen bei einer normalen Bank Geld abheben, und der Bankangestellte holt einen Satz Karten hervor und beginnt, mit Ihnen um das Geld zu spielen. Das wäre sehr unpassend, aber es würde Sie vor den Mahnbescheiden Ihrer Gläubiger bewahren. Sogar der Internal Revenue Service (IRS), die oberste Steuerbehörde der Vereinigten Staaten, konnte nicht in einen Kartenspielraum in Gardena eindringen und die Steuerschuld von Personen eintreiben, an die man beim Spielen Geld verloren hatte. Und da Sie das Geld zu denselben Bedingungen einzahlen – und bei jedem zweiten Mal gewinnen und das Geld gutgeschrieben bekommen und das Bargeld behalten –, kommen Sie im Prinzip bei null heraus.

Gut, Sie kommen nur dann bei null heraus, wenn Sie ein überdurchschnittlicher Spieler sind. Das jeweilige Etablissement behält einen Teil. Aber Schweizer Banken boten zu der Zeit einen ähnlichen Service für reiche Kunden mit nummerierten Konten an. Diese Konten zahlten einen negativen Zinssatz. Reguläre Banken zahlen positive Zinssätze, geben dafür aber Kontoinformationen und Bargeld an jeden heraus, der mit einem Mahnbescheid winkt.

Um die Unannehmlichkeit, dass man nicht immer sein Geld zurückbekommt, abzuschwächen, vertrauten viele Spieler auf Kredite der Kartenspielräume. Diese wurden stets zinslos erteilt (der Kredithai war kein Pokerspieler und bot einen gänzlich anderen Deal an).

Verlierer in der aktuellen Runde suchten den Kartensalon nach Gewinnern ab, von denen sie bereits vorher einmal Geld geliehen oder an welche sie bereits einmal Geld verliehen hatten. Geld war auf Basis vermuteter Solvenz und Begabung beim Pokerspiel aufzutreiben. War jemand viermal die Woche in den letzten drei Jahren aufgetaucht und hatte jedes Mal einen 2.000-Dollar-Chip gekauft und anscheinend mehr gewonnen als verloren, hatte er keine Schwierigkeiten, sich Geld zu leihen. Sobald seine Schulden zu hoch waren, er zu langsam zurückzahlte oder gar nicht mehr auftauchte, oder nicht mehr so viele Chips kaufte oder zu viel verlor, bekam er keinen Kredit mehr. Vertrauen basierte nicht auf Einkommen oder Kapital wie bei gewöhnlichen Kredittransaktionen, sondern auf Schwankungen. Hatte jemand zumindest ab und zu Geld, mit dem er Vertrauen erwarb, solange er konnte und er kein miserabler Spieler war, galt er als vertrauens- und damit creditwürdig. Spieler waren mit dem gleichen Aufwand bestrebt, im Spiel zu bleiben, wie Hausbesitzer, ihre Häuser zu behalten. Es ist ein starkes und uraltes Band, das von jedem professionellen Kreditgeber respektiert werden sollte. Viele Stammspieler schuldeten anderen Spielern zehntausende von Dollars, während sie gleichzeitig zehntausende von Dollars an wiederum andere verliehen hatten.

Auch das Haus war eine Kreditquelle, indem es dem Gesetz zum Trotz an einige Stammspieler Chips ohne sofortige Barzahlung verkaufte. Stammspieler konnten auch darauf setzen, als Anreißer oder Lockvögel bei Spielen angeheuert zu werden, und manchmal bekamen sie auch Jobs wie Robert. Das ganze System zielte darauf ab, die kleine Summe von verfügbarem Kapital zirkulieren zu lassen, so dass jeder über die Runden kam.

„You Took Little Children Away from the Sun and the Dew ... for a Little Handful of Pay on a Few Saturday Nights"

Einige der Hobbyspieler zogen Nutzen aus der Kartenspielraum-Ökonomie, für andere war Poker lediglich eine soziale Angelegenheit. Das jeweilige Etablissement schien sie zu schätzen und bemühte sich darum, dass sie sich wohlfühlten und nicht zur Konkurrenz abwanderten. Obwohl sie als Gruppe keine großen Summen verloren, hielten sie die Spiele konstant am Laufen für zufällig vorbeikommende Touristen, und sie besuchten stetig das Restaurant, was die Unkosten niedrig hielt. Die Kartenspielräume schienen außerdem sehr auf eine freundliche Atmosphäre bedacht zu sein, indem sie gutes Essen und nette Gesellschaft anboten, statt Aufregung und Sex, wie es in Las Vegas damals üblich war. Wären die Hobbyspieler verschwunden, hätten die Kartenspielräume bedrohlicher auf die Stadt Gardena gewirkt.

Sowohl die Eigenbedarfsspieler als auch die Hobbyspieler waren in der Regel etwas älter, meistens jenseits der 65. Sie verfügten über irgendeine Form von Einkommen, welches sie durch Pokerspielen aufbesserten (Eigenbedarfsspieler) oder von welchem sie das Pokerspielen als Freizeitbeschäftigung finanzierten. Ich schätze, dass diese Gruppen als Ganzes betrachtet sehr viel mehr in Gardena gewannen als verloren. Zum einen konnten sie den Vorteil der steuerfreien Waren und Serviceleistungen der anderen Spieler nutzen. Zum anderen konnten sie den ganzen Tag in gemütlicher Atmosphäre mit günstigem Essen soziale Kontakte pflegen, ohne Aufwand für ihr Äußeres (saubere Kleidung, eine ansprechende Wohnung etc.), wie es in anderen sozialen Situationen nötig gewesen wäre.

In Las Vegas ist der Verlierer König. Die Kasinos übertreffen sich gegenseitig darin, Verlierern kostenlose Flugtickets, Hotelzimmer und Mahlzeiten, tolle Shows und weitere Anreize zu bieten. Deshalb erschien es merkwürdig, dass man in Gardena die Touristen so schlecht behandelte. Es wurden keine Anstrengungen unternommen, sie anzulocken oder gar als Stammspieler zu gewinnen, und es störte niemanden, wenn sie verschwanden oder zur Konkurrenz gingen. Die Clubs bieten keine Anfängerkurse oder Anderes an, um das Spielen angenehmer zu gestalten. Gardena ist nicht der Ort, um Poker zum Spaß zu spielen.

Vielleicht denken die Clubs, Touristen zu werben sei zu teuer. Diese Spieler bringen zwar stetigen Profit mit sich, scheinen aber ohne großen Ansporn zu kommen. Der Hauptgrund, warum Kasinos Geld verlieren (ja, Kasinos verlieren häufig Geld),

KAPITEL 4: EINE KURZE GESCHICHTE...

liegt darin, dass sie um die Verlierer werben. Ein Monopol-Kasino oder ein kleiner Zusammenschluss von Etablissements, die im Hinblick auf Wettbewerbserhalt miteinander kooperieren, ist eine sehr viel bessere Geldanlage.

Um den Kontrast zu Las Vegas zu vervollständigen, umsorgen die Kartenspielräume die Gewinner wie Sportstars. Las Vegas bestimmt die Regeln, um Gewinne zu vermeiden. Wenn jemand sie überlistet – z.b. indem er beim Black Jack die Karten mitzählt –, unternehmen die Kasinos alles Mögliche, ihn auszuschließen. In Gardena werden die Gewinner mit besonderer Sorgfalt behandelt. In schlechten Zeiten wird ihnen Geld geliehen, oder sie werden als Hausspieler angestellt, und der Spielleiter gewährt ihnen die günstigste Behandlung. Entschließt ein Gewinner sich, den Kartenspielraum nach einer Pechsträhne zu wechseln, unternimmt das Haus große Anstrengungen, um dies zu verhindern, inklusive des Angebots, alle Schulden zu erlassen. Las Vegas tut dies nur für die Verlierer.

Gewinner fördern natürlich den guten Ruf des Clubs, was Spieler von weither anzieht (wie mich). Ihre Hauptaufgabe besteht aber darin, den Club vor Touristen zu schützen. Die meisten Touristen können von den Hobbyspielern unterhalten werden. Fangen sie an zu gewinnen, übernehmen die Eigenbedarfsspieler. Aber wenn dies nicht funktioniert, muss jeder Kartenspielraum einige der Topspieler der Welt aufbieten können. Um das zu erreichen, muss das Haus nicht unbedingt die Sitzordnung ändern. Doch wenn ein Tourist weiter gewinnt, wird er auf einen Ebenbürtigen stoßen. Wäre dies nicht der Fall, würden die Topspieler der Welt so lange immer wieder in Gardena auftauchen, bis das Spiel für die Gemeinde dermaßen schlechte Aussichten bieten würde, dass sie auseinanderfallen würde. Die Gewinner sind die zu Sheriffs gewählten Gangster, die andere Gangster mit der Pistole fernhalten sollen.

Die derzeitig einflussreichsten Poker-Theoretiker – zum Beispiel David Sklansky, Mason Malmuth und Mike Caro – haben sich in diesen Kartenspielräumen einen Namen gemacht. Dies erklärt ihre Fokussierung darauf, einzelne Gegenspieler zu schlagen. Dies war ihre Hauptaufgabe. Sie konnten hohe Abweichungen und Zufallsergebnisse in Kauf nehmen, da sie in ein sicheres Kreditsystem eingebettet waren (nicht so sicher wie das Portfolio eines mit AAA klassifizierten Wertpapiers und eines Tresorraums mit Gold, aber sicher genug, dass sie immer mit ihrem Anteil rechnen können, solange ihr Können währt). Über die größere wirtschaftliche Infrastruktur mussten sie sich keine Gedanken machen, der Kartenspielraum erledigte dies für sie.

Diese Art der Umgebung ist geradezu geschaffen, um unübertreffliche Einzelwettbewerbsfähigkeiten zu kultivieren, nicht aber für die Art von ausgewogener Vorausschau, welche in anderen Pokersituationen benötigt wird. Dies soll nicht bedeuten, dass die Theoretiker dieser ausgewogenen Vorausschau nicht fähig sind, in Gardena wurde sie nur nicht aktiv gefördert.

Gewinner sind in der Regel jüngere Männer, in den meisten Fällen geschieden oder gar nicht erst verheiratet. Sie bilden die Gruppe in dieser Gemeinschaft mit dem höchsten Bildungsstand. Im Gegensatz zu den meisten anderen Stammspielern, die an ihrem Zielpunkt im Leben angekommen sind und zukünftig eher ab- als aufsteigen werden, sind Gewinner in der Regel auf dem Weg zu irgendetwas. Einige wollen erfolgreiche Profis werden, andere wollen ein Buch schreiben, die Schule beenden oder etwas erfinden. Ein weiterer Grund, warum das Haus sie so zuvorkommend behandelt, besteht darin, dass sie schneller als die anderen Stammspieler wieder gehen und deswegen immer wieder ersetzt werden müssen.

Der größte demographische Unterschied zwischen den Gewinnern und den Zu-Null-Spielern liegt darin, dass die Letzteren meist verheiratet sind und auch einige Frauen dazuzählen. Sie sind in der Regel auch etwas älter, nicht ganz so gebildet und weniger ehrgeizig. Einige steigen womöglich zu den Gewinnern auf (was auch für einige Eigenbedarfsspieler gilt), die meisten jedoch nicht. Einige streichen ein beachtliches Einkommen in privaten Pokerrunden ein und nutzen Gardena-Spiele mit hohen Einsätzen, um ihre Fähigkeiten auszubauen. Andere scheinen für den Notfall einen Fuß in der Tür der Gardena-Gesellschaft zu behalten, sollte es im anderen Lebensbereich schlecht laufen.

Dieses Gesamtbild mag recht niederschmetternd aussehen. Touristen werden übers Ohr gehauen, und Hobbyspieler schlagen schlichtweg ihre Zeit in fensterlosen, verrauchten Räumen tot, in denen jede halbe Stunde eine rote Lampe aufleuchtet, um anzuzeigen, dass Geld fällig ist. Die Eigenbedarfsspieler schlagen sich nur mühsam durch, und die Action-Spieler halten nichtkonkurrenzfähige Geschäfte durch Betrug am Laufen. Die Zu-Null-Spieler bringen gewaltige Fähigkeiten und Energie auf und verlieren dabei Geld. Nur die Gewinner scheinen einen guten Deal zu machen und diese versuchen meist, an andere Orte zu kommen. Wie auch immer, stellen Sie sich die Alternativen für viele dieser Menschen vor.

Wir werden uns ein wenig tiefer in die Pokerwirtschaft graben, um weniger deprimierende Nischen zu finden, welche für Sie und für die Gesellschaft als Ganzes mindestens ebenso gut funktionieren wie Ihre Hausbank.

Kapitel 5

Pokernomics

Wie Poker und moderne Derivate in einem Jambalaya[21] aus amerikanischen Ureinwohnern und westafrikanischen Flusshändlern das Licht der Welt erblickten, mit unbegrenzten Möglichkeiten aufgekocht und mit einem schottischen Löffel umgerührt wurden.

Alles, was ich in den Wirtschaftswissenschaften je nützlich fand, habe ich in zwei Büchern gelesen. Beide wurden von Personen mit hochentwickelten mathematischen Fähigkeiten – theoretischen wie praktischen – geschrieben, und doch benutzen beide einfache qualitative Argumente. Sie werden von Menschen ohne Vorkenntnisse in Wirtschaftswissenschaften täuschend tiefgehend und leicht beim ersten Lesen verstanden, bieten jedoch Experten auf den zweiten Blick eine Fülle zusätzlicher Erkenntnisse. Die Arbeit von John Law aus dem Jahr 1705, „Money and Trade Considered with a Proposal for Supplying the Nation with Money", liefert die deutlichste Darstellung der wirtschaftlichen Frage, und 290 Jahre später gibt Fischer Black in „Exploring General Equilibrium" die Antwort. In der Zeitspanne dazwischen tauchen einige brillante Texte und schlaue Schlussfolgerungen auf, und natürlich auch deren Gegenteil, aber nichts, was ich persönlich nutzbringend verwenden konnte. Dies ist kein Punkt, den ich diskutieren möchte. Sollte jemand praktische Anleitung in den Werken von Adam Smith, Karl Marx, John Maynard Keynes oder einem anderen Wirtschaftswissenschaftler finden, freue ich mich für ihn.

John Law starb gut 200 Jahre, bevor ich geboren wurde, aber ich kannte Fischer Black (der leider an Kehlkopfkrebs starb, als er in seinen 50ern war, kurz nachdem er sein Meisterwerk vollendet hatte). Black steuerte bahnbrechende Abhandlungen zu beinahe jedem Bereich der Finanzwissenschaften bei und war einer der Hauptverantwortlichen der beiden wichtigsten Modelle des Finanzwesens: das Capital Asset Pricing Model (CAPM) und das Black-Scholes-Merton-Modell zur Bewertung von Finanzoptionen. Black bildete in beiden Modellen den einzigen gemeinsamen Nenner (William Sharpe, Jack Treynor und John Lintner waren die anderen drei Entwickler des CAPM).

---

21 Jambalaya: Ein aus Louisiana stammendes Reisgericht.

Neben seinen akademischen Erfolgen leitete Black die Quantitative-Research-Gruppe der Investmentbank Goldman Sachs. Wer ihm begegnete, erkannte schnell, dass er entweder verrückt oder genial war, oder vielleicht beides. Er unterhielt sich nur mit anderen, solange es ihn interessierte, und dann, um es in den Worten einer meiner Freunde auszudrücken: „konnte es passieren, dass er einfach den Telefonhörer auflegte, noch während er selber sprach". Black verbrachte all seine Zeit damit, sich kleine Notizen zu Ideen anzulegen, die ihm gerade einfielen, um sie dann sorgsam in sein enormes Archivsystem einzupflegen. Sein Buch „Exploring General Equilibrium" ist äußerst exzentrisch: Er erläutert die Sachlage auf wenigen Seiten und widmet sich den Rest des Buches zwei bis drei Paragraphen langen Widerlegungen professioneller Wirtschaftswissenschaftler, in alphabetischer Reihenfolge der Nachnamen, direkt aus dem Aktenschrank seines Archivs. Auch Laws Buch dient offensichtlich der Widerlegung anderer Ideen. Beide Männer griffen einfache Wahrheiten auf und erklärten sie klar und deutlich, ohne Ausschmückungen. Der Grund, warum sie Bücher anstelle von Flugblättern oder Manifesten schrieben, lag darin, dass sie ihre Ideen von vordergründig ähnlichen und keineswegs seltenen Irrtümern abgrenzen mussten.

Ich bin kein Anti-Wirtschaftswissenschaftler. Einige meiner besten Freunde sind Wirtschaftswissenschaftler. Experten auf diesem Gebiet sind häufig sehr kluge Personen, die interessante Fragen stellen und gute Antworten entwickeln. Das Wirtschaftsstudium trainiert vermutlich ihre Gehirne darauf, wenn man das Fachgebiet als diszipliniertes Vorgehen bei der Erforschung vergangener und aktueller Ereignisse betrachtet. Wie Astrologen aus vergangenen Jahrhunderten müssen sie intelligent und diszipliniert genug sein, um ihre Wissenschaft und die für ihr Handwerk erforderliche Mathematik zu beherrschen. Und um ihren Lebensunterhalt bestreiten zu können, müssen sie scharfsinnige Analytiker sein, denn ihre Fundamentaltheorie ist verkehrt. Sucht man in der Wirtschaftswissenschaft nach theoretischer Klarheit, die einem hilft, reich zu werden, die Wirtschaft einer Nation zu managen oder das Ergebnis einer bestimmten Handlung vorherzusagen, wird man ähnlich enttäuscht sein wie beim Lesen eines Horoskops. Zumindest bei mir war es so.

LAW UND DAS GELD

John Law lebte von 1671 bis 1729. Er war ein interessanter Typ. Er wurde in Schottland geboren und verdiente seinen Lebensunterhalt den Großteil seines Lebens als professioneller Spieler. Als junger Mann zog er wegen besserer Spielmöglichkeiten nach England. 1694 wurde er zum Tode verurteilt, weil er Edward Wilsen, einen berühmten jungen Dandy der damaligen Zeit, im Duell getötet hatte. Der Grund des Streits ist nicht überliefert, doch beide Männer buhlten um Aufmerksamkeit, und Wilsons Schwester lebte im selben Mietshaus wie Law. Law brach aus dem Gefängnis aus und floh auf den Kontinent, wo er begann, seine Ideen über die Wirtschaft zu entwickeln.

KAPITEL 5: POKERNOMICS

Er stand im Ruf eines Schürzenjägers, ging aber in Paris eine lebenslange Beziehung mit Elizabeth Knowles ein, einer intelligenten und offenen Frau, die einen gewissen Anteil an seinen Ideen gehabt haben soll. Seine Arbeit erreichte ihre volle Blüte, nachdem er sie kennengelernt hatte, seine praktischen Erfolge stellten sich ein, während sie an seiner Seite war, und endeten, als er zwangsweise von ihr getrennt wurde. Elizabeth war eine Nachfahrin der königlichen Tudor-Familie und mit einem anderen Mann verheiratet, als sie Law kennenlernte (und auch weiterhin, denn sie ließ sich nie von ihm scheiden). Heutzutage mag es für einen bürgerlichen und professionellen Glücksspieler keinen so großen Unterschied bedeuten, ob er mit einem Mitglied der britischen Königsfamilie Vater-Mutter-Kind spielt oder ob er gesellschaftlich anerkannt wird, obwohl er öffentlich Ehebruch begeht – im 18. Jahrhundert allerdings waren diese Dinge von größerer Bedeutung.

Wenn man über Law liest, lässt sich unmöglich übersehen, wie sehr die Menschen ihn mochten. Solange die Dinge gut liefen, ist das nicht überraschend. Aber selbst, als er zum Tode verurteilt im Gefängnis saß, und auch sehr viel später, nach einem finanziellen Desaster, hatte er in allen Lebensabschnitten niemals Schwierigkeiten, neue Freundschaften aufzubauen und alte aufrechtzuerhalten, über die Grenzen von Klassen, Religion, Nationalität und Beruf hinweg.

Im Kontrast dazu scheint der zweimal geschiedene Fischer Black kalt und ohne Freunde gewesen zu sein. Eine meisterhafte Biographie des Wirtschaftsprofessors Perry Mehrling vom Barnard College legt allerdings dar, dass Black im Stillen mehrere intensive und tiefgehende Freundschaften pflegte (das größte Kompliment für einen Biographen ist, wenn man trotz Wissen auf dem jeweiligen Gebiet die Person nicht wirklich kannte, bis man das Buch las). Black ähnelte Law in seinen sexuellen Gewohnheiten, unterschied sich aber von ihm durch eine Aversion gegen alle Formen des Glücksspiels.

Laws *modus operandi* bestand darin, gleich nach seiner Ankunft in einer neuen Stadt an den angesagtesten Orten gesehen zu werden. Er war witzig, charmant, sportlich, gut aussehend, über das Weltgeschehen informiert und ausgesprochen gut gekleidet. Er suchte die Nähe zu eleganten Schauspielerinnen oder Kurtisanen und veranstaltete Glücksspiel-Partys in ihren Appartements. Law agierte als Bank, die von jedem Gast Wetten annahm. Er trug immer große Taschen voll klingender Goldmünzen bei sich, um die Spieler zu beruhigen. Vielleicht bin ich zu misstrauisch, aber meiner Meinung nach war Laws Verhältnis zu den Gastgeberinnen stets kommerzieller und nicht sexueller Art, und die klingenden Taschen enthielten bestimmt sehr viel weniger Goldmünzen, als ihre Größe und ihr Gewicht vermuten ließen.

Obwohl Law alle damals beliebten Spiele beherrschte, war er vor allem für seine Faro-Künste bekannt. In der heutigen Spielversion platzieren die Spieler ihre Einsätze auf einem Tisch mit den Bildern der 13 verschiedenen Kartenwerte. Zu Laws Zeiten nahmen die Spieler bis zu drei Karten auf und setzen hierauf ihre Einsätze. Der Kartengeber, der als Bank fungierte, nahm dann ein zweites Spielkarten-Set mit allen 52 Karten auf, mischte diese und „burnte" die oberste Karte (das heißt, er zeigte sie und legte sie mit dem Bild nach oben unter den Stapel).

Die nächsten 48 Karten wurden immer paarweise ausgeteilt. Die erste Karte gehörte dem Kartengeber, und er gewann alle Einsätze für Karten dieses Wertes (Farben spielten bei Faro keine Rolle). Die zweite Karte ging an den Spieler, und der Kartengeber musste alle Einsätze zahlen, die auf diesen Kartenwert gesetzt worden waren. Der Gesamtvorteil für die Bank entstand, wenn beide Karten denselben Wert hatten. In diesem Fall wurden die Wetteinsätze auf diese Karten *gehalten*[22]. Sie blieben im Spiel, doch wenn sie zu einem späteren Zeitpunkt zugunsten des Spielers Gewinn einbrachten, erhielt dieser nur seinen eigenen Einsatz zurück, die Bank musste ihn nicht anpassen. Gewann die Bank, strich sie wie gewöhnlich den Einsatz ein. Dies gibt der Bank einen Vorteil von 0,5 Prozent. Drei Dinge müssen passieren, damit der Kartengeber seinen Einsatz sichern kann: In einem von 17 Fällen wird ein Paar ausgeteilt, in einem von drei Fällen geschieht dies, bevor eine andere Karte dieses Werts ausgeteilt wird (tatsächlich 36 Prozent aufgrund der ersten weggelegten Karte und der Tatsache, dass die drei letzten Karten nicht ausgeteilt werden), und in einem von zwei Fällen gewinnt der Spieler den gehaltenen Einsatz. Da 17 x 3 x 2 = 102 ist, muss in einem Prozent der Fälle der Kartengeber einem Gewinner nichts auszahlen. Die Gewinnquote des Spielers liegt bei 49 Prozent, in einem Prozent der Fälle erhält er seinen Einsatz zurück und 50 Prozent der Zeit gewinnt der Kartengeber. Spieler würden auch auf die Reihenfolge der letzten drei Karten wetten. Es gibt sechs mögliche Reihenfolgen (die erste Karte kann jede der drei sein, die zweite kann nur noch eine der übrigen beiden Karten sein, die letzte Karte steht dann bereits fest – 3 x 2 = 6).

Law gewann also beständig bei einem Spiel, das ganz dicht an Fairness grenzt – etwas, das nur wenigen gelingt. Solange die Bank einen geringen Vorteil hat, benötigt man viele Wetten von ungefähr gleicher Größe, um die Variabilität des Resultats zu besiegen. Deshalb wurde Faro in Kasinos kein Erfolg, obwohl sie in der Regel den Gewinn der Bank verdoppelten, indem sie bei einem ausgeteilten Paar den Einsatz einstrichen. Für den Dealer ist es bei Faro extrem einfach, zu betrügen, indem er die zweite Karte austeilt (indem er die oberste anschaut und die zweitoberste austeilt, wenn diese für ihn günstiger ist). Obwohl es gewiss möglich gewesen wäre, dass Law betrog, vermute ich aufgrund seiner Persönlichkeit und seines Talents, dass er seinen wahren Lebensunterhalt durch Ergebniswetten verdiente (Wetten auf spezifische Aussagen innerhalb einer Frist). Hier werden ihm sein Scharfsinn und seine mathematischen Fähigkeiten einen Vorteil verschafft haben, und auf diese Weise gewinnen auch die meisten ehrlichen professionellen Spieler.

Ob nun Betrüger oder nicht – Law gewann schnell so viel, dass andere Spieler nicht mehr gegen ihn antraten und er in eine neue Stadt weiterzog. Zuvor jedoch diskutierte er noch mit den führenden Experten und politischen Autoritäten vor Ort über die Wirtschaft. Dies machte ihn zum begehrtesten Wirtschaftsberater Europas. Letztendlich wurde ihm die Verwaltung der französischen Wirtschaft anvertraut. Dies tat er so erfolgreich, dass das Wort *Millionär* für all diejenigen erfunden wurde, die er reich gemacht hatte. Vor Law hatte es nicht genügend da-

---

22 Auch: *held*

KAPITEL 5: POKERNOMICS

von gegeben, um ein Wort für sie zu benötigen. Auf den Boom folgte ein niederschmetternder Crash. Law wurde hierfür ebenso verantwortlich gemacht wie für die gleichzeitige Südseeblase[23] in England. Trotzdem wurden seine Ideen ein halbes Jahrhundert später weiterhin studiert und entwickelt, nun verankert in einem sehr viel durchdachteren Rahmen von politischer und moralischer Argumentation, woraus sich die moderne Wirtschaftslehre entwickelte. Vor 20 Jahren wurde er eher als Hochstapler denn als wirtschaftliches Genie betrachtet, doch sein Ruf hat sich mittlerweile beträchtlich verbessert. Heute gilt er als wichtiger früher Einflussnehmer auf das wirtschaftliche Denken, mit Ideen, die ohne die Korruption und den Despotismus im damaligen Frankreich vielleicht funktioniert hätten.

Ich würde sogar noch weitergehen. Ich bin der Auffassung, dass seine Ideen funktionierten und sowohl zur Erfindung des Pokers als auch zum wirtschaftlichen Wachstum in den Vereinigten Staaten führten. Law entdeckte das Geheimnis, reich zu werden, doch das stellte für die etablierten politischen Institutionen eine Bedrohung dar. Seine revolutionäre Idee konnte sich nur weit abseits der Staatsgewalten entwickeln. Sie erreichte enorme Kraft in Kombination mit einem anderen Geheimnis – der Netzwerk-Ökonomie, die von amerikanischen Indianern aus der Gegend des Mississippi und seiner Nebenflüsse entwickelt worden war. Sie war kein System eines einzelnen Stammes oder einer einzelnen Stammesfamilie, sondern umfasste den Handel zwischen den Stämmen im gesamten Mississippi-Gebiet und der Einfluss erstreckte sich noch darüber hinaus bis in die Gebiete westlich der Rocky Mountains und der Großen Seen. Es handelte sich um die fortschrittlichste Wirtschaft im 16. Jahrhundert weltweit, und sie funktionierte gänzlich ohne Geld. Bis zum 18. Jahrhundert hatten Krankheiten (in erster Linie die aus Europa eingeschleppten Pocken) drei Viertel der indianischen Bevölkerung ausgelöscht, doch die Erinnerung an die Prinzipien der Netzwerk-Ökonomie blieb erhalten, angeregt sowohl von Laws Innovationen als auch durch den Import von Westafrikanern, die ihr eigenes, auf das Flussland abgestimmtes Tauschsystem entwickelt hatten.

GETRENNTE RECHNUNGEN

Laws Argumentation begann mit der Frage, warum Schottland so arm und Holland so reich sei. Die schottische Armut bedeutete niedrige Preise für Land, Arbeitskräfte und andere wirtschaftliche Produktionsfaktoren in Schottland, weshalb Güter dort billiger produziert werden konnten als in den Niederlanden. Trotzdem unterboten niederländische Händler die schottischen immer wieder, und die Schotten wollten viele Güter aus den Niederlanden kaufen, während die Niederländer nichts von Interesse in Schottland fanden. Dies ist eine der grundlegenden Fragen der Ökonomie: Warum reguliert sich regionale Armut – und persönliche Armut, wenn wir schon dabei sind – nicht von selbst?

Laws erste Antwort war, dass in Schottland nicht ausreichend Geld vorhanden

---

[23] South See Bubble, auch als Südsee-Börsenschwindel bekannt.

war. Der größte Teil des Handels wurde durch Tauschgeschäfte vollzogen, was bedeutet, dass die Güter direkt gegeneinander getauscht und nicht gegen Geld ge- und verkauft wurden. Law schrieb (ich habe die Sprache in diesem und in nachfolgenden Zitaten modernisiert):

Das Stadium des Tauschhandels war umständlich und nachteilig. Derjenige, der eine Ware gegen eine andere tauschen wollte, fand womöglich nicht immer den passenden Tauschpartner, der nach den Gütern verlangte, die er anbot, und der genau die Güter besaß, die er haben wollte. Verträge, die über Bezahlungen in Gütern abgeschlossen wurden, waren unsicher, da Güter derselben Sorte im Wert variierten. Es gab keine Maßeinheit, durch welche das Werteverhältnis von Gütern hätte gemessen werden können.

Viele andere Autoren kommen zu denselben Schlüssen, doch Law kehrte die gewöhnliche Bedeutung um. Wirtschaftswissenschaftler gehen in der Regel davon aus, dass Menschen Handel betreiben, um ihren allgemeinen Konsumgrad zu erhöhen, so dass Geldmangel sie frustriert, weil dadurch der Handel leistungsschwach wird. Law würde besser in eine moderne Wirtschaftshochschule passen, wo die Studenten den Grundsatz lernen, „das Brutzeln und nicht das Steak zu verkaufen", und dass die Kauferfahrung des Konsumenten wichtiger sein kann als das Produkt selbst. Starbucks erobert die Welt nicht, weil die Menschen schon immer mehr Kaffee trinken wollten, ohne dass er lieferbar war. Menschen handeln, wenn es ihnen Spaß macht, und lassen es sein, wenn es keinen macht. Handel erzeugt wirtschaftliche Aktivität, wodurch die Menschen mehr Dinge zum Handeln haben.

Wenn mehr Geld verfügbar ist, hat dies auch eine höhere wirtschaftliche Aktivität zur Folge, wie die Erfahrung eindeutig zeigt. Es kann sein, dass Menschen handeln möchten, um ihr Konsumniveau zu erhöhen, und dass mehr Geld Handeln einfacher macht. Doch andersherum ergibt das für Law und für mich mehr Sinn. Geld bringt die Leute dazu, mehr handeln zu wollen. Präsident Franklin Roosevelt bemerkte, „dass eine volle Handtasche oft lauter knurrt als ein leerer Magen". Ich verstehe sehr gut, warum jemand mit klingenden Münzen in der Tasche sein Geld gerne ausgeben möchte, und noch mehr verdienen möchte, sobald es weg ist. Ohne das Geld zu Beginn wäre er womöglich zufrieden damit gewesen, für sich selber Produkte herzustellen, Fischen zu gehen oder Beeren zu pflücken, anstatt Produkte für den Markt zu produzieren. Er wäre vielleicht glücklicher gewesen, obwohl er Güter mit geringerem Geldwert konsumiert hätte. Oder er wäre weniger glücklich gewesen. Ich glaube aber nicht, dass Menschen die Entscheidung, an einer Marktwirtschaft teilzuhaben, auf Grundlage der Frage treffen, ob es sie glücklicher macht. Ich weiß nicht, ob es einem Stamm von autarken Nomaden besser oder schlechter geht als den Berufspendlern, die in einer modernen Gesellschaft zur Arbeit eilen – ich bin nicht einmal sicher, ob die Frage danach überhaupt einen Sinn ergibt. Was ich weiß, ist, dass man glänzende, klingende Dinge oder psychische Äquivalente benötigt, um eine Gesellschaft in die andere zu überführen.

Aus finanzieller Sicht ist das Klimpern des Geldes wichtig. Münzen sollen

KAPITEL 5: POKERNOMICS 131

hübsch aussehen und es soll Spaß machen, damit umzugehen. Papiergeld ist kunstvoll verziert mit patriotischen und mystischen Symbolen. Pokerspieler wissen, dass Menschen unterschiedlich spielen, je nachdem, ob Bargeld oder Chips als Wetteinsätze genutzt werden. Verhaltensmuster beim Geldausgeben mit der Kreditkarte unterscheiden sich von solchen mit Barzahlung, und bei Schecks verhält es sich wiederum anders. Der Aktienhandel von zu Hause aus wurde nicht etwa populär, als Finanz- und Informationstechnologien eine effiziente Handhabung ermöglichten, sondern als in den späten 1980ern Benutzeroberflächen eingeführt wurden, die Videospielen entlehnt waren (das wurde damals „Nintendo trading" genannt). Um einen Markt zu verstehen, reicht es nicht aus, seinen wirtschaftlichen Effekt, die echten Güter, die gehandelt werden, zu kennen. Auch die Mechanismen des Transfers sind wichtig.

Denken Sie an mittelalterliche Märkte. Wirtschaftler betrachten sie gewöhnlich als Orte, an denen nach einer Übereinkunft zeitgleich viele Leute auftauchen und Waren anbieten. Dadurch wird das Tauschgeschäft bequemer, weil eine große Auswahl an Produkten zur Verfügung steht. Außerdem erlaubt es eine schnellere Zirkulation eines geringen Münzgeldbestands. Die Umlaufgeschwindigkeit von Geld zu erhöhen, bringt denselben Effekt mit sich wie die Erhöhung der Geldmenge. In der späteren Entwicklung steigerten Wertpapiere den Geldbestand weiter. Selbstverständlich möchte eine Gruppe von Menschen, die von weither zusammenkommen, sich auch amüsieren. Entertainer werden solche Treffen für ihren Auftritt nutzen – Glücksspiele und Wettbewerbe werden veranstaltet, man flirtet und trinkt und erwirbt Luxusartikel. Der Wirtschaftswissenschaftler konzentriert seinen Blick auf den Markt, der Jahrmarkt ist eine Nebenerscheinung.

Leute, die das Finanzwesen studieren, und Geschäftsleute gleichermaßen, heben stattdessen gewöhnlich den Jahrmarkt hervor. Wenn es einen Platz gibt, an dem die Menschen Spaß haben können, werden sie ihn aufsuchen. Und wenn eine Gruppe von Menschen aus ferneren Orten zusammenkommt, bringen natürlich die Einzelnen Waren zum Handeln mit.

Diese Sichtweisen stehen nicht miteinander im Widerspruch. Ohne Zweifel steckt in beiden eine gewisse Wahrheit. Doch sie bringen die Frage auf, ob man mehr Märkte oder besser mehr Jahrmärkte abhalten sollte, um die Wirtschaft anzukurbeln? Erklären Sie die explosionsartige Steigerung der Verkaufszahlen im Einzelhandel in der Vorweihnachtszeit als unternehmerische Antwort auf eine durch religiöse Feierlichkeiten hervorgerufene Nachfrage oder als eine Antwort der Konsumenten auf ein verändertes Kauferlebnis, welches als erfolgreicher Marketing-Trick kreiert wurde? Oder denken Sie an den Wert einer Aktie. Für Wirtschaftswissenschaftler entsteht der Wert einer Aktie aus dem Besitz des Nettovermögens der zugrundeliegenden Firma. In den Finanzwissenschaften wird den Studenten beigebracht, den Wert zu berechnen, indem man nur die Handelscharakteristika der Aktie betrachtet – wann und in welchem Maße der Kurs steigt und fällt. Wiederum können beide Sichtweisen korrekt sein, die Frage ist aber, welche einen verlässlicheren Leitfaden für erfolgreiche Investitionen bietet?

Wirtschafts- und Finanzwissenschaftler haben unterschiedliche Blickwinkel hinsichtlich des Glücksspiels. In den Wirtschaftswissenschaften scheint Glücksspiel wenig Sinn zu ergeben. Geld wird von einer Person zur nächsten transferiert, ohne produktive Aktivität. Die Standard-Utility-Theorie behauptet, dass eine Wette beide Parteien schlechter dastehen lässt. Im Finanzwesen ist das Glücksspiel ein Austausch wie jeder andere. Jede Form von Tausch stimuliert produktive Aktivität, gleichgültig ob er durch Schenkung, Spiel, Tauschgeschäft oder Geldtransfer vollzogen wird. Sogar unfreiwilliger Tausch wie Diebstahl oder Piraterie sind Stimulantia, die in der Finanzgeschichte eine bedeutende Rolle spielen, nicht aber in der konventionellen Wirtschaftsgeschichte (der größte unfreiwillige Austausch aller – die Steuern – interessiert die Wirtschaftswissenschaftler sehr wohl).

Neben dem Kaufen und Verkaufen mit Geld unterschätzt man leicht die Bedeutung von anderen Tauschgeschäften oder betrachtet sie als Relikte primitiver Gesellschaften. Wir können Tauschgeschäfte nur ermessen, wenn sie mit Geld verbunden sind. Die für Schenkungen und Spiel genutzte Geldmenge beträgt jeweils über eine Billion Dollar jährlich in den USA, verglichen mit 12 Billionen Dollar für die Wertpapier-Wirtschaft. Wir können nur mutmaßen, wie viel jeweils verborgen bleibt. Einige der wichtigsten Dinge im Leben werden vermutlich direkt getauscht und nicht gekauft oder verkauft. Wir können uns Respekt verdienen, Loyalität zurückgeben oder Zuneigung erwidern, doch nicht für oder gegen Geld. Andere Dinge wie Liebe, Freundschaft oder Sex können gratis geschenkt werden, aber sie zu handeln wird gesellschaftlich abgelehnt. Wir bewundern jemand, der sein Leben für ein wichtiges Ziel einsetzt, doch nicht jemanden, der wegen der Lebensversicherung Selbstmord begeht.

Um den relativen Wert dieser beiden Sphären zu sehen, stellen Sie sich das folgende Angebot vor. Sie könnten entweder mit all ihren Freunden und ihrer gesamten Familie, jedoch ohne materielle Güter, zu einem erdähnlichen Planeten irgendwo in der Galaxie übergesiedelt werden, oder Sie könnten als letzter Mensch auf der Erde zurückbleiben, als Besitzer aller materiellen Güter dieser Welt. Obwohl beides harte Aussichten sind – die Emigranten werden es schwer haben, ohne Kunstfertigkeiten und Werkzeuge in der neuen Umgebung zu überleben, und die meisten Nachlassgegenstände werden ohne die anderen Menschen nutzlos sein, die sie betreiben – denke ich, die meisten Menschen würden sofort die erste Möglichkeit wählen.

Die meisten Menschen lehnen es ab, die wichtigsten Dinge im Leben gegen Geld zu tauschen. Eine ironische Konsequenz daraus ist, dass wir wenige dieser wichtigen Dinge erhalten. Geldwechsel ist effizienter als Geschenke, Glücksspiel, Tauschgeschäfte oder Diebstahl. Wir lehnen es ab, dem menschlichen Leben einen Geldwert beizumessen. Daher gibt die Gesellschaft für das Verhindern einiger Todesfälle hunderte Millionen Dollar aus und wenig oder nichts, um andere zu verhindern. Ein rationaler Markt würde schnell einen Gleichgewichtspreis für ein menschliches Leben finden, und wir hätten sowohl weniger Todesfälle als auch mehr Ressourcen, die anderen Aufgaben gewidmet werden könnten. Ich weiß nicht, ob wir dann in einer besseren oder in einer schlechteren Welt leben würden.

DIE SCHWIERIGKEIT IN SCHOTTLAND ... UND NEW ORLEANS

Wegen eines fehlenden adäquaten Geldbestandes wurde Handel in Schottland häufig als Tauschgeschäft betrieben. Law schrieb:

In diesem bergigen Land gab es wenig Handel und nur ein paar Handwerker. Die Menschen waren von den Landbesitzern abhängig. Die Landbesitzer bewirtschafteten nur so viel Land, wie ihre Familien benötigten, um durch Tauschhandel die Dinge zu erwerben, die ihr Land nicht hergab – und etwas für die nächste Saat und schlechte Jahre aufzusparen. Was übrigblieb, war unbearbeitet oder wurde unter Auflage der Lehnspflicht und anderer Dienste verschenkt. Die Verluste und Schwierigkeiten, die die Tauschgeschäfte mit sich brachten, zwangen die Landbesitzer dazu, verstärkt ihre eigenen Güter und weniger fremde Güter zu konsumieren. Um sich selbst zu versorgen, nutzten sie das Land für die Produktion der unterschiedlichen Güter, die sie benötigten, obwohl das Land am besten für eine spezielle Sorte geeignet war. So lag viel Land brach, und das Land, welches bestellt wurde, wurde nicht für die Produkte genutzt, welche den größten Nutzen eingebracht hätten, ebenso wenig wie die Arbeitskräfte dafür eingesetzt wurden, wofür sie am besten geeignet gewesen wären.

Laws Lösungsvorschlag für Schottland war durch Landbesitz gedecktes Papiergeld. Papiergeld, welches durch eine Kombination aus Gold, Staatsschuld und Anteilen an laufenden Firmen gedeckt war, war sein Vorschlag für Frankreich. Law unterscheidet sich von anderen frühen Verfechtern des Papiergeldes durch seine Betonung der effektvollen Darbietung. Er begriff, dass es eine Herausforderung für das Marketing war, die Menschen zu härterer Arbeit zu bewegen. Es gab keine mathematischen Gesetze für die Wirtschaft, die entdeckt und mit präziser Technik angewendet werden mussten. Stattdessen musste man die Menschen davon überzeugen, sich auf ein Spiel einzulassen. Als professioneller Spieler verband er natürlich vorsichtige Berechnung mit kultiviertem Spielgeist.

Papiergeld ist jedoch nicht seine Universalantwort, um die Wirtschaft anzuregen. Sein einzigartiges Genie wird durch eine weniger bekannte Idee deutlich, welche er beschrieb als „so viel größer (als Papiergeld), dass sie die Grundfesten der Welt erschüttern wird". Im Jahre 1715 schrieb er an Philippe, den Herzog von Orleans, den Regenten von Frankreich:

Doch die Bank ist weder die einzige noch die größte meiner Ideen. Ich werde ein Werk vollbringen, das Europa durch die Veränderungen, die es mit sich bringt, überraschen wird ... größere Veränderungen als durch die Entdeckung der Westindischen Inseln oder durch die Einführung des Kredits. Durch diese Arbeit wird Ihre königliche Hoheit in der Position sein, das Königreich aus dem traurigen Zustand, in dem es sich befindet, zu befreien, und es mächtiger zu machen, als es jemals zuvor gewesen ist ...

Er hatte mit allem Recht, mit der Ausnahme, dass es Frankreich helfen würde. Als Law die französische Wirtschaft führte, beobachtete er in den französischen Gebieten am Mississippi die gleichen Probleme wie zuvor in Schottland. Die Ureinwohner hatten kein Interesse daran, großen Wohlstand anzuhäufen, und die französischen Kolonisten waren kaum besser. Als die Zeiten härter wurden, näherten sie sich den Indianern an. Spanien war mit seinen Besitztümern in der Neuen Welt viel erfolgreicher gewesen: Es nahm sich im Wesentlichen, was es brauchte, und trieb die Ureinwohner zur Motivation an durch Sklaverei oder den ein wenig freundlicheren Einsatz des Plantagen-Systems. England war erfolgreich damit gewesen, die Ureinwohner zum Handeln zu bewegen. Die Franzosen wollten den einen oder anderen dieser Ansätze testen und baten weiter um mehr Sklaven und Handelsgüter.

Unglücklicherweise weigerten sich die Indianer der Mississippi-Region zu handeln, abgesehen von kleineren Deals zwischen Einzelnen. Bei großen Transaktionen bestanden sie auf Geschenk-Tausch. Eine Delegation Indianer besuchte New Orleans. Die Franzosen unterhielten sie und überschütteten sie mit Geschenken. Die Delegation erwiderte die Gefälligkeiten und reiste einige Wochen später ab. Als die Kolonisten Bilanz zogen, stellten sie fest, dass das Essen und die Hirschfelle, welche sie von den Indianern erhalten hatten, sehr viel mehr Metallmesser und Schießpulver kostete als unter dem Wechselkurs, den die Engländer genossen hatten. Einfach ausgedrückt, waren die Indianer im Geschenke-Tausch besser als die Franzosen und die Engländer waren im Handeln besser als die Indianer. Die Franzosen versuchten auch, die Indianer zu versklaven, aber auch dieser Plan ging nicht auf, denn sie flohen oder starben bei dem Versuch zu fliehen. Häufig war es mehr Aufwand, sie zum Arbeiten zu zwingen, als den Job selbst zu machen. Für afrikanische Sklaven war es sehr viel schwieriger zu fliehen, da keine ihrer Verwandten in den umliegenden Gebieten wohnten und sie keine Erfahrung darin hatten, in der amerikanischen Wildnis zu überleben.

Es ist offensichtlich, warum die Indianer Sklaverei ablehnten, doch der Handel war ebenfalls unvorteilhaft. Dieser Punkt bleibt wichtig. Das brillante Werk „Savage Money" des Ethnographen Chris Gregory legt die Auswirkungen des Handelsgewerbes auf die traditionellen Kulturen der heutigen Zeit dar. Überall dort, wo Indianerstämme Handel akzeptierten, fanden sie sich bald in erniedrigender Abhängigkeit wieder. Im Gegensatz dazu behielten die Indianer der Mississippi-Region nahezu bis ins Jahr 1900 die politische Kontrolle über ein Gebiet, welches größer war als Frankreich und Deutschland zusammen, und stellten in dieser Zeit eine beachtliche militärische Macht dar. In allen anderen Teilen der westlichen Hemisphäre wurden die Ureinwohner viel früher umgebracht oder enteignet und entweder assimiliert oder auf Gebiete von geringem wirtschaftlichem Wert beschränkt. Nach 1600 war ihre militärische Stärke nur noch für lokale Überfälle oder in Kombination mit europäischen Truppen bedeutend. Die großen Reiche der Inkas und Azteken brachen schnell zusammen, während die verstreuten Netzwerk-Gesellschaften des Mississippi Bestand hatten.

PRIMITIVE ZAHLUNGSMITTEL

Stellen Sie sich einen amerikanischen Indianer mit traditioneller Lebensführung vor, dem als Gegenleistung für zehn Hirschfelle eine Pistole angeboten wird und ausreichend Munition, um 20 Hirsche zu erlegen. Dies sieht nach einem tollen Handel aus. Das Jagen mit einer Pistole ist sehr viel einfacher als mit Pfeil und Bogen. Er könnte sein gesamtes Dorf mit dem Hirschfleisch über den Winter bringen, und die übriggebliebenen zehn Hirschfelle könnten verwendet werden, um sie gegen Metallmesser, Decken und andere Güter zu tauschen, die in Handarbeit nur sehr aufwändig oder unmöglich herzustellen wären. Die Schwierigkeit ist, dass der Wert von Munition in Relation zu Hirschfellen weiter steigen wird. Sehr schnell wird der Indianer merken, dass er rund um die Uhr arbeiten muss, um genügend Güter zum Überleben zu erhalten. Er ernährt nicht länger sein ganzes Dorf; er kann nicht einmal seine Familie unterstützen. Er steht in vollkommener Abhängigkeit zu seinem Munitions-Lieferanten – er muss jegliche Demütigung akzeptieren oder verhungern.

Die Rückkehr zu seinem ursprünglichen Leben ist nicht einfach. Zunächst einmal ist der traditionelle Produktionszyklus komplex: Dinge müssen gesammelt, angepflanzt, getrocknet, gewürzt oder auf andere Weise über lange Zeitspannen konserviert werden. Hat er dies alles vernachlässigt, ist es schwierig, wieder neu einzusteigen. Zudem sind Fertigkeiten in Vergessenheit geraten und Spezialisten in alle Himmelsrichtungen verstreut. Wild ist sehr viel schwieriger zu erlegen, da intensives Jagen mit der Flinte die Hirsche seltener und vorsichtiger werden ließ. Und der vielleicht wichtigste Punkt ist, dass seine Nachbarn Schusswaffen besitzen. Wenn er keine besitzt, ist er nicht in der Lage, sich zu verteidigen. Die einzige praktische Option wäre es, in ein mehr am Rande gelegenes wirtschaftliches Gebiet zu ziehen, was den Prozess verzögern, aber nicht aufhalten würde. Oder er kann sich anpassen und eingliedern.

Sie fragen sich vielleicht, warum die Europäer die Tauschkurse festlegten und nicht die Indianer. Die Antwort ist, dass beides vorkam. Einige frühe englische Kolonien scheiterten aufgrund unkontrollierter Tauschkurse. Ein Metallmesser, das ursprünglich die Winterration an Mais einbrachte, erzielte später nur noch ein Zehntel der Menge. Mochte der Europäer diesen Preis nicht, mussten die Indianer nur so lange warten, bis dieser hungrig wurde. In anderen Gebieten, wie zum Beispiel Französisch-Kanada, hielten sich ähnliche Handelsbedingungen über Jahrhunderte – hauptsächlich, weil die Franzosen zufrieden mit moderaten Profiten waren und nicht die Mittel investieren wollten, die für den Aufbau eines Reiches notwendig waren. Das Problem ist, dass dort, wo die Indianer die Oberhand hatten, die Kolonisten ausstarben und die egalitären Siedlungen von den offensiveren übernommen wurden. Darüber hinaus wurden die europäischen Kolonisten von Personen auf der anderen Seite des Atlantiks ähnlich ausgenutzt. Dieses Muster begann erst gegen Ende des 18. Jahrhunderts zu verschwinden, als Nordamerika inländische Produktionsfähigkeiten und unabhängigen Handel entwickelte, ganz zu schweigen von politischer Unabhängigkeit.

Der Geschenktausch machte es den Europäern schwer, den Fellpreis zu drücken. Wenn sie weniger Munition und andere Handelsgüter mitbrachten, lieferten die Indianer weniger Felle. Die Europäer konnten darauf reagieren, indem sie die Stämme, welche die wenigsten Felle lieferten, zukünftig ausschlossen, doch dies bewahrte diese Stämme davor, in ein Abhängigkeitsverhältnis zu fallen. Die Ineffizienz und Ungenauigkeit des Geschenktauschs hinderte die Europäer daran, den Tauschkurs exakt bei dem Punkt festzulegen, der gerade für das Grundauskommen gereicht hätte.

Glücksspiel-Geschäfte sind sogar noch besser. Der Tauschkurs muss einen Minimallohn für die Verlierer garantieren, sonst hören sie auf, für den Auftraggeber zu jagen. Der durchschnittliche Jäger erhält deshalb einen Betrag, der etwas höher liegt als das Lebensnotwendige. Dies ist jedem intuitiv klar, dafür wird kein Wirtschaftsbeispiel benötigt. In einer Geldtransaktion erfährt der Empfänger des Geldes eine Form von sozialer Unterlegenheit. Der Kunde hat stets Recht, ebenso der Chef, und Sie befinden sich immer am falschen Ende. Seinen Lebensunterhalt durch den Verkauf von Waren oder der eigenen Arbeitskraft zu verdienen, birgt schon an sich eine Form der Abhängigkeit. Beim Glücksspiel hingegen fühlt sich der Gewinner überlegen. Der Geschenktausch ist komplexer: Sowohl der Geber als auch der Empfänger kann sich unterlegen fühlen, oder die Gaben werden gleichberechtigt ausgetauscht. Glücksspiel oder Geschenke schaffen ein gemeinsames Band, welches sehr viel stärker ist als das zwischen Kunde/Verkäufer oder Arbeitgeber/Angestelltem. Dinge, die wir gewinnen, sind mit einem gewissen Stolz verbunden, und Dinge, die wir geschenkt bekommen, mit einem sentimentalen Wert, was bei reinen Markttransaktionen fehlt. Tatsächlich ist es schwierig, viele reine Markttransaktionen zu finden – die meisten menschlichen Tauschgeschäfte schließen Elemente von Glücksspiel und Schenkung (und, wenn wir schon dabei sind, Diebstahl) mit ein.

John Law war, soweit ich es beurteilen kann, der einzige der damaligen Denker, der diese Unterschiede verstand. Er wusste, dass weder die Sklaverei noch mehr Geld das Louisiana-Problem lösen würden. Die einzige Methode, die zumindest ein wenig funktionierte, bestand im Verkauf von Brandy an die Indianer. Hatten sie erst Bekanntschaft mit ihm gemacht, ließen sie sich manchmal bereitwilliger auf den Tauschhandel mit Geld ein, um mehr davon bekommen zu können. (Die Engländer wandten diesen Trick ausgiebig in den amerikanischen Kolonien an und verfuhren nach diesem Prinzip später ebenso mit Opium, als China sich dem Handel verweigerte). Doch Law wusste, dass dieser Kurs letztendlich destruktiv war. Er war bestrebt, eine dynamische Wirtschaft mit hart arbeitenden Risikonehmern zu schaffen.

Das Erste, was Law tat, war eine Schiffsladung von Prostituierten zusammenzutrommeln und nach New Orleans zu bringen. Im Grunde besteht das älteste Gewerbe der Welt darin, etwas anzubieten, das eigentlich ein Gabentausch sein sollte, und Männer dazu zu bringen, stattdessen Geld dafür zu bezahlen. Französische Frauen galten als besonders talentiert in diesem Bereich (obwohl zu dieser Zeit Wien als „Bordell Europas" galt). Zudem verkehrten die Kolonisten mit einheimischen Frauen, die – lassen Sie es uns so ausdrücken – anspruchslos waren. Eine französische Kokotte hat schon so manchen Mann dazu motiviert, mehr Geld zu verdienen. Die indianische Freundin war schon zufrieden, bei ihm mit ihren Leuten unterzukommen, wenn das Wetter kalt und die Nahrung knapp war. Law rechnete sich aus, dass die französischen Frauen auf ein Haus in der Stadt und andere Luxusgüter bestehen würden.

Als das Schiff in New Orleans anlegte, strömten die Männer zum allgemeinen Erstaunen an Bord, ergriffen die erste Frau, der sie begegneten, verteidigten oder verloren ihren Beute im Faustkampf und – heirateten sie. Law war davon ausgegangen, dass eine Prostituierte ein Dutzend oder mehr Männer motivieren würde – eine Quote von 1:1 war weniger effizient. Wie auch immer, es funktionierte zu einem gewissen Grad, da die verheirateten Paare zumindest einen Schimmer von Ambition zeigten.

Wenn du sie nicht besiegen kannst, verbünde dich mit ihnen. Law beschloss, stattdessen verheiratete Paare rüberzuschicken. Da natürlich niemand von sich aus gehen wollte, machte er ein Angebot. Jedem alleinstehenden Mann im Gefängnis wurde eine Begnadigung und eine kostenlose Überfahrt in Aussicht gestellt, wenn er einwilligte, zu heiraten. Jeder ledigen Frau wurde eine kleine Aussteuer und ein Ehemann angeboten, wenn sie zustimmte, nach New Orleans zu gehen. Um sicherzustellen, dass er nicht betrogen wurde, bestand Law darauf, dass die Frischvermählten bis zur Abfahrt des Schiffes aneinandergekettet werden sollten. Als dies einen öffentlichen Aufschrei auslöste, ließ Law Blumen in die Ketten binden und erklärte, es handle sich um einen ländlichen Hochzeitsbrauch.

Law kam noch auf andere Ideen, wie zum Beispiel, eine Kolonie von Deutschen rüberzusenden, die den Ruf hatten, härter als die Franzosen zu arbeiten. Doch seine wichtigste Idee war es, eine Schiffsladung von Faro-Dealern zusammenzutrommeln, mit all ihren Karten im Gepäck. Diese Männer eröffneten Kasinos an Handelsposten auf- und abwärts des Mississippi. Der Dealer nahm alle Karten einer Farbe von einem Kartenstapel und legte sie mit dem Gesicht nach oben auf den Tisch. Zu jeder Karte legte er einen Stapel von Gütern. Die Wettenden entdeckten einen Stapel, der ihnen gefiel, und legten ihre eigenen Güter als Stapel neben dieselbe Karte. Der Kartengeber verhandelte so lange, bis beide Seiten übereinstimmten, dass der Wert beider Stapel gleich hoch war (dieses System funktioniert ähnlich wie das stumme Tauschgeschäft, das in Afrika weiter verbreitet war, woher Law möglicherweise die Idee hatte).

Als Nächstes nahm der Dealer einen neuen Stapel Karten (ein komplettes Kartenset mit allen 52 Spielkarten) und teilte für ein Faro-Spiel aus. Wie Sie sich sicher vorstellen können, hatte der Kartengeber nach einigen Spieltagen all die mitgebrachten Handelswaren verloren und war voll beladen mit Waren, die er von den Indianern haben wollte. Für ihn gab es so gut wie kein Risiko. Einige Indianer mögen Glück gehabt haben und mit dem drei- oder vierfachen Wert ihrer ursprünglichen Güter nach Hause gegangen sein, andere mögen Pech gehabt und alles verloren haben.

Hier haben wir zwei der entscheidendsten Elemente des Pokers: Karten und Glücksspiel. Wir haben auch zwei der Elemente von zukünftigem Handel: Glücksspiel und Tausch. Für die anderen Teile müssen wir uns in die Vergangenheit begeben zu einem der großen Mysterien der Wirtschaftsgeschichte.

NETZWERKE

Den ersten weitreichenden Kontakt zwischen Europäern und den Eingeborenen des Unteren Mississippi stellte die Expedition von Hernando de Soto dar. De Soto entdeckte die kultivierteste und erfolgreichste prä-industrielle Wirtschaft der Welt. Rohstoffe wurden tausende von Meilen verschifft, mit anderen Gütern kombiniert und auf einem Gebiet größer als Europa verarbeitet, und die fertigen Güter wurden über ein ebenso großes Gebiet vertrieben. All dies wurde ohne Geldzahlungsmittel, Schreiben, Fernkommunikation oder eine gemeinsame Sprache oder Kultur vollzogen. Unglücklicherweise schleppte de Soto auch Krankheiten ein, die drei Viertel der einheimischen Bevölkerung auslöschten. Dies erschütterte die Wirtschaft (denken Sie nur an die Verwüstungen der Pest, welche nur ein Viertel der europäischen Bevölkerung ausgerottet hatte). Da es keine schriftlichen Aufzeichnungen gab, starb auch das Geheimnis dieses Wirtschaftssystems aus.

Im damaligen Europa fand Fernhandel auf Märkten und Jahrmärkten statt. Jeder brachte seine Waren zu einem zentralen Platz, wo Käufer und Verkäufer unter allen Waren nach dem besten Angebot suchen konnten. Informationen wurden darüber ausgetauscht, was wo zu erhalten war, so dass einzelne Personen komplexe Weiterverarbeitungen mit Rohmaterialien und Fähigkeiten aus unterschiedlichen Quellen planen und die Endprodukte wiederum an anderen Orten verkaufen konnten. Eine Gebirgsregion hatte womöglich viele Schafe. Die geschorene Wolle konnte in einer Ackerbau betreibenden Region mit den dort im Winter überzähligen Arbeitskräften weiter verarbeitet werden. Chemische Farbstoffe konnten in anderen Städten kultiviert werden, um sie in Städten mit spezialisierten Veredelungstechniken zu verfeinern. Möglicherweise hat eine größere urbane Region sehr gut ausgebildete Arbeitskräfte in der Modeindustrie, welche die Endprodukte mit einer Auswahl von Materialien aus ganz Europa entwerfen. Dies ist recht leicht zu bewerkstelligen, wenn alle Beteiligten sich an einem bestimmten Ort treffen und wenn Schrift, ein einheitlicher Handelskodex und Geld als allgemein akzeptiertes Zahlungsmittel zur Verfügung stehen.

Ein weiteres übliches Mittel für den Fernhandel ist die Karawane. Man bündelt eine Reihe von Gütern und fährt zum nächsten Handelsplatz. Dort schließt man alle möglichen profitablen Tauschgeschäfte ab und zieht weiter. Krieg und Banditentum (oder Piraterie, wenn es auf dem Wasser passiert) stellen Varianten hiervon dar – beides sehr wichtige Kräfte in der Entwicklung von fernen und komplexen Handelsbeziehungen.

Nun stellen Sie sich die Probleme des Fernhandels in einer Flusslandschaft vor, in einem Land, in dem Berge, Wüsten und Sümpfe den Ferntransport auf dem Land unerschwinglich und gefährlich machen. Der Transport auf dem Flussweg

KAPITEL 5: POKERNOMICS

ist billig, allerdings saisonabhängig. Gewöhnlich reist man im Frühling flussabwärts und im Herbst flussaufwärts. Aber es gibt zahlreiche Ausnahmen dieser Regel: Einige Stellen des Flusses sind im Frühjahr sogar für die Reise flussabwärts zu turbulent, und an anderen Stellen ist das Wasser im Herbst für jedweden Transport zu niedrig. Darüber hinaus ist für einen sicheren Transport ein detailliertes Wissen über zahlreiche Flussabschnitte vonnöten. Jeder beschränkt sich auf relativ kurze Auf- und Abwärtsfahrten von seinem Ausgangspunkt aus. Diese Hindernisse machen Märkte und Karawanen unmöglich und Kriege und Banditentum weniger effektiv.

Handel zwischen Nachbardörfern an einem einzelnen Flusslauf ist recht simpel. Im Frühjahr bringen flussaufwärts gelegene Dörfer einige ihrer im Winter angesammelten Waren herunter, und im Herbst erwidert das flussabwärts gelegene Dorf den Besuch mit einem Überschuss seiner Ernte. Ohne geeignete Mittel zur Wertaufbewahrung, das heisst zum Sparen, wie beispielsweise Silber, muss dieser Handel in Form eines Gabenaustauschs stattfinden. Unterschiedliche Stämme haben zu unterschiedlichen Jahreszeiten überschüssige Waren vorrätig, und der Fluss legt Transportbeschränkungen für Sperrgut auf.

Wenn in einem Flussabschnitt eine stetig steigende Nachfrage für eine Ware besteht, ist ein Gabentausch von Dorf zu Dorf über eine lange Strecke hinweg vorstellbar. Doch dies geht sehr langsam voran, wenn auf der Basis eines jährlichen Zyklus für jeden Tausch gearbeitet wird. Die von de Soto eingeführten europäischen Güter wurden über das gesamte Einzugsgebiet des Mississippi verteilt und waren innerhalb von fünf Jahren in den Wirtschaftskreislauf integriert. Lokaler Handel kann dies nicht erklären.

Das größere Problem ist, dass Nachfrage nicht immer stetig wächst. Stellen Sie sich vor, dass die nomadischen Jäger des Stammes A in der Nähe der Quelle von Fluss A im nördlichen Gebirge leben. Sie sammeln viele Felle und Pelze an, da sie Tiere hauptsächlich zum Nahrungsgewinn töten. Ihr nomadischer Lebensstil macht es unpraktisch, sehr viele schwere Dinge bei sich zu tragen und ortsfeste Technologien zu entwickeln, die für den effizienten Bootsbau und die Essenslagerung nötig sind.

Weiter südlich flussabwärts, auf niedrigerer Höhe, lebt ein anderer Stamm. Er betreibt ausreichend Jagd, um den Eigenbedarf an Fellen zu decken. Je südlicher und niedriger man kommt, um so wärmer wird es, und deshalb sinkt die Nachfrage nach Pelzen. Doch an einem Punkt fließt Fluss A mit Fluss B zusammen. Bewegt man sich flussaufwärts zum Oberlauf des Flusses B, findet man Stamm B. Dieser lebt in kälterem Klima, überlebt aber durch Fischen und Sammeln. Er würde viel für Felle zahlen. Die Umgebung ist kalt und seine heimische Wirtschaft produziert selbst nicht genügend Dinge zum Wärmen. Da er jedoch nicht nomadisch lebt, besitzt er die nötige Technologie, um Kanus zu bauen und Nahrungsmittel zu konservieren, beides Dinge, die Stamm A gerne hätte.

Wenn Fernkommunikation zur Verfügung stünde, würden Stamm A und Stamm B einen profitablen Deal machen. Doch wie sollen sie von der Existenz des jeweils anderen wissen, geschweige denn, in einen gegenseitig profitablen

Austausch treten? Wie kann ein Stamm zwischen ihnen die Gelegenheit erkennen, als Mittler zu fungieren? Dies ist besonders wichtig, denn in einem realistischen Beispiel handelt es sich nicht nur um Rohmaterial und Endprodukte, die verschifft werden. Güter werden mit anderen Gütern und Weiterverarbeitungen unterschiedlichen Grades auf der Reise kombiniert. All dies zu organisieren, ist auch mit kompletten Informationen und Computern eine Herausforderung. Wie bewerkstelligten die Ureinwohner Amerikas so etwas mit nur lokalen Informationen?

Weder ich noch irgendwer anders kennt die Antwort. Aber ich könnte wetten, dass Glücksspiel beim Tausch eine Rolle spielte. Glücksspiel hat eine zufällige Umverteilung von Gütern zur Folge, die es möglich macht, dass Güter Flussstrecken überspringen, wo kein Ansässiger sie haben will. Dies erklärt die ansonsten mysteriöse Tatsache, dass Menschen häufig um Dinge spielen, die sie gar nicht haben wollen. Die Anhäufung von Reichtum durchs Spielen ermutigt die Leute dazu, die Bandbreite ihrer Tauschgaben zu vergrößern, da man rückläufige Einnahmen verzeichnet, wenn man seine nächsten Nachbarn mit immer den gleichen Gegenständen sättigt. Eine stabile Spielkultur im gesamten Flussnetz schafft einen Pool von liquiden Handelsgütern, der Experimente und Innovationen erlaubt.

Nun ein kurzer Exkurs in die Geographie. Die längsten Flüsse der Welt sind der Nil und der Amazonas, doch ihre schiffbaren Abschnitte fließen durch Wüste und Dschungel, beziehungsweise durch Regionen, die nur eine spärliche Bevölkerung zulässt. Als Nächstes kommt der Jangtse, welcher in vielen Punkten dem Mississippi ähnelt, doch nur eine halb so große Fläche bewässert. Darüber hinaus ist die Bevölkerung nicht gleichmäßig über das Jangtse-Gebiet verteilt; von alters her gab es dichte urbane Ballungsräume und nahezu unbewohnte Gebiete (ähnlich wie im Mississippi-Flussnetz heutzutage).

Das einzige mit dem prämodernen Mississippi (dem viertlängsten Fluss der Welt) vergleichbare Flusssystem ist das des Kongos in Afrika. Beide Flüsse bieten einen schiffbaren Zugang zu einer Million Quadratmeilen, welche zwei Drittel der Bodenschätze des jeweiligen Kontinents stellen. In beiden Fällen gestaltet sich der Transport auf dem Landweg schwierig und die Bevölkerung lebt in der vormodernen Zeit ziemlich gleichmäßig verstreut.

Über die prämoderne Wirtschaft Westafrikas wissen wir mehr als über die des zentralen Nordamerikas. Obwohl das Gebiet hunderte von unterschiedlichen kulturellen Gruppen mit unterschiedlichen Sprachen und Sitten umfasste, gab es einige Konstanten. Frauen vermarkteten die Nahrungsmittel in den Nachbardörfern und behielten komplizierte, mehrere Generationen überspannende Verwandtschaftsgrade im Auge. Dies ermöglichte es, Informationen über das Netzwerk der Sippe über lange Distanzen weiterzugeben, wodurch neben Klatsch und Tratsch auch wirtschaftliche Daten von einem Dorf zum nächsten wanderten. In der Mississippi-Region weist einiges darauf hin. Als zum Beispiel die französischen Forscher Jacques Marquette und Louis Joliet auf die Indianer von Illinois trafen, schickte der Häuptling seinen zehnjährigen Sohn mit ihnen auf die Reise. Die US-amerikanischen Forscher Meriwether Lewis und William Clark trafen einen Shoshonen-Indianer aus Idaho, Sacagawea, der 1.000 Meilen entfernt auf der anderen Seite der Rocky Mountains in South Dakota lebte. Beide Beispiele von Fernreisen führten über das Flussnetzwerk hinaus. Sie verbanden Stämme des Mississippi-Flusssystems mit Außenstehenden.

Hier wird es interessant, da die Franzosen westafrikanische Sklaven ins Land brachten, die hauptsächlich aus den Flusssystemen des Kongos und des Senegal stammten. Die Senegalesen gewöhnten sich schnell daran, Pferde- und Rinderherden entlang der Flüsse von Texas (wo sie durch die lokalen Caddo-Indianer von den Spaniern befreit worden waren) nach Louisiana zu treiben. Die afrikanischen Frauen aus dem Kongo-Gebiet empfanden es als natürlicher, in den Netzwerkhandel mit den lokalen Indianern zu treten. Wir sehen also, wie sich die Faro-Dealer von John Law mit den Netzwerkhändlern der beiden großen wirtschaftlichen Flusssysteme der Welt vermischen. Es wäre erstaunlich, wenn dieser erfinderische Mix nicht zu spektakulärer wirtschaftlicher Innovation geführt hätte.

ABENTEURER UND PFLANZER

Leider wissen wir nicht viel über das darauf folgende Jahrhundert. Bis 1850 hatten Poker- und Terminbörsen größtenteils ihre modernen Merkmale herausgebildet und waren im gesamten Mississippi-Gebiet weit verbreitet. Es fällt nicht schwer, Eigenschaften herauszupicken, die deutlich sowohl mit John Laws Ideen als auch mit den kulturellen Elementen der Westafrikaner und Mississippi-Indianer verbunden sind. Doch wann und wie diese sich miteinander vermischten, darüber können wir nur spekulieren.

Historiker sind hierbei keine große Hilfe. Der führende Historiker des amerikanischen Südens im frühen 20. Jahrhundert war Ulrich Bonnell Phillips. Er tat bekanntermaßen die Geschichte der Mississippi-Region vor ihrer Zugehörigkeit zu den USA im Jahr 1803 als lediglich „Rothäute und Latinos" betreffend ab. Im späten 20. Jahrhundert war der Harvard-Professor Bernard Bailyn der gefeiertste Kolonialzeit-Historiker. Er bezeichnete die am Golf von Mexiko sesshaften Menschen als „exotisch", „sonderbar" und „bizarr".

Daniel Usner, der die einzig brauchbare Wirtschaftsgeschichte über das Louisiana des 18. Jahrhunderts schrieb, nannte die Haltung von Mainstream-Historikern „die geographische Verharmlosung des südlichen Golfs in der kolonialamerikanischen Geschichtsschreibung." Er fügte hinzu:

Seine Bewohner wurden weitestgehend ignoriert oder beiläufig als bloße Nebendarsteller im Drama der amerikanischen Entwicklung abgetan – farbenfroh, keine Frage, aber peripher und unwichtig. Bevor es unter die Souveränität der Vereinigten Staaten fiel, erscheint das Land um den Mississippi als gestaltloses Gebiet, das von französischen Förstern und indianischen Kämpfern bewohnt wird und nur darauf wartet, von angloamerikanischen Siedlern und ihren afroamerikanischen Sklaven okkupiert zu werden.

Diese angloamerikanischen Siedler arbeiteten auf der Grundlage eines alten Wirtschaftssystems von Abenteurern und Pflanzern. Diese Begriffe sind verwirrend. Die Pflanzer lebten abenteuerlich, während die Abenteurer zu Hause festsaßen. Abenteurer – auf dieselbe linguistische Wurzel zurückgehend, die uns den modernen Venture-Kapitalisten beschert – brachten das Geld für neue Kolonien und Städte auf. Pflanzer jedoch waren diejenigen, die den neuen Ort dann tatsächlich besiedelten. Sie wurden von professionellen Stadtgründern angeführt, die ein Talent in administrativen Angelegenheiten und im Umgang mit der Urbevölkerung zeigen mussten.

Dieses Siedlungssystem ist hierarchischer Natur. Die ursprünglichen Kolonien wurden von europäischen Investoren finanziert. Wenn Kolonien sich entwickeln und mehr Kapital als Investitionsmöglichkeiten mit hohen Erträgen besitzen, schenken sie neuen Städten das Leben. Diese neuen Städte sind ihrer Elternkolonie verbunden und nutzen diese zum Weitertransport ihrer Wirtschaftswaren. Jede Grenzstadt Amerikas, egal wie abgeschieden gelegen, war durch diese Hierarchie mit einer Hafenstadt verbunden, um Waren nach Europa zu verschiffen.

Dieses System war unglaublich langsam und starr gemessen an den spektakulären wirtschaftlichen Möglichkeiten des zentralen Nordamerikas, insbesondere, nachdem der Dampfantrieb das Verschiffen von Massenladungen auch flussaufwärts und einen verlässlichen Transport während des gesamten Jahres ermöglichte. Ein sehr begrenzter Kapitalpool musste schnell durch unbekanntes und gefährliches Terrain bewegt werden, um buchstäblichem und symbolischem Goldrausch dienlich zu sein. Die Chancen dafür waren legalen Systemen überlegen, welche konventionelle Investitionen schützten (oder das Leben konventioneller Investoren und ihrer Agenten, wenn sie gen Westen reisten, um persönlich nachzuforschen). Außerdem waren Pflanzer keine friedlichen Stadtbewohner, die Restbevölkerung einer beständigen Stadt mit sozialen Banden und Blutsbanden mit ihren Investoren. Einige waren Abtrünnige und Gesetzlose, alle waren rau und unabhängig und hatten wenige Verbindungen außerhalb der Region. Modern ausgedrückt, benötigte der Westen ein dynamisches, sich selbst organisierendes Netzwerk aus Wirtschaftsbeziehungen.

Von allen Möglichkeiten, diesen Bedarf zu decken, ist die *Soft-Money-Bank* diejenige, die heutzutage am ehesten als Finanzinstitution erkennbar ist. Stellen Sie sich eine Gruppe von Menschen vor, die gemeinsam irgendwo im Westen der Vereinigten Staaten ankommen. Es könnte sich um eine Bergbaustadt handeln oder um einen Ort, der sich fürs Fischen, für den Farmbetrieb, die Holzproduktion oder Ähnliches eignet. Diese Leute kreuzen dort mit einem vielfältigen Konglomerat von Wirtschaftsgütern auf: mit Werkzeugen, Lebensmitteln, Vieh und anderen Dingen. Irgendwie müssen diese Menschen und Wirtschaftsgüter zu effizienten Produktionseinheiten geordnet werden.

Mit entwickelten Finanzmärkten ist dies einfach. Einige Leute gründen Firmen, oder die Firmen waren bereits einmal vorhanden und können wiederaufgebaut werden. Die Unternehmen schaffen Kapital, indem sie sich Geld leihen und Aktien ausstellen, um davon die erforderlichen Wirtschaftsgüter anzuschaffen

KAPITEL 5: POKERNOMICS

und Personal einzustellen. Der erzielte Profit wird dafür benutzt, das geliehene Geld zuzüglich der Zinsen zurückzuzahlen und den Kapitalinvestoren Dividenden auszuzahlen.

Doch unser hypothetischer Ort liegt weit entfernt von der nächsten Stadt, und nur wenig Geld steht zur Verfügung. Kein Außenstehender bietet Investitionen an. Eine übliche Lösung war, dass eine Person mit einer geringen Menge an Gold oder Silber eine Bank gründete. Dies nennt man *Soft Money (weiches Geld)*, da die Bank weit mehr Banknoten ausgibt, als sie in hartem Kapital besitzt. Würde jemand eine bedeutende Geldmenge abheben wollen, würde die Bank in Konkurs gehen.

Die Bank verleiht Geld an Leute, die damit Wirtschaftsgüter kaufen und Arbeitskräfte einstellen. Die Leute nehmen die Geldscheine an, da es keine Alternative gibt, außer sich mit den mitgebrachten Besitztümern mühsam durchzuschlagen. Die Banknoten werden innerhalb der Stadt akzeptiert, außerhalb jedoch nicht. Natürlich trägt niemand viele Banknoten mit sich herum, man erhält sie, um sie schnell wieder auszugeben. Diese Liquidität erlaubt es den Menschen, Vermögenspools zu organisieren, die für verschiedene ökonomische Projekte geeignet sind – eine mit Tauschgeschäft unmögliche Aufgabe.

Sind die Projekte erfolgreich, werden Güter mit realem Wert produziert und in andere Märkte transferiert. Dort können sie gegen hartes Geld verkauft werden – Gold, Silber oder Banknoten von solventen Banken. Die Bank mit „weichem" Geld wird sich allmählich zu einer mit hartem Geld entwickeln. Sind die Projekte nicht erfolgreich, geht die Bank in Konkurs. Solange jeder Beteiligte dieses Risiko erfasst, ist es wesentlich weniger riskant, diese Banknoten zu beanspruchen, als einzelnen Unternehmen Kredite zu gewähren. Jemand, der zum Beispiel ein Holzfällerunternehmen betreibt, könnte seinen Angestellten versprechen, ihren Lohn nach dem Verkauf von Holzstämmen auszuzahlen. Wenn seine Firma pleite macht, erhalten die Arbeiter keinen Lohn. Wenn er seine Arbeiter jedoch mit Banknoten bezahlt, die er von der Soft-Money-Bank geliehen hat, werden sie so lange abkassieren, wie die Stadt als Ganzes erfolgreich läuft, sogar wenn dieses eine Unternehmen zugrunde geht. Darüber hinaus wird ein Geschäft, das auf persönlichem Kredit basiert, aufgelöst, wenn es Pleite macht. Ein Geschäft dagegen, das durch das Darlehen einer Soft-Money-Bank finanziert wurde, wird von der Bank übernommen, wenn es seinen Zinszahlungen nicht nachkommt. Häufig kann es reorganisiert werden und unter neuer Führung erfolgreich laufen; wenn nicht, können die Wirtschaftsgüter zweckmäßig unter den anderen Kreditkunden der Bank verteilt werden. Wenn jeder in der Stadt seinen Anteil am Erfolg der Stadt hat, ist der Erfolg sehr viel wahrscheinlicher.

POKERBANK

Man kann leicht erkennen, dass ein städtisches Pokerspiel viele der gleichen Funktionen erfüllt. Wenn die Menschen ihre Wirtschaftsgüter in Pokerchips wechseln und spielen, können die Gewinner sich ausreichend Wirtschaftsgüter aneignen, um ein Unternehmen zu gründen. Pokerchips nehmen die Stellung von

Banknoten ein. Ähnlich wie bei den Banknoten hortet niemand länger einen bedeutenden Reichtum in Chips – sie werden nur zum Pokerspielen gekauft und am Ende des Spiels gegen reale Wirtschaftsgüter eingetauscht. Die Verlierer können für die Gewinner arbeiten, um genügend Chips zu erhalten für den Versuch, die Unternehmen zu besiegen.

Ein offenkundiger Nachteil des Pokerspiels gegenüber der Soft-Money-Bank liegt in der Zufälligkeit der Verteilung. Die Geschäfte werden von den besten oder den mit den am meisten vom Glück gesegneten Pokerspielern geführt. Im Gegensatz dazu entscheidet eine Bank auf Grundlage von Ehrlichkeit, Fähigkeit und Erfahrung, wer den Kredit erhält. Im Kontext der Grenze zum „Wilden Westen" in Amerika kann dies jedoch sogar einen Vorteil bedeuten. Es gab keine erfahrenen Bankiers, die diese Entscheidungen hätten treffen können, und die dafür notwendigen Dokumente oder Referenzen existierten ebenfalls nicht. Pokertalent war wohl eine ebenso gute Qualifikation wie jede andere auch. Wichtiger noch, sie genoss Akzeptanz. Verlierer beim Poker übergaben ihre Besitztümer üblicherweise, wohingegen Personen, denen ein Bankkredit verwehrt worden war, ablehnen könnten, Banknoten zu akzeptieren, was das System zum Scheitern geführt hätte.

Der eindeutige Vorteil des Pokerspiels liegt darin, dass man niemanden brauchte, der als Bankier akzeptiert wurde. In modernen Pokerspielen fungiert in der Regel ein Spieler oder das Haus als Bank. Die Bank verkauft den Spielern Chips und kauft sie am Ende des Spiels zurück. An der Grenze zum Wilden Westen wurde Poker hingegen mit einem Scheck-System gespielt. Jeder Spieler besaß seine eigenen, identifizierbaren Chips. Am Ende des Spiels kauften die Spieler ihre eigenen Chips zurück. Die Gewinner hatten einige der Chips der Verlierer übrig. Es lag in der Verantwortung der Gewinner, das Geld von den Verlierern einzutreiben. Ein ähnliches Vorgehen ist heutzutage manchmal in privaten Spielen üblich. Jedem Spieler wird eine festgelegte Anzahl von Chips zugeteilt, welche sie bei Spielende zurückgeben. Die Spieler, die am Ende weniger Chips als zu Beginn haben, stellen den Spielern mit einem Überschuss Schecks aus. Dies bedeutet, dass niemand als Bank fungieren muss, und niemand muss große Summen Bargeld zum Spiel mitbringen. Kann oder will ein Verlierer nicht zahlen, ist dies das Problem des Gewinners, nicht das der gesamten Runde.

Dieser letzte Punkt ist entscheidend. Sofern man nicht selbst im Finanzwesen mitspielt oder arbeitet, kann man leicht vergessen, dass finanzielle Rechte und Pflichten das Verhältnis zwischen Personen repräsentieren und nicht Zahlen in einer Theorie. Es reicht nicht aus, zu wissen, wer Ihnen wie viel Geld schuldet, die Art der Verbindlichkeit kann sehr viel ausmachen. Der Pokerautor David Spanier erzählt die Geschichte von Doyle Brunsons und Pug Pearsons Reise nach London. Zwei zäh wirkende Gentlemen suchten die beiden Pokerweltmeister in ihrem Hotelzimmer auf und überbrachten die Nachricht, dass sie dem örtlichen Gaunerboss 25 Prozent ihrer Pokergewinne auszahlen müssten. Pug wollte unter diesen Umständen nicht spielen und reiste zurück in die Vereinigten Staaten. Doch Brunson fragte, ob diese 25 Prozent auch den Service einschließen würden,

KAPITEL 5: POKERNOMICS

das gewonnene Geld einzutreiben. Als er erfuhr, dass dies der Fall sei, befand er das für ein gutes Geschäft. Im Finanzwesen führen kluge Menschen stets im Voraus exakte Verhandlungen darüber, wer welche Verantwortung trägt, sollte eine der Vertragsparteien die getroffene Vereinbarung nicht mehr erfüllen können.

Ein weiterer Unterschied zwischen einer Soft-Money-Bank und einem Pokerspiel betrifft die Verteilung des Profits, wenn die Stadt erfolgreich ist. Im Falle der Bank geht der Großteil des Geldes an die Personen, die von der Bank für einen Kredit ausgewählt worden waren und damit erfolgreich ein Geschäft aufbauten. Der Großteil geht an den Bankier und seine Investoren. Die Personen ohne Kredit schneiden gut ab, indem sie ihre Löhne plus Zinsen verdienen, aber auch nicht so gut. Im Falle von Poker als Finanzinstitution geht das Spiel weiter, bis die Stadt so erfolgreich ist, dass sie Kapital von außerhalb anzieht. Geschäftsinhaber sind gezwungen, weiterzuspielen, um ihre fortlaufenden Ausgaben und ihren Kapitalbedarf zu decken. Dies bedeutet, dass jeder Spieler am Ende die Chance hat, ganz oben zu landen. In diesem Sinne ist es gerechter, statt zu Beginn die Leute auszuwählen, die reich werden. Auf der anderen Seite werden viele beim Pokerspiel komplett leer ausgehen. Mit der Soft-Money-Bank verlieren lediglich diejenigen alles, die ihren Kredit nicht zurückzahlen können. In diesem Sinne ist Poker ungerechter.

Welches System man bevorzugt, hängt von den jeweils verfügbaren wirtschaftlichen Möglichkeiten ab. Wenn ständig irgendwo ein neuer Goldrausch oder neu erschlossenes Land oder ein neuer Endbahnhof auftaucht, ist es für Verlierer sinnvoll, weiterzuziehen und ihr Glück erneut zu versuchen. Dies ist ein Feld für Leute, die Risiken eingehen, die entweder reich werden oder aufs Neue wetten. Beginnen die wirtschaftlichen Möglichkeiten sich zu verengen, müssen die Städte eine Mittelschicht kultivieren: Menschen, die Sicherheit höher schätzen, als reich zu werden. Unter diesen Umständen erscheint eine Bank sinnvoller als das Pokerspiel.

Eine Variante dieses Systems wurde gegen Ende des Jahrhunderts in der Goldgräberstadt Yukon dokumentiert. Es hat sich vermutlich an einem anderen Ort zugetragen, doch darüber gibt es keine Aufzeichnungen. Die Bergarbeiter arbeiteten während der ganzen Saison und spielten dann den ganzen Winter über Poker. Die Gewinner werden wohl mit so viel Gold rausgegangen sein, wie sie tragen konnten und benötigten, um ein Leben in Wohlstand zu führen. Die Verlierer arbeiteten vielleicht eine weitere Saison in der Mine und versuchten dann abermals ihr Glück. Dies ist sehr viel effizienter als so lange zu arbeiten, bis man den gewünschten Anteil erzielt hat. Durch die Konzentrierung der Gewinne mussten einige den Ort früher verlassen, was Raum für Neuankömmlinge schuf.

Das Pokerspiel ist eine dynamischere Institution als eine Bank. Wenn die Möglichkeiten steigen, kann das Spiel ohne weiteres Neuankömmlinge aufnehmen. Fallen die Möglichkeiten geringer als erwartet aus, werden die Verlierer plötzlich ausgesperrt. Die Bank stellt eher eine gemeinsame Anstrengung dar, bei welcher alle gemeinsam erfolgreich sein werden oder nicht. Dies ist für eine ganze Reihe von hart arbeitenden Menschen attraktiver als das Pokerspiel, weshalb die Bank mehr nutzbringende Siedler anziehen wird. Es kann jedoch zu einem Desaster führen, wenn die Stadt zwar erfolgreich ist, aber nicht erfolgreich genug, um alle zu unterstützen, die gekommen sind. Sind die Möglichkeiten besser als erwartet, kann die erfolgreiche Soft-Money-Bank Kapital von auswärtigen Investoren anziehen, während das Pokerspiel Abenteurer aus der Gegend mit Fähigkeiten und materiellen Wirtschaftsgütern vor Ort anlockt. Je nach Situation kann das eine notwendig und das andere nutzlos sein.

Der größte Vorteil der Bank ist, dass sie zu einer soliden Entwicklung einer dauerhaften Ansiedlung beiträgt. Wird sie erfolgreicher, werden ihre Banknoten auch weiter entfernt akzeptiert. Sie wird Transaktionen an Umschlaghäfen und Weiterverarbeitungszentren begünstigen. Außenstehende, die Kapital investieren möchten, werden Unternehmen samt Buchhaltung und einer Geschichte von Kreditrückzahlungen vorfinden. Geldgeber bevorzugen dies im Vergleich zu einem Unternehmen, das bei einem Pokerspiel gewonnen und kürzlich in einem anderen Pokerspiel von einem unerfahrenen Manager übernommen wurde, ohne dass es, abgesehen von einigen Schuldscheinen und eingerahmt von einem Full House, schriftliche Dokumente gäbe. Stabilität ist wichtig für Farmen und Ranches mit vielen festgelegten Kapitalanlagen. Sie ist unwichtiger für Minen, für die Jagd und die Holzfällerei, wo Menschen nur so lange bleiben, bis die natürlichen Ressourcen aufgebraucht sind.

Es kam jedoch durchaus vor, dass Pokerspiele zur Entwicklung dauerhafter Siedlungen führten. Der nächste Schritt war die Ankunft eines auswärtigen Spielers mit beträchtlichem Kapital. Professionelle Spieler wurden gewöhnlich aus den Pokerspielen ausgeschlossen: Man musste an der örtlichen Wirtschaft teilhaben, um mitspielen zu dürfen. Doch an einem bestimmten Punkt der Entwicklung war ein Profi willkommen, der Faro, das Würfelspiel Chuck-a-luck oder Roulette anbot und damit den Service der Depotverwahrung und sowohl Luxuswaren als auch Güter des täglichen Bedarfs mitbrachte. Ein solcher bot auch einen bestimmten Grad grober Strafverfolgung auf, da er seinen eigenen Besitz schützen musste. Wenn die Stadt wuchs, konnte es vielleicht einen professionellen bewaffneten Beschützer im Austausch für die Faro-Konzession anlocken. Wild Bill Hickok, der Halter des berühmten Blatt des toten Mannes[24] mit Assen und Achten, bestritt damit sein Auskommen. Schließlich erreichte die Stadt den Punkt, an dem sie Steuern einziehen und einen Sheriff anheuern konnte, der vielleicht sogar dazu angehalten wurde, Spielhallen und öffentliches Pokerspiel zu unterbinden.

---

24 Dead Man's Hand: So wird ein Poker-Blatt genannt mit je zwei schwarzen Achten und Assen. Der Westernheld Bill Hickok wurde hinterrücks erschossen, als er dieses Blatt auf der Hand hielt.

FLASHBACK

MEIN ERSTES BLATT IM KOMMERZIELLEN POKER

Alle sechs Pokerräume in Gardena waren einstöckige Gebäude mit dem Ambiente einer Flughafenwartehalle. Sie waren sauber, funktional eingerichtet und hatten hohe Decken. Ungefähr zwei Drittel der Fläche war durch ein Geländer[25] abgetrennt. Außerhalb dieser Trennung lagen ein Restaurant, eine Bar, ein Fernsehzimmer (in dem meistens einen Kanal mit illegalen Sportwetten lief), der Aufsichtsschalter, die Kasse und die hochwichtige Tafel, auf der alle wartenden Spieler und Partien angeschlagen waren. Viele Leute lungerten nur herum – einige warteten auf einen Platz, andere gingen irgendwelchen Geschäften nach und einige schlugen schlichtweg die Zeit tot. Im Innenbereich spielte man Poker.

Die Spieler, auf die ich wartete, kamen gegen 21.00 Uhr. Tom und ich hatten uns vorgenommen, um 16.00 Uhr anzukommen, doch unser Hausverbot im Horseshoe hatte uns über eine Stunde gekostet. Zwischen 16.00 Uhr und 18.00 Uhr ist Schichtwechsel zwischen der nachmittäglichen und der abendlichen Menschenmasse, so dass man mit Sicherheit einen Platz bekommt. Ich wollte mich einige Stunden an die Runde und den Platz gewöhnen können. Robert hatte davor gewarnt, mit einem Low-Limit-Spiel anzufangen oder zu Beginn tight zu spielen, weil die anderen Spieler mich noch gar nicht kannten. Man sollte diesen Vorteil nutzen und ihn nicht verschwenden, um sich zu orientieren oder das eigene Selbstvertrauen aufzubauen. Man wird leicht schüchtern, wenn man nicht genau weiß, was man tut, doch in einer Wettkampfsituation muss man sein Wissen in Bezug darauf betrachten, was die anderen Spieler von einem wissen. Mein Plan war, dass die guten Spieler mich bei ihrer Ankunft gut positioniert in einer Runde vorfinden sollten, in der ich mit entspannter Zuversicht spielte. Ich war damals wahrscheinlich so eingebildet, mir vorzustellen, dass sie mit Angst oder zumindest Respekt reagieren würden. Mein Plan ging nicht ganz auf.

Wir spielten Five-Card-Draw, die Jackpots hoch, mit einem Bug (eine Wild Card, die nur zur Vervollständigung einer Straße oder eines Flush aus fünf Karten gleicher Farbe oder als Ass benutzt werden kann). Es gab ein Ante, aber keine Blinds. Man hatte mir gesagt, dass Lowball[26] beliebter sei, doch ich sah mich selbst eher im hohen Spiel. Der Juni wird als langsamer Monat bezeichnet, wie auch immer, vielleicht läuft nicht immer alles typisch. Es saßen fünf Spieler am Tisch, von denen mich keiner auch nur im Geringsten zur Kenntnis nahm, als ich mich setzte. Sie waren zwischen 25 und 50 Jahren alt. Als Gruppe sahen sie wie mittlere Büroangestellte nach einer zweitägigen Busfahrt aus – keine bunten Persönlichkeiten wie Damon Runyon oder gerade aus dem Gefängnis entlassene gefährliche Falschspieler. Alle halbe Stunde wurden von jedem Spieler zehn Dollar kassiert, gemessen wurde das von einer großen Uhr an der Wand, an der zu jeder halben Stunde eine rote Lampe aufleuchtete. Wenn sie aufleuchtete, kamen die Chip-Girls herum und sammelten das Geld, das an das Haus ging, ein.

Das Spiel war schnell, jedoch nicht so schnell, wie Robert es mir beigebracht

---

25 Im Englischen: Rail. Bezeichnet die Trennung zwischen Pokertisch und Zuschauerbereich.

26 Lowball heißt, man setzt darauf, mit dem niedrigsten Blatt zu gewinnen.

hatte. Wenn man nach Minuten bezahlt, ist Zeit Geld. Ich war auf ein Blatt pro Minute vorbereitet. Das ist schnell, doch nicht unmöglich beim modernen Hold 'Em mit einem nicht-spielenden, professionellen Kartendealer. Doch Five-Card-Draw mit sechs Spielern erfordert 35 bis 40 ausgeteilte Karten für ein typisches Blatt, während sechs Hold 'Em-Spieler lediglich 17 benötigen. Amateur-Kartendealer, die selbst mitspielen, verlangsamen das Ganze zusätzlich. Es stimmt, dass es beim Draw Poker im Vergleich zu Hold 'Em nur halb so viele Wettrunden gibt, aber 60 Sekunden sind dennoch eine sehr kurze Zeit, um mit den Chips und Karten zu hantieren, ganz zu schweigen von den Wetteinsätzen. Wie auch immer, ich denke, wir spielten mit dem halben Tempo, welches ich von seriösen privaten Spielen gewöhnt war. Niemand vergeudete Zeit, aber ich hatte keine Schwierigkeiten damit, ohne Hast Poker zu spielen, ohne dass irgendjemand seine Verstimmung äußerte. In der ersten Stunde erhielt ich zwei Flush-Draws – einen Draw konnte ich vervollständigen und gewann einen kleinen Pot, ohne mein Blatt zeigen zu müssen, den anderen konnte ich nicht vervollständigen und bluffte, um einen weiteren kleinen Pot zu gewinnen. Ich erhielt einige Paare, die es wert waren, im Spiel zu bleiben, aber keines entwickelte sich zu einem Draw. Ich lag ein wenig zurück, aber nicht ernsthaft, und ich spielte ruhig. Ich bekam Action (die Leute eröffneten und ich machte einige Raises), aber auch Respekt ab (manchmal stiegen einige aus, wenn ich erhöhte). So weit, so gut.

Ein großer Unterschied zwischen den Kartenspielräumen in Gardena und Kasinos besteht im Umfang des Betrugs. Kasinos investieren in die besten Sicherheitssysteme, die zur Verfügung stehen, um die Spieler davon abzuhalten, das Haus zu betrügen, und dieselbe Ausstattung und Strategie hält Spieler davon ab, sich gegenseitig zu betrügen. Auch professionelle Kartendealer fungieren als Schutzinstanz, in Gardena aber teilten Spieler die Karten aus. Ein Floorman als Spielleiter kam nur, wenn man nach ihm rief. Er beobachtete nicht jedes Spiel an jedem Tisch. Der wichtigste Unterschied ist die Beziehung zwischen dem Haus und den Spielern. Die Kartenspielräume sind auf die Stammspieler zugeschnitten, die jeden Tag kommen und Miete zahlen. Wenn ein Tourist oder Amateur wütend den Raum verlässt, ist dies kein großer Verlust.

Kasinos hingegen betrachten jeden Dollar, der durch die Tür hereinkommt, als ihr rechtmäßiges Eigentum. Sie nehmen eine limitierte Summe ein, denn wenn jeder andauernd verlieren würde, käme niemand wieder. Jeder Dollar, den professionelle Pokerspieler in einem Kasino von einem Touristen oder Amateur gewinnen, wird gegen dieses Limit gerechnet. Kasinos tolerieren Profis, da ihr Ruf Kundschaft anlockt und die Tische füllt. Sie tolerieren keine Betrüger, weil diese nicht nur ihnen das Geld wegnehmen, welches das Haus hätte gewinnen können, sondern auch Kunden vertreiben und den Ruf schädigen. Kartenspielräume mögen Stammspieler; Kasinos mögen Verlierer.

Betrügen

Robert warnte mich, auf den Diebstahl von Chips zu achten (Las Vegas mag zwar geschmacklos sein, aber über seine Chips muss man sich keine Sorgen machen, wenn man auf die Toilette geht) sowie auf Zeichen und das Weiterschieben von Karten. Ein neuer Spieler konnte keine Hilfe vom Floorman erwarten, insbesondere wenn die anderen Spieler am Tisch behaupteten, nichts gesehen zu haben. So

KAPITEL 5: POKERNOMICS 149

etwas war eher bei niedrigen Limits üblich, aber an allen Tischen tendierten die Stammspieler dazu, die Reihen für Neue dichtzumachen. Die Kartenspielräume konnten nicht als ökonomische Institution existieren, wenn Fremde einfach reinmarschieren und sich selbst am Geld bedienen konnten.

Subtile Absprachen beunruhigten mich mehr. Es gibt zwei Dinge, die eine Gruppe von Stammspielern tun kann, um sich gegen einen Neuling zu verschwören. Keines von beiden erfordert offenkundigen Betrug oder vorherige Absprachen, und Spieler machen sie von Natur aus, sogar unbewusst.

Die erste Taktik besteht darin, dass unter den Stammspielern alle Blätter außer dem stärksten Blatt passen. Dadurch gewinne ich den Pot, den ich sowieso bekommen hätte, kassiere aber nur von einem Spieler den Einsatz anstelle von zweien oder mehr. Dies senkt den langfristig erwarteten Wert des Pots. Es wäre offenkundiger Betrug, wenn die Spieler ihre Blätter vergleichen und das stärkste auswählen würden. Doch wenn Stammspieler nicht versuchen, trügerisch zu spielen, und nicht versuchen, jedes Mal, wenn ich auch im Pot bin, gegenseitig voneinander zu gewinnen, können sie ziemlich schnell herausfinden, wer der ausersehene Gewinner sein wird. Natürlich kann ich das als Neuling auch versuchen. Allerdings haben sie bereits hunderte oder tausende von Stunden damit verbracht, das Spiel und die Gewohnheiten der anderen eingehend zu mustern – unter diesem Aspekt des Spiels haben sie einen riesigen Vorsprung. Sobald ich aussteige, können sie zu ihrem regulären Spiel zurückkehren.

Eine weitere Form der geheimen Absprache besteht darin, dass zwei Stammspieler abwechselnd immer weiter erhöhen, wenn ich mit im Spiel bin. Obwohl die Höhe der Raises limitiert ist, gibt es in Gardena keine Begrenzung der Anzahl der Erhöhungen. Deshalb können zwei Spieler wann immer sie möchten effektiven Table-Stakes-Poker gegen mich spielen, während ich nur Limit spielen kann. Diese Taktik ist weniger besorgniserregend. Solange die Stammspieler keine formale Abmachung zur Aufteilung des Profits haben, verliert der im Spiel Bleibende mit dem schlechteren Blatt Geld. Stammspieler mögen gefälligerweise noch einige Extragebote abgeben, doch nur offensichtliche Betrüger würden versuchen, mich dazu zu bewegen, All-In zu gehen. Außerdem müssen die geheim Verschworenen für jeden von mir gesetzten Dollar zwei Dollar setzen. Das ist ein gepfefferter Preis für die Option, das Limit zu umgehen. Jahre später sah ich eine ähnliche Art von Betrug an der Warenterminbörse von Chicago.

Ich glaube, die erste Form von geheimer Absprache in Gardena entdeckt zu haben. Wenn ich in einem Pot mitging, schien ich gewöhnlich gegen exakt einen Spieler zu stehen. Andere gewannen den Pot, bevor sie ihr Spiel machten, oder sie spielten ihre Blätter nach drei oder vier Runden. Ich nicht. Ich hatte vor, den Vorteil durch sorgfältige Beobachtung zurückzuerlangen. Wenn die Stammspieler im Spiel nicht betrogen, bevor ich ausstieg, musste ich mir keine Sorgen darüber machen, geblufft zu werden oder darüber, dass jemand plötzlich eine Straße oder einen Flush aus dem Ärmel zog. Ich würde gegen hohe Paare, zwei Paare und einen Drilling mitgehen – selten gegen schwächere Blätter. Darüber hinaus dachte ich, durch ihre Spielweise einen Hinweis auf die mögliche Stärke ihrer Blätter zu bekommen, bevor die Einsätze gemacht wurden.

In dieser Situation zahlt es sich nicht aus, auf die Möglichkeit zu einer Straße oder einem Flush zu spekulieren. Man verdient nicht genügend von einem anderen, der mitgeht, wenn man die richtigen Karten trifft, um die Fälle auszugleichen zu können, in welchen man nicht die richtigen Karten bekommt. Bluffen ist ebenso wenig profitabel, denn der designierte Gewinner wird sehr viel öfter callen als ein rein Profit-orientierter Spieler. Demgegenüber ist ein niedriges Paar, mit welchem man normalerweise aussteigen würde, ein gutes Blatt. Bekommt man zwei Paare oder einen Drilling zusammen, gewinnt man gewöhnlich gegen einen anderen Mitspieler, der mit einem hohen Paar angefangen hat. Verbessert man sich nicht, steigt man nach der nächsten Karte aus. Um die Tatsache zu verschleiern, dass man all seine Karten, die Chancen auf Straßen und Flushs bieten, wegschmeißt und stattdessen niedrige Paare spielt, sollte man gelegentlich nur eine Karte tauschen – sagen wir, wenn einem ein Drilling ausgeteilt wurde.

Wie auch immer, nach diesem System spielte ich, und es schien ziemlich gut zu funktionieren. Ich war ein wenig aufgeregt, als ich ein interessantes Blatt bekam, welches nur in dieser Pokervariante existiert. Ich hatte einen König, einen Buben, eine Zehn, alle der Farbe Kreuz und den Bug. In den meisten Pokervarianten hat ein Spieler mit einem unvollständigen Flush (dem berühmten „Four Flush") oder einer unvollständigen Straße halbwegs eine Chance, dies zu komplettieren. Wenn man zum Beispiel vier Karten derselben Farbe im Draw Poker ohne Joker hat, gibt es von dieser Farbe neun weitere im Stapel – von insgesamt 47 Karten, die man nicht gesehen hat. Die Chance, eine von diesen zu erhalten, beträgt 9:47, oder 19 Prozent. Hat man im Hold 'Em-Poker nach den ersten drei offenen Karten einen Open-ended-Straight-Draw, passen acht der übrigen 47 Karten – 340 der 1.081 Zwei-Karten-Kombinationen, die man für die vierte und fünfte aufgedeckte Karte erhalten kann, vervollständigen die Straße, damit liegt die Chance bei 31 Prozent.

Wenn man aber im Draw-Poker mit Bug spielt und drei Karten gleicher Farbe in einer Reihe und zusätzlich den Bug erhält, verhelfen 22 der übrigen 48 Karten im Stapel zu einer Straße, einem Flush oder einem Straight Flush. Das ist eine Chance von 46 Prozent. Viele Pokerregeln für das Spielen von Straight Draws und Flushs Draws basieren auf der Annahme, dass eine geringe Chance zur Vervollständigung besteht. Mein Blatt war nicht so gut, aber es gab zwölf Karten (jedes Ass, jede Königin oder Neun), welche die Straßen vervollständigen würden und zehn Karten (jedes Kreuz), welche den Flush vervollständigen würden. Dies zählt das Ass, die Königin und die Neun der Farbe Kreuz doppelt, jede davon würde einen Straight Flush komplettieren. Somit hatte ich eine 9:48, also eine 19-prozentige Chance auf eine Straße, eine 7:48, also 15-prozentige Chance auf einen Flush und eine 3:48, und damit 6-prozentige Chance auf einen Straight Flush. Insgesamt gab es eine 40-prozentige Chance auf einen Treffer.

Das Wetten

Harrison eröffnete, und Jason ging mit. Ich kannte die Vornamen der Spieler am Tisch, und sie kannten meinen, aber niemand hatte mehr Informationen preisgegeben oder danach gefragt. Harrison hatte einen kalifornischen Cowboy-Look mit einem schmutzigen Flanell-Shirt, einem schmalen Schlips und Stiefeln, Jason war ein junger Mann mit rötlichem Gesicht in Jeans und blauem Oxford-Shirt. Seine Haare in Hippie-Länge hatte er mit einem Lederband zurückgebunden. Später erfuhr ich, dass Harrison Rennpferde und zudem eine Rinderfarm besaß, es war also keine Verkleidung. Bei einem späteren Besuch auf der Rennstrecke behandelte er mich sehr freundlich. Jason war Student, aber schon ein wenig alt dafür, um noch kein bestimmtes Fach oder einen bestimmten Studiengang gewählt zu haben. So beschrieb er sich selber, es war nicht mein Urteil. Er fragte mich, ob ich ihm raten würde, etwas mit Computern zu machen. Ich sagte ja und hoffe, er hat den Rat befolgt.

Im Five-Card-Draw erhöht man mit zwei Paaren, bevor Karten getauscht werden. Ein Paar, sogar Asse, ist zu schwach, insbesondere, da der Spieler, der eröffnet, wenigstens Buben haben muss. Dadurch, dass man drei Karten aufnehmen wird, erhält man jede Menge Informationen. Je mehr Informationen man im Allgemeinen in der Zukunft zu erhalten hofft, desto günstiger will man an sie herankommen. Dies mag nicht eingängig klingen, ist aber wahr. Mit Drillingen oder einem noch besseren Blatt will man normalerweise mehr Spieler im Pot haben und die eigene Stärke verstecken. Wie auch immer, zwei Paare reichen in der Regel für einen Gewinn, jedoch nicht für einen Raise nach dem Kartentausch. Wenn man mit diesem Blatt Geld verdienen will, muss man früh erhöhen. Und da man lediglich eine Karte zieht, hat man damit vor dem Tausch bereits die größtmöglichen Informationen über das eigene Blatt. Da man wahrscheinlich mehr über sein eigenes Schlussblatt weiß als die anderen über das ihrige, will man sie dazu bringen, jetzt ihre Entscheidungen zu treffen. Natürlich sind dies nur generelle Richtlinien. Für das Pokern ist es erforderlich, das eigene Spiel zu variieren, so dass niemand Rückschlüsse von der Spielweise eines Spielers auf sein Blatt ziehen kann.

Zu diesem Zeitpunkt waren drei kleine Einsätze im Pot, zuzüglich der Antes, und ich musste zwei hinzufügen, um mitzugehen. Dadurch wurde der Call fast zu einem kostendeckenden Einsatz. Würde ich jedoch mein Blatt komplettieren, könnte ich möglicherweise zusätzlichen Gewinn nach der nächsten Karte einstreichen. Wenn nicht, würde ich einfach aussteigen. Es war also eine leichte Entscheidung, im Spiel zu bleiben. Nach meiner eigenen Theorie und meiner damaligen Erfahrung erwartete ich, dass Harrison aussteigen würde, wenn ich im Spiel blieb. Aber im Unterschied zu anderen Situationen mit einer Straße oder einem Flush auf der Hand machten mir weitere Erhöhungen nichts aus, da ich zwei Einsätze von Harrison und Jason für jeden meiner Einsätze bekommen würde und weil meine Gewinnchancen besser als zwei zu eins standen. Diese Logik würde aber nicht bei einer von mir initiierten Erhöhung funktionieren, da ich erwartete, dass nur Jason mitgehen würde, und ich hatte nur eine gleichwertige Chance, mein Blatt zu komplettieren.

Trotzdem denkt man immer ans Erhöhen. Beim Poker braucht man einen guten Grund für einen Call. Wenn man unsicher ist, steigt man aus oder erhöht. Das ist eine der wesentlichen Lektionen des Spiels. Die sichere, gutbürgerliche Strategie besteht darin, den mittleren Kurs einzuschlagen, wenn man die Extreme nicht abschätzen kann, man fällt nur dann eine überzeugende Entscheidung, wenn man von ihrer Richtigkeit überzeugt ist. Um beim Poker Erfolg zu haben, muss man genau dann etwas wagen, wenn man nicht genau weiß, was vor sich geht. Die Logik besagt, dass man bei eigener Unsicherheit versuchen muss, auch die anderen Spieler aus dem Gleichgewicht zu bringen. Das meiste Geld wird in unsicheren Pots gewonnen und verloren. Wer nichts wagt, wenn das meiste Geld auf dem Tisch liegt, sollte sich ein anderes Spiel suchen.

Eine Erhöhung würde mich einen erwarteten Betrag kosten, doch würde es die Vermutung nahelegen, mein Blatt sei ein Drilling (die Zwei-Paare-Regel ist anwendbar, wenn man als Erster erhöht – das Erhöhen, nachdem ein Spieler Buben oder etwas Besseres hat und ein anderer Spieler zwei Paare gezeigt hat, erfordert ein stärkeres Blatt). Wenn ich danach eine Karte tauschte, würde das Erhöhen darauf hindeuten, dass ich Asse habe. Natürlich könnte ich auch einen Drilling mit einem Kicker oder die Chance auf eine Straße oder einen Flush haben, aber dies wären unübliche Spielweisen in dieser Situation, insbesondere gegen zwei Mitspieler (erinnern wir uns daran, dass ich Harrison abgeschrieben hatte, doch nicht davon ausging, dass Jason dies wüsste – man muss immer bedenken, wie die eigenen Handlungen auf die anderen Spieler wirken). Bluffs werden nur selten gemacht, um zu verwirren, normalerweise will der Bluffer eine stimmige Geschichte erzählen. Ein Vierling könnte Jason in den Sinn kommen, doch wird dieser zu selten ausgeteilt, um ernsthaft in Betracht gezogen zu werden. Spielt man Poker, um zu verhindern, dass man gegen Vierlinge verliert, wird man eine Menge Geld gegen die 99.97 Prozent der restlichen Blätter verlieren. Das Fazit ist: Würde ich jetzt erhöhen und nur eine Karte tauschen, würde Jason wahrscheinlich annehmen, ich hätte zwei Paare, eines davon mit Assen.

Der Vorteil dieser Irreführung liegt darin, dass Jason wahrscheinlich denken würde, er wird geschlagen, wenn er nicht mit dem nächsten Zug ein Full House bekommt. Ich könnte wetten und wahrscheinlich den Pot gewinnen. Wenn er mit einem Drilling begonnen hätte oder sein Blatt zu einem Full House ergänzt hätte, würde er checken und von mir einen zusätzlichen Einsatz einstreichen. In diesem Fall würde die Strategie mich zwei Einsätze kosten. Doch in allen anderen Fällen vervollständige ich entweder mein Blatt erfolgreich, oder Jason steigt aus, und das Erhöhen bringt mir zumindest einen weiteren Einsatz ein, vielleicht sogar den gesamten Pot. Ein weiterer Vorteil ist, dass wir nach dem Kartentauschen gegenseitig erhöhen würden, wenn Jason ein starkes Blatt hätte und ich meines vervollständigt hätte. Wenn ich vor dem Tauschen erhöhe, wird er denken, ich hätte ein Full House, gehe ich mit, geht er von einer Straße oder einem Flush aus. Dies spart mir Geld, wenn er ein Full House hat und ich die Straße oder den Flush bekomme, er wird vor meinen möglicherweise ergänzten Assen Angst haben. Doch würde es mich sehr viel Geld kosten, wenn ich den Straight Flush vervollständige und er ein Full House hat.

Diese allgemeinen Prinzipien gelten für die meisten Drawing Hands, wobei die Details natürlich variieren. Bei einigen sollte man erhöhen und bei den meisten mitgehen. Man sollte stets überlegen, welche Möglichkeiten für die jeweilige Runde die besten sind. Diese war günstiger als die meisten, da ich 19 Möglichkeiten hatte, mein Blatt zu vervollständigen, aber es stellte auch geringeren potentiellen Profit in Aussicht. Der entscheidende Faktor war, dass ein Erhöhen meiner Situation schaden würde, wenn ich den Straight Flush bekäme, welcher ein Royal Flush sein könnte. Bekommt man einen Royal Flush, schuldet man es sich selber, das meiste aus ihm herauszuholen. Also ging ich mit.

Nun kam die erste Überraschung. Harrison erhöhte und Jason abermals. Dies war das erste Mal, dass zwei Spieler nach meinem Einsatz selbst mitgegangen waren, und beide erhöhten. Sofort kehrte ich im Hinterkopf zu meiner Verschwörungstheorie zurück. Dies sah offenkundig wie eine geheime Absprache aus. Harrison oder Jason hatten dem jeweils anderen ein sehr gutes Blatt signalisiert, und sie zogen an einem Strang, um den Einsatz in die Höhe zu treiben.

Natürlich hätte nichts mich glücklicher machen können. Ich fügte dem Pot ein Drittel der zusätzlichen Chips hinzu und verspürte eine 40-prozentige Gewinnchance. Jeder eingezahlte Dollar fühlte sich bereits wie sieben gewonnene Cents in meiner Tasche an. Sicherlich gab es eine geringe Chance, dass Harrison oder Jason eine Straße oder etwas Besseres auf der Hand hatten, doch sogar dies kam mir zugute. Wenn das stimmte, konnte ich durch einen Straight Flush so viel Geld gewinnen, dass die Summe den Verlust wieder ausgleichen würde, wenn ich eine Straße oder einen Flush bekommen und gegen ein Full House verlieren würde. Ich konnte auch viel gewinnen, wenn ich ein Pat[27] Straight mit einem Flush oder ein Pat Flush mit einem Flush mit Ass als High Card schlug. Geld zu gewinnen ist doppelt so schön, wenn die anderen Spieler denken, sie würden dich übers Ohr hauen.

Das Kartentauschen

Ich ging mit und tat mein Bestes, wie jemand zu wirken, der verbissen auf den Pot fixiert war. Nun kam ein weiterer Schock. Harrison erklärte, seine Eröffnungskarten zu teilen und eine Karte zu tauschen. Dies war bislang am Tisch noch nicht passiert. Ich hatte die Regeln gelesen und wusste, dass eine Ankündigung erforderlich war, doch hatte ich bemerkt, dass viele Regeln routinemäßig am Tisch ignoriert wurden (zum Beispiel warfen Verlierer eines Showdowns ihre Karten weg, ohne sie zu zeigen, was einem Neuling mehr weh tut als einem Stammspieler, da der Neue die Spielweisen noch nicht kennt).

Der Einsatz vor dem Kartentausch war viel zu hoch, um zu rechtfertigen, dass Harrison mit einem gewöhnlichen Flush oder einer Straße drinbleiben, geschweige denn erhöhen würde. Es wäre zu teuer, wenn er es nicht schaffte, und auch wenn er es schaffte, würde er vielleicht nicht gewinnen. Den Bug konnte er nicht haben, denn den hatte ich, und außerdem ging ich gerade mit. Doch es ergab keinen Sinn, ein Paar zu zerreißen und eine Karte zu tauschen für etwas anderes als einen Straße oder einen Flush.

Es war wahrscheinlicher, dass Jason Harrison ein heimliches Zeichen gegeben hatte, zu eröffnen und zu erhöhen, um dann nach dem Kartentauschen auszusteigen. Meine Vermutung war, dass Harrison keine Karten zum Eröffnen hatte und der Tausch lediglich von dem Verdacht ablenken sollte. Er konnte nach dem Tauschen wütend seine Karten wegwerfen. Doch hätte er Jason damit geholfen, eine zusätzliche Summe Geld – mein Geld – in den Pot zu locken. Zumindest dachten sie das. Sie wussten nichts von meinem Royal Flush!

Jason nahm eine Karte auf, was auch verwirrend war. Zwei Paare waren viel zu schwach, um ein solches Zeichen zu geben. Ich nahm an, er hätte einen hohen Drilling. Wenn man eine Karte zu einem Drilling und einem Kicker hinzuzieht, gibt es nur vier Karten im Stapel, die das Blatt verbessern können (diejenige, die zum Dril-

---

[27] Pat: Bezeichnet ein Blatt, das von Anfang an bereits vollständig ist, so dass man keine Karten tauschen müsste.

ling paßt und die drei Karten, die zum Kicker passen). Zieht man zwei Karten, könnte man das vierte Gegenstück mit der ersten neuen Karte bekommen, und wenn nicht, ist man immer noch in derselben Situation, als hätte man den Kicker behalten. Also hat man eine zusätzliche Chance, sein Blatt zu verbessern. Da ich drei Erhöhungen gecallt habe, würde Jason jede mögliche Sicherheit haben wollen. Es gab keinen möglichen Nutzen einer Täuschung für das Spiel. Und es ergibt keinen Sinn, einen Kicker zu behalten, weil es eine hohe Karte ist – mit einem Full House im Draw Poker ist der Rang des Paares irrelevant (mit Gemeinschaftskarten wie beim Omaha Poker oder bei der Hold 'Em-Variante spielt es sehr wohl eine Rolle).

Die einzige Ausnahme dieser Logik ist, ein Ass als Kicker zu halten, da es vier Karten gibt, ihn zu vervollständigen: die drei Asse und der Bug. In diesem Falle hat man exakt dieselbe 5:48, also zehnprozentige Chance, durch das Tauschen von einer oder zwei Karten das Blatt zu verbessern. Es ist immer noch geringfügig empfehlenswerter, zwei zu ziehen, da die Chance größer ist, einen Vierling als ein Full House zu bekommen, aber das macht nur sehr selten wirklich einen Unterschied. Also nahm ich an, dass Jason einen hohen Drilling plus ein Ass hätte. Das war schlecht in dem Sinne, dass er mindestens eine, vielleicht aber auch vier der 19 Karten besaß, die ich zum Komplettieren benötigte. Doch war es gut in dem Sinne, dass ich zumindest eine und vielleicht zwei der fünf Karten besaß, die er benötigte. Relativ betrachtet, schadete ich ihm mehr, als er mir.

Jasons Kartenziehen eliminierte zudem fast alle Möglichkeiten, dass er ein Blatt ausgeteilt bekommen hatte, welches eine Straße oder einen Flush schlagen könnte. Ein Vierling war die einzige Möglichkeit, die übrigblieb. Das war nicht vollkommen ausgeschlossen, aber unwahrscheinlich genug, um in der Berechnung vernachlässigt zu werden. Ich zog eine Karte und erhielt einen König. Mein Traum war dahin, mit einem Royal Flush die Betrüger mit ihrem Vierling zu überführen und in den Konkurs zu treiben.

Harrison und Jason checkten beide. Das war noch verwirrender, aber es störte mich nicht. Es brachte wenig, zu erhöhen, und nichts, auszusteigen. Also checkte ich ebenfalls. Harrison hatte drei Siebenen, Jason hatte einen ruinierten Flush. Jason sah auf mein Blatt und rief laut, aber ruhig den Floorman.

KAPITEL 5: POKERNOMICS

Harrisons Erklärung, die Eröffnungskarten zu teilen, war pure Irreführung gewesen. Ihm waren drei Siebenen und eine Königin ausgeteilt worden. Als Jason erhöhte und ich mitging, nahm er an, Jason hätte zwei Paare und ich hätte ebenfalls zwei Paare oder einen Drilling. Er schätzte seine Chancen als gut genug ein, um zu erhöhen, doch als Jason wiederum erhöhte und ich mitging, dämmerte es ihm, dass er womöglich geschlagen sei. Da er sowieso noch eine Karte nehmen wollte, machte die Ankündigung der Teilung der Eröffnungskarten es weniger wahrscheinlich, dass Jason oder ich nach dem nächsten Kartenziehen aus Angst davor setzen würden, dass er womöglich seine Straße oder seinen Flush zusammen hätte und einen Check-Raise plante. Das trat tatsächlich ein, obwohl Harrison uns mit jedem Einsatz davongejagt hätte, wenn wir unsere erhofften Karten erhalten hätten. Jasons zweimaliges Erhöhen war eine gewöhnliche Poker-Irreführung, er setzte auf einen Flush wie auf zwei Paare.

Jason sagte, Harrisons Splitting-Ankündigung sei illegal gewesen. Er bestand darauf, dass das Blatt von Harrison tot sei und der Pot mir gehören würde. Harrison argumentierte mit dem Sprichwort beim Poker, dass „Reden nichts bedeutet"[28]. Nachdem jeder seine Meinung ruhig vorgebracht hatte, fragte der Floorman mich, ob ich etwas sagen wolle. Das tat ich nicht – Jason hatte die Sache klar ausgedrückt, und ich kannte mich mit den ortsüblichen Konventionen bei einem solchen Thema nicht aus. Harrison drehte seine weggeworfene Karte um (es war eine Fünf). Der Floorman sprach mir den Pot zu.

Ich hatte ein wenig Schwierigkeiten damit, dies in meine Verschwörungstheorie einzubauen, außer dass Jason mein Vertrauen gewinnen wollte, um mir die Brooklyn Bridge zu verkaufen. Ich weiß nicht, ob sich danach wirklich das Spiel oder lediglich meine Wahrnehmung veränderte, doch wir schienen normalen Poker zu spielen. Jason ging etwa eine Stunde später, ohne mir eine Brücke verkaufen zu wollen und ohne den Versuch, meinen Nachnamen zu erfahren, und neue Spieler setzten sich. Ich hatte in den nächsten Stunden Hochs und Tiefs, doch erreichte ich nie wieder den Gipfel meines umstrittenen Sieges. Ich ging etwa um 2.00 Uhr nachts, diesen Abend im Plus. Tom ging nur widerwillig – vielleicht war er tatsächlich Stammspieler.

---

28 Engl.: „Talk doesn't matter."

Kapitel 6

Der Spross einer Soft-Money-Bank

Über den Höhepunkt amerikanischer Glücks- und Pokerspieler in den Jahren 1830 bis 1890, und die Frage, warum diese Ära 1973 wieder neu erschaffen werden musste

Die endgültige Besiedlung des amerikanischen Westens bedeutete für die Soft-Money-Banken das Ende. In der letzten Hälfte des 19. Jahrhunderts führten staatliche Bankgesetze verbindliche Minimumreserven und Rechnungsprüfungen ein, sogar im Westen und Süden des Landes. Die Bundesregierung begann ihre eigenen Banknoten auszustellen, welche die privaten ersetzten. Die föderativen Bankreformen der 1930er Jahre waren ein weiterer Schlag. Stiefkinder der Soft-Money-Banken existieren noch heute in den Vereinigten Staaten als Spargesellschaften innerhalb verschiedener Immigrantengruppen, wie die Koreanische *Gae*, oder als Ponzi-Systeme, die gewöhnlicherweise betrügerisch sind, und als Pyramiden- oder Multilevel-Marketing-Systeme, welche manchmal betrügerisch sind. Glücksspielgesetze blieben erfolglos, trieben das Glücksspiel jedoch in den Untergrund. Poker blieb bis in das 20. Jahrhundert hinein ein wichtiges Werkzeug in den Netzwerken der Geschäftswelt und zudem eine Quelle für Risikokapital, aber es erreichte keinen vergleichbaren Höhepunkt wie im 19. Jahrhundert. Andere Glücksspiele wie illegale Lotterien unter den städtischen Minderheiten behielten ihre wichtige wirtschaftliche Funktion.

Es waren weniger Gesetzesänderungen oder eine Veränderung der öffentlichen Haltung, welche zum Rückgang der Finanzinstitutionen des Wilden Westens führten, sondern vielmehr der verbesserte Wettbewerb von gewöhnlichen Financiers. Verbesserte Kommunikations- und Aufzeichnungstechnologien ließen das Kapital freier und effizienter im Land, und später in der Welt, zirkulieren. Ein modernes Unternehmen konnte professionelle Manager mit hochriskanten Geschäften beauftragen, bei welchen die Kapitalkosten weit unterhalb der kleinen Firmen lagen, während sie ihren Angestellten persönliche finanzielle Sicherheit boten. Lediglich die unverbesserlichen Rebellen bevorzugten Poker (doch es gab viele von uns). Doch bevor Sie die Soft-Money-Banken und das Pokerspiel dem Wirtschaftsmuseum zurechnen, sollten Sie wissen, dass beide einen Nachkömmling hatten, der in den 1970er Jahren aufkam, als diese Wirtschaftsunternehmen ins Schwanken gerieten und viele Finanzinstitutionen entweder ihre Kunden im Stich ließen oder bankrott gingen, oder beides. Dieser Nachkömmling hatte Gene von beiden Elternteilen – er trug sowohl Elemente des Glücksspiels als auch des Tauschhandels in sich.

DAS STÜRMISCHE, KRÄFTIGE, TOSENDE LACHEN DER JUGEND

Erinnern wir uns, dass im Abenteurer-Pflanzer-Modell des relativ ruhigen Nordostens jede Stadt mit ihrer Mutterstadt zusammenarbeitete. Dorthin brachte sie wie selbstverständlich ihre Waren zum Weitertransport in die nächsten Städte und auf diesem Wege zu einem Hafen, außer sie wurden bereits auf der Strecke dorthin konsumiert. Mit einem derart einfachen System und reichlich Kapital und Vertrauen zwischen den Parteien waren sorgfältige finanzielle Absprachen nicht notwendig.

Das dynamische selbst organisierte Netzwerk des Westens hatte ebenfalls Zentren für die Konsolidierung von Gütern, doch gab es hier keine Kette von natürlichen Mutter- und Tochterstädten, um sie zu ernähren. Orte wie Minneapolis, Chicago, Kansas City, San Francisco und St. Louis und hunderte von kleineren Märkten erschufen Einrichtungen zur Verarbeitung, Lagerung und zum Transport. Nie zuvor waren derart große Märkte so schnell gewachsen. Zwischen der rapiden Nutzung der wirtschaftlichen Ressourcen des Westens und beschleunigtem technologischem Wandel mussten Einrichtungen aufgebaut werden, bevor verlässliche Netzwerke entstanden, um die Versorgung mit den notwendigen Rohstoffen zu sichern.

Städte und Möchtegern-Städte konkurrierten verzweifelt miteinander, um ihre Einrichtungen am Laufen zu halten. Eine unbeständige Versorgung mit Rohmaterialien macht die Produktion sehr viel teurer und behindert die Entwicklung stabiler wirtschaftlicher Beziehungen mit größeren Märkten wie New Orleans und New York. Bekam Chicago mit, wie Carl Sandburg in der Welt die Schweinemetzger rühmte, war die Stadt genötigt, eine stabile, berechenbare Versorgung mit Schweinen aus einer entschieden instabilen Region mit viel Konkurrenz zu erkämpfen.

Mit mehr Kapital und einer besseren Ordnung auf dem Land hätten die Städte Einkäufer ins Hinterland schicken können, um Getreide, Vieh, Bauholz, Mineralien und andere Produkte aufzutreiben. Doch das nötige Bargeld für diese Arbeit war nicht vorhanden. Es wäre selbstmörderisch gewesen, Bargeld außerhalb der Stadtgrenze bei sich zu tragen, und der einzige Ort, wo man solches ausgeben konnte, war ohnehin innerhalb der Stadt. Warenbesitz weit außerhalb der Stadt war darüber hinaus nur ein kleiner Teil des Problems. Die Verarbeitung, Lagerung und der Transport waren ebenso wichtig wie der Besitz an sich. Die Städte waren darauf angewiesen, dass die Produzenten der Waren zu ihnen kamen, diese ablieferten und mit Fertigwaren und städtischen Dienstleistungen anstelle von Silber die Stadt wieder verließen.

Diese Situation erinnert an die bunte Ansammlung von Menschen und Besitz-

KAPITEL 6: DER SPROSS EINER SOFT-MONEY-BANK

tümern, die in den Minencamps und auf den Rinderfarmen auftauchten. Jemand will im August eine Schiffsladung Mehl kaufen, da er ein Schiff hat und einen Käufer in New Orleans, der gewillt ist, sich jetzt auf einen Preis festzulegen. Ein anderer besitzt eine Mehlmühle, wieder ein anderer eine Einrichtung zur Reinigung des Weizens, ein weiterer besitzt eine Eisenbahnstrecke und ein anderer ein Silo zur Lagerung, und noch jemand kennt mehrere Bauern, die ihre Juniernte zu dem heute festgelegten Preis verkaufen würden. Zusammengeschlossen könnten sie einen profitablen Handel abschließen, doch das Zueinanderfinden und gegenseitige Entgegenbringen von Vertrauen ist schwierig.

Eine Lösung wäre es, eine Soft-Money-Bank zu imitieren, indem eine Art von Marktverband aufgebaut wird. Jede Person würde ihr Besitztum an den Verband verkaufen, welcher die Erträge des finalen Verkaufs gleichmäßig verteilen würde. Ohne jedoch viel Kapital zur Verfügung zu haben, um die Auszahlung zu garantieren, wäre das wirtschaftliche Schicksal eines jeden miteinander verknüpft. Wenn einige wenige Mitglieder ihre Aufgabe nicht erfüllen können oder der Verband schlecht geführt wird, könnte dies für alle den Bankrott bedeuten. Trotzdem wurde diese Lösung vielerorts ausprobiert. In relativ kleinem Umfang funktioniert dies häufig, und einige dieser Genossenschaften und Marktverbände bestehen noch heute fort, doch an der Warenbörse blieb die Soft-Money-Bank ein zweitrangiges Wirtschaftsmodell.

Mir ist kein Beleg dafür bekannt, dass jemals einer vorgeschlagen hätte, eine Runde Freeze-Out-Poker[29] zu spielen, an deren Ende eine Person alle verschiedenen Posten gewonnen haben würde, die für eine Mehllieferung notwendig wären, doch es könnte trotzdem geschehen sein. Wenn, dann war es eine weniger beliebte Methode als die des Gemeinschaftsverbands. Doch die Idee dieser Pokerrechnung war beteiligt an der marktbeherrschenden Lösung, die entstand.

Der erste Trick ist es, jedes Gut als Spanne oder Differenz zu verstehen. Statt zu sagen, dass der Müller fürs Weizenmahlen bezahlt werden möchte, sollte man formulieren, dass er Weizen kaufen und Mehl verkaufen will. Der Besitzer der Eisenbahnstrecke will an einem Punkt der Strecke Weizen kaufen und an der Endhaltestelle verkaufen. Die Differenz zwischen dem Einkaufs- und Verkaufspreis ist der Lohn für den Service. Dies ist einer der essentiellen Einblicke in den Warenterminhandel. Händler wetten nicht, dass der Preis von Weizen steigen oder fallen wird, sie spekulieren auf den Termin, die Niederlassung, die Qualität oder andere Variablen. Dies unterscheidet diese Termingeschäfte vom Aktienhandel, wo bis vor kurzem die meisten Transaktionen für sich standen – entweder ein An- oder ein Verkauf –, statt eine Sache zu kaufen und gleichzeitig eine andere zu verkaufen.

Der Vorteil beim Spread-Trading[30] ist, dass die Anzahl der möglichen Güter reduziert ist. Wenn es fünf Niederlassungen, drei Qualitätsklassen und vier Lie-

---

29 Freeze-Out-Poker: Eine Pokervariante, bei der so lange gespielt wird, bis ein Spieler die gesamten Chips der Runde gewonnen hat.
30 Spread-Trading: Hier werden Futures gleichzeitig ge- und verkauft.

fermonate gibt, könnte ein Teilnehmer jede der 5 x 3 x 4 = 60 unterschiedlichen Dinge in jede der 59 anderen Dinge einwechseln. Das bedeutet, dass man 3.540 unterschiedliche Preise benötigen würde. Der Wert ist übertrieben, da niemand anbietet, Mehl wieder in Weizen umzuwandeln oder die Pflanzen rückwärts wachsen zu lassen. Doch benötigt man alleine hunderte von Preisen, um alle relevanten Kombinationen abzudecken. Wird alles als Differenz betrachtet, benötigt man lediglich 60 Preise. Jeder Mensch kann einen Preis von einem anderen subtrahieren, um herauszufinden, was ihm für seinen jeweiligen Dienst angeboten wird – und lassen Sie mich diesen wichtigen Punkt betonen –, *sogar wenn sich niemand für seinen Dienst interessiert* und sich demzufolge niemand die Mühe gemacht hat, den richtigen Preis zu berechnen. Es ist auch notwendig, die Niederlassung, die Qualitätsklasse, den Liefertermin, die Vertragsgröße und andere Spezifikationen zu standardisieren. Gibt es zu viele Variablen, bricht das System zusammen.

Der nächste Trick ist es, einen zentralen Ort und eine Zeit zu bestimmen, wo alle, die mit einem der 60 Dinge Handel treiben wollen, zusammentreffen. Der Besitzer des Weizensilos könnte zum Beispiel kommen und 10.000 Scheffel des Juniweizens für 0,90 Dollar pro Scheffel kaufen und 10.000 Scheffel des August weizens für 1,10 Dollar verkaufen. Dies sind Terminverträge, so genannte *Forwards*: Weder Weizen noch Geld wechselt den Besitzer vor dem festgelegten Lieferdatum. Unser Silobesitzer hat sein Silo gerade für 2.000 Dollar von Juni bis August vermietet.

Allerdings hat er einige Probleme. Erstens muss er im Juni 9.000 Dollar aufbringen, die er nicht hat. Natürlich wurden ihm im August 11.000 Dollar versprochen, doch das ist zu spät und außerdem hat derjenige, der ihm die 11.000 Dollar versprochen hat, diese nicht. Zweitens erfüllt ein Großteil des Weizens, der in die Stadt geliefert wird und welchen er im August liefern muss und am besten im Juni lagert, nicht die Spezifikationen im Vertrag.

Dies spielt jedoch keine Rolle, da der Silobesitzer nicht vorhat, einen der beiden Verträge zu erfüllen. Einige Tage vor der Frist der Junilieferung hebt er beide Verträge auf, indem er 10.000 Scheffel des Juniweizens für den aktuellen Preis verkauft und 10.000 Scheffel des Augustweizens kauft. Wenn die Ernte reichlich ausfiel und ein Mangel an Lagerplätzen für Weizen herrscht, wird der Preis des Augustweizens mehr als 0,20 Dollar höher als der des Juniweizens liegen. Der Silobesitzer nimmt einen Verlust bei seinem Terminvertrag in Kauf, doch dies wird wettgemacht durch die höhere Miete, die er für sein Silo berechnen kann. Ist die Ernte gering ausgefallen, wird der Profit der Terminverträge seinen Verlust durch das Vermieten ausgleichen. Ihn interessiert es nicht, was mit dem Weizenpreis geschieht – nur wie die Differenz zwischen Juni und August aussieht.

Doch nachdem er seinen Vertrag aufgehoben hat, steht er vor neuen Schwierigkeiten. Er hatte Juniweizen von einer Person gekauft und an eine andere weiterverkauft, ebenso den Augustweizen. Wenn eine dieser vier Personen aussteigt, hat der Silobesitzer ein Problem. Er würde die Verträge gerne wie Poker-Schecks verwenden und den Käufer dafür verantwortlich machen, vom Verkäufer das Geld einzutreiben. Dies wird dadurch ermöglicht, dass so gut wie niemand lie-

KAPITEL 6: DER SPROSS EINER SOFT-MONEY-BANK

fert: Zum Zeitpunkt der Lieferfrist hält fast jeder verrechnende Verträge. Dies bedeutet, dass ein Ring entsteht, welcher den Erwerb vom Juniweizen mit dem Verkauf verbindet. Es mag über einen oder dutzende Geschäftspartner gehen, doch wenn sie alle zusammenkommen, können sie alle ihre Verträge in Stücke reißen und alle Preisunterschiede ausgleichen. Genau dies geschieht nach einem Pokerspiel in Abwesenheit einer Bank. In Märkten für Termingeschäfte nennt man dies *Ring-Clearing*. In der Praxis handelten die meisten Teilnehmer mit Zwischenhändlern und garantierten ihre Leistung durch Geld als Sicherheit. Nur die Zwischenhändler führten untereinander ein solches Ring-Clearing durch. Schließlich entwickelte sich dieses System im modernen Terminhandel mit Clearingstellen – zuerst an der Getreidebörse Minneapolis im Jahr 1886, doch die grundlegenden Elemente existierten bereits viel früher. Wenn ein Terminvertrag sich Merkmale aneignet, welche ihn für den öffentlichen Handel passend macht, so wie die beschriebenen Sicherheitsleistungen und das Clearing, wird es *Future* genannt. Ein Future beinhaltet dieselben wirtschaftlichen Grundlagen wie die oben genannten Forwards, doch sind die Mechanismen komplexer.

Ich habe ein wenig gelogen – um ehrlich zu sein, sogar sehr viel. Ich wollte erklären, warum sich die Futures-Börsen entwickelten, sowie die essentielle Natur von Spread-Trading darlegen. Deshalb habe ich den Part mit dem Silo und dem Müller erfunden und alle anderen Personen des Handels. Weiterverarbeiter und Transporteure von Gütern nutzen auf unterschiedliche Weise den Markt für Futures, aber darauf werde ich gleich näher eingehen. Der Punkt ist, dass die Vorstellung von Futures-Börsen als ein Ort, an dem Händler Spread-Trading betreiben, um ihre Operationen abzusichern, vollständig der eigentlichen wirtschaftlichen Funktion entbehrt. Hunderte von Händlern beobachten tausende von Spreads auf der Suche nach jeder kleinen Diskrepanz, welche ihnen ein paar Dollar Gewinn einbringt. Der wichtigste Punkt beim Handeln mit Futures – und der Grund, warum sie enge Verwandte des Pokerspiels sind – ist, dass sie existieren, damit Menschen spielen können.

Dies ist ein großer Unterschied zum Aktienmarkt des 19. Jahrhunderts. Obwohl sie sich oberflächlich betrachtet ähneln in Bezug auf die ökonomische Funktion, sollten sie nicht verwechselt werden. Es gab offensichtliche äußerliche Unterschiede. Die New Yorker Börse war sehr viel eleganter und ruhiger als die vulgäre und wilde Chicago Board of Trade. Die meisten der Börsianer führten Aufträge von Kunden für eine entsprechende Umsatzbeteiligung aus, sie nahmen keinerlei Risiko in Kauf. Die Spezialisten, die mit ihrem eigenen Geld handelten, erhielten Informationen über Kundenaufträge, was ihre Aktivitäten nahezu risikolos machte. Die Börse bestand für eine effiziente Erledigung von Börsenaufträgen und war nicht in erster Linie eine Glücksspieleinrichtung.

Natürlich benutzen Einige Aktien zum Spielen. Es gab sogar einige Berühmtheiten, die mit hohen Einsätzen spielten, wie Daniel Drew, Jay Gould, Jim Fisk, Cornelius Vanderbilt und Jesse Livermore. Alle außer Livermore hatten ihr Vermögen verdient, bevor sie ins Aktiengeschäft einstiegen, alle verloren Geld in den Aktientransaktionen, und alle waren sie Gauner. Sie verdienten Geld im Aktiengeschäft durch den Handel mit Insider-Informationen, das Manipulieren von Preisen, das Streuen von falschen Informationen, das Erbeuten von Firmen und Bestechung von Gesetzgebern. Nur Letzteres war in der damaligen Zeit eindeutig illegal, doch war es so üblich, dass es unbeachtet blieb. Einige der Lügen und der Beutezüge mögen die Grenze des Legalen überschritten haben, doch gab es keine Gesetze zum Insiderhandel und zur Preismanipulation noch irgendeine Security and Exchange Commission zu ihrer Durchsetzung. Doch auch wenn es legal war, so war es kein ehrliches Geschäft. Leute, die einen Markt wie diesen ein Kasino nennen, beleidigen die Kasinos.

Im Gegenteil, die Futures-Börsen waren die Quelle für so manches Vermögen. Es gab jede Menge krumme Deals, besonders Corner-Versuche[31]. Doch Corner-Versuche sind offene wirtschaftliche Spekulationen, und die Bemühungen führen mindestens ebenso häufig zu Verlusten wie zu Gewinnen. Es schloss keine Bestechung oder einen Bruch von treuhänderischem Vertrauen ein – es handelte sich lediglich um den Versuch, durch den Besitz von dem gesamten zur Verfügung stehenden Angebot einer Ware einen monopolistischen Gewinn zu erzielen. Es gab kaum erfolgreiche Corner-Versuche mit Handelswaren, besonders im späten 19. Jahrhundert nicht mehr, als das Angebot selbst für die Kühnsten und reichsten Händler zu groß wurde. Die meisten überlieferten Versuche waren schlichtweg größere Spekulationen darauf, dass der Kurs der Handelsware steigen würde. Bei einem typischen Corner-Versuch würde eine Gruppe von Händlern bestimmte Niederlassungs-, Kalender- oder Verarbeitungs-Spreads kaufen, die die Gesamtmenge der verfügbaren Kapazitäten an Transport, Lagerung oder Weiterverarbeitung überstiegen (denken Sie an Enrons „Fat Boy"-Handelsgeschäfte im kalifornischen Elektrizitätsmarkt – *plus ça change, plus c'est la même chose*). Das war billiger als die Gesamtvorräte einer Handelsware zu kaufen, und die Käufe konnten auf mehrere verschiedene Terminbörsen aufgeteilt werden, was sie weniger offensichtlich machte. Die Verkäufer dieser Kontrakte wären gezwungen, sie zu hohen Preisen zurückzukaufen, denn die Alternative wäre, die Waren auf komplizierten und teuren Wegen zu beschaffen. Während dies heutzutage illegal ist, war es damals Teil des Spiels. Kaufte man Juniweizen aus Kansas City und verkaufte den aus Chicago, hatte man entweder Vorkehrungen für den Eisenbahntransport zwischen den Städten getroffen oder man war sich bewusst, dass man spekulierte. Wie auch immer, die Beherrschung des Marktes ist etwas ganz anderes als Betrug, Diebstahl und Bestechung.

In der Standard-Wirtschaftsgeschichte heißt es, Futureskontrakte seien aus To-Arrive-Kontrakten entstanden, welche seit altertümlicher Zeit im Nahen Osten und China bekannt sind, und existieren zumindest in rudimentärer Form überall dort, wo es private Landwirtschaft und Geld gibt. Ich kann nur schwer glauben, dass irgendjemand, der mir diese Geschichte abnimmt, jemals mit Fu-

---

[31] Corner-Versuch: So wird es genannt, wenn sich mehrere Börsianer zusammenschließen, mit dem Ziel, alle verfügbaren Teile einer bestimmten Aktiengattung aufzukaufen, um so die Kurse in die Höhe zu treiben. Auch wenn nur ein Großspekulant dieses Ziel verfolgt, kann es Corner-Versuch genannt werden.

KAPITEL 6: DER SPROSS EINER SOFT-MONEY-BANK 163

tures gehandelt hat. Das Handeln mit To-Arrive-Kontrakten ist wie altmodischer Aktienhandel. Man kauft und verkauft, und es gibt nur wenige Belege, dass es jemandem einmal mehr als zufälliges Glück brachte, außer durch Betrug. Es ist wie das Wetten auf Rot oder Schwarz beim Roulette. Es geht relativ ruhig zu, da das gesamte Handelsvolumen dem eigentlichen Geschäftsvolumen entspricht. Die meisten handeln einseitig, es gibt keinen gestreuten Einsatz, und sie halten ihre Posten über ausgedehnte Zeitspannen. Professionelle Händler verdienen ihr Geld durch das Erheben von Provisionen oder indem sie eine Marktposition mit geringem Risikograd besetzen.

Bei To-Arrive-Kontrakten verspricht der Verkäufer einem Käufer landwirtschaftliche Erzeugnisse zu einem festgesetzten Preis, wenn die Waren in der Stadt eintreffen. Beachten Sie die darin eingeschlossene Voraussetzung, dass die Güter in der Stadt ankommen. Die Ernte mag früh oder spät einsetzen, Eis kann eine wichtige Wasserstraße blockieren, doch der Vertrag trifft keine Festlegung, zu welchem Zeitpunkt die Ware eintreffen wird. Bei einem typischen Vertrag muss der Verkäufer innerhalb von zwei Wochen, nachdem die erste Sendung angekommen ist, liefern. Dies ist eine wichtige Unterscheidung: Der Verkäufer bietet eine Preisgarantie, keine Liefergarantie. Der Käufer kann den Vertrag nicht nutzen, um eine stetige Versorgung für seine Verarbeitungseinrichtung zu sichern, er kann ihn lediglich nutzen, um sein Risiko für Preisschwankungen zu modifizieren.

Im Abenteurer/Pflanzer-Modell ergibt ein solcher Vertrag Sinn. Die Ernte kommt aus bekannten Gebieten, lediglich Zeit und Menge sind ungewiss. Einige mögen es, den Preis vorher festzulegen, andere warten lieber. To-Arrive-Kontrakte stellen nie ein großes Geschäft dar, sie waren wirtschaftlich niemals besonders effektiv. Der größte To-Arrive-Markt in den Vereinigten Staaten lag in Buffalo. Von der Eröffnung des Eriekanals bis zur Entwicklung der westlichen Eisenbahnverbindung war Buffalo während der meisten Zeit des Jahres der einzige brauchbare Verschiffungspunkt für Agrarprodukte aus dem Gebiet der Großen Seen. Buffalo musste nicht wie Chicago und andere Städte, die auf Eisenbahntransport und die Flusswege setzten, um die Ernten konkurrieren. Buffalos Terminbörse zog ruhige Buchhalter auf Provisionsbasis an, nicht die offensiven Risikonehmer der Börsen im Westen. Niemand wurde in Buffalo reich durch den Handel mit Futures, doch es gingen auch nicht sehr viele pleite. Es gibt keine Pokervariante, die nach Buffalo benannt wurde, doch gibt es sehr wohl welche, die Chicago, Omaha und Texas Hold 'Em heißen.

Der wichtigste wirtschaftliche Zweck des Chicago Board of Trade war es, Händlern die Möglichkeit zu geben, so zu spielen, dass die Gewinne in Infrastruktur investiert werden konnten, um dadurch die regionale Bedeutung der Stadt zu fördern. Vergleichbar mit den Soft-Money-Banken und Poker, musste das Kapitel konzentriert werden. Zu Beginn des Jahrhunderts wurde der offenkundige Versuch unternommen, die Regierung dazu zu bringen, durch die Übernahme von Bürgschaften die Haftung für Projekte zu übernehmen oder sie direkt mit Steuermitteln finanziell zu unterstützen. Dies führte zu einem Desaster, da die Wirtschaft viel zu dynamisch für effektive Regierungsentscheidungen über Investitionen war. Ein deutlicher Erfolg war „Clinton's Folly", der Eriekanal – der Spitzname kam vom New Yorker Gouverneur, der sich für die staatliche Investition einsetzte. Doch in New York sah die Situation anders aus. Der Eriekanal schuf einen geeigneten Transportweg zu Produzenten, die vorher keinen gehabt hatten, es war keine Frage des Wettbewerbs. Illinois bemühte sich, Produzenten, die Alternativen hatten, einen billigeren Transport anzubieten. Eine solche Situation führt immer zu Preiskriegen und gewöhnlich zum Bankrott eines oder beider Transportsysteme. Der Westen war wilder als der Osten – zu wild für gigantische, von der Regierung finanzierte Entwicklungsprojekte.

Der Aufbau der Infrastruktur war zudem zu komplex, um darauf zu vertrauen, dass Bankangestellte oder gute Pokerspieler die richtigen Entscheidungen treffen würden. Auswärtiges Kapital aus dem Nordosten kam nur um einen hohen Preis (insbesondere nachdem Jay Gould u.a. aufhörten, damit zu spielen) und erst nachdem die Märkte bereits aufgebaut waren. Der Futures-Markt bot einen idealen Übungsplatz für jeden, der eine ausbeutbare Ineffizienz bemerkte, um etwas über die Infrastruktur und das Bündeln von Kapital zu lernen. Jeder erfolgreiche Corner-Versuch trug finanziell zur Entwicklung der Infrastruktur bei, um einen Engpass zu überbrücken und jeder erfolglose Corner-Versuch verhinderte eine Überinvestition in einen bereits stabilen Teil des Netzwerkes. Händler, die unkonventionelle Möglichkeiten suchten, um Corner-Versuche zu zerschlagen, ebneten neue Wege. Die Schwankungen der Tauschkurse stellten ständig alle Schnittstellen des Netzwerkes auf die Probe und brachten das übrige Kapital schnell zu dem Ort, wo es am dringendsten vonnöten war. Vermögen wurden an den Futures-Börsen gemacht und verloren, bis es so weit war, dass Handelsspiele das Entwicklungsmuster der meisten Städte in der Mississippi-Region bis ins kleinste Detail bestimmten. In der Tat erfordert es nur wenig Einbildungskraft, um in der Skyline aller großen westamerikanischen Städte die Spuren der Warentermingeschäfte zu erkennen.

LITERATURAUSWAHL

Nun werde ich mich kurz der Sichtung von Literatur widmen. Aus Erfahrung weiß ich, dass viele nicht anerkennen, dass der Handel mit Futures dem Prinzip des Pokerspiels entspricht, aber etwas völlig anderes ist als Aktienhandel und To-Arrive-Kontrakte. Viele von ihnen haben schon lange zu lesen aufgehört, doch wer immer noch dabei ist, kann diesen Abschnitt überspringen. Es gibt jedoch auch eine andere Gruppe von Leuten, die schon immer wussten, dass Poker und Futures sich nicht trennen lassen. Auch diese brauchen diesen Abschnitt nicht zu lesen. Für diejenigen, die übrig bleiben, halte ich probeweise ein emotionales Argument bereit. Die erste Gruppe wird es nicht akzeptieren, und die zweite kennt es bereits seit ihrer Geburt.

Der Handel von Futures ist furchtbar aufregend – emotional gesehen identisch mit Pokerspielen. Es ist nicht vergleichbar mit dem routinemäßigen Kaufen und Verkaufen von Wertpapieren in der Hoffnung, dass der Kurs steigen oder fallen wird, genauso wenig wie Poker mit Roulette verglichen werden kann. Wenn man handelt, ist man dafür entflammt, bekommt das Gefühl, am Leben zu sein. Man ist involviert in ein Netzwerk, das einen in den Himmel hebt oder in die Tiefe stürzen lässt. Man will nie, dass der Markt schließt, man weiß nicht, was man nach dem Schlussläuten tun soll. Am Morgen springt man aus dem Bett, erfüllt mit Sinn und Zweck. Es ist hart, dies anderen zu erklären – insbesondere geliebten Menschen –, doch der Sinn ist, zu spielen. Wie Bob Feduniak (ein Topturnierspieler und extrem erfolgreicher Händler, dessen Frau, Maureen Feduniak, einer der besten weiblichen Spieler ist) mir sagte, der Nervenkitzel am Poker „teilt sich auf eine Weise mit, die jeder Pokerspieler kennt, die jeder Pokerspieler versteht (obwohl sie oftmals nicht die Details der schlechten Runden hören wollen). Maureen und ich haben gewiss eine Beziehung zu Pokerfreunden, die anders ist. Wir (und viele andere) finden es manchmal sogar anstrengend, während der Poker World Series oder anderer große Ereignisse mit Familienmitgliedern oder anderen Nichtpokerfreunden zusammen zu sein, da wir uns zu solchen Zeiten nicht gerade im selben Teil der Galaxie befinden."

John Aglialoro, ein weiterer Topspieler mit erfolgreicher Finanzkarriere, hat mir fast dasselbe erzählt. Es gibt ein spezielles Band, sagte er, zu jedem, mit dem man in der Finalrunde eines wichtigen Turniers gesessen hat. Es gibt nichts Vergleichbares.

Ich wurde oft gefragt, warum ich mit den Handelsgeschäften aufgehört habe, und manchmal – aber sehr viel seltener – warum ich kein professioneller Pokerspieler geworden bin. In beiden Fällen ist die Antwort dieselbe. Ich liebe das Gefühl, welches mit der Aktivität einhergeht, aber ich möchte es nicht die ganze Zeit über spüren. Ich trinke gerne, und einige der besten Zeiten meines Lebens hatte ich, während und weil ich betrunken war. Aber ich trinke nicht jeden Tag, und gewiss will ich nicht die ganze Zeit über betrunken sein. Nur wenige handeln länger als ein Jahrzehnt, und die glücklichsten mir bekannten Pokerspieler spielen relativ selten und haben eine andere Einkommensquelle. Es ist schwierig, erfolgreiche Langzeit-Händler zu finden und professionelle Vollzeit-Pokerspieler, die glückliche Ehen führen – oder überhaupt eine beständige Ehe.

Unterschiedliche Personen erleben unterschiedliche körperliche Erscheinungsformen dieser Erregung. Für mich sind es Träume. Nachdem ich Poker gespielt habe – sogar nach dem gewöhnlichsten Spiel oder einem mit niedrigen Einsätzen –, ist mein Schlaf begleitet von rastlosen, erfinderischen Träumen. Der einzige andere Zeitpunkt, zu dem ich diese noch habe, ist beim Handeln. All meine besten (okay, oder schlechtesten) Ideen und die meisten meiner Persönlichkeitsstrukturen rühren von diesen Träumen her. Es gibt eine tiefe, uralte Verbindung zwischen Glücksspiel und Weissagung. Einige Menschen werden davon erfasst, andere nicht. Ich bin mir sicher, es gibt andere Wege, um Sinn im Leben zu finden – dies ist meiner. Aus diesem Grund weiß ich tief in meinem Herzen, dass der Handel mit Futures und Poker aus derselben mystischen Quelle entspringen. Paradoxerweise fesseln und entfesseln beide Kreativität. Es ist, als würde man die Kupplung eines Autos treten, um den Motor zu starten, diese dann loslassen, um die Räder ins Rollen zu bringen, und es ist dasselbe Gefühl von Macht, sachte kontrolliert durch die eigenen Fähigkeiten (ich verabscheue Automatikgetriebe). In der Einführung habe ich beschrieben, wie Milliardäre ihr Startkapital beim Poker gewannen und dass Autoren und Künstler ihre größten Werke unter dem Druck von Spielschulden schufen. Wenn der Gewinner Ihrer wöchentlichen Pokerpartie seine Gewinne in die nächste Microsoft-Firma investiert und der Verlierer es als Inspiration für den nächsten Roman „Der Spieler" nutzt, wen interessiert dann das Geld?

Man will an diesem Spiel teilnehmen.

Dies ist kein Größenwahn. So erscheint es häufig Außenstehenden, doch Größenwahnsinnige und andere Neurotiker gehen im Handelsgeschäft oder beim Poker schnell pleite. Dasselbe gilt für Nervenkitzel-Junkies. Ich muss keine Sekunde nachdenken, um Ihnen die beste Zeit meines Lebens zu benennen. Mein Sohn war vier und meine Tochter gerade geboren. Meine Frau und ich mieteten im August für drei Wochen ein Haus an der Küste von Oregon. Ich sprach beinahe mit keiner Person außerhalb der Familie. Ich wachte um 3.00 Uhr morgens auf, um meine Tochter zu füttern, während ich Wiederholungen von „Sea Hunt" und „Miami Vice" im Fernsehen schaute. Danach brachte ich sie zurück ins Bett und machte einen langen Spaziergang am Strand, um die Sterne und den Sonnenaufgang zu beobachten, und ging danach zurück ins Bett. Es gab keinen Nervenkitzel. Ich hatte überhaupt kein Interesse daran, Karten zu spielen oder zu erfahren, was an der Börse vor sich ging. Mach's dir für den Winter in einer guten Bücherei mit Kamin gemütlich, statte den Ort mit gutem Essen und Wein aus, und ich könnte dort glücklich und zufrieden mein gesamtes Leben verbringen. Aber ich würde nie schreiben oder neue Ideen entwickeln. Ich würde langsam alle Verbindungen zu anderen Menschen verlieren. Ich würde vergessen, wie man spricht. Poker und der Handel verbinden mich mit der Gesellschaft und einer kosmischen Muse. Ich brauche sie nicht, um glücklich zu sein, doch benötige ich sie sehr wohl, um produktiv und sozial zu sein.

Auch brauche ich weder Poker noch Handel, um Aufregung zu verspüren. Ich hatte aufregendere Zeiten in meinem realen Leben als an Kartentischen oder auf dem Handelsparkett. Als ich in den Anden wanderte, wusch ich mein Gesicht in einem Wasserfall und entdeckte dann, dass der Boden vollständig mit glitschigem Moos bedeckt war. Ich hatte keinerlei Antriebskraft. Ich konnte meine Füße in Bewegung setzen, doch meine Position veränderte sich kein Stück. Ich befand mich auf einem weiten, flachen Felsvorsprung mit ca. 5 cm Wasser, das mich langsam zum Abgrund drückte zu einem 600 m tiefen Wasserfall (okay, ich habe nicht nachgemessen, ich hatte nicht einmal den Mumm, nachher einen Blick hinunterzuwerfen, aber er war hoch genug) einige dutzend Meter entfernt. Das war aufregend. Ich fühlte mich gewiss lebendig, auch wenn ich nicht glaubte, es noch lange zu sein. Falls es Sie interessiert (was ich hoffe), schlussendlich begab ich mich in die Horizontale und schwamm zum Ufer zurück. Es kostete Nerven, denn die Kraft des Wassers war, als ich lag, sehr viel stärker, und in 5 cm tiefem Wasser gelingt es nicht, großen Schwung beim Schwimmen zu entwickeln. Ich erinnere mich, darüber nachgedacht zu haben, mich auf den Rücken zu drehen, so dass

KAPITEL 6: DER SPROSS EINER SOFT-MONEY-BANK

ich in den letzten Augenblicken meines Lebens zumindest eine schöne Aussicht genießen könnte. Kein Pokerspiel oder Handel lässt sich mit diesem Nervenkitzel vergleichen. Zum Höhepunkt des dot-com-Booms fand ich eine Internetfirma, die einen öffentlichen Investmentfonds betrieb. Ich kaufte fünf Prozent Anteile in Aktiengesellschaften, gab sie live auf CNN vom Parkett der New Yorker Börse bekannt und organisierte andere Aktionäre, um die Leistung des Managements zu verbessern. Das war aufregend. Einmal fand ich um 16.00 Uhr heraus, dass der Aufsichtsrat einer anderen Aktiengesellschaft den Gründer der Firma und zwei weitere Topfunktionäre suspendiert hatte, und ich musste um 16.30 Uhr Angestellten, die mich niemals vorher gesehen hatten und nur eine vage und theoretische Vorstellung von einem Aufsichtsrat hatten, erklären, dass sie nun von mir anstelle vom Generaldirektor oder Präsidenten Anweisungen entgegennehmen würden, während die Firma am Abgrund mehrerer Desaster entlangtaumelte. Das war Nervenkitzel. Würde ich Vollzeit-Aufregung wollen, würde ich noch immer eine Firma leiten oder darum kämpfen, Aktiengesellschaften zu übernehmen, oder in den Anden etwas riskieren. Poker und Handel sind aufregend, doch nicht so aufregend wie das wahre Leben. Die Aufregung beim Poker und beim Handeln ist das Nebenprodukt eines tieferen Sinns.

Von den drei Dingen, die ich vom Poker und vom Handeln mitgenommen habe, bedeutet mir das Geld am wenigsten. Die Menschen, die ich traf, sind wichtiger. Ich bin nicht dämlich – ich habe mehr Geld verdient und mehr interessante Möglichkeiten gehabt durch Kontakte und Freunde, als ich an direkten Profiten aus dem Spiel gezogen habe. Aber das mit Abstand Wertvollste, das ich mitnahm, war die Kreativität, die durch die Spiele entfaltet wurde. Deshalb weiß ich, dass Poker und Handeln dasselbe sind.

EIN GROSSER, KÜHNER SCHLÄGER, LOSGELASSEN AUF DIE KLEINEN, SCHWACHEN STÄDTE

Ein weiterer Beweis, dass es sich beim Handel mit Futures eher um Glücksspiel als um Geschäfte mit Güterwaren handelt, ist die Beliebtheit von Winkelbörsen. Dies sind Firmen, die Wetteinsätze auf Warenpreise entgegennehmen, diese jedoch zwischen ihren Kunden abgleichen und nicht auf dem Börsenparkett handeln. Es sind schlicht und ergreifend Buchmacher, die Wetten auf die Bewegung der Preise von bestimmten Gütern statt auf Sportereignisse annehmen. Sie bieten dieselbe wirtschaftliche Wette an, jedoch ohne einen Future-Kontrakt, und berechnen eine geringere Provision, sie erlauben Transaktionen von geringem Umfang, haben lange geöffnet und bieten einen besseren Hebel als Börsianer. Ihr Angebot umfasst auch eine größere Auswahl. Eine beliebte Form des Vertrags nennen wir heute Down-and-Out-Kaufoption. Der Käufer setzt eine kleine Menge Geld auf eine große Warenmenge. Fällt der Preis der Handelsware auf ein bestimmtes Niveau, verliert der Käufer, sogar wenn der Preis später wieder steigen sollte (das ist das Down-and-Out-Charakteristikum). Doch dies bedeutet, dass eine kleine

Investition mit limitiertem Verlust einen hohen Profit einbringen kann, sollte der Preis in die Höhe gehen und weiter steigen. Eine Up-and-Out-Verkaufsoption ist eine ähnliche Wette darauf, dass der Preis sinkt und weiter fallen wird. Ein Future-Kontrakt bietet ebenfalls die Möglichkeit, eine große Wette mit geringem Kapital abzuschließen, allerdings trägt in diesem Fall der Investor den gesamten Verlust. Börsen boten Optionshandel an (damals „Privilegien" genannt), verboten es jedoch schließlich gesetzlich, um sich deutlich von den Winkelbörsen zu unterscheiden.

Nebenbei bemerkt findet man viele phantasievolle Erklärungen für den englischen Begriff *bucket shop* (Winkelbörse, d. Übers.), welche gewöhnlicherweise damit verknüpft sind, den widerlichsten Alkohol an die verzweifeltsten Alkoholiker überhaupt zu verkaufen oder eine heimtückische Droge auf der Straße in einem Eimer zusammenzupanschen oder ein billiges Schema zum Diebstahl einer Kursnotierung mit Hilfe eines Kübels und eines Stricks im Angebot zu haben. Dies alles ist Börsenpropaganda. Keine dieser Winkelbörsen hat jemals existiert, noch waren sie die Namensgeber für die Winkelbörsen der Wirtschaft. Der englische Begriff „to bucket orders" bedeutet, dass Kundenaufträge zusammengefasst oder verrechnet werden, was ein gewöhnlicher Vorgang ist und keineswegs abwertend. Börsenmakler taten dies schon immer und betreiben die meisten Winkelbörsen, vor dem Verbot durch die Börsen. Nur die Börsen und die Zeitungen, in denen sie Werbung schalteten, hassten sie.

Natürlich hat die Winkelbörse nicht mehr Verbindung zu der realen Wirtschaft als illegale Lotteriespiele, die basierend auf der letzten Ziffer der Umsatzzahl der New Yorker Börse oder Auktionen des Finanzministeriums ausbezahlt werden. Es sind lediglich Wetten auf Zahlen, und es macht keinen Unterschied, dass die Zahlen aus einer Finanzinstitution anstatt aus einem Baseballstadion oder einer Rennbahn hervorgehen. Es ist genauso klar, dass es keinen wirklichen Unterschied zwischen einer Winkelbörse und der Terminbörse gibt. Kunden nutzen sie synonym. Es stimmt, dass die Kunden mit begrenzten Geldmitteln die Einzelhandel-freundlichen, nicht so teuren, unkomplizierten Winkelbörsen vorzogen, und Kunden, die im großen Stil dachten, zu einem Börsianer gingen, um dort einen größeren Betrag anzulegen, doch viele Kunden lagen im Zwischenbereich. Auch wurden viele dieser Shops von einem Mitglied der Börse betrieben oder genutzt, um Ungleichgewichte bei den Spekulationen auszugleichen. Schlussendlich gewannen die Börsen einen langen, juristischen Kampf, als die Winkelbörsen für illegal erklärt wurden, trotz ihrer Unfähigkeit, einen Unterschied zwischen diesen und der herkömmlichen Börse aufzuzeigen. Winkelbörsen sind ähnlich wie die „Freibörse", welche von Nichtmitgliedern der Börse draußen auf der Straße vor größeren Börsen betrieben wird, um Transaktionen zu den Börsenparkettpreisen und zu verbilligten Provisionen auf der Straße anzubieten. Die American Stock Exchange (AMEX) begann als Freibörse der New York Stock Exchange (NYSE). Und bis 1953 hieß sie „The Curb" (Die Freibörse).

Die Winkelbörsen gingen am Ende unter, weil sie nicht ausreichend Kapital zu konzentrieren vermochten, um eine bedeutende Infrastruktur für Investitionen aufzubauen. Zu Beginn lernten die Händler an den Winkelbörsen und bauten

KAPITEL 6: DER SPROSS EINER SOFT-MONEY-BANK

sich eine finanzielle Rücklage auf, um an die Börse zu gehen. Auf diese Weise begann Jesse Livermore, der berühmte Aktienhändler, bekannt als „The Great Bear". Doch als mehr Kapital zur Verfügung stand, verlor das Kleingeld, das an der Winkelbörse gebündelt wurde, seine relative Bedeutung.

Vom Standpunkt derer, die mit materiellen Gütern handelten – Bauern, Transporteure und Verarbeiter –, operierten die Terminbörsen wie Banken, die Einlagen akzeptierten und Waren verliehen anstelle von Geld. Es war definitiv eine Soft-Money-Bank, da die Menge der lieferbaren physischen Güter stets nur einem kleinen Teil der Papiere entsprach, die ausgegeben wurden. Damals wie heute nutzen Bauern nur selten Futures-Kontrakte. Niemand möchte sein Geld in einer Soft-Money-Bank anlegen.

Verarbeiter indessen machten sehr gerne Anleihen. Diese Transaktion wird *going short against physical* genannt. Der Verarbeiter würde kaufen, was auch immer er transportieren, lagern, reinigen, mahlen oder irgendwie weiterverarbeiten möchte. Er könnte exakt den gewünschten Qualitätsgrad und Typ bekommen – nicht notwendigerweise etwas, das die Ausschreibungsunterlagen zur Auslieferung im Futures-Markt erfüllte. Dann würde er dieselbe Menge der Ware weiterverkaufen (oder die ihr am nächsten kommende, die er in einem Futures-Kontrakt finden könnte) zu einem zukünftigen Zeitpunkt, der dicht an dem erwarteten der Fertigstellung der Weiterverarbeitung läge.

Diese Kombination wird manchmal als Eingrenzung des Preisrisikos eines Lagerbestandes verstanden. Fällt der Preis während der Weiterverarbeitung, macht der Verarbeiter einen Profit bei dem Futures-Posten, um den Wertverlust seines Lagerbestandes auszugleichen. Steigt der Preis, kann sich der Verarbeiter den Verlust der Futures leisten, da der Wert seines Lagerbestandes gestiegen ist. Dieses Szenario stimmt jedoch nicht mit der Wirklichkeit überein. Betrachtet man den größeren Zusammenhang, mag sich der Verarbeiter gerade in der gegensätzlichen Position befinden. Vielleicht hat er seinen Output bereits zu einem festgeschriebenen Preis verkauft, in welchem Fall er kein Preisrisiko bezüglich seines Lagerbestandes trägt. Er mag einem Preisanstieg des Lagerbestandes sogar negativ gegenüberstehen, denn ein solcher weist meist auf eine Warenknappheit hin, was den Nutzen der Verarbeitungsstelle reduziert und den Profit durch einen Lagerbestand mehr als aufhebt.

In der Praxis hielten viele Weiterverarbeiter an ihrem Geschäft fest und waren zufrieden damit, die durchschnittlichen Input- und Output-Preise zu erzielen. Die Preisschwankungen der Ware stellten lediglich einen kleinen Teil der Gesamtrisiken des Gewerbes dar. Die Waren machten nicht einmal einen großen Anteil der Kosten aus, im Vergleich zu denen für Arbeitskräfte, Benzin, Zinsen und andere Vorleistungen. Was sie interessierte, war ein stetiges, vorhersehbares Angebot von Rohmaterial, das es ihnen ermöglichte, ihre Betriebe kostengünstig zu betreiben und ihren Abnehmern langfristige Zusagen machen zu können. Dies – und nicht das Absichern von Preisrisiken eines Lagerbestandes – führte ein Unternehmen zum Erfolg.

Der Wunsch nach Stabilität ermunterte die Unternehmer im weiterverarbeitenden Gewerbe, große Warenmengen einzukaufen – unter Umständen genügend für einen dreimonatigen Betrieb. Ein Müller beispielsweise mochte vielleicht einen Drei-Monats-Vorrat an gereinigtem Weizen von einem Weizenlieferanten kaufen und Weizen-Futures an der Börse verkaufen. Auf diese Weise war er im Besitz des Weizens und der Aussicht, den Weizen in der Zukunft vergütet zu bekommen. In anderen Worten lieh er den Weizen. Der Getreideheber verkaufte vielleicht viel mehr Weizen, als er eigentlich zur Hand hatte, in der Gewissheit, dass Lieferungen eintreffen würden, bevor die Käufer den Weizen forderten. Die Futures-Händler behielten die virtuelle Nachfrage im Auge (den Drei-Monats-Nachschub, den der Müller als Sicherheit halten wollte) und die eigentliche Nachfrage (die Getreidemenge, die der Müller tatsächlich abnahm). Sie waren wachsam auf alles, was den reibungslosen Ablauf stören könnte, Ernteausfälle, Engpässe des Transports, Probleme in der Weiterverarbeitung oder erhöhte Mahlquoten. Für jede Eventualität wurden sorgfältige Pläne in der Hinterhand behalten. Natürlich richtete jeder Händler sein Augenmerk nur auf einen kleinen Ausschnitt des Gesamten, und zwar um Geld zu verdienen und nicht, um irgendjemandem damit zu helfen. Doch das funktionierte weitaus besser als irgendein zentrales Plansystem.

Wären die Infrastruktur-Projekte klein oder kontinuierlich gewesen, wäre ihre essentielle Spielnatur für die Börsen unnötig gewesen. Es hätten ruhige Orte zur Preisfindung und Planung sein können. Doch entweder baute man eine Eisenbahnverbindung zwischen zwei Orten oder eben nicht. Ob dies geschieht, hat Einfluss auf alle Teile des Netzwerkes – auf jede andere Eisenbahnverbindung und jeden Weiterverarbeiter jeglicher Art in jeder Stadt. Mit einem großen, sicheren Kapitalrückhalt ließ sich das gesamte System planen und in logischen Schritten aufbauen. Ohne Rückhalt musste das Kapital erst in den Händen einer Person konzentriert werden, und diese würde es für den Schritt nutzen, der für sie am meisten Sinn ergibt. Jeder andere wird reagieren, Wetter und andere Zufallsmomente werden ihren Einfluss ausüben, und irgendwer wird genug daran verdienen, um den nächsten Schritt zu vollziehen. Dieses System ist brutal und unfair, rücksichtslos und irrational, funktioniert jedoch mit unnachahmlicher Effizienz. Für einen im Finanzsektor ausgebildeten Pokerspieler ist es die schönste Form der Organisation in der Geschichte. Dies ist die Quelle des amerikanischen Wirtschaftswunders – viel mehr als alles, was in New York oder Washington passiert ist.

FLASHBACK

DIE AUSBILDUNG EINES POKERSPIELERS

Ich lernte Pokerspielen im Alter von sieben Jahren, als wir um essbare Einsätze spielten. Das Spielen um Geld lernte ich vom Vater eines Freundes, der als Handelsreisender arbeitete. Er besaß eine gute, traditionelle Pokerausbildung und brachte mir die disziplinierten Regeln des No-Limit-Five-Card-Stud-Pokers bei. Er hatte bei Leuten gelernt, die meinten, dies sei die einzige seriöse Pokervariante (eine weit verbreitete Meinung zu der damaligen Zeit, so ähnlich wie heute viele Puristen eine Vorliebe für das No-Limit Texas Hold 'Em haben).

Meine Freunde bevorzugten Spiele mit vielen Wild Cards und Regeln, die im Laufe des Spiels erfunden wurden. Einer mochte neun Karten austeilen – drei verdeckt, drei offen und drei verdeckt, Joker, Zweien und die einäugigen Buben[32] waren Wild Cards – derjenige mit dem Blatt mit den meisten Karten der gleichen Farbe wie seine niedrigste Handkarte, teilte den Pot. Der Kartengeber konnte sogar bestimme „Changies" bestimmen, was bedeutete, dass er (meist eine von Frauen gewählte Variante) im Laufe des Spiels die Regeln ändern konnte. Wie Sie sich sicherlich vorstellen können, gab es zahlreiche Streitereien über die Pots, da die Mitspieler sich verschieden an die Regeln erinnerten oder sie unterschiedlich interpretiert hatten – mit Changies war ein Streit garantiert. Es war eine kindliche Version des „sign now, sue later"-Vertrages – unterschreiben Sie jetzt, verklagen Sie später.

Mein Mentor war von solchen Spielen natürlich entsetzt, doch durch meine kindliche Wendigkeit hatte ich keinerlei Schwierigkeiten, sein strenges Regelwerk auf die Regellosigkeit anzuwenden. „Keine Regeln" ist auch eine Regel, gute Pokerspieler können auch daraus noch einen Vorteil für sich ziehen. Im Gegenzug half ich meinem Tutor, die Auswirkungen exotischer Spielarten und -regeln auf das jeweilige Spiel herauszufinden. Es schien, dass seine Kunden und Vertreterkollegen Varianten wie Draw-Poker, Wild Cards, Gemeinschaftskarten und sogar Spiele wie Anaconda und Night Baseball sehr schätzten. Sie mochten Spiele mit Limit. Er beherrschte hervorragend die simple Auffassung von Poker, die er gelernt hatte, doch war es reine Routine und es fiel ihm nicht leicht, sich auf neue Spiele einzustellen. Ich hatte ein gutes Verständnis für Mathematik und Karten, und wir teilten viele Blätter aus, um zu sehen, wie sich die Wahrscheinlichkeiten veränderten und welche Situationen die unterschiedlichen Spiele bereithielten.

Später stellte ich fest, dass altmodische Pokerspieler fast ausnahmslos auf ähnliche Weise in ihrer Jugend Blätter ausgeteilt hatten, um Wahrscheinlichkeiten zu verinnerlichen und sich selber Berechnungsmöglichkeiten beizubringen. Dies waren Personen, die ihren Lebensunterhalt in Privatspielen verdienten, die im Prinzip illegal waren, keine Turnierspieler oder Autoren von Pokerbüchern. Mir wurde oft gesagt, dass professionelle Poker- oder Poolspieler in ihrer frühen Jugendzeit anfangen müssen und gewöhnlich frühzeitig die Schule verlassen, um genügend Zeit zu haben, das Spiel gründlich zu lernen – solange Geist und Körper noch jung

---

[32] One-eyed jacks: Die Buben in einem Kartenspiel, die im Profil abgebildet und somit „einäugig" dargestellt sind.

genug sind, um es in sich aufzusaugen. Wie bei klassischer Musik, Schach oder Mathematikgenies kann man es einfach oder eben nicht – und wenn man es kann, muss man es frühzeitig fördern. Lord Chesterfield hat bekannterweise seinen Sohn ermahnt, Flötespielen sei das Zeichen einer ausgewogenen Erziehung, doch dies zu gut zu können, sei das Zeichen einer vergeudeten Jugend.

Dass viele moderne Pokerchampions erst sehr spät zum Spielen gekommen sind, ist meiner Meinung nach das Resultat der Entstehung besserer Pokertheorien und PC-Simulationen sowie der Unterschiede zwischen Turnieren und privatem Spiel. Turniere fördern eher Überleben auf kurze Sicht statt langfristige Entfaltung. Es ist leichter, Kurzzeitfähigkeiten zu erlernen. Die Turniere blenden auch viele der sozialen Aspekte des Spiels aus, wie das Eingeladenwerden zu guten Partien und das Geldeintreiben von Verlierern. Dies war für ältere Profis sehr viel wichtiger als das eigentliche Kartenspiel. Der begrenztere Fokus auf das eigentliche Kartenspielen und auf die Fähigkeiten beim Setzen ist im Erwachsenenalter leichter zu lernen.

Franks Großmutter

Von diesem Laboratorium begab ich mich zu einem Spiel mit buchstäblichen Pfennigeinsätzen. Mein Freund Frank wurde von seinen Großeltern großgezogen. Der Großvater war ein Bahnmechaniker im Ruhestand, der seriöses Poker gespielt hatte, bevor er eine Frau heiratete, deren religiöse Überzeugung Kartenspiel verbot, ganz zu schweigen von Glücksspiel. In einer inspirierenden Geschichte des Triumphes der Liebe über Glaubensgrundsätze erklärte die Großmutter, dass das Spielen um Pfennige nicht wirklich Glücksspiel und es auch in Ordnung sei, Karten zu besitzen, solange keine Personen abgebildet waren. (Solche Kartenspiele konnten von deutschen Herstellern gekauft werden.) Auf diese Weise kam der Großvater dazu, sich mit seinen Freunden bei niedrigen Einsätzen zu vergnügen, und die Großmutter hielt die Stellung gegen die Sünde.

Der Großvater war ein beständiger, seriöser Pokerspieler, der gelernt hatte, seinen Gehaltsscheck gegen andere Eisenbahnarbeiter, die viel Zeit zur Perfektionierung ihres Spiels hatten, zu verteidigen. Seine Freunde waren aus demselben Holz geschnitzt. Die Großmutter lernte das Spiel erst nach ihrer Hochzeit. Sie war eine brillante Spielerin, deren einziger Fehler es war, über ihren extrem offensiven Stil die Kontrolle zu verlieren. Bis zum Ende meines Lebens werde ich mich daran erinnern, wie ich vier Herzen zu einem Flush auf der Hand hielt, nachdem fünf Karten in einer Partie Seven-Card-Stud-Poker ausgeteilt waren (nur das höchste Blatt gewann), die Großmutter hatte im Gegenzug ein offenes Paar Asse. Dies ist kein vielversprechendes Blatt, doch ein weiteres Ass und keine Herzen wurden aufgedeckt, und es waren gut 30 Pennies im Pot, eine ziemlich hohe Summe für unsere Art Spiel. Jeder Gedanke von mir, weiter im Spiel zu bleiben, wurde vom Blick der Großmutter vernichtet, als sie 2.000 Pennies in den Pott schob, mehr Geld, als überhaupt vor mir lag, und gewiss mehr, als ich in Pennies – dem einzigen erlaubten Zahlungsmittel – zu erhöhen in der Lage war. Dies war nicht die zivilisierte Variante mit Tischeinsatz, wie sie von modernen Spielern bevorzugt wird. Wir spielten nach den alten Regeln: Man hatte 24 Stunden Zeit, den Einsatz aufzutreiben (die Blätter und der Kartenstapel wurden versiegelt und von einer dritten Partei verwahrt) oder das Blatt verfallen zu lassen.

Frank zeigte mir später eine Wand im Keller mit den Pokergewinnen der Groß-

KAPITEL 6: DER SPROSS EINER SOFT-MONEY-BANK

mutter aus 40 Ehejahren – Krüge mit Pennies im Wert von über 1.000 Dollar. Sie war durchaus bereit, es komplett gegen irgendjemand zu setzen. Sie war gut und brachte mir viel bei, doch ich fühlte immer, dass ich ihre Offensivität gegen sie hätte wenden können, hätte ich nur genügend Pennies aufbringen können. Die männlichen Spieler diskutierten häufig miteinander, ihre Pennies zusammenzu- werfen oder sogar Rollen von der Bank zu kaufen (was der Anstand jedoch verbot), um eine Kampfansage zu machen. Doch die grauenvollen Geschichten der Großmutter von früheren, gescheiterten Versuchen brachten uns davon ab.

John Aglialoro ist ein nationaler Pokerchampion, der erfolgreich an der Wall Street tätig war und später eigene Geschäfte betrieb. Zur Zeit ist er Generaldirektor und zu 50 Prozent Besitzer von Cybex, der Firma für Fitnessstudio-Ausrüstungen. Auch er lernte Poker spielen von seiner Großmutter. Er erinnert sich daran, als er zum ersten Mal gegen sie verlor und erwartete, dass sie ihm das Geld später zurückgeben würde. Das tat sie nicht. Heute weiß er dies als eine Lektion fürs Leben zu schätzen.

Aglialoro hält es für sehr wichtig, dass junge Menschen Poker spielen, da sie dadurch Objektivität erlernen würden. Die meisten Menschen sind an manchen Tagen unverhältnismäßig optimistisch und an anderen Tagen unverhältnismäßig pessimistisch. Gute Pokerspieler lernen, wie man aussteigt und wann man investiert, um mehr Karten zu sehen. Ich fragte ihn, ob er der Meinung sei, Glücksspiel würde Schwierigkeiten verursachen, wie kleine Diebstähle zur Deckung von Verlusten. Er antwortete: „Der Druck hat lediglich einen Charakterfehler hervorgebracht, der ohnehin an die Oberfläche gekommen wäre. Es ist besser, dies in jungen Jahren herauszufinden. Die große Mehrheit lernt eine wichtige Lektion, die sich nicht in Lehrbüchern finden lässt: Tust du etwas Dummes, wirst du dafür büßen."

Noch mehr Spiele und ihre Spieler

In der High School spielte ich reguläres Poker mit Leuten aus dem Debattierclub, dem Schach-Club, der Analysis-Klasse. Der nationale Bridge-Champion und Hedge-Fonds-Manager Josh Parker erklärte mir die Abstufungen seriöser High-School-Spieler. Die Schachspieler waren gut in der Schule, erlangten 800 Punkte im SAT-Test für die Bewerbung um einen Studienplatz, machten anschließend einen erfolgreichen Abschluss auf einem der Topcolleges, gefolgt von einem hervorragenden Doktortitel. Die Poker- und Backgammonspieler (in den siebziger Jahren bildeten diese eine Gruppe) hingegen waren schlecht in der Schule, hatten eine Menge Freunde, legten einen spitzenmäßigen SAT-Test ab und waren die Stars an einem guten College. Die Bridgespieler flogen von der Schule, hatten keine Freunde, legten einen spitzenmäßigen SAT-Test ab und brachen als Nächstes das College ab. In den achtziger Jahren begegneten wir uns allesamt im Optionenhandel wieder.

Poker mit den Champions anderer Spiele zu spielen ist sehr aufschlussreich. Ein Bridge-Champion erinnert sich mühelos an jede Karte und kennt die Wahrscheinlichkeiten auswendig. Er hat ziemlich scharfsinnige Vermutungen, was der Gegenspieler auf der Hand hält, und exzellente Nerven, um ein kalkuliertes Risiko einzugehen. Schlägt man ihn, muss dies mit einem fein geschliffenen strategischen Gespür verbunden sein: Bridge unterrichtet keine Spieltheorie.

Weltklasse Schach- und Backgammonspieler haben ein unglaubliches Kurzzeitgedächtnis und wissen zu kombinieren. Beides sind Spiele, bei denen alle Informationen offenliegen und nichts vor dem anderen Spieler geheimgehalten wird. Dem Schach fehlt zudem die Zufälligkeit. Wichtiger noch ist, dass man bei beiden Spielen gegen das Brett spielt, nicht direkt mit einer anderen Person. Man konzentriert sich auf die Spielfiguren, nicht auf einen Tisch voller Menschen wie beim Poker. Schlägt man diese Menschen, dann aufgrund von Aufmerksamkeit, die man ihnen zollt, und durch das Verständnis, dass Poker kein Mann-gegen-Mann-Spiel ist. Bei Poker zahlt sich Aufmerksamkeit aus, während bei Schach und Backgammon Konzentration belohnt wird.

Auf Ausflügen der Debattiergruppe spielten wir häufig Poker, und dieselben Leute spielten regelmäßig zu Hause. Das Niveau beim Spielen war ziemlich hoch – es waren schlaue Jungs und Mädchen mit gutem Gedächtnis und mathematischer Denkfähigkeit. Jeder ging später seinen Weg als hervorragender Professor, Anwalt oder Wissenschaftler. Nur einer wurde auf die falsche Weise berühmt: Er kam zu dem Schluss, seine älteren Nachbarn seien international gesuchte Giftmörder, und brachte sie beide mit einer Axt um. Er kam ungeschoren davon, bis er auf ein Polizeirevier ging und ein Geständnis ablegte.

Wie auch immer, in den Debattierrunden fehlte das strategische Denken, das man für gutes Pokerspiel benötigt. Die Leute spielten geradeheraus. Anstatt zu bluffen, übernahmen sie sich bei mittelmäßigen Blättern. Bluffen bedeutet Erhöhen mit einem Blatt, mit dem man aussteigen sollte, nicht mit einem grenzwertigen Blatt im Spiel zu bleiben. Ich hatte bessere Lehrer als andere Spieler und war in der Lage, in diesen Runden mühelos einen angenehmen Profit zu erzielen.

In vielen Online-Diskussionen über Poker taucht die Frage auf, wie ein Anfänger Poker lernen sollte. Ich denke, am besten ist ein gutes Grundlagenbuch. Ich mag „Poker for Dummies" von Richard D. Harroch und Lou Krieger. Wenn man dies gemeistert hat, sollte man zu einem guten Theoriebuch übergehen – David Sklanskys „The Theory of Poker" ist das Beste – und einer PC-Simulation. Man benötigt keine Bücher darüber, wie bestimmte Spiele gespielt werden, dies lernt man am besten durch ein Computerprogramm. Damit kann man Erfahrungen von 100.000 verschiedenen Blättern innerhalb weniger Monate sammeln. Natürlich bekommt man auf diese Weise nicht die Emotionen mit, die Psychologie oder Geschichten, doch das ist zu Beginn von Vorteil. Die Spielsituationen und Strategien müssen einem zur zweiten Natur werden, man benötigt ein Gespür für die Wahrscheinlichkeiten, bevor man die menschlichen Aspekte des Spiels erforschen kann. Sobald man diese Hausaufgaben erledigt hat, sollte man problemlos seriöse Spieler finden, die einem weiterhelfen können. Die meisten Experten hassen es, von Leuten um Ratschläge gebeten zu werden, die sich nicht die Mühe gemacht haben, die Grundlagen zu lernen, einen fleißigen Schüler zu unterrichten hingegen ist eine Freude.

Harvard

Im Gegensatz zu den meisten Pokerspielern genoss ich eine sanfte Pokerausbildung. Ich lernte bei guten Spielern in freundlichen Partien. Sie waren hauptsächlich von sozialem Charakter geprägt (außer vielleicht für Franks Großmutter), doch wir nahmen das Pokern ernst. Erst in Harvard lernte ich Spiele kennen, in denen Geld die primäre Rolle spielte. Zunächst hatte ich keine Probleme, mich anzupassen.

KAPITEL 6: DER SPROSS EINER SOFT-MONEY-BANK 175

Ich fand einige seelenverwandte Runden, bei denen ich die Mitspieler mochte, das Spiel genießen und genügend Geld herausziehen konnte, um etwas zu bewegen.

Ich war auf dieses Geld aus den Pokerspielen nicht unbedingt angewiesen, doch musste ich entweder durchs Kartenspielen oder durch einen Teilzeitjob als Laborassistent oder Computerprogrammierer Geld verdienen. Poker machte mir mehr Spaß und während meiner vier Jahre in Harvard erzielte ich durchschnittlich den dreifachen Stundenlohn, der für andere Jobs geboten wurde. Ich hätte sogar mehr gewinnen können, doch nur durch frühzeitiges Aussteigen. Es erschien wie ein göttliches Zeichen, dass das Geld zur Gestaltung meines Wohnheimes im ersten Jahr, Stoughton Hall, aus einer Lotterie stammte. Wie hätten spätere Generationen von Studenten nicht diesem Beispiel folgen sollen?

In Harvard hatte man die Wahl zwischen mehreren seriösen Partien. Bill Gates – bevor er sein Studium abbrach – betrieb eine im Currier House. Ich spielte dort einmal in meinem ersten Jahr, doch es gefiel mir nicht. Es war streng, angespannt und unfreundlich – die meiste Zeit der Nacht langweilig und wenn ein großes Blatt auftauchte, hatte man stets das Gefühl, jemand habe mehr verloren, als er sich leisten konnte. Die Juristen betrieben tolle Partien, doch als Student der jüngeren Semester war man unerwünscht. Ich nahm an einem Spiel mit Scott Turow teil, der später erfolgreich Gerichtsthriller schrieb. Er war einer derjenigen, der mich über die Verbindung von Poker und Schreiben nachdenken ließ. Ich spielte auch bei den Partien der wirtschaftswissenschaftlichen Fakultät mit. Später erfuhr ich von einigen meiner Mitspieler, dass George W. Bush dort ein Stammspieler sein soll, und dazu einer der besseren Spieler, doch ich kann mich nicht erinnern, mit ihm gespielt zu haben. Zu der damaligen Zeit wäre er nur der Sohn irgendeines Repräsentanten gewesen. Eines Tages vielleicht, wenn ich mal meine Friedensmedaille aus den Händen des Präsidenten entgegennehme, wird er mich fragen, ob ich damals 1975 wirklich das Full House auf der Hand gehabt habe, vor dem er kapituliert hat und mit seinem Flush ausgestiegen ist.

Mein Lieblingsort zum Pokern waren die Finals Clubs. Dies sind private Clubs für wohlhabende und gesellschaftlich bedeutende Studenten. Niemand drängte mich, dort mitzuspielen, die Gebühren hätte ich mir ohnehin nicht leisten können. Doch wenn es einen Pokerhimmel für Spieler gibt, ist ein sicherer, angenehmer Pokerort mit reichen Harvard-Studenten ein Teil davon. Die Schwierigkeit bestand darin, zu den Spielen eingeladen zu werden.

Gewissensbisse

In meinem zweiten Studienjahr begann ich Zweifel an meinem Pokerspiel zu entwickeln. Ich hatte immer versucht, einen Profit aus dem Spielen zu schlagen, doch ursprünglich spielte ich hauptsächlich für den Spaß an der Sache. Als die Gewinne größer wurden und die Spiele nach der Höhe der Einsätze und nicht nach der Qualität der Unterhaltungen gewählt wurden, begann ich mich zu fragen, ob ich ein rastloser Blutsauger sei, der für Geld das macht, was er vorgab, zum Spaß zu tun. Einige Spiele waren das, was man semiprofessionell nennen könnte: Man musste als guter Spieler anerkannt sein, um teilzunehmen. Das störte mich nie, doch war es längst nicht so profitabel. Zudem hatte ich damals nicht den Nerv, mit Nichtstudenten zu spielen und die semiprofessionellen Spiele wurden meist mit seriösen, erwachsenen Pokerspielern aus dem Raum Boston und hohen Einsätzen gespielt. Das wirkliche Geld kam von lockeren Gesellschaftsrunden, wo jeder einigermaßen vorsichtige Spieler Gewinne erwarten konnte. Ich bemerkte, dass ich mir unbewusst einen Stil zur Maximierung meines Einkommens angeeignet hatte. Ich sammelte Witze und Klatsch, um eine fröhliche Konversation betreiben zu können, und ich war zu jedem freundlich, ob ich ihn mochte oder nicht. Ich tauchte um 23.00 Uhr (der größte Teil des leicht verdienten Geldes kam nach Mitternacht) mit einer Pizza auf, gerade zu dem Zeitpunkt, als die Leute hungrig wurden und die Geschäfte zu schließen begannen. Ich versuchte, mein Geld in ruhigen, kleinen Pots zu gewinnen und überließ die angeberischen großen Pots anderen. Ich merkte mir, wer wie viel gewonnen hatte, und wenn möglich versuchte ich, Geld von den besseren Spielern (die Konkurrenten waren) zu den Verlierern (welche die Runde im Falle zu großer Verluste vielleicht verlassen hätten) zu lenken. Ich verlieh freigiebig Geld (anscheinend freigiebig – ich legte sorgfältig Wert darauf sicherzustellen, dass es sich um ein Rakeback[33] handelte und nicht um ein Geschenk) und forderte es nie zurück. Ich erhob keinen Einspruch gegen mitunter plumpen Betrug. Betrüger sind am einfachsten zu schlagen, und Beschuldigungen zerstören ein Spiel.

Dieses Verhalten ist kein Verbrechen, doch es war schwer zu rechtfertigen. Warum soll man heuchlerisch sein für Geld, das man nicht benötigt? Es ängstigte mich, wie ich automatisch in dieses Verhaltensmuster hineingerutscht war. Ich denke nicht, dass man mir dies jemals beigebracht hätte, und ich denke auch nicht, dass ich es mir von jemandem abgeguckt hätte. Ich machte mir Sorgen, dass es in meiner Natur läge, ein unehrlicher Schmarotzer zu sein. Dies spitzte sich zu, als ein Spieler, den ich Dixie nennen möchte, mich in einem der Finals Clubs des Betrugs bezichtigte. Ich hatte niemals beim Poker betrogen (doch ist diese Aussage mit wenig Stolz verbunden, da ich Betrug nie nötig hatte), und diese spezielle Beschuldigung war absurd. Es war beim Seven-Card-Stud (nur das höchste Blatt gewann). Ich teilte aus und hatte schon mit nur zwei offengelegten Karten einen Flush. Dies ist im Poker ein starkes Blatt – vom Rang, wie von der Irreführung her. Doch ist es auch schwierig, sich dieses Blatt selbst zu geben. Es braucht fünf Karten, und am Anfang weiß man nicht, wie viele Personen im Spiel bleiben und Karten aufnehmen werden. Der einzig mögliche Weg, sich den Flush durch Betrug zuzuschieben, ist es, beim Einsammeln der Karten unauffällig fünf Karten einer Farbe zu sammeln, sie unter den Kartenstapel zu legen, falsch zu mischen und die Karten obenauf zu legen, um schließlich fünfmal vom Ende auszuteilen. Dies ist viel Arbeit im Vergleich zum Verstecken von Assen im Ärmel. Das kann jeder Amateur.

Doch das eigentlich Alberne war, dass Dixie lediglich ein Paar Buben hatte (offen). Ich hätte ihn mit vielen Blättern schlagen können. Nur ein reiner Bluff hätte verloren, da ich seine Buben sehen konnte. Um beim Poker zu betrügen, ist es nicht genug, sich selbst gute Karten zu geben, den gleichen Effekt kann man durch häufiges Wegwerfen von Karten erzielen. Jedem wird eine bestimmte Anzahl von guten Blättern ausgeteilt. Wirft man all die schlechten weg, spielt man schlussendlich nur noch mit guten. Betrug sichert einem ein paar Einsätze, da man nicht ganz so viele Blätter wegwerfen muss, doch es ist unwahrscheinlich, dass sich das Risiko bezahlt macht. Um erfolgreich zu betrügen, muss man einem oder mehreren Opfern geringfügig schlechtere Karten geben. Darüber hinaus handelte es sich nicht um einen großen Pot. Nicht einmal Dixie würde seine Ranch auf zwei offene Buben setzen.

---

33 Rake: Die Gebühr, die ein Spieler nach dem Gewinn eines Pots an das Haus zu zahlen hat.

KAPITEL 6: DER SPROSS EINER SOFT-MONEY-BANK

Eine wahre Beschuldigung trifft einen nicht allzu sehr, da man weiß, dass man schuldig ist. Eine falsche ebenfalls nicht, da man weiß, dass man unschuldig ist. Doch eine Beschuldigung, die faktisch betrachtet falsch ist, während einem jedoch das Gewissen sagt, dass sie moralisch gesehen wahr ist, kann zerstörerisch sein. Ich manipulierte die Runde nicht, doch gewann ich so konstant, als hätte ich es getan. Wo liegt da wirklich der Unterschied?

Ich erinnere mich nicht mehr, was ich gesagt habe, doch möchte ich gerne glauben, dass es etwas wie: „Hast du irgendeinen Grund, dies zu sagen oder hast du einfach Probleme mit der Vorstellung, dass zwei Buben verlieren können?" gewesen sei. Doch sagte ich wahrscheinlich eher: „Ich hab's nicht getan!" Wie auch immer, ich erinnere mich, dass das Ergebnis war, dass ich ihm vorschlug, sich eine andere Runde zu suchen, wenn ihm diese nicht gefiel, und seine Beschuldigungen für sich zu behalten, wenn er sie nicht beweisen könne.

Dies war ein sehr angespannter Moment für mich. Er war Clubmitglied, ich nicht. Dies waren seine Freunde, ich fühlte mich wie ein Außenseiter. Ich war mir sicher, sie würden Dixie glauben: Wie konnten sie nicht, da ich ein stetiger Gewinner und relativ Fremder war. Ich dachte, es gäbe eine ausgeglichene Wahrscheinlichkeit, dass sie mich auffordern würden zu gehen, oder zumindest, das Spiel abzubrechen. Doch niemand rührte sich oder sagte etwas, und Dixie verschwand bald darauf. Das Spiel wurde fortgesetzt, und niemand sprach über den Vorfall. Ich fühlte mich verpflichtet, zu bleiben, da das Verlassen der Runde einem Eingeständnis des Betrugs gleichgekommen wäre, doch es machte mir keinen Spaß mehr, insbesondere wenn ich mit Geben an der Reihe war.

Ich spielte in den nächsten zwei Wochen weniger und ging nicht mehr zu dem Club von Dixie. Niemand sagte etwas, doch ich überlegte, ob alle dachten, ich sei ein Betrüger. Wegen dieser Unsicherheit und meiner moralischen Zweifel zog ich es in Betracht, Poker ganz aufzugeben.

Die Dinge verschlimmerten sich sogar noch, als ich einen Telefonanruf von einer Dame mit einem unmöglich klebrigen Akzent aus dem Süden erhielt. Sie war Sekretärin und wollte für mich einen Termin mit einem Mann arrangieren, der denselben Nachnamen wie Dixie trug. Sie wusste nicht, worum es ging, doch würde er mich in der kommenden Woche in seinem Hotelzimmer erwarten.

Das Treffen mit Mr. Dixie

Eine klügere Person hätte das Treffen verweigert oder zumindest darauf bestanden, den Grund dafür zu erfahren, doch zu diesem Zeitpunkt dachte ich wie ein Schuldiger. Ein Nichterscheinen oder ein Aushandeln der Bedingungen des Treffens hätten mich schuldig erscheinen lassen. Als jemand, der sich moralisch für schuldig hielt, musste ich mich wie ein komplett Unschuldiger verhalten. Der komplett Unschuldige wäre böse wegen der Anschuldigung und würde eine Entschuldigung erwarten. Er hätte gewiss keine Angst davor, die Verwandten des Anklägers zu treffen. So verdreht dies klingen mag, so verdreht wie es war, es entsprach meinen Gedanken. Meine Pokerfähigkeiten hatten mich vollständig im Stich gelassen, ich verhielt mich wie ein Fisch (ein schlechter Pokerspieler).

Ich fragte mich, was wohl passieren mochte. Ich stellte mir alles vor, von der Herausforderung zum Duell über das Bild, von Rowdys zusammengeschlagen zu werden, bis hin zur Androhung von rechtlichen Schritten. Ich gebe zu, dass diese

Dinge absurd erscheinen mögen, und ich wusste schon damals, dass sie absurd sind. Doch was sonst ergab einen Sinn?

Meine Gedanken wurden von der kürzlichen Erfahrung meines Freundes Brian beeinflusst, der eine freundliche junge Frau auf einer Party außerhalb des Campus kennengelernt hatte. In dem einen Moment saß sie auf seinem Schoß, ihre Kleidung in Unordnung. Im nächsten Moment kam die Polizei reingestürmt und schleppte Brian auf die nächste Wache und er sah sich konfrontiert mit einer Anklageerhebung wegen Unzucht mit Minderjährigen. Das Mädchen auf seinem Schoß entpuppte sich als eine Fünfzehnjährige (Brian war damals sechzehn) inmitten eines Sorgerechtsstreits. Privatdetektive auf der Suche nach einem Fehlverhalten eines der Elternteile hatten sie auf die Party gelockt und der Polizei einen Tip gegeben. Ein Anwalt von Harvard tauchte auf und ersuchte, dass Brian der Aufsicht der Universität übergeben werden solle. Dies wurde schließlich von einem Richter angeordnet. Brian fragte den Anwalt, was das bedeuten würde. Der Anwalt zuckte mit den Schultern: „Nichts."

Wir diskutierten dieses Ereignis endlos, mit zahlreichen Theorien – keine davon sehr überzeugend. Doch zeigte es deutlich, dass mysteriöse Ordnungen üblich waren und Erwachsene merkwürdige Machtformen besaßen. Das einzig Vernünftige war es, sich von Erwachsenen fernzuhalten. (Wir erwogen nie die Alternativen, uns von wilden Parties, Drogen oder fünfzehnjährigen Mädchen fernzuhalten.)

Hierüber nachdenkend, kam ich auf eine Theorie meinen Fall betreffend. Dixie hatte sich bei Mr. Dixie beschwert, dass er in einer Partie Poker betrogen worden sei. Mr. Dixie konnte nicht viel Aufhebens darum machen, da Dixie keine Beweise hatte, das Spiel für alle illegal gewesen und die strittige Geldmenge zu klein war. Doch die gekränkte Ehre eines Südländers forderte eine Strafe. Wenn Mr. Dixie mich vom Campus weglocken und in irgendeine Form von illegalem Verhalten zu verwickeln vermochte, konnte er die Gesetzeshüter in Anspruch nehmen, um die Beleidigung zu rächen. Also nahm ich an, dass er mich zu einem Pokerspiel auffordern oder mir Drogen oder Ähnliches anbieten würde. Ich beschloss, mich so zu verhalten, als würde ich die ganze Zeit über gefilmt werden, wie ich es erwartete. Ich weiß, das klingt paranoid, und ich bin mir nicht sicher, ob ich es damals wirklich geglaubt habe, doch mein Argwohn glich fast einem Fieberwahn.

Um meine gespielte Tapferkeit zu unterstreichen, zog ich mein einziges Jackett mit Krawatte an (einen Anzug besaß ich damals nicht). Dies stellte sich als guten Zug heraus. Ich traf Mr. Dixie in der Bar des Ritz Hotels, welches Krawatten schätzte, und er führte mich ins Maison Robert, dem damals besten französischen Restaurant Bostons, eine Stadt, die nach solchen verlangte. Mr. Dixie war äußerst charmant, was meinen Argwohn nur steigerte. Ich suchte nach Privatdetektiven, Kameras, Rowdys, Undercover-Polizisten, und – natürlich – entdeckte ich solche überall.

Wir plauderten ein wenig über das Leben. Er erwähnte weder Poker noch Betrug als Grund für unser Treffen, und ich war entschlossen, abzuwarten. Ich mochte ängstlich und ahnungslos sein, außerhalb meiner Liga und mit einem Mangel an Optionen, doch würde ich entspannt sein und Charme mit Charme zurückzahlen. Vielleicht wäre es eine Stütze für den Tag oder zumindest ein Trost für meinen Stolz während der kommenden langen, dunklen Gefängnisjahre.

Schließlich, bei Schnecken und Sauvignon Blanc, erwähnte Mr. Dixie, dass sein Sohn Dixie ihm gesagt habe, ich sei ein guter Pokerspieler. „Aha", dachte ich, „eine Beschönigung für die Bezeichnung Betrüger." Mr. Dixie fuhr fort zu erklären, dass

KAPITEL 6: DER SPROSS EINER SOFT-MONEY-BANK

er Poker stets als sehr wichtiges Werkzeug betrachtet habe, um Geschäftsbeziehungen aufzubauen. Wenn er Leute nicht sehr gut kenne, ziehe er solche vor, mit denen er Poker gespielt hat, oder zumindest solche, die mit Leuten Poker gespielt haben, mit denen er ebenfalls schon einmal gespielt hat. Es böte einen Einblick in den Charakter und den Geschäftssinn, die strategischen Fähigkeiten und das Risikoverhalten. Gute Pokerspieler, so sagte er, seien objektiv und behielten die Kontrolle, und es sei gefährlich, mit Leuten Geschäfte zu machen, die sich selbst täuschten oder die Kontrolle verloren.

Nun verstand ich. Er würde mir anbieten, mich in irgendeine Art von einem illegalen Geschäft einzubinden. Entweder würde ich betrogen oder verhaftet werden.

Er fuhr fort, dass er Dixie dazu erzogen habe, diesen Blickwinkel zu teilen, doch sein Sohn sei gelinde gesagt eine Enttäuschung gewesen. Sein Kartenspiel sei anständig, doch könne er keine Menschen beobachten und einschätzen. Zum ersten Mal seitdem Dixie mich des Betrugs bezichtigt hatte, begann ich nachzudenken. In meiner Erinnerung sitze ich für zehn Minuten mit offenem Mund und der Gabel in der Hand da, die logischen Schlussfolgerungen durchspielend. Ich stelle mir gerne vor, dass ich in Wahrheit mein Pokerface gewahrt und einen sofortigen Schluss gezogen hätte, und da ich diese Geschichte erzähle, lassen Sie uns einfach sagen, ich hätte dies getan.

Ich habe mich an Dixie immer als wilden Spieler erinnert, der verlor, da er zu viele Chancen ergriff. Die meisten Verlierer beim Poker sind passiv. Sie gehen zu oft mit und erhöhen oder passen zu selten. Sie reagieren immer auf andere Spieler und zwingen niemals andere Spieler, auf sie zu reagieren. Sie zahlen entschieden zu viel Geld, um zu sehen, ob sich ihre Blätter verbessern, und viel zu wenig Geld, um mein Blatt zu sehen. Dixie war ein wirklich offensiver Spieler, wodurch er zu den besseren 20 Prozent der Spieler gehörte, doch schien er seinen Stil nicht mit der notwendigen Berechnung zu verfolgen.

Nun begriff ich, dass ich Dixie beim Geldverdienen im Weg stand. Sein offensiver, wilder Stil ermutigte andere Spieler, bei ihm zu callen. Er verlor bei moderaten Pots viel Geld, doch konnte er einen wirklich gigantischen gewinnen. Ich gewann niemals große Pots, zum Teil da ich weniger Aufsehen erregende Gewinne bevorzugte, aber auch weil man mich selten dabei ertappte, Geld auf ein schlagbares Blatt zu setzen. Meine Taktik machte Dixies Einsätze zu riskant und bewog die anderen Spieler zur Vorsicht. Darüber hinaus ging es Dixie nicht nur um Geld (wie ich später erfuhr). Er und sein Vater betrachteten Poker als etwas, bei dem man sich ein Image verdienen konnte, und das richtige Image in Harvard konnte sich durch lebenslange Beziehungen mit vielen Vorteilen auszahlen. Sie wollten als offensive Risikonehmer betrachtet werden, die immer dann gewannen, wenn es ihnen wirklich etwas bedeutete. Ich wollte so viel Geld wie möglich gewinnen, während ich als Stammspieler betrachtet werden wollte, der auf null heraus kommt oder nur mit geringen Gewinnen nach Hause geht. Doch auch mir ging es nicht nur ums Geld: Ich hätte niemals stillgehalten, um für einen Verlierer gehalten zu werden.

Diese Balance zwischen Geldverdienen und Image ist äußerst wichtig im seriösen Poker. Einige Spieler werden sagen, dass es lediglich ums Geld geht, sich dann umdrehen und dem Dealer ein Trinkgeld zustecken. Wenn es nur ums Geld geht, warum das Trinkgeld? Einige Profis verdienen ihren Lebensunterhalt damit, Leute dazu zu bringen, sie schlagen zu wollen. Vielleicht sind sie beleidigend, um Leute zu einer Revanche anzustacheln, oder sie lassen einen Sieg unglaublich verführerisch erscheinen, indem sie Fassade aufbauen, die Neid aufkommen lässt. Andere wollen es wie Glück aussehen lassen, um die geldgierigen Mitspieler anzulocken.

Meine Strategie des stillen Gewinnens, während ich vorgebe, ein durchschnittlicher Spieler zu sein, funktioniert bei Harvard Studenten, die eine große Auswahl an Spielmöglichkeiten haben. Spielt man stetig an ein und demselben Ort, deckt der statistische Beweis der Gewinne schnell jede Fassade auf. Die Taktik ist für Leute, die auf Durchreise in der Stadt sind, das Spiel sprengen und dann gehen, zu träge. Letzten Endes zerstört dies Spiele und verursacht keine neuen. Wenn niemand weiß, dass man gewinnt, wird man auch nicht aufgesucht, um geschlagen zu werden.

Mr. Dixie fuhr fort zu erzählen, dass Dixie gute Partien gespielt hätte, bevor ich zu diesen eingeladen worden sei. Er gewann regelmäßig und baute bei zukünftigen Führungspersönlichkeiten ein wichtiges Image auf, welches ihm später helfen könnte. Er hatte hart gearbeitet, diese Spielgemeinschaft auszuwählen und sie nach seinen Wünschen zu formen, und eine neue wolle er sich nicht suchen. Also bat er seinen weisen alten Vater um Rat. „Warte ab, bis er die Karten gibt und ein gutes Blatt erwischt", riet Papa, „und beschuldige ihn des Betrugs. Diese ruhigen Buchhalter können damit nicht umgehen. Ist er schlecht, wird er seinen Einsatz verschenken und gehen. Ist er gut, wird er sich still und heimlich davon- machen, um keine Aufmerksamkeit zu erregen. Er kann nicht gewinnen, wenn er beobachtet wird, denn sobald die Leute merken, dass er beständig am Gewinnen ist, verliert er seinen Vorteil."

Ich blieb noch auf der Hut, da es sich immer noch um ein abgekartetes Spiel handeln konnte. Doch trotzdem empfand ich eine enorme Erleichterung. Ich hatte mich schuldig gefühlt, und es war ein großartiger Nervenkitzel zu erkennen, dass Dixie und sein Vater sich hundertmal schuldiger fühlen mussten. Dixie war viel betrügerischer als ich. Sein Vater konnte Lügen ausbauen, um einen jungen Menschen zu zerstören, und dann beim Schneckenessen beiläufig darüber plaudern. Sie konnten all diese Dinge tun, und ich kann nicht verleugnen, dass ich sie mochte – insbesondere Mr. Dixie. Ich kann mich nicht erinnern, jemals eine angenehmere Zeit gehabt zu haben, wenn ich mich völlig aufrichtig verhalten hatte. Wenn ich ihn mögen konnte, konnte ich auch mich selbst mögen. Es kam mir nie in den Sinn, wegen des Schwindels böse zu sein, aus der Sicht von Mr. Dixie handelt es sich um einen begründeten strategischen Zug.

Dann schockte Mr. Dixie mich abermals. Er und sein Sohn wollten kapitulieren. Dixie war ausgeschlossen worden, nicht nur vom Poker, sondern aus dem Club. Alle hatten sich auf meine Seite geschlagen, aufgebracht darüber, dass Dixie den nettesten und ehrlichsten Typen in der Spielrunde fälschlicherweise beschuldigt hatte. Sie wollten nicht weiterspielen, bis Dixie sich entschuldigt habe und ich zurückkäme. Ich hatte die Situation komplett falsch gedeutet – und vollzog ganz zufällig einen erfolgreichen Bluff.

Das Buch

Hatte ich das wirklich? Hätte der Abend zu diesem Zeitpunkt geendet, wäre ich davon überzeugt gewesen, doch Mr. Dixie gab mir ein Geschenk: eine Kopie des Buches „A Guaranteed Income for Life by Using the Advanced Concepts of Poker" von Frank R. Wallace. Ich hatte bereits viele Pokerbücher und wissenschaftliche

KAPITEL 6: DER SPROSS EINER SOFT-MONEY-BANK

Artikel in den hervorragenden Bibliotheken gelesen, zu denen ich Zugang hatte. Doch von diesem Buch hatte ich nie gehört. Es war ganz anders als die Grundlagenbücher und die kalten mathematischen Abstraktionen, die ich zu Gesicht bekommen hatte. Das Buch ist eine dünn verschleierte Ich-Erzählung darüber, wie Wallace seinen Lebensunterhalt durch Poker verdiente. Er spielte nicht in Kasinos oder auf Turnieren, sondern hauptsächlich in freundschaftlichen Partien. Das Buch verschwendet keine Zeit mit dem Regelwerk des Kartenspielens, es setzt diese als bekannt voraus. Es erklärt, wie man einen zusätzlichen Vorteil erkämpfen kann durch das Beobachten von aufblitzenden oder unabsichtlich markierten Karten, wie man die anderen dazu bringt, schlecht zu spielen, aber hoch zu setzen, und wie man die schlechten Spieler in der Partie halten kann, während man die Guten entmutigt.

Ich hatte vieles davon angewendet, ohne darüber nachgedacht zu haben. Ein Teil des Rests war brauchbar, aber viele Punkte kamen für mich nicht in Frage. Wie zum Beispiel der Tipp, ein Sandwich mit viel Senf an den Tisch zu bringen, wohl wissend, dass einige Kleckse auf die Karten gelangen würden, doch dies überschritt für mich die Grenze zum Betrug. Einen Vorteil aus Dingen zu ziehen, die zufällig passieren, z.B. wenn der Dealer eine Karte aufblitzen lässt oder ein Bube an der Ecke eingeknickt ist, ist Teil des Pokerns. Schenkt man diesen Dingen keine Aufmerksamkeit, verliert man gegen Leute, die es tun. Doch absichtlich eine Karte zu markieren, ist ohne Frage Betrug. Senf ins Spiel zu bringen ist es eindeutig. Ich denke nicht, dass Betrügen so furchtbar ist. Doch um die meisten Spieler zu schlagen, habe ich den Senftrick nicht nötig, genauso wenig einige andere Techniken von Wallace, und bei wirklich guten Spielern würden sie ohnehin nicht funktionieren.

Das Buch von Wallace zerstreute meine jugendlichen Zweifel. Er beschrieb in klaren Worten genau mein Vorgehen. Der schnellste Weg zu moralischer Hilflosigkeit ist es, Dinge mit beschönigenden Beschreibungen zu versehen. Hat man einen irgendwie gut gearteten Charakter, wird man nicht zu lange dem falschen Weg folgen, solange man seine Entscheidungen in klaren, einfachen Begriffen wiedergibt. Das Leben ist manchmal ein wenig kompliziert, aber längst nicht so kompliziert, wie über das Leben zu sprechen. Einfach ausgedrückt, hatte ich keine Probleme, meinen Pfahl in die Erde zu rammen und zu sagen: „Bis hierhin und keinen Schritt weiter." Über den Ort musste ich mir keine Gedanken machen – das war eine Sache des Gefühls. Ich habe mich stets unwohl damit gefühlt, eine Reihe fragwürdiger Entscheidungen zu treffen, ich hatte Angst, nach und nach vom rechten Wege abzukommen. Ich denke, ein paar fragwürdige Entscheidungen sind menschlich, und ich habe nie angestrebt, ein Heiliger zu sein, aber ich weiß auch, dass man an wirklich schlechte Orte gelangen kann, ohne auch nur eine einzige schlechte Entscheidung getroffen zu haben.

Danach ergaben sich eine Menge Dinge. Ein Teil meines Charakters wurde geformt, der mir in den nächsten 30 Jahren gute Dienste geleistet hat. Dieser Vorfall ist einer der Gründe, warum ich großen Respekt vor Poker als moralische Richtschnur habe, insbesondere bei Personen, die eine Karriere im Finanzwesen anstreben.

Kapitel 7

Die einst kühnen Kameraden von J.P. Morgan

Wie der moderne Derivatehandel in den 1970er Jahren die Welt rettete

Die aufregende Ära, in der Poker und Terminbörsen entstanden, endete in den neunziger Jahren des 19. Jahrhunderts. Darauf folgte eine Zeit der Geschäfts- und Finanzkonsolidierung. Die großen Unternehmen des 20. Jahrhunderts wie General Motors, Mills und Electric entstanden damals durch Unternehmenszusammenschlüsse, deren Aufkäufe meist unter der Leitung von J. P. Morgan stattfanden Ein Fortschritt im Bereich der Finanztechnologie führte dazu, dass der Glücksspielfaktor in der Finanzwelt immer mehr an Bedeutung verlor. Investitionen waren natürlich immer noch riskant, aber man musste keine unnötig hohen Risiken eingehen. Ein Ingenieur würde es so ausdrücken: Die Wirtschaft wechselte von hochtemperierten zu niedrigtemperierten Herstellungsverfahren. Die Unternehmensführungen wurden rationalisiert und durch professionelleres Personal ersetzt. Das Leben wurde langweiliger und sicherer. Es ähnelte einem Mittelschichtleben.

Ich persönlich bedaure diesen Umschwung und bin dankbar, dass ich erst in der Ära erwachsen wurde, als diese friedlichen Zustände wieder dem Untergang geweiht waren. Doch die 75 Jahre andauernde Regentschaft des Geistes von J.P. Morgan lief parallel zum Zusammenbruch der mittelalterlichen Überbleibsel der Monarchien und religiösen Tyranneien in den meisten Teilen der Welt. Außerdem wurde während Morgans Regentschaft ein unablässiger Fluss von Immigranten integriert, einige der brutalsten und zerstörerischsten Kriege überstanden und ein bemerkenswerter wissenschaftlicher und technologischer Fortschritt war im Gange. Ich bin dankbar, dass ich all dies nicht miterleben musste, doch trotz des beispiellosen Grauens kann dieses Zeitalter stolz auf die ebenso beispiellosen Erfolge zurückblicken.

DER CRASH VON 1979

Die siebziger Jahre des 20. Jahrhunderts sind aus mehreren Gründen als bedrückendes Jahrzehnt zu definieren. Die Kleidung und die Musik waren selbstverständlich eine Zumutung, aber es gab noch Schlimmeres. In diesem Jahrzehnt wurden vor allem die typischen Katastrophenfilme gedreht, bei denen die Darsteller relativ schnell ertranken, abstürzten, in die Luft gejagt wurden oder anderweitig den Tod fanden. Und während all dieser schrecklichen Geschehnisse jammerten, stritten und bettelten sie.

Weitere in diesem Jahrzehnt sehr beliebte Filme zeigten ein dramatisches Ende der Welt, das immer durch die Dummheit der Menschen ausgelöst wurde. Falls Sie nicht wissen, was ich meine, leihen Sie sich „Lautlos im Weltraum" oder „Der Omega-Mann" aus. „Wie bitte wär's mit Liebe" wurde als Sex-Komödie (und Art Garfunkel als Schauspieler) betitelt. Sogar Filme wie „Ein Mann sieht rot" und „Dirty Harry", die nur zur Unterhaltung dienten und bei denen man gemütlich Popcorn aß, waren ziemlich pessimistisch. Bestseller aus dem Bereich Wirtschaft wie „Die Grenzen des Wachstums" und „The Crash of '79" prophezeiten Katastrophen. Die damalige Wirtschaft versuchte, dieser Grundstimmung so viel Vorschub wie möglich zu leisten, indem Aktien- und Anleihen-Gewinne um die Wette in den Keller rasten. Dies schien jedoch ohne Bedeutung zu sein, denn wahrscheinlich würden die Währungen an Wert verlieren und das Bankensystem zusammenbrechen. Aber natürlich nur, wenn die Welt nicht schon vorher unterging. Die wirtschaftliche Effizienz und lebenslange Sicherheit moderner Unternehmen schien über Nacht einzubrechen. In den sechziger Jahren des 20. Jahrhunderts landete ein Mann auf dem Mond, in den siebziger Jahren trieben wir den Fortschritt nicht voran, und gekürzte Budgets und Fehler bei technologischen Entwicklungen führten dazu, dass wir unsere Stellung im Weltraum nicht behaupten konnten. Brutale, totalitäre und verarmte kommunistische Länder kontrollierten fast die Hälfte der Menschen auf unserem Planeten, und es gab keinen einzigen Fall, bei dem ein dem Kommunismus entronnenes Land in Freiheit und Wohlstand weiter existierte. Ich möchte an dieser Stelle weder Vietnam, Afghanistan, die Killing Fields noch den zügellosen Terrorismus, Ölembargos, Polywasser oder die Stagflation erwähnen. Auch dass New York 1970 kurz vor der Pleite stand und Präsident Ford die Bitte des New Yorker Bürgermeisters um finanzielle Unterstützung ablehnte, möchte ich hier nur kurz erwähnt haben. Sie hätten dabei sein müssen, und ich hoffe, dass Sie es nicht waren.

Als der Ruf nach tatkräftigen risikobereiten Mitbürgern, die die Welt retten sollten, lauter wurde, wusste niemand, ob irgendjemand darauf reagieren würde. Da 75 Jahre lang Risiken so weit wie möglich vermieden wurden, erinnerten sich nur wenige daran, wie einst ein dynamisches, selbstorganisiertes finanzielles Netzwerk zu wirtschaftlichem Wachstum führte. Es gab genügend Menschen, die sich mit Risiken auskannten, doch wie viele von ihnen kannten sich auch mit dem Finanzwesen aus? Vor 1970 war der Bedarf an gerissenen Finanzexperten nicht besonders hoch. Zinsen blieben relativ starr, und Unternehmen, die Kredite aufgenommen hatten, waren selten im Rückstand. Es war also kaum Spielraum, um beim Management von Anleihen hervorzustechen. Wechselkurse waren damals stabil, die Aktienkurse flexibler, doch wie sie sich entwickeln würden, konnte man lediglich raten. Somit musste man kein Genie in diesem Bereich sein. Doch plötzlich schwankten die Zinsen so stark, dass Anleihen riskanter wurden als Aktien. Dabei darf man nicht vergessen, dass Aktien in den siebziger Jahren nicht besonders riskant, sondern eher berechenbar und mit Sicherheit fallend waren. Nachdem ein Jahrzehnt lang darüber diskutiert wurde, ob Unternehmen das Wachstum maximieren sollten oder den Wohlstand der Aktionäre, warfen Vorstände frustriert das Handtuch und wendeten sich dem Anteilseigner-Kapitalismus zu. Aktien sollten ruhig schwanken, solange die Arbeitnehmer und die Regierung an dem immer kleiner werdenden Kuchen der Aktionärsgelder beteiligt waren. Präsident Nixon (der Pokerspieler) nahm 1971 den US-Dollar aus dem Goldstandard heraus, was zur Folge hatte, dass alle Währungen der Welt plötzlich zu Papierwährungen ohne Deckung wurden, die genau so viel wert waren, wie die Regierungen beschlossen. Da die Regierungen nicht glaubwürdig waren, setzte bei einigen Währungen die Inflation ein, bei einigen sogar Hyperinflation. Der Wert des Dollars entsprach anfangs etwa einem Gramm Gold und sank so stark, dass er bei einem Wert von nur noch etwa 40 Milligramm Gold landete und ein weiterer Fall in Richtung Mikrogramm nahezurücken schien.

DIE BRIDGE-CLIQUE, CHICAGOER SCHULE UND DER BÖRSENSTAND

Obwohl die Finanzwelt nicht auf der Suche nach gerissenen Leuten war, machte sich zum Glück eine Gruppe von eigenwilligen Wissenschaftlern seit den fünfziger Jahren Gedanken über das Finanzwesen. Dies war genau so wichtig wie die Tatsache, dass das Chicago Board of Trade nicht vergessen hatte, was die amerikanische Wirtschaft großartig machte. Genau diese Kammer arbeitete mit Wissenschaftlern der Universität von Chicago zusammen und eröffnete 1973 den Handel mit Aktien-Optionsscheinen an der neu gegründeten Börse, der „Chicago Board Option Exchange". Aktienhandel machte plötzlich wieder Spaß. Ein Händlerplatz an der New Yorker Börse war zu diesem Zeitpunkt weniger wert als eine Taxi-Lizenz für Manhattan. Doch das würde sich bald ändern. Die Preise würden bald auf Rekordhöhe hochschnellen.

Durch den Optionshandel wurde der Aktienmarkt um das Spread-Trading erweitert. Anstatt Anteile nur noch zu kaufen oder zu verkaufen, konnte man nun lang- oder kurzfristig laufende Kauf- oder Verkaufsoptionen mit einer Vielzahl verschiedener Kurse und Fälligkeitsdaten erwerben. Das eröffnete denjenigen, die schnell kalkulieren, Risiken gut dosiert eingehen und Entscheidungen gut überlegt treffen konnten, unglaubliche Möglichkeiten.

Als der Optionsscheinhandel 1973 startete, wusste niemand, wie man mit Optionen handelte. Futures-Händler kannten sich mit Arbitragegeschäften aus, aber Optionen waren ihnen ein Rätsel. Wissenschaftler kannten sich wiederum mit Optionen aus, wussten aber nichts über Handel. Der Markt schrie förmlich nach risikobereiten Menschen. Und niemand Geringerer als der Spross der bekanntesten und erfolgreichsten Familie des amerikanischen Bridge-Spiels stellte sich zur Verfügung.

Seit den fünfziger Jahren des 20. Jahrhunderts nahm bei fast allen nationalen und internationalen Bridge-Meisterschaften ein Mitglied der Becker-Familie teil. Mike Becker ist einer der besseren Spieler seiner Familie – er und sein Partner Ron Rubin haben eine Weltmeisterschaft und zehn nationale Meisterschaften gewonnen. Mike spielte Profi-Bridge, was bedeutete, dass er sich durch Teilnahmen an Spielen mit hohen Einsätzen in New Yorks berühmtem Cavendish Club seinen Lebensunterhalt verdienen musste oder sich dafür bezahlen ließ, für andere Leute, die unbedingt ein Bridge-Turnier gewinnen wollten, an Spielen teilzunehmen. Er nahm auch an Poker- und Backgammonspielen teil und zählte Karten beim Black Jack. Ron war jedoch ehrgeiziger und dachte, dass Optionshandel einfacher sei, als Bridge zu spielen. Beim ersten Anlauf ging er jedoch pleite.

Dann wurde Ron Zweiter bei der Backgammon-Weltmeisterschaft und gewann 90.000 Dollar. Aus der Pleite hatte er gelernt und ließ sich von dem Backgammon-Experten Fred Kolber in Sachen Optionshandel beraten und verdiente so fast eine Million Dollar im ersten Jahr seines zweiten Anlaufs. Zur gleichen Zeit verlor Mikes Investment-Manager sein gesamtes Vermögen bei einer Zinswette. Also beschwor Ron Mike, Optionshandel an der Amerikanischen Wertpapierbörse zu betreiben. Mike war dabei genau so erfolgreich wie Ron. Er und Ron konnten Möglichkeiten austüfteln, für die andere Händler Computer brauchten. Außerdem hatten sie jahrelange Erfahrung mit dem Abwägen von Risiken und dem Einschätzen anderer Spieler. Andere, die über die gleichen mathematischen Fähigkeiten verfügten, machten sich meist keine Gedanken um Risiken oder Menschen.

Mike war auch ein guter Lehrer. Er bot seinen Bridge-Freunden Folgendes an: drei Monate Einweisung, eventuell seine Aufsicht, wenn diese benötigt wurde, und 50.000 Dollar Handelskapital. Im Gegenzug verlangte er 50 Prozent ihrer Gewinne, die jedes Mal um zehn Prozent sanken, wenn der Händler 500.000 Dollar verdiente. Wer einwilligte, verdiente 2,5 Millionen Dollar, von denen 750.000 Dollar an Mike gingen. Das ist ziemlich beachtlich, selbst wenn man es mit seinem eigenen Gewinn aus Handelsgeschäften verglich, denn er wies etwa 100 Händler in 15 Jahren ein, von denen sich wiederum 20 auf den Deal einließen. Mike rekrutierte 50 Bridge-Champions, die restlichen Teilnehmer waren Poker-, Backgammon-, Schach- oder Go-Experten. Auf dem Höhepunkt dieses Geschäfts saßen in den 400 Sitzen der Amerikanischen Wertpapierbörse 150 von Mike oder Ron eingewiesene Händler oder wiederum von diesen eingewiesene. Nur ein Bruchteil der 250 restlichen Händler hatte ihr Handwerk in einer Berufsschule oder an einer mathematischen Fakultät gelernt. Bis in den neunziger Jahren qualitativ hochwertige und tragbare Computer verkauft wurden und einige Veränderungen auf dem Markt stattfanden, wurde die Amerikanische Wertpapierbörse von Händlern dominiert, die ihr Gehirn durch die Praxis ihrer diversen Spiele trainiert hatten.

Das Resultat war beeindruckend. Nachdem der Aktienmarkt durch ein Bundesgesetz in den dreißiger Jahren des 20. Jahrhunderts im Wesentlichen ein aufrichtiges Geschäft wurde, konnten Investoren plötzlich nicht mehr zwischen guten und schlechten Aktien unterscheiden. Durch das Verbot von Insider-Handel und Manipulationen wurde der Markt fairer, aber auch willkürlicher. Eine Studie nach

KAPITEL 7: DIE EINST KÜHNEN KAMERADEN... 187

der anderen bestätigte, dass die beste Strategie war, einfach jede Aktie zu kaufen. Manager von Aktiengesellschaften begriffen relativ schnell, dass der Verkauf ihrer Aktien auf Vertrauen ihnen und ihrer Gesellschaft gegenüber basierte. Wie vorauszusehen war, führte dies dazu, dass sich die Besten von ihrer besten und der Rest von seiner schlechtesten Seite zeigten. Die häufigste schlechte Reaktion bestand nicht darin, dass man mit grenzenlosem Neid reagierte, denn es gab noch immer kuriose soziale Sanktionen gegen Manager, die sich selbst hunderte Millionen Dollar zahlten, während die Aktie der Gesellschaft sank. Stattdessen entschieden sich die schlechten Manager für ein sorgloses Leben mit einem recht guten Einkommen inklusive vieler Vergünstigungen und einer großzügigen Rente. Außerdem konnten sie dank ihrer Gewinne als Aktionäre Geld zurücklegen, um Angestellte, die Regierung, jeden, der gegen die Vorgänge der Gesellschaft protestierte, zu bestechen. Das hatte zur Folge, dass Gesellschaften faul, bequem und feige wurden.

Durch den Optionshandel wurden die Vorgänge einer Aktiengesellschaft nicht nur vage beleuchtet. Aktiengesellschaften wurden plötzlich komplett geröntgt. Nachdem Unternehmen ihren Investoren ursprünglich keine nützlichen Informationen über ihre Aktien hatten zukommen lassen, mussten sie nun regelmäßig jede Fünf-Dollar-Bewegung quartalsweise veröffentlichen. Da risikobereite Amerikaner nicht besonders bewandert in Bezug auf Finanzgeschäfte waren, dauerte es etwa zehn Jahre, bis sie alles im Griff und stabilisiert hatten. 1970 warfen Aktiengesellschaften ihre Aktien einfach auf den Markt. Es war, als würden tausende Landwirte gleichzeitig einen Hafen mit ihrem Getreide überfluten, von dem die Hälfte verdarb und von dem der Rest wegen des Überangebots zu Niedrigstpreisen verkauft wurde. Dieser überstürzte Verkauf führte wiederum dazu, dass im darauf folgenden Monat ein Getreidemangel herrschte. Mitte der achtziger Jahre war es Optionshändlern gelungen, den Optionshandel in eine gut geölte Maschinerie zu verwandeln, die sich mühelos an alle Eventualitäten und Erschütterungen anpasste. Dies erinnerte an Chicagos glorreichste Zeiten. Diese Veränderung war der Auslöser für den größten Aktienmarkt-Boom aller Zeiten, begleitet von Aktiengesellschaft-Plünderungen, fremdfinanzierten Übernahmen, Demutualisierungen und anderen Formen kreativer Zerstörungswut. Die meisten bedeutenden amerikanischen Aktiengesellschaften wurden im Laufe dieses Prozesses zerstört oder völlig umgekrempelt. Eine gesamte Arbeitergeneration musste feststellen, dass ihre angebliche Sicherheit bis zum Ruhestand in eine Achterbahnfahrt verwandelt wurde. Doch neue Aktiengesellschaften entstanden, und Konsumenten, Aktionäre und Unternehmer gingen als Sieger hervor.

Optionen sind eine einfache Form von Derivaten (der Wert einer Option hängt hauptsächlich vom zugrundeliegenden Aktienkurs ab, wobei Derivate Wertpapiere sind, deren Wert durch den Kurs anderer Wertpapiere bestimmt wird). In den achtziger Jahren schossen Derivatmärkte für jede erdenkliche finanzielle, und einige nichtfinanzielle, Variable aus dem Boden, auch heute noch. Dazu zählen beispielsweise auch Wetterderivate. Diese Märkte hatten den gleichen Einfluss auf die zugrundeliegenden Vermögenswerte wie Aktionoptionen auf Aktien.

„WITHERED THESE LATTER-DAYS TO LEAF-SIZE FROM LACK OF ACTION..."

Ich möchte die Bedeutung von Optionen an folgendem Beispiel erläutern: Die Supermarktkette „Super Duper Stores" eröffnete nach dem Zweiten Weltkrieg Filialen in teilweise ländlichen Gegenden außerhalb der Städte. Die Waren wurden in einer riesigen und zentralen Produktionsstätte entgegengenommen, verpackt, verarbeitet und an 200 Filialen in fünf benachbarte Bundesstaaten ausgeliefert. Nach und nach wuchsen sowohl die Städte als auch die Vororte und katapultierten die Preise für den Grund und Boden, auf dem die Supermarktfilialen standen, in astronomische Höhen. „Super Duper Stores" hatte sich zu diesem Zeitpunkt ein unspektakuläres, aber wohliges Image erarbeitet, Ladenmanager waren ältere weiße Herren ohne Ehrgeiz, High-School-Schüler verpackten die Lebensmittel für die Kunden an der Kasse in Tüten, und die manuellen Kassen wurden von Ehefrauen, die Teilzeit arbeiteten, bedient. Jeder, der in irgendeiner Form in das Unternehmen eingebunden war – Lastwagenfahrer, Fleischer, Warenverwalter – waren Vollzeitbeschäftigte, gehörten zur betriebseigenen Gewerkschaft, waren krankenversichert und kamen in den Genuss großzügiger Rentenansprüche. Gekündigt wurde grundsätzlich nicht.

In den späten fünfziger Jahren konnte das Unternehmen nicht weiter expandieren, da es an die Grenzen der Vertriebsmöglichkeiten seiner zentralen Produktionsstätte stieß und nicht mehr profitabel hätte wirtschaften können, wenn es die marktüblichen Preise für neue Standorte hätte zahlen müssen. Mit dem erwirtschafteten Gewinn zahlte das Unternehmen alle seine Schulden ab.

Als die Brennstoffpreise stiegen, dezentralisierten sie ihr Vertriebssystem nicht, denn das hätte den routinierten Ablauf beeinträchtigt. Als süd- und ostasiatische Immigranten in die Vororte, in denen „Super Duper Stores" standen, zogen, wurden sie nicht eingestellt, da sie nicht in das Muster des Unternehmens passten. Preisscanner, modernes Inventar, Delikatessenabteilungen und generische Produkte – nichts davon wurde einer näheren Betrachtung für würdig befunden. Schon seit Jahren hatten Mitarbeiter, die ehrgeizig waren oder neue Ideen hatten, gekündigt. Nur die Mitarbeiter, die Wert auf Gemütlichkeit und Sicherheit legten, verzichteten auf Veränderungen und blieben dem Unternehmen treu.

Die Aktienkurse blieben auch unverändert. Als die Zinsen niedrig und die Gewinne noch hoch waren, zahlte „Super Duper Stores" eine großzügige Dividende und war sehr beliebt unter konservativen Investoren. Doch aufgrund höherer Zinsen war die Dividende weniger wert. Eine Ein-Dollar-pro-Jahr-Dividende ist bei zwei Prozent Zinsen 50 Dollar wert, doch nur zehn Dollar, wenn die Zinsen bei zehn Prozent liegen. Aufgrund zunehmender Ineffizienz und des Wettbewerbs auf dem Markt sanken die Gewinne, woraus sich eine kleinere Dividende ergab, die später völlig eliminiert wurde.

Doch warum gingen die Aktionäre nicht auf die Barrikaden? Darüber könnte ich ein ganzes Buch schreiben, doch an dieser Stelle möchte ich nur bestätigen, dass sie es tatsächlich nicht taten. Aktionäre, die frustriert darüber waren, dass die Ak-

KAPITEL 7: DIE EINST KÜHNEN KAMERADEN... 189

tienkurse fielen, während das Management nichts dagegen unternahm, verkauften ihre Anteile einfach an weniger ungeduldige Investoren. Und warum kaufte kein Außenstehender die Aktiengesellschaft auf, um sie umzukrempeln? Dafür hätte man das Einverständnis des Vorstands benötigt, doch der Vorstand hielt daran fest, dass die Aktiengesellschaft nicht zum Verkauf stand, unabhängig von der Höhe des Angebots. Natürlich besaß kein einziges Vorstandsmitglied eine Aktie, doch sie erhielten großzügige Gehälter und Renten von „Super Duper Stores", die bei einem Verkauf nicht erhalten geblieben wären.

Nehmen wir an, der Asset Value eines Anteils von „Super Duper Stores" lag bei 150 Dollar. Das heißt, zu diesem Preis hätte das Unternehmen an ehrgeizige Manager verkauft werden können oder es wäre der Preis gewesen, wenn man die Immobilien, Grundstücke und andere Vermögenswerte einzeln verkauft hätte. Ein rational denkender Aktionär könnte darauf spekulieren, dass jährlich eine zehnprozentige Chance bestand, dass der Wert aktiviert werden könnte. Der Vorstand oder das Management könnten plötzlich Wert auf höhere Standards legen, ein Außenstehender könnte ein Angebot für den Kauf der Gesellschaft oder ihrer Vermögenswerte vorlegen, oder eine Katastrophe könnte das Unternehmen heimsuchen, was von Vorteil wäre, denn es würde Veränderungen herbeiführen. Doch bei keinem der oben genannten Szenarien würden die Aktionäre erwarten, den vollen Wert ihrer Aktien zu erhalten. Eine Neubesetzung des Vorstands oder des Managements wäre wahrscheinlich ein Kompromiss, eine Übernahme hätte zur Folge, dass derjenige, der die Gesellschaft übernimmt, im Sinn hätte, selbst ein gewinnträchtiges Geschäft abzuschließen, und eine Katastrophe würde den Wert der Vermögenswerte senken. Daher könnte man vielleicht behaupten, dass diese Aktie wie ein nie verfallendes Lotterieticket war, das bei einer zehnprozentigen Chance im Laufe der nächsten Jahre zu einem 100-Dollar-Gewinn geführt hätte. Doch da bis zu diesem fiktiven Zeitpunkt kein Bargeld fließen würde, und für den Fall, dass der angemessene Abschlag bei zehn Prozent pro Jahr gelegen hätte, hätte jeder Anteil von „Super Duper Stores" einem Kapitalwert von 50 Dollar entsprochen. Lediglich Menschen, die gerne Risiken eingehen und die den Aktienmarkt nicht sehr aufmerksam beobachten, würden in einem solchen Fall „Super Duper Stores"-Aktien kaufen. Keine der beiden Gruppen wird jedoch besonders aktiv Aktienhandel betreiben, so dass nur wenige Aktien des Unternehmens gehandelt und kleine Schwankungen im Wert nicht viel Aufmerksamkeit erregen würden, auch die Wahrscheinlichkeit der Freisetzung des Unternehmenswertes wäre gering.

Nehmen wir nun aber an, dass der Optionshandel für „Super Duper Store"-Aktien eingeführt wird. In diesem Fall können nur zwei Dinge passieren: Der Preis bleibt bei 50 Dollar oder verdoppelt sich auf 100 Dollar. Die Wahrscheinlichkeit hat keinen Einfluss auf den Optionspreis. Eine Kaufoption für den Kurs von 50 Dollar führt zu keinem Gewinn, falls der Wert der Aktie bei 50 Dollar bleibt. Steigt der Wert der Aktie auf 100 Dollar, liegt der Gewinn des Optionsgeschäftes bei 50 Dollar. Da die Zinsen bei zehn Prozent pro Jahr liegen, liegt der Wert einer einjährigen Kaufoption bei 4,55 Dollar.

Dadurch wird der Handel mit der „Super Duper Store"-Aktie wesentlich interessanter. Man kann eine Aktie kaufen und Kaufoptionen dafür verkaufen, um einen regelmäßigen, risikoarmen Gewinn zu erzielen. Oder man kann Optionen kaufen und sie als eine Art Lotterieticket sehen. Wenn genug Menschen diesem Beispiel folgen, wird der Markt dem Unternehmen dazu verhelfen, kreditfinanziert im Wert zu steigen. Die Aktionäre sind nun in der gleichen Position wie Besitzer von Anleihen, die einen regelmäßigen und sicheren Gewinn verzeichnen können, und die Optionsinhaber tragen nun wie Aktionäre dazu bei, dass der Wert des Unternehmens steigt. Das führt zu einem Anstieg der Aktienkurse, und zwar aus dem gleichen Grund, aus dem sie 1920 fielen. Damals war es einfach, Kredite aufzunehmen, um Aktien zu kaufen (sowohl die Federal Reserve als auch die US-Börsenaufsicht taten alles in ihrer Macht stehende, um Kreditvergaben für Aktienkäufe nach dem Crash von 1929 einzuschränken; der Optionshandel war ein Schlupfloch, um die strikte Regulierung zu umgehen). Der Handel erlebt so einen Aufschwung, und den Kursen wird wesentlich mehr Aufmerksamkeit geschenkt. Neue Händler werden vom Markt angezogen, um bei den neuen Spielen mitzuwirken. Einige Händler nutzen ihre Gewinne und ihren Geschäftssinn, um den Wert von Unternehmen hochzutreiben, oder sie setzen andere Strategien ein, um Werte zu heben. Die erhöhten Aktienwerte und die Möglichkeit, auf Umwegen Geld für Aktienkäufe zu beschaffen, führen zur Gründung neuer Firmen.

Der Ökonom John Kenneth Galbraith hat festgestellt, dass jede finanzielle Innovation daraus besteht, die Fremdkapitalquote zu verschleiern.

Damit hat er ins Schwarze getroffen, und der öffentliche Optionshandelsmarkt – oder allgemeiner gesagt, der Handel aller Formen von Derivaten – führte dazu, dass die Wirtschaft fremdfinanziert wurde. Doch der von Galbraith gewählte Begriff *Tarnung* ist meiner Meinung nach sehr zynisch. Wahre finanzielle Innovationen sind eine Grundlage zur besseren Verwaltung von Fremdfinanzierungen. Derivathandel führte zu Katastrophen (Warren Buffett nannte sie „Massenvernichtungswaffen"), doch eine kreative Vernichtung ist noch immer der Hauptantrieb einer wirtschaftlichen Entwicklung.

Doch lassen Sie uns zur „Super Duper Store"-Aktie zurückkommen. Obwohl eine einjährige 50-Dollar-Kaufoption 4,55 Dollar wert ist, so ist eine einjährige 50-Dollar-Verkaufsoption wertlos. Bis zum Crash von 1987 unterlag der Handel mit Aktienoptionen einer fast konstanten Schwankungsbreite. Das führt tendenziell dazu, den Kurs für die Kaufoption als auch für die Verkaufsoption nach oben zu treiben. Die Differenz muss trotzdem 4,55 Dollar betragen, doch dieses Handelsvorurteil könnte dazu führen, dass die Kaufoption für 6,50 Dollar und die Verkaufsoption für 1,95 Dollar verkauft werden. Dieser in die Höhe getriebene Preis macht eine Aktie wertvoller, denn man kann mehr Gewinn durch das Festhalten an der Aktie und durch den Verkauf von Kaufoptionen erzielen. Das führt zu einer Kurserhöhung und steigert den Wert einer Kaufoption weiter. Als der Markt zusammenbrach, war das Vorurteil über Nacht verschwunden – nicht nur auf Aktien-Optionsmärkten, sondern auf allen Optionsmärkten. Das führte

KAPITEL 7: DIE EINST KÜHNEN KAMERADEN... 191

zur Auflösung einiger illusorischer Marktwerte, doch gleichzeitig wurden Kraft und Präzision des Derivathandels erhöht, wodurch ein wirklicher wirtschaftlicher Wandel stattfinden konnte.

Natürlich ist das „Super Duper Stores"-Beispiel und die oben genannten Zahlen ein sehr vereinfachtes Bild für einen sehr komplexen Vorgang. Der Punkt ist, dass Optionshandel die gesamte Bandbreite an zukünftigen Möglichkeiten aufzeigte, und Händler, die spielten, astronomische Kapitalbewegungen veranlassten. Die erhöhte Schwankungsbreite, die durch den Spielfaktor ausgelöst wurde, war aus zwei Gründen bedeutsam: Durch sie wurden Netzwerkverbindungen auf die Probe gestellt, und durch Händler die Vermögen ansammelten, wurde Kapital angereichert, was zu einem wirklichen wirtschaftlichen Umschwung führte.

DIE GESCHICHTE HAT DAS RISIKO BESIEGT

Ein weiterer Spieler, der vom Kartenspielen in die Finanzwelt wechselte, war Ed Thorp, der Mathematikprofessor, der das Kartenzählen beim Black Jack erfunden hatte. In seinem 1961 erschienenen Buch „Beat the Dealer" beschreibt er, wie er in Kasinos gewann. Weniger bekannt ist sein 1967 erschienenes Buch „Beat the Market" (Co-Autor Sheen Kassouf). Ed wartete nicht, bis 1973 der öffentliche Optionshandel begann. Er begann 1960 Optionsscheine (direkt durch Unternehmen ausgestellte, statt welche, die durch Tausch aufkamen) zu kaufen und zu verkaufen. Er wandte die gleichen sorgsamen mathematischen Prinzipien und kontrollierten Risiken auf den Markt an wie sonst beim Black Jack. Dies hat ihm einen 40 Jahre andauernden Erfolg mit hohen Gewinnen und niedrigen Investitionsrisiken beschert.

Um eine Handelsstrategie für Optionsscheine zu finden, entwickelte Ed eine praktische Formel. Einige Jahre später veröffentlichten drei voneinander unabhängige Professoren ihre eigenen mathematischen Varianten von Eds Formel. Ed Thorp, Myron Scholes, Robert Merton und Fischer Black wandten alle die gleiche Formel an, doch jeder von ihnen hatte einen anderen Grund, an deren Richtigkeit zu glauben. Ed bewies, dass seine Formel ermöglichte, viel Geld zu verdienen, Scholes, dass sie für die Markteffizienz nötig war, Merton, dass seine Formel wahr sein musste, da es sonst Arbitragegeschäfte geben würde, und Black, dass sie notwendig war, um für ein Gleichgewicht auf dem Markt zu sorgen. Blacks Erkenntnis entpuppte sich als die Wichtigste der vier Männer, auch wenn es noch 20 Jahre dauern sollte, bis er die vollen Auswirkungen nachweisen konnte. Merton und Scholes teilten sich den Nobelpreis für ihre Erkenntnis. Da Black zu dem Zeitpunkt schon verstorben war, konnte er keinen Nobelpreis entgegennehmen, doch wäre er mit Sicherheit zusammen mit den beiden anderen ausgezeichnet worden. Thorp bekam zwar keinen Nobelpreis, doch er wurde reich durch die Anwendung seiner Formel. Merton und Scholes hingegen konnten nur katastrophale finanzielle Bilanzen vorweisen. Blacks Abneigung gegen Risiken führte dazu, dass er weder zum einen noch zum anderen Extrem tendierte.

Die vier verschiedenen Annäherungen an das Options-Pricing-Modell führten zu verschiedenen Interpretationen der Geschehnisse zwischen 1973 und 1987. Ed Thorps Version des Modells war wesentlich verbreiteter, und die meisten entschieden sich für seine Version. Ihr Ziel war es, möglichst schnell reich zu werden, und ihrer Meinung nach sorgten Innovationen im Finanzhandelsgeschäft für große Profitmöglichkeiten. In wissenschaftlichen Kreisen war die Myron-Scholes-Variante gebräuchlich: Optionen machen den Markt effizienter, und eine größere Markteffizienz ist gut für die Wirtschaft. Unterbeschäftigte Physiker und Mathematiker hingegen vergötterten Robert Merton. Sie erfanden das so genannte *Financial Engineering*, um aus den mathematischen Resultaten, die Optionswerten zugrunde liegen, Kapital zu schlagen. Als Folge dieses Vorgangs erfanden sie immer komplexere Produkte und Geschäfte. Falls Sie Interesse an einem führenden *financial engineer* haben, sollten Sie unbedingt Emanuel Dermans „My Life as a Quant" lesen.

Allen drei Herangehensweisen liegt eine solide und wahre Annahme zugrunde, doch Fischer Black war der Einzige, der den gesamten Vorgang wirklich verstand, und doch hatte er nie das Bedürfnis, seine Lehre zu verbreiten. Alle vier sind außerordentliche Genies, doch einige Menschen glauben, dass Black der intelligenteste unter ihnen war. Ich nehme an, das liegt daran, dass er perfekt in das Bild eines nichtgesellschaftsfähigen, halb verrückten Genies passte. Mit Ed macht ein Abendessen am meisten Spaß, Scholes gibt die besten Vorlesungen, und mit Merton kann man am besten mathematische Formeln ausarbeiten. Ich denke, dass Black so erfolgreich war, weil ihn von allem Erfolg am wenigsten interessierte. Er war zufrieden mit einem angemessenen Gehalt, das Goldman Sachs ihm auch zahlte, doch er gründete keinen Hedge-Fonds wie die anderen drei. Er veröffentlichte auch nicht viele Artikel in wissenschaftlichen Fachzeitschriften, da er mehr Interesse an dem praxisorientierten „Financial Analysts Journal", das von seinem Freund Jack Treynor herausgegeben wurde, hatte. Ganz im Gegensatz zu anderen Wissenschaftlern, die zehn wissenschaftliche Abhandlungen über eine einzige ihrer Ideen, die wiederum in ein fachliches Unterthema eingebunden war, verfassten, schrieb Black eine unerhört originelle wissenschaftliche Abhandlung zu einem einzigen Thema und beschäftigte sich dann mit etwas völlig anderem. Zu guter Letzt fasste er alles in einem Buch zusammen, das so gut wie niemand las.

UND ER VERBRANNTE SIE WIE ALTPAPIER

Lassen Sie uns nun zur vierteljährlichen Wirtschaftsstatistik des amerikanischen Bruttosozialprodukts, die regelmäßig von Statistikern der Regierung verkündet wird, kommen. Bei dieser Statistik handelt es sich um eine wichtige Wirtschaftsvariable, die, zusammen mit ähnlichen Statistiken, mit vielen Wirtschaftstheorien und -modellen übereinstimmt. Black war sich darüber im Klaren, dass diese in einem Maße angehäuft wurden, dass sie sozusagen keine Bedeutung mehr hatten.

Der Horizont der meisten wirtschaftlichen Entscheidungen ist weit entfernt. Das ist leicht zu verstehen, denn die meisten Menschen sind nur an kleineren Transaktionen beteiligt. Wenn jemand einen Baum in einer halben Stunde fällt

KAPITEL 7: DIE EINST KÜHNEN KAMERADEN... 193

und dafür 20 Dollar bekommt, sieht er es als eine halbstündige Transaktion. Doch der Baum wird in mehreren Stadien verarbeitet, so dass es Monate dauern kann, bevor er in Produkte umgewandelt wird. Viele dieser Produkte werden dann wiederum zu Stadien einer weiteren Produktionsphase – Papier für eine Firma, Eisenbahnschwellen für eine Eisenbahnlinie oder ein Regal für ein Einzelhandelsgeschäft. Es gibt Gewinn- und Verlusterklärungen, die für alle diese Firmen berechnet werden, was den Eindruck erweckt, in jedem Quartal habe eine abgeschlossene wirtschaftliche Aktivität stattgefunden. Doch all das basiert lediglich auf der Annahme, dass die Zukunft wie geplant eintritt. Und das ist nie der Fall.

Erinnern Sie sich an all die Arbeit, die Sie in Ihrem Leben vollbracht haben, die letztendlich unnötig war. Vielleicht machten Sie einen Fehler und mussten ihn korrigieren. Oder Sie haben Ihre Arbeit zur Zufriedenheit erledigt, doch dann wurde das Projekt eingestellt. Vielleicht wurde das Projekt aber auch abgeschlossen, war aber sinnlos. Möglicherweise finden Sie nie heraus, dass Ihr Werk nie gebraucht wurde. Denken Sie dabei jedoch nicht nur an Projekte von kurzer Dauer. Erinnern Sie sich an all die Aus- und Fortbildungen, die Ihnen nichts mehr nützen oder nie genutzt haben. Und was ist mit all der Wartezeit, die Sie in sinnlosen Meetings verschwendet haben? Der Großteil dessen, was als wirtschaftliche Aktivität bezeichnet wird, dem man einen Wert zuschreibt und es in vierteljährlichen Berichten veröffentlicht, stellt sich letzten Endes als wertlos heraus. Die Dinge, die wirklich wertvoll sind, sind meist völlig unerwartete, die zu dem Zeitpunkt entweder unterschätzt oder gar nicht in den Berichten berücksichtigt werden. Es bestehen nur minimale Unterschiede zwischen einem iPod, der sofort teuer verkauft wird, und einem von der Funktion her identischen Festplatten-MP3-Player, der nicht verkauft und entsorgt wird, einem Film, der am ersten Wochenende 100 Dollar einspielt, und einem Film, der gleich zu den Restposten von Kmart wandert, oder einem Buch, das an der Spitze der Bestsellerliste steht, und einem, das nicht einmal die Familie des Autors liest.

Die vierteljährliche Bruttosozialprodukt-Statistik kombiniert also viele nutzlose mit vielen unterbewerteten Dingen, und es würde Jahre, nicht Monate, dauern, den Unterschied festzustellen. Natürlich schlüsseln Ökonomen das Bruttosozialprodukt in Komponenten auf – manchmal in hunderte oder tausende –, und sie beobachten Langzeitdaten. Doch Black fand heraus, dass nichts davon einen wirklichen wirtschaftlichen Wert erklärt oder den zeitlichen Rahmen, in dem wichtige wirtschaftliche Ereignisse stattfinden.

Nehmen wir einmal an, ein Land beschließt, eine unabhängige Autoindustrie aus dem Boden zu stampfen. Es müsste nach Eisen und Kohle suchen, Fabriken für die Verarbeitung von Stahl, Glas und Gummi bauen sowie Geld in Forschung und Planung investieren. Es müsste Eisenbahnstrecken bauen, um alle Produktionsstätten miteinander zu verbinden. Um diese Eisenbahnstrecken zu bauen und zu betreiben, würde es weitere Eisen-, Kohle-, Öl-, Holz und andere Vorkommen und Materialien benötigen. Die Wagen würden Straßen und Tankstellen benötigen, um eingesetzt werden zu können. Der gesamte Prozess könnte 20 Jahre dauern und eine Million Arbeiter mit einbeziehen. Jedes Jahr würde man den Fortschritt zu schätzen wissen und ihn bei den staatlichen Berichten hinzuaddieren. Die Menschen würden für ihre Arbeit bezahlt werden, Firmen würden entstehen und florieren, Schulen würden gegründet werden, um die Arbeiter auszubilden.

Doch wenn der erste Wagen vom Band rollt, braucht nur ein Konsument zu sagen, dass ihm der Wagen nicht gefällt, und das bereits 20 Jahre dauernde Projekt kommt sofort zum Stillstand; der gesamte Wert, der in dieser Zeit geschaffen wurde, wird abgeschrieben. Einige Vermögenswerte könnten vielleicht gerettet werden. Vielleicht kann das Modell des Wagens neu entworfen werden, oder es könnten stattdessen Fahrräder produziert werden. Vielleicht kann der Stahl für den Bau von Gebäuden eingesetzt werden. Doch keine der Umstrukturierungsmaßnahmen hat eine sichere Zukunft, und alle bringen einen bedeutenden Wertverlust mit sich. Fast alle der eine Million Arbeiter verlieren über kurz oder lang ihren Arbeitsplatz, und viele ihrer Arbeitsplätze werden durch die Umstrukturierung des Systems abgebaut werden.

Wenn Sie sich die Wirtschaft als eine Ansammlung von 20 Jahre andauernden spekulativen Projekten vorstellen, von denen viele nicht von Erfolg gekrönt sein werden und keines nach Plan verlaufen wird, dann sehen Sie den Bedarf der Wirtschaft und den Reiz des Glücksspiels im Gegensatz zu einem Mittelschichtleben. Wenn man auf Nummer sicher gehen möchte, könnte es als ein solides Geschäft mit einer langen Tradition und stabilen Zukunftsperspektive erscheinen, doch all das kann sich in einem einzigen Augenblick in Luft auflösen. Es ist wie ein Motel an einer geschäftigen Straße, das plötzlich bedeutungslos wird, weil jemand 80 Kilometer weiter eine Brücke gebaut hat, die dazu führt, dass der gesamte Verkehr umgeleitet wird. Selbst wenn Ihr Unternehmen erfolgreich ist, kann die gesamte Wirtschaft zusammenbrechen, wenn andere Unternehmen zu viele Fehler machen.

Als Investor können Sie Aktien kaufen, die einen 20 Jahre andauernden stetig wachsenden Gewinn und absolut ehrliche und durchsichtige Rechenschaftsberichte aufweisen, ohne dass je auch nur ein einziger Cent der Profite in Bezug darauf überprüft wurde, inwiefern er zu etwas beiträgt, das jemand tatsächlich gekauft hat. Fast alle Wirtschaftswerte von Produkten, die Menschen kaufen, basieren auf Entscheidungen, die vor Jahrzehnten getroffen wurden. Ein Computer kann letzte Woche zusammengebaut worden sein, doch die Forschung und Entwicklung, die Schulung der Arbeiter und Nutzer, das Bauen der Infrastruktur, um die Computer mit Strom und Kommunikationsmöglichkeiten zu versorgen, das geltende Recht, der Geschäftsverband der Hersteller und Einzelhandelsverkäufer und hunderte weiterer essentieller Bausteine waren schon lange vor dem Zusammenbau des Computers notwendig. Ohne all diese Schritte wäre der Computer entweder nie gebaut worden, oder er wäre nutzlos gewesen. Wenn man all das oben Genannte bedenkt, dann ist die wirtschaftliche Anstrengung, die nötig ist, um einen weiteren Computer zu bauen, unerheblich.

Zusammenbrüche bringen neue Chancen mit sich. Das verlassene Motel könnte günstig aufgekauft und dank des fehlenden Verkehrslärms in ein Wellness-Hotel umgebaut werden. Der neue, durch die Brücke umgeleitete Verkehrsfluss könnte

KAPITEL 7: DIE EINST KÜHNEN KAMERADEN...

die Pendlerzeiten und somit auch die entsprechenden Immobilienwerte in den diversen Vororten verändern. Es gibt eine Menge Gelegenheiten, die nur darauf warten, ergriffen zu werden, und viele unerfüllte Bedürfnisse – unerfüllt deshalb, da das Projekt, das sie eigentlich hätte befriedigen sollen, gescheitert ist. Denken Sie nur daran, wie viel Geld eBay dadurch verdient hat, dass es als Mittelsmann für Menschen, die ihren Dachboden von unnützem Zeug befreien wollten, diente. Oder wie Internet-Reisebüros wie Expedia das Motel-Geschäft beeinflusst haben. Anstatt einen günstigen Standort zu benötigen, damit Gäste das Motel leicht finden könnten, könnte man nun durch Niedrigpreise Kunden gewinnen, da Kunden das Motel über das Internet ausfindig machen könnten, wo ihnen auch gleich die Anfahrtsroute mitgeteilt würde. Was würde passieren, wenn alle Eigentümer gestrandeten Kapitals dieses bei einem gigantischen Pokerspiel setzen würden? Einige Gewinner würden mit einer wahllosen Kombination von sonst nutzlosen Anlagen, die bei jemand anderem eine kreative Idee auslösen würden, die Runde verlassen. Viele erfolgreiche Unternehmen sind darauf begründet, dass jemand gezwungen war, für etwas, das er besaß, einen Nutzen zu finden.

Fischer Black hatte noch viel mehr als das zu sagen. Ich möchte lediglich klarstellen, dass die Welt, die er beschreibt, eher einer weit offenen Grenze entspricht, die durch Warenterminmarkt-Tauschhandel organisiert ist, statt einem reibungslosen Gleichgewicht, das so schön in wirtschaftlichen Fachbüchern beschrieben wird. Die wirtschaftlichen Herausforderungen der Zukunft werden bewältigt und das Vermögen der Zukunft wird von denjenigen angehäuft werden, die Spread-Betting betreiben und so an Kapital gelangen, das sie dynamisch einsetzen werden.

FLASHBACK

DER WERDEGANG EINES WERTPAPIERHÄNDLERS

Genau wie beim Pokern begann meine Karriere als Börsenhändler bereits als Kind – und zwar mit dem Kartenspiel Pit. Die Parker-Brüder entwickelten es 1904 als Wettbewerbsprodukt zum erfolgreichen und im Jahr zuvor auf den Markt gekommenen Börsenspiel Gavitts Stock Exchange (was ich ebenfalls spielte, jedoch erst sehr viel später im Leben). Parker stellt Pit zwar nicht mehr her, hat dem Unternehmen Winning Moves jedoch die Lizenzrechte gewährt und somit ist das Spiel für Leute wie mich weiterhin erhältlich. Winning Moves nennt Pit „einen zeitlosen Klassiker".

Pit[34]

Das Spiel ist ganz einfach. Es ist für drei bis acht Spieler – je mehr, desto besser. Pro Spieler wird ein Kartensatz Rohstoffe ins Spiel genommen, jeder Kartensatz besteht aus neun gleichen Karten. Man hat die Wahl zwischen Weizen, Mais, Kaffee, Hafer, Zucker, Gerste, Orangen und Sojabohnen. Mit Ausnahme der Orangen, welche als gefrorener Orangensaft gehandelt werden, sind alle diese Rohstoffe wirklich an der Börse vertreten. Als ich jung war, gab es Flachs, Roggen und Heu anstelle von Kaffee, Zucker, Orangen und Sojabohnen. Zu Spielzwecken zählt jeder Rohstoff gleich, abgesehen vom Punktewert. Es gibt neun Karten pro Rohstoff, also neun Karten pro Spieler. Man mischt die Karten und teilt sie aus.

Ziel des Spiels ist es, als erster Spieler neun Karten desselben Rohstoffs zu haben, um dann die Glocke zu läuten (der Geniestreich, durch den Pit mehr Spaß macht als Gavitt's[35], bei dem man Gleiches mit Bahnaktien versucht hatte) und „Marktmonopol bei ...!" (der Rohstoff, den man vollständig gesammelt hat), zu rufen. (Bei Gavitt's ruft man stattdessen „Topeka", was weitaus weniger befriedigend ist.) Dann bekommt man für seine Rohstoffe eine bestimmte Punktezahl gutgeschrieben, es gibt unterschiedliche Wertigkeiten für die einzelnen Rohstoffe: Sie reichen von 50 für Orangen bis 100 für Weizen. Nun werden die Karten für eine neue Runde ausgeteilt. Das Spiel ist zu Ende, sobald einer der Spieler 500 Punkte erreicht hat.

Man erreicht sein Monopol, indem man eine gleiche Anzahl von Karten mit einem Mitspieler tauscht. Spieler brüllen Zahlen wie „1 gegen 1" oder „3 gegen 3". Wenn sich zwei Spieler auf eine Zahl einigen, tauschen sie die vorher ausgerufene Anzahl von Karten miteinander. Diese Karten müssen alle vom gleichen Rohstoff sein – beispielsweise dreimal Zucker oder zweimal Gerste. Die Karten, die man erhält, müssen natürlich auch alle von der gleichen Sorte sein (hoffentlich nicht dieselbe wie die, die man getauscht hat, aber das passiert häufig).

Der Schlüssel zum Erfolg bei Pit ist, möglichst viele Karten zu tauschen. Dadurch kann man sich den richtigen Rohstoff für eine Monopolbildung aussuchen und die Entscheidung auch wieder rückgängig machen, falls dies nötig sein sollte. Es liefert auch Informationen darüber, was die anderen Spieler auf der Hand halten. Natürlich ist jede Karte, die die Mitspieler tauschen, eine, die sie nicht wollen, und bei den meisten Spielern, die eine von Ihnen erhaltene Karte auf der Hand behalten, statt sie sofort zum Tausch anzubieten, können Sie davon ausgehen, dass das wohl der Rohstoff ist, den sie sammeln. Um möglichst oft die Karten zu tauschen, muss man gut darin sein, sich trotz des Gebrülls der anderen Mitspieler Gehör zu verschaffen. Das Spiel macht mehr Spaß, wenn geschummelt werden darf, da man auf diese Art auch das Geschäft ankurbeln kann, indem man verrät, welchen Rohstoff man tauschen möchte. Dabei gewinnt die Berechnung an Bedeutung. Man muss in diesem Fall nämlich gleichzeitig im Hinterkopf behalten, wie nah die Mitspieler einem Sieg sind, da man niemandem zu seiner Siegerkarte verhelfen möchte. Wenn Sie ein ausgeprägtes Tausch-Gen haben, werden Sie sich bei dem Spiel am Ende jeder Runde schief- und krummlachen und immer noch nicht aufhören wollen zu spielen, wenn Ihre Freunde das Spiel schon längst satthaben.

---

34 Ein ähnliches Spiel gab es 1978 in Deutschland mit Namen „Zaster" – dort geht es allerdings um Währungen, statt um Rohstoffe.

35 Ein beliebtes Gesellschaftsspiel in den USA: „Gavitt's Stock Exchange".

Pit erfasst drei Aspekte des wahren Börsenhandels. Erstens: relativ einfaches Schlussfolgern, das zu jeder Transaktion dazugehört, die Teil einer komplexen und subtilen Strategie ist. Zweitens: die körperliche Hochstimmung durch das fortwährende Gebrüll um Aufmerksamkeit, ausgelöst durch eine Mischung aus Sauerstoffmangel und irgendeiner chemischen Substanz, die im Gehirn freigesetzt wird und für die soziale Energie zuständig ist. Auf dem Börsenparkett wird auch gewetteifert (das ist ein Euphemismus) und gebrüllt. Durch den computerbasierten Handel entsteht ein ähnliches Gefühl – jedoch ohne ein Ventil, so dass sich die Energie gefährlich anstaut. Viele Händler vermeiden das, indem sie jeden anschreien und Dinge kaputt machen – nicht wenn sie verlieren, sondern als Technik zum Stressabbau.

Zu guter Letzt erfasst Pit die Gruppendynamik, die entsteht, wenn eine Gruppe sich eindringlich auf ein gemeinsames Ziel konzentriert. Ameisen und Bienen fühlen das zweifelsohne intensiver als Menschen – vermutlich würden Menschen eine Entspannung vorziehen, bei der sie für sich selbst denken. Dieses Gefühl ist einer der Gründe, warum Craps und Pferderennen so beliebt sind, wobei es dabei weniger intensiv zu spüren ist, da die Menge nur zusieht und nicht selbst eingreift, außer, wenn sie betet. Einige Leute haben dieses Gefühl bei Mannschaftssportarten oder anderen gemeinschaftlichen Tätigkeiten, aber mir ging das nie so. Ich denke nicht, dass es mir gefallen würde, mich wie ein Rädchen in einem gut funktionierenden Getriebe zu fühlen, aber ich finde es toll, zu einer Schar oder einem Schwarm zu gehören und meine persönlichen Ziele zu verfolgen, indem ich das Handeln einer Menschenmenge beeinflusse, aber gleichzeitig stolz auf die Macht und Effizienz dieser Menschenmenge bin. James Surowiecki schrieb ein tolles Buch, „The Wisdom of Crowds"[36], das dieses Phänomen auf eine wissenschaftlichere Art und Weise behandelt.

Der Optionshandel

Durch meine ganze Erfahrung bei Pit und beim Pokern traute ich mir zu, die Chicago Board of Trade in Angriff zu nehmen. Zwei Dinge brachten mich davon ab. Das Erste waren die Kosten. In den frühen achtziger Jahren waren ungefähr eine halbe Million Dollar nötig, um Börsenhändler zu werden, der auf eigene Rechnung Geschäfte tätigt. Der Aktienoptionshandel war da weitaus günstiger. In trägen Sommermonaten, wenn die Händler Urlaub machen wollten, konnten Sie einen Sitz für nur ein paar 100 Dollar leihen oder sogar für einen erschwinglichen Preis kaufen. Sie mussten 50.000 Dollar als Einschussleistung aufbringen (oder 25.000 Dollar, wenn Sie Ihre Positionen täglich verkauften). Das Geld wurde bei Ihrer Clearinggesellschaft hinterlegt (Sie mussten eine finden, die bereit war, Sie aufzunehmen). Diese Gesellschaft trug die finanzielle Verantwortung für all Ihre Geschäfte. Am Ende jedes Börsenschlusses glich sie all Ihre miteinander verrechneten Käufe und Verkäufe aus und bezahlte oder erhielt den Nettobetrag vom Clearinghouse. Die 50.000 Dollar waren als Sicherheit gedacht, um Ihre Verluste zu decken.

Angenommen, Sie kaufen zum Beispiel zehn GM-Optionen im Wert von 50 Dollar mit Fälligkeitsdatum im Juni zu je fünf Dollar, verkaufen später 15 des gleichen Kontrakts zu sechs Dollar und kaufen dann zehn zu je 5,50 Dollar. Am Ende des Tages besitzen Sie dann fünf Optionen. Sie sind 5.000 Dollar (jeder Kontrakt gilt

---

36 In der deutschen Übersetzung: „Die Weisheit der Vielen."

für 100 Aktien) für die erste Transaktion schuldig, Sie bekommen 9.000 Dollar für die zweite Transaktion und schulden 5.500 Dollar für die dritte. Unterm Strich schulden Sie dem Clearinghouse 1.500 Dollar. Das heißt nicht unbedingt, dass Sie Geld verloren haben – das ist davon abhängig, mit welchem Wert die übrigen fünf Optionen schließen. Liegt ihr Wert über drei Dollar, haben Sie für diesen Tag mit Ihren Börsentätigkeiten ein Plus erwirtschaftet. Für diese ganzen Transaktionen ist die Clearinggesellschaft zuständig.

Der zweite Grund, den Optionshandel vorzuziehen, waren meine fehlenden Kenntnisse hinsichtlich Rohstoffen aus dem Landwirtschaftssektor – oder besser gesagt hinsichtlich jeglicher Rohstoffe. Das muss nicht zwingend ein Nachteil sein, man muss keine großen Kenntnisse über etwas haben, um profitable Handelsstrategien dafür zu entwickeln. Ich verstand auch nicht viel von Aktien. Da der öffentliche Optionshandel erst seinen Anfang nahm (er wurde 1973 eingeführt) und recht mathematisch angelegt war, rechnete ich mir dort bessere Erfolgschancen aus. Der Nachteil war allerdings, dass ich niemals würde brüllen können: „Marktmonopol bei Mehl!"

Ich habe keine Kurslisten von damals, aber ich werde ein paar aktuelle Kurse heranziehen, um das Spiel zu veranschaulichen. Es handelt sich um echte Notierungen, keine erfundenen Beispiele. Der Optionsmarkt ist heutzutage viel effizienter, als er es einmal war. Dies ist teils auf Maßnahmen, die durch die Securities and Exchange Commission[37] ergriffen wurden, und teils auf eine verbesserte Handelstechnologie zurückzuführen. In den 80er Jahren gab es mehr und größere Gewinnmöglichkeiten.

Strike	Call-Kurs	Put-Kurs
Fällig am 16. September 2005		
45	7,40	0,15
50	2,65	0,35
55	0,25	3,10
60	0,05	
Fällig am 21. Oktober 2005		
40	13,70	0,05
45	8,30	0,20
50	3,30	1,00
55	0,85	3,50
60	0,15	7,90
65	0,05	12,00
70	0,05	16,30
75	0,05	21,30
80	0,10	26,30
Fällig am 20. Januar 2006		

---

37 Anm. der. Übers.: Einrichtung zur Kontrolle des Wertpapierhandels in den Vereinigten Staaten

KAPITEL 7: DIE EINST KÜHNEN KAMERADEN...

20		0,05
30	23,10	0,05
35	19,30	0,15
40	13,60	0,20
45	9,40	0,70
50	4,50	2,00
55	1,95	4,40
60	0,65	8,20
65	0,15	10,90
70	0,05	16,30

Diese Tabelle zeigt die Preise für die Optionen von Morgan-Stanley-Aktien (MWD) mit dem Ausübungstermin 24. August 2005. Zum Zeitpunkt dieser Kurse wurde der Basiswert zu 52,29 Dollar pro Anteilschein gehandelt. Die obere linke Hälfte der Tabelle zeigt uns, dass Sie eine Call-Option für die MWD-Aktie zu 45 Dollar pro Anteilschein mit Fälligkeit zum 16. September erwerben könnten, und zwar zu einem Kurs von 7,40 Dollar pro Anteilschein. Würden Sie diese Option kaufen, hätten Sie das Recht, aber nicht die Verpflichtung, bis zum 16. September eine Aktie zu einem Kurs von 45 Dollar zu einem beliebigen Zeitpunkt vor dem 16. September zu kaufen. Normalerweise würde man bis zum 16. September warten. Wenn die Aktie dann einen Kurs hätte, der unter 45 Dollar pro Aktie läge, würde man die Option verfallen lassen, läge der Kurs hingegen über 45 Dollar pro Aktie, würde man die Option nutzen und kaufen. Bedenken Sie jedoch, dass Sie die Aktie auch kaufen, wenn der Gewinn unter den 7,40 Dollar liegt, die Sie für die Option gezahlt haben. Dieses Geld bekommen Sie nicht zurück, egal was passiert. Wenn die Aktie also für 46 Dollar verkauft wird, kaufen Sie sie für 45 Dollar. Ihr Gewinn von einem Dollar senkt ein wenig die Kosten von 7,40 Dollar, die Ihnen durch den Kauf der Option entstanden sind. Sie bereuen es, 7,40 Dollar für die Option bezahlt zu haben, wollen aber dennoch den größtmöglichen Gewinn erzielen.

Ein Privatanleger kauft diese Option vielleicht, wenn er zwar MWD-Aktien kaufen möchte, aber befürchtet, es könnte in naher Zukunft schlechte Nachrichten geben. Wenn er die Option kauft und dann ausübt, bezahlt er insgesamt 52,40 Dollar pro Aktie (45 Dollar für die Aktien plus 7,40 Dollar für die Option), 0,11 Dollar mehr als beim Direktkauf der Aktie. Für diese 0,11 Dollar bekommt er zwei Dinge: erstens die Zinsen, die er an 45 Dollar im Monat verdienen kann, denn durch die Option muss er den Betrag erst am 16. September bezahlen. Das macht schon mal ungefähr 0,08 Dollar davon aus. Zweitens: der sich in Grenzen haltende Verlust, falls MWD im nächsten Monat etwas Negatives zustoßen sollte. Wenn die Aktien auf 30 Dollar oder sogar auf null fallen würden, würde der Privatanleger nur die 7,40 Dollar verlieren, die er für die Option bezahlt hat, und keine 22,29 Dollar oder 52,40 Dollar, die er im Falle eines Aktienbesitzes verlieren würde. Natürlich ist es relativ unwahrscheinlich, dass so etwas geschieht. Darum kann er auch die Absicherung für nur ungefähr 0,03 Dollar kaufen.

Mit einer Put-Option hat man das Recht, zu verkaufen, statt zu kaufen. Für 0,15

Dollar kauft man sich das Recht, eine MWD-Aktie jederzeit vor dem 21. September zu verkaufen. Statt die Call-Option zu kaufen, könnte unser Privatanleger die Aktie kaufen und dann 0,15 Dollar bezahlen, um die Put-Option zu erhalten und somit über die gleiche Absicherung wie bei der Call-Option zu verfügen. Natürlich ist die Call-Option das bessere Geschäft. Der Privatanleger muss nur den günstigsten Weg für die Umsetzung seiner Strategie finden. Als Börsenhändler suchen wir nach Möglichkeiten, die Profit garantieren.

Das Blatt spielen

Wenn Sie nie zuvor mit Optionen gehandelt oder sich mit diesen beschäftigt haben, sieht die Tabelle nur wie eine Zahlenliste aus – so als sähe man sein erstes Texas Hold 'Em-Spiel. Drei Karten werden in die Mitte des Tisches gelegt und jeder fängt an, über die verschiedenen Möglichkeiten der Pocket-Cards und die damit verbundenen Strategien zu diskutieren. Wenn man schon eine Weile spielt, analysiert man ohne überhaupt darüber nachzudenken, den Flop nach Möglichkeiten auf eine Straße oder einen Flush und infrage kommende Pärchen-Kombinationen. 100 Seiten eines Poker-Buches können versuchen, Ihnen das Vorgehen näherzubringen und Ihnen dabei den Eindruck vermitteln, dass man ein extrem gutes Gedächtnis dafür benötigt. Dem ist aber nicht so – mit ein wenig Übung bekommt jeder den Dreh schnell raus. Ich werde das Prinzip auf ein paar Seiten erklären, aber vergessen Sie nicht, dass dies nach kurzer Zeit automatisch funktioniert. Bei anderen Handelsvarianten werden andere Berechnungen benötigt, genau wie man bei Seven-Card-Stud auf andere Dinge achtet als bei Texas Hold 'Em. Aber Poker ist Poker und Handel ist Handel. Man braucht die gleichen Voraussetzungen für alle Spiele, man muss nur seine Ziele und die damit verbundenen speziellen Berechnungen anpassen.

Zunächst muss man nach Arbitragen für einzelne Optionen suchen, also eine Option finden, die man kaufen oder verkaufen kann, um unmittelbaren Profit zu erzielen. Davon gibt es sechs in der vorstehenden Tabelle mit echten Daten aus einem effizienteren Markt als dem, auf dem ich handelte (obwohl damals wie heute ein Kurs, der über den Bildschirm flimmert, keine Garantie ist, dass man eine Transaktion auch durchführen kann). Wenn Sie so etwas interessiert, sehen Sie mal, ob Sie sie in der Tabelle finden können. Wenn nicht oder wenn Sie es schon versucht haben, nenne ich Ihnen eine. Sehen Sie sich mal den 65-Dollar-Put-Kurs mit Fälligkeit im Januar an. Sie könnten die Option für 10,90 Dollar zusammen mit einem MWD-Anteilschein für 52,29 Dollar kaufen. Das macht dann insgesamt 63,19 Dollar. Sie können diese Option sofort ausüben und Ihre Aktie für 65 Dollar verkaufen. Das wäre ein Gewinn von 1,81 Dollar. Sie können sogar etwas noch Besseres tun. Wenn Sie die Option nicht ausüben, können Sie hoffen, dass der Kurs der MWD-Aktie vor dem 20. Januar 2006 über 65 Dollar steigt. Es stimmt schon, Sie müssen Zinsen zahlen, um Ihre Investition von 63,10 Dollar zu finanzieren – so um die 0,54 Dollar –, aber die bekommen Sie zurück, denn die Aktie soll vor dem 20. Januar 2006 zwei Dividenden von 0,27 Dollar ausschütten.

Ehe wir nach komplexeren Möglichkeiten suchen, möchte ich mit Ihnen kurz darüber sprechen, wie Sie eine Option an der Börse tatsächlich ausüben. Selbst zu meiner Zeit würde man so etwas nicht versuchen – es ist zu einfach. Sogar der begriffsstutzigste Händler an der Börse würde keine Option zu weniger als dem

KAPITEL 7: DIE EINST KÜHNEN KAMERADEN...

inneren Wert (der Wert, den sie hat, wenn man sie unverzüglich ausüben würde) verkaufen. Dieser Kurs ist entweder alt – eine Notierung, als MWD zu einem höheren Kurs verkaufte und die seitdem nicht mehr aktualisiert wurde – oder ein Fehler. Die Kurse auf den Bildschirmen sind weniger zuverlässig für Optionen, die seltener gehandelt werden, wie beispielsweise solche, die extreme Abweichungen vom aktuellen Aktienkurs aufweisen und deren Ausübung in ferner Zukunft liegt. Aber wären Sie optimistisch, würden Sie wegen MWD-Optionen hinüber zum Börsenstand gehen. Dort steht ein Kursmakler, der die Geld- und Briefkurse für alle MWD-Optionen notiert. Er kauft zum Geldkurs (dem niedrigeren Kurs) und verkauft zum Briefkurs (dem höheren Kurs). Man kann keinen Gewinn erzielen, wenn man den Spread bezahlt, also wendet man sich nur wegen eines Verkaufs von Positionen an den Kursmakler. Auch wenn man mit der Bezahlung des Spread Geld machen könnte, wäre man wegen einer Reihe von Gründen auf den guten Willen des Kursmaklers angewiesen. An ihm verdienen zu wollen, ist – auf lange Sicht gesehen – keine kluge Entscheidung.

Stattdessen wartet man am Börsenstand und hofft, dass jemand herbeigeeilt kommt, der im Auftrag seines Kunden 100-Put-Optionen mit Fälligkeit im Januar verkauft. Viele der Händler machen nur im Auftrag von Kunden Geschäfte (oder tun dies zumindest zusätzlich zu den eigenen). Diese Aufträge werden durch eine Brokerage-Gesellschaft an die Börse vermittelt. Man bietet geringfügig mehr als der Kursmakler (ein Preis innerhalb des Spread), um einen solchen Auftrag zu bekommen. Man muss natürlich auch mehr bieten als die anderen, die um den Börsenstand herumstehen. Man kann natürlich auch den sich dort aufhaltenden Händlern ein Angebot zum Kauf unterbreiten in der Hoffnung, dass jemand diese Optionen verkauft, ihm aber das Angebot des Kursmaklers nicht zusagt.

Sobald man die Optionen bekommen hat, muss man denselben Wert an MWD-100-Aktien pro Optionskontrakt kaufen. Wenn man nicht schnell handelt, verliert man rasch seinen Profit. Kauft man die Option zu 10,90 Dollar, der Kurs der MWD-Aktien steigt aber über 54,10 Dollar, ehe man die Aktie kaufen kann, hat man keinen garantierten Gewinn mehr.

Es mag Ihnen vielleicht in den Sinn kommen, dass ein Computer solche Profitchancen viel besser erkennen kann als der Mensch und in der Lage ist, genaue Anweisungen fehlerlos in Mikrosekunden zu übertragen. Das stimmt, Computer werden auf dem Börsenmarkt auch rege eingesetzt. Aber sie können manchmal große Fehler machen. Der Schlüssel zum richtigen Handel, den ich mit diesem Beispiel hier nicht veranschaulichen kann, ist das Erkennen von Möglichkeiten, die sich auftun, und von attraktiven Transaktionen während des Prüfens der Zahlen. Diese ändern sich ununterbrochen. Einige offensichtliche Chancen bieten sich über Monate, andere nur für den Bruchteil einer Sekunde. Andere kehren immer wieder, wieder andere sind einmalig. Die einen eignen sich perfekt für unruhige Märkte, die anderen für ruhige Märkte. Nur wenn man vor Ort ist und all das in sich aufnehmen kann, wird man ein guter Händler. Die Berechnungen müssen natürlich durchgeführt werden, aber ein Gefühl für den Markt zu entwickeln ist genauso wichtig. Ein Computer kann Ihnen ausrechnen, wie wahrscheinlich es ist, dass ein Ass und ein König ein Paar Buben beim Texas Hold 'Em schlagen, aber er kann Ihnen nicht die Reaktion eines Spielers auf einen All-In-Raise vorhersagen.

Dies gilt für den computerbasierten Handel ebenso wie für den Börsenhandel. Dort ist es nicht so ausgeprägt, spielt aber doch eine Rolle. Man sieht sich ja nicht nur statischen Zahlen gegenüber, die Kurse ändern sich stets. Man kann beobachten, wie sich langsam eine Möglichkeit auftut. Man behält sie im Auge, bis man das Gefühl hat, dass der Zeitpunkt richtig ist. Handelt man zu früh, macht man vielleicht nicht genug Profit oder man kann die Option vielleicht nicht ausüben. Handelt man zu spät, war ein anderer vielleicht schneller. Man überdenkt ständig dutzende potenzieller Transaktionen, tätigt eine neue, wenn sich eine interessante Konstellation auftut, und verwirft ältere, die sich nicht entsprechend entwickelt haben. Will man zu viele Möglichkeiten auf einmal beobachten, macht man Fehler. Konzentrieren Sie sich nur auf ihre Lieblingswerte, verpassen Sie zu viele andere. Betritt man das Parkett einer großen Bank, spürt man unmittelbar die Marktstimmung, ohne dass man weiß, was überhaupt gehandelt wird. Dafür muss man kein Händler sein, das merkt jeder instinktiv.

Der Großteil des Börsenhandels wird heutzutage von Computern unterstützt. Ihr Computer durchsucht Kurse, um Sie auf bestimmte Strukturen aufmerksam zu machen. Man kann es dem Computer überlassen, eine Option auszuüben, dies kann automatisch erfolgen oder nachdem Sie Ihre Zustimmung gegeben haben. Aber dadurch ändert sich das grundlegende Wesen des Börsenhandels ebenso wenig, wie ein Autopilot die erforderlichen Grundkenntnisse eines Piloten beeinflusst. In den frühen achtziger Jahren gab es nur zwei Computer an der Börse, man musste lange anstehen, um sie zu benutzen. Möglichkeiten im Kopf zu berechnen, war ein Schlüssel zum erfolgreichen Aktienhandel. Die älteren Händler kannten sich zwar im Handel aus, wussten aber nichts über Optionsmathematik. Viele der jüngeren Kerle waren in der Mathematik bewandert, konnten sie im Kopf aber nicht so gut anwenden und hatten nicht genug Gefühl für die Börse, um sie zu nutzen.

Parität, Vertikale Spreads und Calendar Spreads

Ich werde Ihnen nicht alle Handelsstrategien erläutern. Wenn Sie daran interessiert sind, müssen Sie sich ein Buch darüber kaufen. Ich kann ein sehr gutes von Bob Feduniak, einem der besten Poker-Profis, empfehlen („Future Trading: Concepts and Strategies" von Robert Fink und Robert Feduniak). Es ist in vielerlei Hinsicht veraltet, aber dennoch die beste Mischung aus Theorie und Praxis, die auf dem Markt erhältlich ist. Ein weiteres Buch, welches Sie unbedingt haben sollten, ist „Dynamic Hedging" von Nassim Taleb, einem erfolgreichen Händler, der nicht viel pokert. Ich habe dieses Buch mit beiden diskutiert und ihre Meinungen über einige der Ideen driften sehr auseinander, aber ich mag ihre Bücher dennoch. Wenn Ihnen ein echtes Genie die Finanzmathematik in brillanter Klarheit erklären soll, holen Sie sich zum Abschluss noch das Buch „Paul Wilmott on Quantitative Finance".

Um jedoch die Feinheiten des Handelns zu begreifen, müssen wir über das Erkennen von offensichtlichen Fehlbepreisungen hinausgehen. Wichtig ist, zu begreifen, dass es sich um ein Spiel handelt. Es gibt Strategien und Schachzüge. Es geht nicht nur darum, Listen mit Zahlen zu überfliegen und diese dann eilig zum eigenen Vorteil zu verwenden. Es geht darum, sich etwas Neues einfallen zu lassen. Die drei Ideen, die ich Ihnen vorstellen werde, sind alte Ideen (nichtsdestotrotz gute), die Ihnen aber das Wesentliche vermitteln.

Wenn Sie eine Call-Option kaufen und eine Put-Option verkaufen und beide haben den gleichen Basiswert, den gleichen Basispreis und das gleiche Fälligkeits-

KAPITEL 7: DIE EINST KÜHNEN KAMERADEN...

datum, haben Sie erfolgreich die Aktie gekauft. Nehmen wir mal an, Sie kaufen eine Option mit dem Basiswert von 50 Dollar mit Fälligkeit am 16. September und verkaufen die entsprechende Put-Option auf MWD. Sie zahlen 2,65 Dollar für die Call-Option, bekommen aber 0,35 Dollar für die Put-Option, zahlen also unterm Strich 2,30 Dollar. Wenn am 16. September der Kurs von MWD über 50 Dollar liegt, wird die Put-Option wertlos, aber Sie üben Ihre Call-Option aus, um einen Anteilschein im Wert von 50 Dollar zu kaufen. Wenn der Kurs der MWD-Aktie unter 50 Dollar liegt, wird die Call-Option wertlos, aber der Eigentümer, dem Sie die Put-Option verkauft haben, wird diese ausüben, um Sie zu zwingen, einen Anteilschein für 50 Dollar von ihm zu kaufen. Sein Pauschalpreis liegt bei 52,30 Dollar, das ist ein Cent mehr als der aktuelle Kaufpreis von 52,29 Dollar (das ist immer noch ein gutes Geschäft, da die Zinsen, die Sie auf die 50 Dollar bekommen haben, ungefähr zehn Cent entsprechen).

Wenn Ihnen so etwas zusagt, versuchen Sie doch einmal, ein paar solcher abweichenden Werte in der vorstehenden Liste zu finden. Sie suchen eine Konstellation, in welcher der Basispreis zusammen mit dem Call-Kurs abzüglich des Put-Kurses erheblich von 52,29 Dollar abweicht (Sie können Profit mit Abweichungen in beide Richtungen machen). Es gibt fünf Positionen, bei welchen die Differenz mehr als einen Dollar ausmacht, eine ist der Basispreis von 45 Dollar mit Fälligkeit im Januar 2006. In diesem Fall würde man die Call-Option verkaufen und die Put-Option und die Aktie kaufen. Man zahlt 0,70 Dollar für die Put-Option und bekommt 9,40 Dollar für die Call-Option, unterm Strich bleiben also 8,70 Dollar übrig. Die Aktie kostet 52,29 Dollar, Ihre Ausgaben belaufen sich also auf 43,59 Dollar.

Sie kassieren 0,54 Dollar durch Dividenden aus der Aktie, was Ihre Investition auf 43,05 Dollar sinken lässt. Zählt man die Zinsen bis Januar hinzu, käme man auf 43,40 Dollar. Aber am 20. Januar 2006 bekommen Sie unabhängig vom Kurs der MWD-Aktie 45 Dollar, machen also einen Gewinn von 1,60 Dollar.

Weder diese noch all die anderen Optionen werden normalerweise bis zur Fälligkeit gehalten. Kurse schwanken und tendieren dazu, sich zurückzubewegen. Ist das der Fall, schlagen Sie zu und machen Profit. Mit etwas Glück bewegen sich die Kurse schnell zurück und man erzielt einen Gewinn. Sie können jedoch auch aussteigen, wenn sich der Kurs zur Hälfte zurückbewegt hat. Dabei gäben Sie zwar die Hälfte Ihres potenziellen Gewinnes auf, könnten aber auch Ihr Kapital und Ihre Aufmerksamkeit auf profitablere Geschäfte richten.

Es gibt einige kleine Risiken in diesem Geschäft: MWD bringt vielleicht nicht die erwarteten Dividenden, was Ihren Gewinn schmälert, aber in diesem Fall keine Verluste herbeiführt. Der Eigentümer der Call-Option übt seine Option vielleicht früher aus, das hat aber nur zur Folge, dass Ihnen ein paar potenzielle Dividenden entgehen. Sie bekommen früh Ihren erwarteten Gewinn, was gut ist, und die Put-Option bleibt Ihnen trotzdem weiterhin erhalten (obwohl es unwahrscheinlich ist, einen großen Nutzen aus irgendwelchen Szenarien ziehen zu können, in welchen der Call-Eigentümer seine Option früh ausübt).

Bei einem Vertikalen Spread kauft man eine Call- oder Put-Option und verkauft die gleiche Option zum gleichen Basiswert mit dem gleichen Fälligkeitsdatum, aber zu einem anderen Basispreis. Sie können beispielsweise eine Call-Option im Wert von 50 Dollar mit Fälligkeit Oktober kaufen und eine Call-Option im Wert von 50 Dollar mit Fälligkeit Oktober verkaufen. Sie würden 3,30 Dollar bezahlen und 0,85 Dollar verdienen, würden also im Endeffekt nur 2,45 ausgeben. Wenn der Kurs der

MWD-Aktie am 16. Oktober über 55 Dollar liegt, verdienen Sie fünf Dollar (beide Call-Optionen werden ausgeübt: Sie kaufen einen MWD-Anteilschein für 50 Dollar mit Ihrer Option im Wert von 50 Dollar und sind gezwungen, sie für 55 Dollar an die Person zu verkaufen, die Ihre Call-Option im Wert von 55 Dollar besitzt). Wenn der Kurs der MWD-Aktie unter 50 Dollar sinkt, bekommen Sie nichts (beide Optionen sind wertlos). Wenn der Kurs der MWD-Aktie zwischen 50 Dollar und 55 Dollar liegt, bekommen Sie den Betrag, um den er die 50 Dollar übersteigt (die Option im Wert von 55 Dollar verfällt, Sie üben Ihre Option im Wert von 50 Dollar aus und verkaufen die MWD zum Marktpreis).

Wenn eine Aktie zum Mittelwert eines Vertikalen Spread gehandelt wird – in diesem Fall für 52,50 Dollar –, muss der Preis des Vertikalen Spread ungefähr der Hälfte der Differenz entsprechen – in diesem Fall 2,50 Dollar, da der Vertikale Spread fünf Dollar beträgt. Ich werde keinen Beweis anführen, glauben Sie es mir einfach. Wenn die Aktie das obere Ende des Spread erreicht, ist der Call mehr wert als der halbe Spread und der Put ist weniger wert. Der jeweilige Wert hängt von der Volatilität des Basiswerts und der noch verbleibenden Zeit bis zur Fälligkeit ab. Der Kurs von 2,45 für Dollar pro Call im Wert von 50/55 Dollar mit Fälligkeit Oktober ist angemessen; er sollte bei 2,50 Dollar liegen, denn MWD verkauft für knapp unter 52,50 Dollar.

Können Sie attraktive Vertikale Spreads entdecken? Sie sollten eine ganze Menge finden. Ein Beispiel ist der Vertikale Spread im Wert von 45/60 Dollar mit Fälligkeit Januar 2006. Verkaufen wir den Call mit dem Basiswert von 45 Dollar für 9,40 Dollar und kaufen den Call mit dem Basiswert von 60 Dollar für 0,65 Dollar, erzielen wir einen Gewinn von 8,75 Dollar. Da MWD leicht unter dem Mittelwert von 52,50 Dollar liegt, sollte der Vertikale Spread für knapp unter 7,50 Dollar gehandelt werden. Hier haben wir unsere Fehlbepreisung, haben aber noch keinen Profit daraus geschlagen. Wir bekommen 8,75 Dollar, müssen aber 15 Dollar bezahlen, wenn der MWD-Kurs im Januar 2006 über 60 Dollar liegt. Es ist ein gutes Geschäft, aber es wäre zu riskant, um die Position allein zu halten. Glücklicherweise liegt der Verkaufspreis des gleichen Vertikalen Spread der Put-Optionen bei 7,50 Dollar (er sollte knapp darüber liegen). Wir verkaufen also die Put-Option im Wert von 45 Dollar mit Fälligkeit Januar und kaufen die Put-Option im Wert von 60 Dollar mit Fälligkeit Januar. Wir bekommen 0,70 Dollar und zahlen 8,20 Dollar, unsere Kosten belaufen sich also insgesamt auf 7,50 Dollar. Diese werden von den 8,75 Dollar, die wir für den Vertikalen-Call-Spread bekamen, abgedeckt. Unterm Strich bleiben uns also 1,25 Dollar.

Was geschieht nun? Wir haben 1,25 Dollar verdient und verfolgen eine Strategie, die uns 15 Dollar einbringen könnte, wenn der MWD-Kurs unter 45 Dollar sinkt, aber wir müssten 15 Dollar zahlen, wenn er über 60 Dollar steigt. Also kaufen wir zwei Anteilscheine von MWD. Steigt der Kurs über 60 Dollar, können wir mit zwei Anteilscheinen über 15 Dollar Gewinn machen, während unsere Ausschüttung bei der Strategie auf 15 Dollar begrenzt ist. Wenn der Kurs der Aktie sinkt, deckt unser Vertikaler-Put-Spread jegliche Verluste bis zu 45 Dollar. Wir wickeln die Position mit hoher Wahrscheinlichkeit mit einem Gewinn ab, ehe der Kurs unter 45 Dollar sinkt. Wir können diese Position sogar noch sicherer machen, indem wir an den Proportionen unserer vier Optionen herumbasteln und auch indem wir sie an die Schwankungen des Aktienkurses im Laufe der Zeit anpassen. Dies birgt ein gewisses Risiko, aber 1,25 Dollar sind eine erhebliche Überzahlung an uns, sodass wir das Risiko eingehen können.

KAPITEL 7: DIE EINST KÜHNEN KAMERADEN...

Sprechen wir nun zu guter Letzt über Calendar Spreads. Hier kauft man eine Option und verkauft eine gleichen Typs mit demselben Basiswert und Basispreis, aber mit unterschiedlicher Fälligkeit. Langfristige Optionen sind wertvoller als kurzfristige. Der Spread ist am wertvollsten, wenn er dem aktuellen Aktienkurs am nächsten ist, und sein Preis für höhere und niedrigere Basispreise sollte sinken. Sehen wir uns die Calendar Spreads für Januar und Oktober an. Für jeden Basispreis habe ich den Optionspreis vom Oktober vom Optionspreis im Januar abgezogen: Wie erwartet sind alle Zahlen positiv (auch wenn das nicht für alle Optionen der Tabelle gilt). Die Basispreise im Wert von 50 Dollar und 55 Dollar, die dem aktuellen Aktienkurs von 52,29 Dollar am nächsten sind, sind beide zwischen 0,90 Dollar und 1,20 Dollar wert.

Basispreis	Call-Spread	Put-Spread
45	1,10	0,50
50	1,20	1,00
55	1,10	0,90
60	0,50	0,30

Solche mit Abweichungen von fünf Dollar, also die bei 45 Dollar bzw. 60 Dollar, werden für weniger verkauft, erwartungsgemäß zwischen 0,30 Dollar und 0,50 Dollar – mit Ausnahme der 45-Dollar-Call-Option. Hier ist der Calendar Spread zu groß. Wir sollten die 45-Dollar-Option mit Fälligkeit Januar verkaufen und die 45-Dollar-Option mit Fälligkeit Oktober kaufen, so bekommen wir 1,10 Dollar. Hinsichtlich des Vertikalen Spread müssen wir das Risiko mit einem anderen Handel ausgleichen. Wir könnten versucht sein, den Put-Spread im Wert von 60 Dollar für 0,30 Dollar zu kaufen, da er uns günstig erscheint. Das ist eine gute Idee, aber mit dieser Position hat man sogar noch mehr Aufwand als mit dem Vertikalen Spread, wir können sie nicht bis zur Fälligkeit halten und unsere Gewinne einstreichen. Vom praktischen Standpunkt aus betrachtet macht es keinen großen Unterschied. Viele Positionen besitzen wir kaum länger als einen Tag und keine oder fast keine bis zur Fälligkeit. Der Großteil unserer Gewinne ergibt sich daraus, Fehlbepreisungen zu erkennen und sie schneller auszunutzen als andere. Wir realisieren unseren Gewinn, wenn andere Leute einsteigen, oder wir kaufen von Leuten, die schneller waren als wir.

Jeder erfolgreiche Händler findet je nach Geschmack, Kapital und Kenntnissen eine Nische. Auch wenn Sie Ihre Kauf- und Verkaufsgeschäfte mit anderen Händlern abwickeln, können theoretisch alle verdienen. Genau wie beim Pokern geschieht das natürlich nie – es gibt immer Händler, die verlieren. Aber Sie handeln nicht gegen eine Person, nicht einmal in einem abstrakten „Markt". Sie spielen ein Spiel nach bestimmten Regeln. Wenn Sie gut spielen und ein wenig Glück haben, gewinnen Sie. Wenn Sie schlecht spielen oder Pech haben, verlieren Sie. Es als Spiel zu bezeichnen, heißt nicht, dass Sie es nicht ernst nehmen sollten. Ich nehme es sogar sehr ernst, wenn mein Geld auf dem Spiel steht, und sogar noch ernster, wenn es sich um das Geld anderer Leute handelt – Leute, die mir vertraut haben. Aber es ist ein Spiel bezüglich der Tatsache, dass es Regeln und ein Ziel gibt und dass man sowohl vorausdenken als auch unmittelbar reagieren muss. Niemand macht das, weil es gut für die Gesellschaft ist, denn niemand kennt die größeren Auswirkungen seiner Transaktionen. Einige glauben daran, dass der Markt immer richtig liegt und ihre Transaktionen ihn effizienter machen. Andere glauben an anderes oder es ist ihnen egal. Es nimmt auch niemand des Geldes wegen teil, egal, was sie Ihnen sagen (und der Gewinn kann sehr, sehr hoch sein). Alle machen es, weil sie es toll finden.

Festverzinsliche Wertpapiere

1982 wurde ich von Prudential Insurance angestellt, allerdings nicht als Händler. Meine Aufgabe war die Verwaltung eines Anleihenportfolios zur Finanzierung von Rentenpapieren, die von der Gesellschaft verkauft wurden. Prudential erklärte sich beispielsweise einverstanden, im Austausch gegen eine unmittelbar zu leistende Pauschalzahlung die Rentenleistungen einer Gruppe von 1.000 Arbeitern zu übernehmen. Unsere Versicherungsmathematiker würden dann Vorhersagen treffen, wie hoch diese monatlichen Zahlungen zukünftig wären. Sie würden schätzen, wann die Arbeiter in Rente gehen, welche Leistungen ihnen zustünden und wie hoch ihre Lebenserwartung und die ihrer Ehefrauen wäre. Sie hatten jahrelange Erfahrung damit. Sie schickten mir die Ergebnisse. Meine Aufgabe bestand nicht darin, mir über diese Dinge den Kopf zu zerbrechen, ich kümmerte mich um den damit verbundenen Cashflow.

Die sicherste Art, dieses Portfolio zu verwalten, wäre eine Reihe von US-Staatsanleihen zu kaufen, die genau dieselben Cashflows einbringen wie die Vorhersagen. Ich könnte eine Kalkulation für diese Anleihen erstellen und die Kosten zusammenrechnen, um mein Angebot für das Geschäft zu entwickeln. Auf diese Art würden wir aber keinen Profit erzielen. Um den Preis zu drücken, mussten wir Industrie- und Hypothekenanleihen nehmen, die höhere Renditen abwarfen. Es war auch zu umständlich, eine genaue Entsprechung für jeden Cashflow zu finden.

Ich musste jedoch jeden Tag einen Bericht einreichen, der darlegte, dass sich das Risiko, welches ich einging, in akzeptablen Grenzen hielt. Die Hauptrisiken waren solche, die Kredite betrafen – was geschehen würde, wenn eine der Anleihen, die ich kaufte, nicht die erwarteten Renditen brachte – und das Risiko einer unpassenden Zusammenstellung – was geschehen würde, wenn eine Zahlung im Januar fällig war und das Geld dafür erst im Juni kommen würde. Es gab auch noch andere Risiken. Ich musste zeigen, was in bestimmten Stress-Situationen geschehen würde, wie zum Beispiel bei einem plötzlichen Anstieg der Zinsraten oder einem extremen Rückgang der Kreditqualität aller Banken.

Bei jedem Neugeschäft musste ich Anleihen für das Portfolio kaufen. Ich musste auch angesammelte Barmittel neu investieren und gelegentlich einige Anleihen verkaufen, um ein gewisses Gleichgewicht wiederherzustellen.

Dies konnte auf zwei Arten geschehen. Ich konnte einen großen Anleihenhändler wie Merrill Lynch oder Salomon Brothers anrufen und mit einem Verkäufer sprechen. Diese Banken hatten zwar Anleihenhändler, aber Kunden wie ich sprachen mit einem Verkäufer, der die Angelegenheit anschließend an die Händler herantrug. Bei kleineren Banken sprach ich direkt mit dem Händler, aber ich war immer noch ein Kunde, kein Händler.

Wie die meisten Investoren bei erstklassigen Anleihen fragte ich natürlich nicht nach bestimmten Emissionen wie beispielsweise dem Zinsschein von acht Prozent

KAPITEL 7: DIE EINST KÜHNEN KAMERADEN... 207

der Ford-Motor-Credit-Anleihen, die im August fällig sind. Stattdessen sagte ich etwas wie: „Ich suche nach Unternehmensanleihen mit Laufzeiten von fünf bis sieben Jahren im Wert von 100 Millionen Dollar und ich kann keine Wertpapiere aus dem Finanz- oder Automobilsektor mehr brauchen." Der Verkäufer würde den Bestand der Firma durchsehen oder auch Anleihen, die seiner Meinung nach von anderen Anbietern gekauft werden könnten, und dann einige Vorschläge machen. Prudential hatte eine Kreditabteilung, die die Solidität verschiedener Emittenten beurteilte, außerdem hatte ich Berichte von öffentlichen Ratingagenturen wie Standard & Poor's, Moody's und Fitch. Gute Verkäufer verdienten sich mein Vertrauen durch andere nützliche Informationen, besonders Tipps hinsichtlich des zu erwartenden Handelsvolumens, ob beispielsweise die gleiche Anleihe morgen vermutlich günstiger wäre. Mir standen Anleihen mit den höchsten Renditen zur Auswahl, die das Portfolio innerhalb seiner allgemeinen Risikoparameter hielten, und ich konnte Kaufaufträge abschließen. Oder ich konnte auf den Rückruf des Verkäufers warten, der sich melden würde, wenn sich etwas Neues ergab, besonders bezüglich einer Neuemission, die seine Gesellschaft auf den Markt bringt.

Die andere Option war, sich an die Anleihenhändler von Prudential zu wenden. Die Gesellschaft hatte zwei Angestellte, die sich um solche von mir gekauften Wertpapiere kümmerten. Sie arbeiteten in einem Handelsraum mit Computermonitoren, auf welchen Anleihe-Bids zu sehen waren, die von vielen verschiedenen Brokern angeboten wurden. Einige Portfolio-Manager benutzten die Händler als Bestellannahme (Händler hassen das). Sie guckten ihnen über die Schulter und zeigten auf die Anleihen, die sie gern hätten.

Nach ein paar Monaten hatte ich genug davon. Prudential hatte mich zwar nicht als Händler eingestellt, aber ich fand, dass ich trotzdem einer war. Die besten Möglichkeiten wurden nicht durch einzelne Anleihen zu einem bestimmten Zeitpunkt geboten. Es gab vielleicht eine Neuemission mit einer attraktiven Rendite, die aber noch nicht das richtige Fälligkeitsdatum hatte und vielleicht aus einer Branche kam, die bereits überbesetzt war. Ich konnte sie kaufen, aber nur, wenn ich etwas anderes verkaufen würde und eine andere Anleihe mit einer dazu passenden Fälligkeit kaufen würde. Das Problem ist, dass ich in jedem Fall dazu verpflichtet war, die anderen zwei Transaktionen durchzuführen, sobald ich den Kauf getätigt hatte, so dass dafür natürlich die Kurse schlecht standen und ich den Gewinn aus dem ersten Kauf wieder verlor. Ich konnte zwar versuchen mit den Verkäufern Pauschalarrangements auszuhandeln, aber sie boten mir nie gute Gesamtpreise an. Ich konnte die Händler bitten, zu versuchen, sie abzustoßen, aber die Märkte waren zu schnelllebig und sie mit zu vielen anderen Dingen beschäftigt.

Ob Sie es glauben oder nicht, diese ganze Anleihenverwaltung erfolgte per Hand. Prudential hatte mir zwar einen Platz an einem Großcomputer besorgt, der mit einem 128-Baud-Dial-Up-Modem ausgerüstet war, und ich programmierte einige hilfreiche Routinen in FORTRAN. Ich hatte auch einen Computer zu Hause, den ich für die Arbeit in FORTH programmierte. Aber dann kaufte sich Prudential einen IBM-PC aus der ersten Generation. Ich fand nie heraus, wer ihn kaufte oder wofür, aber eines Tages stand er in einem leeren Büro einfach so da. Ich tippte sofort mein Portfolio ein und schrieb ein BASIC-Programm, was mir sagte, welche Anleihen mir am meisten helfen würden. Ich bekam eine neue Liste und ging wieder hoch in den Handelsraum, wo ich einige davon auf dem Bildschirm auswählte. Ich ging wieder hinunter, um die Transaktionen einzugeben, bekam eine neue neue

Liste und ging wieder hoch. Mithilfe des Computers musste ich so nicht mehr jede Transaktion per Hand eingeben und konnte einige Transaktionen tätigen, die mich aus dem Gleichgewicht warfen, mit dem Wissen, dass ich das mit dem nächsten Gang zum Computer wieder in Ordnung bringen konnte.

Ich hatte es nicht so geplant, aber ich hätte mir keinen besseren Weg vorstellen können, die Erlaubnis einzuholen, eigenständig Transaktionen vornehmen zu dürfen. Ich machte die Händler verrückt, besonders, wenn der Markt schnelllebig war. Ich hatte meinen eigenen Stuhl am Schreibtisch (nur an der Ecke, aber trotzdem noch am Schreibtisch) und einen Bildschirm (nur einen, während andere Händler drei hatten, aber immerhin). Das Einzige, was mir nicht erlaubt wurde, war, den PC in den Handelsraum umzustellen. Ich musste trotzdem noch die Treppen hoch- und runterlaufen.

Bis 1988 blieb ich bei festverzinslichen Wertpapieren und wurde schließlich Leiter der Hypothekenanleihen bei Lepercq de Neuflize, einer kleinen französischen Investment-Bank, die in dieser Branche tätig war. Ich gab meine Börsengeschäfte nie auf, obwohl ich sie nie hauptberuflich betrieb. Hier ging es um einen weniger schnelllebigen Handel als bei den Optionen an der Börse, aber die Geldbeträge waren viel größer (mein Prudential-Portfolio war auf drei Milliarden Dollar angewachsen, als ich die Firma verließ). Die Abläufe waren ähnlich: Man sucht sich ein paar Basispreis-Konstellationen, greift zu den Ausnahmen, schafft eine gewisse Balance, damit es unwichtig ist, ob die Kurse steigen oder fallen, und wartet darauf, dass der Markt sich diesbezüglich wieder beruhigt, um Gewinne einzustreichen. Die Berechnungen waren komplizierter und die Welt der Wertpapiere größer, aber ich hatte einen Computer als Hilfsmittel und wurde von Leuten unterstützt, die für mich arbeiteten, statt auf mich allein gestellt zu sein und alles im Kopf ausrechnen zu müssen.

Poker bei Lepercq

Lepercq machte gute Geschäfte durch den Verkauf von Hypothekenanleihen an staatliche Rentenfonds. Wir kauften viele private Hypotheken von Banken und anderen Kapitalgebern und machten aus ihnen Wertpapiere, die höhere Renditen mit niedrigerem Kreditrisiko aufwiesen als Unternehmensanleihen. Sie waren komplizierter zu verwalten. In manchen Fällen boten wir kostenlos Kurse und Unterstützung an oder, wenn Sie so wollen, kostenlosen Service, der durch unseren Gewinn im Anleihengeschäft finanziert wurde. In anderen Fällen verwalteten wir das Portfolio nur gegen Entgelt.

Um diese Produkte an den Mann zu bringen und mit den Kunden zu arbeiten, besuchte ich über einen Zeitraum von vier Jahren über die Hälfte der Hauptstädte der US-Bundesstaaten. Falls Sie nicht schon einmal dort waren, wissen Sie vielleicht nicht, wie klein einige dieser Hauptstädte sind. In den älteren Staaten hatte dies militärische Gründe, man konnte sich so besser schützen – die großen Städte befanden sich an Häfen und anderen Umschlagorten und waren daher leichter angreifbar. In den jüngeren Staaten herrschten für gewöhnlich ländliche Interessen vor, und man hielt es mit dem Argument, dass eine große Stadt als Hauptstadt zu mächtig wäre. Auf jeden Fall musste ich die Städte abfahren, um unsere Anleihen an den Mann zu bringen, mithilfe einer Lobby auf modernisierte Finanzverwaltungsregeln hinzuarbeiten, Kurse zu geben und Leistungsberichte zu liefern. Dabei

KAPITEL 7: DIE EINST KÜHNEN KAMERADEN...

repräsentierte ich natürlich nicht nur die Hypotheken-Abteilung, sondern gab auch noch kurze Zusammenfassungen der anderen Finanzprodukte und -dienstleistungen aus Lepercqs Angebot.

Viele Spielefans finden, dass der Börsenhandel den Drang zum Spielen abbaut. Börsenhandel und andere Geldgeschäfte verlangen dieselben Kenntnisse wie Pokern und man findet dieselbe Befriedigung darin. Ehe ich mich für Geldgeschäfte interessierte, half mir das Pokern, mein Leben voll auszukosten: Oft fühlte ich mich kraftlos und träge, wenn ich etwas länger nicht gespielt hatte. Ein gutes Spiel erfüllte mich mit Energie und half mir meinen angestauten Frust abzubauen und die kleineren Demütigungen des Lebens besser wegzustecken. Während meines Wirtschaftsstudiums spielte ich Poker meist als Hobby – allerdings aus gesellschaftlichen Gründen, nicht des Geldes wegen. Ich verspürte nicht den Drang, die besten Spieler und die höchsten Einsätze ausfindig zu machen. Ich wollte nicht unbedingt die ganze Nacht aufbleiben, auch wenn es eine gute Partie war. Mein Studium im Finanzwesen und meine Projekte sorgten für genügend Belebung. Als ich bei Prudential anfing und insbesondere als meine Arbeit in den Handelsräumen begann, hörte ich mit dem Spielen auf. Als ich mit dem Börsenhandel anfing, kam mir ein Pokerspiel nach der Arbeit wie Überstunden vor. Ich musste mich von dem „Spiel" erholen, nicht ein anderes spielen. Die einzige Ausnahme war, wenn ein alter Pokerfreund in der Stadt war und eine Runde spielen wollte.

Ich hatte also zum Spaß, wegen des Geldes und wegen der Gesellschaft gepokert. Nun pokerte ich das erste Mal aus geschäftlichen Gründen. Wie Mr. Dixie es mir beigebracht hatte, führte ich eine sorgfältige Liste meiner Gegner und tauschte bei jeder Gelegenheit Namen und Adressen aus. In den meisten Hauptstädten der Bundesstaaten hatte ich keine Kontakte, aber für eine der Großstädte eines Bundesstaates im Allgemeinen schon. Dieser Kontakt konnte mir Einladungen zu Pokerpartien in der Hauptstadt verschaffen, wo auch Reporter, Lobbyisten, Gesetzgeber und Verwaltungsbeamte spielten.

Ein Pokerspiel hatte keinen direkten Nutzen beim Verkauf von Anleihen oder bei Versuchen, die Maßstäbe zu verändern, damit unsere Produkte auf dem Markt bestehen konnten. Ich traf nie jemanden, der direkt mit den Dingen zu tun hatte, wegen welcher ich in der Stadt war, und wenn doch, hätte ich es wohl nicht am Pokertisch diskutiert. In den meisten Fällen hätte ich wohl aufgehört zu spielen. Aber beim Vertrieb und beim Lobbying ist es immer besser irgendjemanden zu kennen als gar keinen. Es ist unglaublich hilfreich, die Stimmung eines Ortes kennenzulernen und mit sachkundigen Insidern zu plaudern. Wenn ich am Samstag mit dem Flugzeug ankam, Samstagabend Poker spielte und am Sonntag mit einem der Spieler etwas unternahm, hatte ich dem Banker, der erst Montag ankam, einiges voraus. Wir sind vielleicht beide hinterlistige Öl-Verkäufer aus einer unehrlichen Branche in der korruptesten Stadt der Welt, aber ich hatte ein paar Freunde vor Ort und hatte mich bereits auf einem respektableren Gebiet bewiesen als dem Geldgeschäft. So etwas spricht sich in einer kleinen Stadt schnell herum.

Unsere Tätigkeiten hatten auch politische Aspekte. Nicht sehr viele, Lepercq ist eine angesehene Gesellschaft, die hochwertige Produkte verkauft (wie die meisten Investment-Banken mit einem Aufschlag, aber auch nicht mehr als üblich). Trotzdem könnte eine Bank aus dem Bundesstaat der Ansicht sein, sie sollte bevorzugt werden, oder ein Gewerkschaftsführer könnte argumentieren, dass staatliches Kapital in lokale Unternehmen investiert werden sollte, die Gewerkschaftsmitglieder als Angestellte beschäftigten, und nicht in Wertpapiere, die in New York ausgestellt werden und wer weiß was finanzieren. Jemand könnte meinen, dass eine Gesetzgebung zugunsten unserer Produkte die Tür zu Korruption und exzessiver Risikoübernahme öffnete. Man schneidet bei der Presse immer besser ab, wenn man sich ihr stellt. Dabei ist es unerlässlich, die lokalen Trends zu kennen, bevor man den Mund aufmacht. Der Austausch mit Politikern ist effektiver, wenn man sich die Zeit nimmt, um die verschiedenen Nuancen kennenzulernen, statt mit ein paar universalen Standardargumenten dort anzutanzen.

Das war ein ganz anderes Pokerspiel, als ich in der Vergangenheit spielte. Mein Ziel war es nicht, viel Geld zu machen, sondern eine Art Prüfung zu bestehen. Teil des Tests war es, ein guter Pokerspieler zu sein, ein anderer, das Spiel wirklich zu genießen, statt es als reines Instrument zum Verkauf zu benutzen. Ich wollte gewinnen, aber ohne als raffinierter Betrüger zu erscheinen und ohne, dass jemand zu Schaden kam. Ein sehr lockerer, übermäßig offensiver Stil ist hierbei gut. Man macht seinen Einsatz in viele verschiedene Pots, mal verlieren andere, mal ist man selbst der Verlierer – vielleicht hat man am Ende Profit erzielt, doch jeder Mitspieler hat auch einen oder zwei große Pots von Ihnen gewonnen.

Der andere Grund, auf diese Art zu spielen, ist, dass man mit einem erheblichen Nachteil in das Spiel einsteigt. Die anderen Spieler kennen sich untereinander und spielen vermutlich schon seit Jahren zusammen. Man selbst muss den Stil der Mitspieler erst kennenlernen. Das ist ein beträchtlicher Nachteil für einen passiven Spieler: Wenn man auf Mitspieler reagiert, muss man wissen, worauf man reagiert. Ein Loose-Player kümmert sich wenig um den Stil der Mitspieler – seine Offensivität zwingt sie, auf ihn zu reagieren. Das macht aus seinem Nachteil einen Vorteil. Einige Pokerexperten raten, bei einer neuen Partie anfangs vorsichtig zu agieren und tight zu spielen, bis man die Mitspieler besser einschätzen kann. Ich verstand das nie, das klingt für mich nicht nach Poker. Ich würde Ihnen das Gegenteil empfehlen. Maximieren Sie Ihren Vorteil: Die Mitspieler kennen Sie nicht. Es ist doch Unsinn, auf Kosten Ihres Stacks Informationen über die Spielweise ihrer Mitspieler einzuholen. Lassen Sie sie bei ein paar Ihrer schlechten Blätter mitgehen, ehe Sie nur noch mit den guten Blättern im Spiel bleiben. Komme, was wolle, Sie müssen das Ruder in der Hand behalten. Ändern Sie Ihre Spielweise von Zeit zu Zeit, so dass Ihre Mitspieler sich an Einschätzungen versuchen müssen, und nicht Sie. Mit ein wenig Können und Glück sind Sie in der Lage, mehr als nur Ihren Beitrag beim Passen und Erhöhen zu leisten, Sie können Ihre Mitspieler ermuntern, häufig mitzugehen.

Als ich Professor der Finanzwissenschaft war, argumentierten einige meiner Studenten, es wäre unethisch, das Glücksspiel nicht vom Geschäft zu trennen, insbesondere bei öffentlichen Einrichtungen. Hatten Rentner, die Staatsrente bezogen, nicht das Recht zu erwarten, dass Investitionsentscheidungen nicht von einem Pokerspiel beeinflusst wurden? Natürlich sorgt das Geld, was über den Tisch geht, für Misstrauen. Es wäre sicher unangemessen für einen Anleihenverkäufer, mit dem Leiter des Rentenfonds oder dem Chief-Investment-Officer zu spielen. Aber die Ethik-Frage lässt einen sehr wichtigen menschlichen Aspekt des Geldgeschäfts unbeachtet. Geldgeschäfte basieren zu einem großen Teil auf Zahlen und Theorien, aber der Kern eines guten Deals ist Vertrauen. Dieses kann nicht allein aufgrund von geschäftlichen Transaktionen aufgebaut werden. Unterhaltungen bei einem Abendessen oder auf dem Golfplatz können vielleicht ganz hilfreich sein, aber beim Pokern lernt man den anderen viel besser kennen.

KAPITEL 7: DIE EINST KÜHNEN KAMERADEN... 211

Nichtsdestotrotz würde ich das heute nicht mehr machen. Die Finanzwelt und die Politik haben sich verändert seit 1987, größtenteils zum Besseren. So gern ich Poker spiele, es ist sinnvoll, jeglichen unnötigen privaten Geldtausch zu vermeiden, wenn dies mit Personen geschehen würde, die Ämter innehaben, die auf dem Vertrauen der Öffentlichkeit beruhen. Das ist traurig, aber wahr. Seit ich 1988 Lepercq verließ (um Professor für Finanzwissenschaft zu werden), habe ich nie wieder an einem Spiel teilgenommen, das in irgendeiner Weise mit meinen Geschäften zu tun hatte. Ich hatte mir das nicht eines Tages als Prinzip gesetzt, ich hörte einfach damit auf, ebenso wie ich private Aktiengeschäfte einstellte und einzelnen Kandidaten keine Beiträge mehr für ihre politischen Kampagnen spendete. Es ist nicht unredlich, aber es ist die Mühe nicht wert, den Übrigen zu beweisen, dass es redlich ist. Ausgedehnte politische Organisationen und Investmentfonds und Pokern mit Freunden reichen mir, zumindest, bis ich mich aus der Finanzbranche zurückziehe. Heute kann man Poker in der Öffentlichkeit spielen – sogar im Fernsehen – es gibt keinen Grund, dies hinter verschlossenen Türen zu tun.

Kapitel 8

Wie spielen die anderen?

Wie man mit der Spieltheorie verlieren kann

Bestimmte Aspekte des Pokers lassen sich am besten anhand der Spieltheorie erklären, einem Teilgebiet der Mathematik. Auch wenn man sich noch nie mit ihr beschäftigt oder von ihr gehört hat: Ein Großteil der Gedanken und Ratschläge zu Poker, die man liest oder hört, basiert auf der mathematischen Spieltheorie. Mittlerweile beherrscht sie die Pokertheorie sogar schon so weit, dass viele glauben, sie sei das A und O des Spiels. Dem ist aber nicht so, und das zu begreifen ist eine elementare Voraussetzung für erfolgreiches Pokern. Es ist wichtiger, die mathematische Spieltheorie zu verstehen, um die Fehler der Mitspieler vorauszusagen, die sich – direkt oder indirekt – darauf beziehen, als sie einzusetzen, um das eigene Spiel zu verbessern.

Die Spieltheorie hat nicht nur die Welt des Pokers beeinflusst, sondern sich auch in die Finanzwelt eingeschlichen. Auch dort kann man aus ihren Schwachstellen Profit schlagen. Den schlimmsten Einfluss hatte die Spieltheorie als geistige Unterstützung für den Wahnsinn des Kalten Krieges. Scheinbar vernünftige, intelligente und verantwortungsvolle Menschen ließen Maschinen bauen, die darauf ausgerichtet waren, das gesamte Leben auf der Erde zu zerstören. Hinter ihrem Handeln steckten weder religiöser Fanatismus noch krankhafter Hass, sondern eine von der Spieltheorie abgeleitete Doktrin, die als „Gleichgewicht des Schreckens" bekannt ist. Wie viele aus meiner Generation bin ich mit der festen Überzeugung groß geworden, dass ein Atomkrieg mit ziemlicher Sicherheit die gesamte Menschheit auslöschen würde. In Anbetracht dessen, dass die Wahrscheinlichkeit, als junger und gesunder Mensch innerhalb eines Jahres zu sterben, unter 1:1.000 liegt, glaubte ich tatsächlich, dass meine Aussichten, noch vor dem Abschluss meines Studiums durch eine Bombe zu sterben, 20- oder 50-mal größer seien als die Möglichkeit, aus irgendeinem anderen Grund zu sterben. Gut möglich, dass ich Recht hatte, wir werden es nie erfahren. Diese Art der Logik findet sich in brillanter Weise in dem Film „Dr. Seltsam oder wie ich lernte, die Bombe zu lieben" wieder. Trotzdem ist der Film keine Satire: Die Wirklichkeit war noch viel verrückter als der Film.

WENN GLÜCK MIT IM SPIEL IST

In reinen Glücksspielen, wie dem Würfelspiel Craps, kann man anhand der Wahrscheinlichkeitsrechnung die beste Strategie ermitteln. Das gilt ebenso für Spiele, die nicht nur Glück, sondern auch Geschick erfordern, sofern die Aktionen der anderen Spieler festgelegt sind. Wahrscheinlichkeitsrechnung hilft zum Beispiel dann, wenn man Blackjack alleine gegen den Kartengeber des Kasinos spielt. Aber in Spielen wie Poker oder Bridge, bei denen alle Spieler in ihren Aktionen flexibel sind, reicht die Wahrscheinlichkeitsrechnung nicht aus.

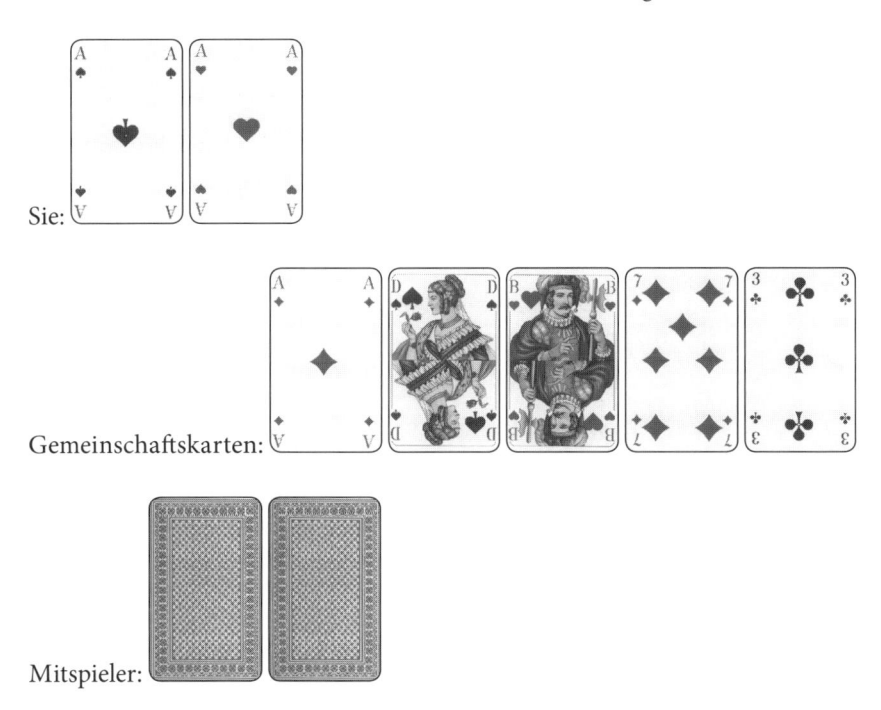

Sie:

Gemeinschaftskarten:

Mitspieler:

Angenommen, Ihnen wurden in Texas Hold 'Em zwei Asse ausgeteilt (Pocket Aces), und die Gemeinschaftskarten sind Ass, Dame, Bube, Sieben und Drei, wobei keine Farbe dreimal vorkommt. Das einzige Blatt, gegen das Sie verlieren können, ist König/Zehn, denn damit hat Spieler A einen Straight (Straße). Rein rechnerisch gibt es 45 unbekannte Karten und entsprechend 45 x 44:2 = 990 mögliche Zusammenstellungen. Die Kombination König/Zehn kann 4 x 4 = 16 Mal vorkommen, also liegt die Wahrscheinlichkeit, dass Sie von zwei zufällig zusammengestellten Karten besiegt werden, bei 16:990 = 1,62 Prozent.

Höhere Karten

Niedrigere Karten

		Ass	König	Dame	Bube	Zehn	Neun	Acht	Sieben	Sechs	Fünf	Vier	Drei	Zwei
		1	4	3	3	4	4	4	3	4	4	4	3	4
Ass	1	0	4	3	3	4	4	4	3	4	4	4	3	4
König	4		6	12	12	16	16	16	12	16	16	16	12	16
Dame	3			3	9	12	12	12	9	12	12	12	9	12
Bube	3				3	12	12	12	9	12	12	12	9	12
Zehn	4					6	16	16	12	16	16	16	12	16
Neun	4						6	16	12	16	16	16	12	16
Acht	4							6	12	16	16	16	12	16
Sieben	3								3	12	12	12	9	12
Sechs	4									6	16	16	12	16
Fünf	4										6	16	12	16
Vier	4											6	12	16
Drei	3												3	12
Zwei	4													6

Diese Berechnung wird anhand der Tabelle deutlich. Darin sind alle Karten sowohl waagerecht als auch senkrecht nach Rang aufgelistet, und es wird jeweils beziffert, wie häufig sie vorkommen (Ihre Karten und die Gemeinschaftskarten nicht mitgezählt). Meist sind es vier von einer Sorte, aber das Ass gibt es nur einmal und Dame, Bube, Sieben und Drei jeweils nur dreimal. Jede Tabellenzelle zeigt die Anzahl an möglichen Kombinationen jeweils zweier Karten. Zum Beispiel kann man die Anzahl an Dame/Acht-Kombinationen der Zeile „Dame" (da Dame die höhere Karte ist) und der Spalte „Acht" entnehmen. Die 12, die man hier sieht, ist das Produkt aus der Anzahl an Damen (3) und der Anzahl an Achten (4).

Mit Paaren verhält es sich etwas anders. Obwohl vier Könige vorhanden sind, gibt es hier nicht 4 x 4 = 16 mögliche Kombinationen. Sobald Sie einen König ziehen, sind nur noch drei vorhanden, es ergeben sich somit 4 x 3 = 12 Kombinationen. Das leuchtet sicherlich ein. Womöglich schwerer nachzuvollziehen ist, dass man diese Zahl durch zwei teilen muss, um die sechs in der Tabelle zu bekommen. Diese Halbierung ist damit zu begründen, dass die Könige untereinander austauschbar sind. Herz-König/Pik-König ist das gleiche Blatt wie Pik-König/Herz-König (und die Kombination Herz-König/Herz-König gibt es nicht). Herz-König/Pik-Zehn ist dagegen nicht das gleiche Blatt wie Pik-König/Herz-Zehn. Aus genau demselben Grund ist es doppelt so schwer, mit zwei Würfeln zwei Vieren zu bekommen, wie die Kombination Fünf/Drei zu würfeln; eine bestimmte Doppelkombination zu bekommen, ist nur halb so wahrscheinlich, wie eine bestimmte Zusammensetzung aus zwei unterschiedlichen Werten zu erlangen. Wenn man beim Craps zwei Vieren würfelt, spricht man von „Making eight the hard way". Bei Vier/Vier muss sowohl der erste als auch der zweite Wurf eine Vier sein. Da bei jedem von ihnen die Wahrscheinlichkeit 1:6 ist, liegt die Wahrscheinlichkeit von beiden zusammen bei 1:6 x 1:6 = 1:36. Bei Fünf/Drei kann der erste Wurf entweder eine Fünf oder eine Drei sein, was eine Wahrscheinlichkeit von 2:6 ergibt. Der zweite Wurf muss die andere Zahl sein, was eine Wahrscheinlichkeit von 1:6 ergibt. Mit 2:6 x 1:6 = 2:36 ist die Chance, Fünf/Drei zu würfeln, doppelt so groß wie bei Vier/Vier.

Addiert man alle Zahlen in der Tabelle, so erhält man 990. Das sind 45 (die Anzahl unbekannter Karten) mal 44 (die Anzahl unbekannter Karten nach Ziehen der ersten Karte) geteilt durch zwei (weil die Karten untereinander austauschbar sind). Bei König/Zehn zeigt die Tabelle eine 16, also ist bei einem zufälligen Zweikartenblatt die Wahrscheinlichkeit 16:990, dass es sich dabei um König/Zehn handelt. Ginge es nur darum, auf dieses Ergebnis zu setzen und nicht Poker zu spielen, würde Ihnen dieses Wissen voll und ganz ausreichen.

Aber Sie spielen Poker. Sie haben nicht zwei Zufallskarten vor sich. Bei zehn Spielern am Tisch besteht eine Chance von 14,94 Prozent, dass einem von ihnen dieses Blatt ausgeteilt wurde. Sie müssen sich fragen, wie wahrscheinlich es ist, dass ein Mitspieler mit der Kombination König/Zehn bis jetzt im Spiel geblieben ist und ebenso wie der andere Spieler setzen wird. Sie müssen sich außerdem fragen, welche anderen Blätter der andere Spieler haben könnte, dass er noch immer setzt. Und schließlich müssen Sie sich überlegen, was er mit seinem Blatt oder mit anderen möglichen Blättern machen wird, nachdem Sie am Zug waren. Sie

KAPITEL 8: WIE SPIELEN DIE ANDEREN? 217

wären sich Ihrer Gewinnchancen sicherer, wenn ein anderer Spieler Sieben/Vier bräuchte, um Sie zu schlagen, anstatt König/Zehn, denn ziemlich sicher würde er mit diesem Blatt in der Preflop-Phase (bevor der Flop – die ersten drei Gemeinschaftskarten – gelegt wird) passen. Ihnen wäre auch wohler zumute, wenn als Turn (4. Gemeinschaftskarte) und River (5. Gemeinschaftskarte) Dame und Bube ausgelegt würden, denn König/Zehn wäre wahrscheinlich bei einem Flop mit Ass/Sieben/Drei ausgestiegen, aber bestimmt nicht bei einem Flop mit Ass/Dame/Bube. Die Kombination Sieben/Vier ist genauso wahrscheinlich wie die Kombination König/Zehn, und die möglichen Anordnungen eines beliebigen Sets von Gemeinschaftskarten sind alle gleich wahrscheinlich. Dennoch wählen Sie unterschiedliche Setzstrategien, je nachdem, ob Sie von König/Zehn oder Sieben/Vier geschlagen werden und in welcher Anordnung die Gemeinschaftskarten gelegt wurden. Mit Wahrscheinlichkeitsrechnung allein ist es also nicht getan.

Ein Ansatz besteht darin, sich zu überlegen, welche Strategie Ihre Mitspieler haben könnten, um dann die beste Gegenstrategie zu ermitteln. Mathematisch gesehen ist das reizvoll, denn man würde wie beim Blackjack davon ausgehen, dass die Aktionen der Mitspieler im Voraus festgelegt sind. Häufig machen Leute, die gut in Mathematik sind, den Fehler, einen mathematisch bequemen Ansatz zu verfolgen, und beharren dann darauf, dies sei die einzig rationale Lösung. Wir werden uns später in diesem Kapitel damit befassen, wie man diesen Fehler zu seinem Vorteil nutzen kann.

Das Schlüsselprinzip der mathematischen Spieltheorie geht strategisch gesehen einen Schritt weiter. Sie unterstellen Ihren Mitspielern eine bestimmte Strategie, und zwar diejenige, die für sie am besten ist. Dabei gehen Sie davon aus, dass Sie deren Strategie kennen und für sich die beste Gegenstrategie einsetzen. Dieser Ansatz mag unschlagbar erscheinen. Wenn Ihre Mitspieler ihre beste Strategie anwenden, haben Sie die beste Gegenstrategie. Entscheiden Ihre Mitspieler sich für irgendetwas anderes, werden Sie mindestens genauso gut abschneiden, wenn nicht besser.

Nehmen wir ein Beispiel aus dem Baseball. Wenn im Bottom des 9. Innings, d. h. der zweiten Hälfte des 9. Spielabschnitts, bei gleichem Punktestand, besetzten Bases (den so genannten Laufmalen im Baseball) und einem Full Count[38] des Batter (Schlagmann) es durch den Wurf des Pitchers (Werfer) zu einem Walk (Freilauf) für den Batter kommt oder dieser einen Hit erzielt, d. h. einen Treffer, der es ihm ermöglicht, zu einem Laufmal zu gelangen, so verliert das Team des Pitchers. Wenn er erreicht, dass der Batter „out" ist, kommt es zu zusätzlichen Innings, und das Team des Pitchers hat in etwa die gleichen Gewinnchancen wie die gegnerische Mannschaft. Der Pitcher hat die Wahl zwischen drei Arten von Würfen: Fastball, Curveball und Slider. Der Fastball, ein Schnellwurf, wird ihm in 90 Prozent der Fälle als Strike gelingen, d. h. der Ball passiert die so genannte Strike Zone, den vorgesehenen Bereich für einen gültigen Schlag; der weniger

---

[38] Anm. d. Übers.: Der Schlagmann hat 3 *Balls* und 2 *Strikes* erhalten. Weitere Erläuterungen zu den Fachbegriffen folgen.

schnelle, kurvig fliegende Curveball gelingt ihm in 70 Prozent der Fälle. Beim Slider hingegen, einem seitlich von der Flugbahn abweichenden Wurf, hat der Pitcher Kontrollschwierigkeiten – hier besteht nur eine 50-prozentige Chance, dass der Wurf in der Strike Zone landet. Der Batter hat die Wahl, ob er den Schlag ausführt oder nicht. Wenn er schlägt und der Wurf außerhalb der Strike Zone ist, so kommt es zum so genannten Strike Out des Batters, dem Aus durch Strikes, und das Inning ist beendet. Schlägt er nach einem Fastball oder Curveball in der Strike Zone, hat er, sagen wir, eine Chance von 50 Prozent, einen Siegestreffer zu schlagen. Der Slider ist aber schwerer zu treffen, daher wird ihm ein erfolgreicher Treffer nur in 20 Prozent der Fälle gelingen.

	Swing	Lay off
Fastball	55%	90%
Curveball	65%	70%
Slider	90%	50%

Die Tabelle macht auf Grundlage der obigen Annahmen für jede zur Option stehende Kombination Aussagen darüber, wie wahrscheinlich es ist, dass es zum Out des Batters kommt. Schlägt der Batter nicht, ist er out, wenn der Wurf ein Strike ist. Die Prozentangaben benennen hier nur die wahrscheinlichen Fälle. Schlägt er, ist er out, wenn der Wurf ein Ball ist, also nicht durch die Strike Zone fliegt und somit ungültig ist. Der Batter ist zu 50 Prozent bei einem Schlag out, wenn der Wurf ein Strike ist, außer bei einem Slider, bei dem er zu 80 Prozent im Fall eines Strikes out ist.

Der Pitcher ist womöglich verleitet, sich für den Wurf zu entscheiden, dessen Erfolg durchschnittlich gesehen am wahrscheinlichsten ist. Beim Fastball beträgt die Wahrscheinlichkeit (55 Prozent + 90 Prozent):2 = 72,5 Prozent, beim Curveball (65 Prozent + 70 Prozent):2 = 67,5 Prozent und beim Slider (90 Prozent + 50 Prozent):2 = 70 Prozent. Somit ist der Fastball der beste Wurf, gefolgt vom Slider und schließlich dem Curveball als schlechtestem Wurf. Das trifft allerdings nur zu, wenn der Batter eine Münze wirft, ob er schlägt oder nicht. Wenn andererseits der Pitcher wüsste, was der Batter vorhat, so würde er einen Slider werfen, wenn der Batter zu schlagen beabsichtigte, und einen Fastball, wenn er es nicht täte.

Doch nehmen wir an, dass der Batter gut genug ist, die Art des Wurfs zu erkennen, und es davon abhängig macht, ob er schlägt. Allerdings nicht so gut, dass er sagen kann, ob es ein Ball oder ein Strike sein wird. (Er ist ja nicht Ted Williams oder Barry Bonds.) Der Batter will die Wahrscheinlichkeit, dass er out ist, verringern – wir gehen von seiner besten Strategie aus –, also wird er immer die Tabellenspalte mit der niedrigeren Zahl wählen, egal welcher Wurf ausgeführt wird. Das heißt, er wird bei einem Fastball und einem Curveball den Schlag ausführen, bei einem Slider aber nicht. Mit diesem Wissen wird der Pitcher in jeder Tabellenzeile die höhere Zahl ignorieren und den Wurf mit dem höchsten Wert unter

KAPITEL 8: WIE SPIELEN DIE ANDEREN?

den niedrigeren Zahlen wählen – bekannt als die so genannte Minimax-Strategie. Gemäß dieser Strategie ist der Curveball der beste Wurf mit einer minimalen Erfolgsquote von 65 Prozent. Das war der schlechteste Wurf in der Berechnung des Erwartungswerts und zugleich derjenige, der niemals geworfen werden würde, wenn die Absichten des Batters bekannt wären. Lediglich die Spieltheorie identifiziert den Curveball als besten Wurf. Es mag nicht allzu schwer sein, in einer einfachen Situation wie dieser die Vorteile des Curveball auch ohne die formale Mathematik zu erkennen. Doch in echten Spielen potenzieren sich die Kombinationen schnell, und im wirklichen Leben noch viel schneller. Vor Erfindung der Spieltheorie galt *Minimax* noch nicht als allgemeines strategisches Prinzip. Ohne den Mechanismus der Spieltheorie ist es nahezu unmöglich, Spiele mit mehr als einer Handvoll von Ergebnissen zu berechnen.

Wie sieht es aber aus, wenn sich der Batter vor dem Wurf überlegen muss, ob er schlägt? Dann ist die Situation eine ganz andere. Diese Rechnung ist etwas komplizierter, es gibt jedoch einen Trick, der häufig funktioniert. In der Spieltheorie bietet die beste Strategie einem häufig einen Ausgleich zu den Optionen des Gegners. Ins Unreine gesprochen heißt das: Wenn Ihr Gegner davon profitieren kann, zwischen zwei Möglichkeiten zu entscheiden, so haben Sie ihm durch Ihr Spiel irgendeinen Vorteil verschafft. Aus spieltheoretischer Sicht erbringt man im Poker häufig den gleichen Wetteinsatz wie der Mitspieler, mit gleichem Erwartungswert beim Passen, Mitgehen oder Erhöhen. Das gilt nicht immer, aber in diesem Beispiel funktioniert es.

Will der Pitcher dem Batter den gleichen Anreiz zum Ausführen oder Unterlassen des Schlages geben, benötigt er dafür zwei Wurfalternativen. Eine reicht nicht aus, da der Batter es vom voraussichtlichen Wurfergebnis abhängig machen wird, ob er schlägt. Kombiniert der Pitcher aber zwei Würfe im richtigen Verhältnis, schlägt der Batter entweder, oder er lässt es, und die Chance der Mannschaft des Pitchers, das Spiel zu gewinnen, ist genauso groß wie die der gegnerischen Mannschaft. Es ergibt eindeutig Sinn, zwischen den beiden Würfen mit den höchsten Erwartungswerten zu wählen, ganz gleich, was der Batter tun wird: zwischen Fastball und Slider. Legt der Pitcher die Zahlen 1 bis 15 in seine Mütze, zieht eine von ihnen und wirft einen Fastball, wenn es eine Zahl zwischen 1 und 8 ist, und einen Slider, wenn sie zwischen 9 und 15 liegt, dann hat er eine Chance von 71 Prozent, das Out des Batters zu erzielen, egal ob dieser schlägt oder nicht.

Hier verhilft die Spieltheorie zu einer weiteren wichtigen Erkenntnis: Häufig ist es sinnvoll, bei der eigenen Strategie bewusst nach dem Zufallsprinzip vorzugehen und durch den Einsatz verschiedener Techniken des Glücksspiels künstliches Risiko zu erzeugen. Wer versucht, das Risiko möglichst gering zu halten, oder wer behauptet, Glücksspiel sei unvernünftig, weil es künstliches Risiko erzeugt, verpasst womöglich Gelegenheiten. Die beste nicht zufallsbasierte Strategie für den Pitcher ist es, immer den Curveball zu werfen, was zu 65 Prozent zum Out führt. Die beste zufallsbasierte Strategie ergibt 71 Prozent – mehr als bei der Curveball-Variante –, unabhängig davon, ob sich der Batter für oder gegen den Schlag entscheidet. Auch in der Finanzwelt spielen zufallsbasierte Strategien eine wichtige Rolle.

GOTT GAB DIR „GUTS": ENTTÄUSCHE IHN NICHT!

Um tiefer in die mathematische Spieltheorie vorzudringen, beschäftigen wir uns einmal mit dem Spiel Guts, was manchmal an Pokertischen gespielt wird, obwohl es kein Poker ist. Sie setzen einen Ante und erhalten ein Fünfkarten-Pokerblatt. Sie sehen es sich an, nehmen dann einen Chip der vereinbarten Einheit unter den Tisch und kommen mit einer Faust wieder hoch, in der sich der Chip entweder befindet oder nicht. Wenn alle ihre Faust auf dem Tisch haben, werden die Fäuste geöffnet. Hat niemand einen Chip in der Faust, nimmt jeder seinen Ante zurück. Hat nur ein Spieler einen Chip in der Faust, bekommt er alle Antes. Haben mehr als ein Spieler einen Chip in der Faust, werden alle Chips zu den Antes addiert, und der Spieler mit dem besten Pokerblatt unter den Bietenden gewinnt den Pot.

Ich habe es leicht vereinfacht dargestellt. Bei echten Guts-Runden gilt: Wenn niemand einen Chip in der Faust hat, setzen alle erneut einen Ante, und es wird ein anderes Blatt gespielt. Wenn nur ein Spieler einen Chip in der Faust hat, muss sein Blatt gegen ein neu vom Stapel ausgeteiltes Blatt gewinnen, um den Pot zu bekommen; andernfalls bleiben sein Chip und die Antes für eine weitere Runde drin. Um es noch stärker zu vereinfachen, nehmen wir nur zwei Spieler und gehen davon aus, dass der Chip für den Einsatz dieselbe Einheit/Denomination ist wie die Ante-Chips (normalerweise ist er größer).

Wenn Ihnen ein Royal Flush ausgeteilt wird, werden Sie natürlich setzen. Sie können nicht verlieren und Sie haben die Möglichkeit, zu gewinnen. Gemäß der Spieltheorie gehen wir davon aus, dass der Mitspieler das Gleiche tun wird. Stellen Sie sich jetzt einen King High Straight Flush vor. Wenn Sie setzen und der andere Spieler einen Royal Flush hat, verlieren Sie einen Chip – den Chip in Ihrer Faust. Ich zähle Ihren Ante nicht mit, den Sie ebenfalls verlieren. Häufig kommt es bei der Berechnung von Pokerstrategien deshalb zu Fehlern, weil man die Rechnung durcheinanderbringt. Sie können als Ausgangspunkt für die Berechnung von Gewinn und Verlust den Zeitpunkt vor oder nach dem Ante oder irgendeinen anderen Moment nehmen, wichtig ist, dass Sie konsequent sind. Ich wähle hierfür gern den Augenblick, nachdem ich den Ante gesetzt habe und bevor irgendwelche anderen Einsätze getätigt werden. Am besten betrachtet man es so, dass das Geld, das man in den Pot gegeben hat, einem nicht mehr gehört. Es ist kein Verlust, wenn man es verliert; es ist ein Gewinn, wenn man es zurückbekommt.

Wenn Sie mit einem King High Straight Flush auf der Hand setzen und Ihr Mitspieler irgendein schwächeres Blatt hat, so gewinnen Sie durch Ihren Setzeinsatz zumindest einen zusätzlichen Chip. Setzt der andere Spieler, gewinnen Sie durch Ihren Einsatz drei Chips (die Antes und seinen Einsatz), wohingegen Sie durch Passen keinen Chip bekämen. Setzt der Mitspieler nicht, gewinnen Sie zwei Chips (die Antes) durch Ihren Einsatz, während Sie durch Passen einen Chip (Ihren Ante) (zurück-)bekämen. Da es vier Royal Flushs gibt, gegen die Sie verlieren können, und 2.598.952 Blätter, gegen die Sie gewinnen können, und Sie, wenn Sie gewinnen, mindestens die gleiche Summe bekommen, wie Sie bei einem Verlustspiel verlieren würden, sollten Sie eindeutig setzen.

KAPITEL 8: WIE SPIELEN DIE ANDEREN? 221

Um noch präziser zu sein, sollten wir alle Blätter ausklammern, die sich durch Ihr Blatt ausschließen. Das heißt, drei mögliche Royal Flushs stehen 1.533.933 möglichen Blättern gegenüber, gegen die Sie gewinnen können, aber das ist immer noch eine leichte Wahl. Wir spielen also King High Straight Flushs und der andere Spieler, wie wir annehmen, auch.

Wir können uns anhand dieser Logik immer weiter nach unten vorarbeiten, Blatt für Blatt, bis wir eines haben, das gegen dieselbe Anzahl von Blättern sowohl verlieren als auch gewinnen kann. Es gibt kein Blatt, auf das dies exakt zutrifft; Ass/König/Dame/Bube/Zwei erfüllt es am ehesten. Hier gibt es 1.304.580 Blätter, die genauso gut sind oder besser, und 1.294.380 schlechtere. Sagen wir, genau 50 Prozent der möglichen Blätter des Mitspielers gewinnen und genau 50 Prozent verlieren gegen das Blatt. Offensichtlich sollten wir es spielen, denn die Chance liegt bei 50 zu 50, dass wir entweder einen Chip verlieren oder aber einen oder drei Chips gewinnen. Sie und – wie wir annehmen – der andere Spieler sollten bei jedem Blatt setzen, das Ass/König/Dame/Bube/Zwei oder etwas Besseres ist. Das entspricht 50,2 Prozent der Blätter, die an Sie ausgeteilt werden können. Es sind deshalb über 50 Prozent, weil Sie setzen, wenn Sie dieses mittlere Blatt auf der Hand halten.

Gehen wir nun vom umgekehrten Fall aus, vom denkbar schlechtesten Pokerblatt: Sieben/Fünf/Vier/Drei/Zwei, wobei nicht alle Karten von der gleichen Farbe sind. Im so genannten Lowball, einer Pokervariante, bei der das niedrigste Blatt das stärkste ist, wird das Ass häufig niedrig (d. h. als Eins) gewertet und Straights und Flushs zählen nicht, wodurch Fünf/Vier/Drei/Zwei/Ass das niedrigste (also beste) Blatt ist. Bei Guts hingegen gewinnt das höchste Blatt, daher würde man das Ass natürlich als hohe Karte werten und auf Straights und Flushs beharren.

Sieben/Fünf/Vier/Drei/Zwei kann kein anderes Blatt schlagen. Wenn Sie setzen, und auch Ihr Mitspieler setzt, verlieren Sie einen Chip. Setzt er nicht, gewinnen Sie einen Chip. Die vorangegangene Analyse sagt uns aber, dass er in mehr als 50 Prozent der Fälle setzen wird. Also passen wir mit diesem Blatt. Das zweitschlechteste Blatt ist Sieben/Sechs/Vier/Drei/Zwei. Es könnte nur Sieben/Fünf/Vier/Drei/Zwei schlagen, und wie wir wissen, wird mit diesem Blatt gepasst; also bekommen wir nur einen Chip. Es gibt keine Möglichkeit, drei Chips zu gewinnen, also sind wir in der gleichen Position wie Sieben/Fünf/Vier/Drei/Zwei und passen. Diese Logik können wir anwenden, bis wir bei Ass/König/Dame/Zehn/Neun angekommen sind. Der Spieltheorie nach heißt es also, bei jedem Paar oder etwas Besserem oder bei Ass/König/Dame/Bube mit beliebiger Zusatzkarte zu setzen, aber bei Ass/König/Dame/Zehn/Neun oder etwas Schlechterem zu passen.

RATEN, WIE GESPIELT WIRD

Will man die richtige Strategie ohne die Spieltheorie ermitteln, muss man die Strategien der anderen Spieler erraten. Das mag erst einmal gar nicht so schlecht sein, ist mathematisch aber nur schwer zu bewerkstelligen. Jedes Spiel, ja jede Interaktion mit anderen Menschen, bringt nichtkalkulierbare Risiken mit sich. Das dürfte einem zu Recht Unbehagen bereiten und einen davon abhalten, zu spielen. Man denke nur an den Idioten im Horrorfilm, der die alte Schriftrolle mit dem Zauber zur Heraufbeschwörung von Dämonen findet und ausprobieren will, ob es funktioniert – mit dem Ergebnis, dass er hinsichtlich nichtkalkulierbarer Risiken einen ordentlichen Denkzettel erhält. Entscheidet man sich trotzdem dafür, zu spielen, so sollte man sich lieber davor hüten, von einer Welt zu träumen, in der die Risiken kalkulierbar sind.

Ein Problem der Spieltheorie besteht darin, dass die Leute sich nicht so verhalten, wie sie es nahelegt. Eingehende Untersuchungen haben ergeben, dass häufig systematisch vom spieltheoretisch optimalen Verhalten abgewichen, es aber nur in wenigen Fällen befolgt wird. Es stimmt, dass man sich mit den Annahmen der Spieltheorie darüber keine Gedanken machen muss (wenn die Befürworter einer Theorie einem weismachen wollen, es sei egal, ob sie stimmt, so ist das immer ein verräterisches und gefährliches Zeichen für die jeweilige Theorie). Ihre spieltheoretische Strategie ist optimal eingestellt auf die bestmögliche Strategie, die Ihre Mitspieler aus deren Sicht wählen können – entscheiden sich diese für irgendetwas anderes, werden Sie mindestens genauso gut abschneiden. Da aber Ihre Mitspieler diese Strategie meist nicht wählen, würde ein einfältiger Mensch behaupten, dass Sie mit Kanonen auf Spatzen zielen. Spieltheoretiker weisen diese Kritik von sich mit der Begründung, dass dieser einfältige Kritiker zu beschränkt sei, um mathematischen Argumenten zu folgen. Man kann beschränkte Menschen aber nicht ignorieren – auch sie haben ihre Waffen, nur eben andere. Es kränkt genauso, gegen einen dummen wie gegen einen klugen Mitspieler zu verlieren. Ein zweites Problem ist, dass die Spieltheorie häufig nachweislich falsche Antworten gibt, selbst bei den einfachsten Spielen. Das berühmteste Beispiel ist das Gefangenendilemma. Zwei Kriminelle werden auf der Flucht nach einem

KAPITEL 8: WIE SPIELEN DIE ANDEREN?

missglückten Bankraub festgenommen. Zum Leidwesen der Polizei kann keiner der Zeugen sie als die Bankräuber identifizieren, und es gibt auch keinen anderen objektiven Beweis. Beide Verbrecher können für geleisteten Widerstand bei der Festnahme zu einem Jahr Freiheitsstrafe verurteilt werden. Bei versuchtem Bankraub sind es zehn Jahre. Die Verbrecher werden voneinander getrennt, und beiden wird dasselbe Angebot gemacht: Sag gegen deinen Partner aus, und du bist frei. Aber wenn beide Verbrecher ein Geständnis ablegen und den anderen verraten, bekommt jeder neun Jahre – ein Jahr weniger aufgrund der Aussage gegen den anderen.

		Unglücklich Verbündeter	
		gesteht	gesteht nicht
Spieltheoretiker	gesteht	beide bekommen 9 Jahre	Spieltheoretiker wird freigelassen, Komplize bekommt 10 Jahre
	gesteht nicht	Spieltheoretiker bekommt 10 Jahre, Komplize wird freigelassen	beide bekommen 1 Jahr

Handelt es sich bei einem der Verbrecher um einen Spieltheoretiker, der zum Bankräuber geworden ist, nachdem er sein ganzes Geld im Poker verloren hat, weil seine Mitspieler zu dumm für die Spieltheorie waren, so wird er in jedem Fall gestehen. Er wird sich überlegen, dass er sich, unabhängig von seinem Partner, mit einem Geständnis ein Jahr Gefängnis erspart. Verweigert sein Partner die Aussage, wird der Spieltheoretiker freigelassen, anstatt ein Jahr im Gefängnis zu sitzen. Verpfeift sein Partner ihn, bekommt der Spieltheoretiker neun anstatt zehn Jahre. Also gesteht der Spieltheoretiker. Sein Partner verflucht sich dafür, dass er mit einem Spieltheoretiker eine Bank ausrauben wollte, und gesteht ebenfalls. Er wird nicht bedingungslos loyal gegenüber jemandem sein, der selbst nicht loyal ist. Also sitzen beide neun Jahre, während andere Gauner, die in Mathematik weniger bewandert sind, nach einem Jahr wieder draußen sind. Was für eine grausame und ungewöhnliche Strafe es wäre, sie in dieselbe Zelle zu stecken: Stellen Sie sich vor, Ihr Zellengenosse erklärt Ihnen neun Jahre lang, dass Sie Ihren Aufenthalt im Gefängnis allein Ihrer beider Intelligenz verdanken.

Die Mathematik ist hier nicht das Problem; sie ist in sich absolut stimmig und konsequent. Dieser Ausgang ergibt sich unerbittlich aus den Annahmen. Ich kritisiere auch nicht die Entscheidung des Spieltheoretikers zu gestehen, da sein Partner das Gleiche aus anderen Gründen macht. Das Problem ist, dass der Spieltheoretiker seinen Partner von Anfang an als Gegner betrachtet. Sobald das geschieht, sind Vertrauen, Loyalität und Kooperation bedeutungslos. Es war ja nur ein einmaliges Spiel gegen einen gesichtslosen Gegner, nicht der Beginn einer zwischenmenschlichen Beziehung oder geschäftlichen Unternehmung. Die Handlungsempfehlung wäre die Gleiche, wenn der Partner der beste Freund oder ärgste Feind des Spieltheoretikers wäre – genau genommen verlieren die Begriffe „Freund" und „Feind" ihre Bedeutung. Jeder ist ein Gegner – kein rachsüchtiger Gegner; nur ein Wesen, das Entscheidungen trifft und dabei seine eigene Nutzenfunktion ohne Rücksicht auf das Wohlergehen des Gegenübers maximiert.

Es ist unschwer zu erkennen, wie diese Denkweise die internationale Diplomatie vergiftet. Jeder ist ein Gegner, und man rüstet sich gegen die gefährlichsten Strategien des anderen. Das gilt sowohl für befreundete als auch für feindliche Länder – und schließlich auch für die Innenpolitik. Eine solide Militärdoktrin beinhaltet, sich auf die militärischen „Möglichkeiten seines Feindes vorzubereiten, nicht auf seine Absichten". Aber das gilt lediglich für die Feinde. Es ist verrückt, jeden als einen Feind zu behandeln. Schlimmer noch, beim Poker kostet es einen Geld. An einem Pokertisch findet mehr Kooperation als Wettkampf statt, aber manche Spieltheoretiker sind dafür blind. Dies gilt noch viel stärker für die Finanzwelt.

Ich bin nicht gegen die Spieltheorie; sie ist ein nützliches Instrument, um bestimmte Aspekte des Pokerns zu verstehen. Ich habe auch nichts gegen diejenigen, die sich mit ihr beschäftigen. In der theoretischen wie in der experimentellen Spieltheorie wird herausragende und wichtige Arbeit geleistet. Meine Kritik richtet sich lediglich an diejenigen, die die Grundlagen der Spieltheorie verstanden haben und dann meinen, sie hätten alles verstanden. Ich möchte mit diesen Leuten Poker spielen, aber nicht mit ihnen eine Bank ausrauben.

MEISTER DES BLUFFENS

Die Spieltheorie erklärt hervorragend den Begriff des Bluffens, der sich anders nur ungenau beschreiben lässt. Bluffen wird weithin missverstanden. Entführt der gemeine Bösewicht die unerschrockene junge Reporterin, wird sie sicherlich behaupten, sie habe die Story ihrem Redakteur bereits per E-Mail geschickt, so dass der Bösewicht schon entlarvt ist. Sie zu töten, würde alles nur verschlimmern. Er wird natürlich fauchen: „Du bluffst."

Ohne dem gemeinen Bösewicht nahe treten zu wollen: Das war eine Lüge, kein Bluff. Die unerschrockene junge Reporterin hat um nichts gewettet – was hätte sie auch bieten können? Sagt sie nichts, wird sie getötet. Wird ihr geglaubt, stirbt sie möglicherweise nicht. Nur weil sie lügt, kann man sie nicht zweimal töten. Sie hat nichts zu verlieren, wenn sie lügt, und sie gewinnt nur, wenn man ihr glaubt. Beide Umstände schließen einen Bluff aus.

Natürlich kommt die unerschrockene junge Reporterin davon, und der gemeine Bösewicht wird geschnappt. Sieht er sie im Gerichtssaal wieder, droht er ihr vielleicht, aus dem Gefängnis auszubrechen und sie zu töten. Ihr idiotischer, aber gut aussehender Freund versucht vielleicht, sie mit den Worten „Der blufft nur" zu beruhigen. Auch er liegt falsch. Der gemeine Bösewicht setzt vielleicht etwas aufs Spiel, erbringt einen „Einsatz". Durch seinen Ausbruch aus dem Gefängnis verwirkt er möglicherweise Punkte zur Verringerung des Strafmaßes bei aufrichtiger Reue. Aber die unerschrockene junge Reporterin kann dem nichts entgegensetzen. Dadurch ist es eine Drohung, aber kein Bluff.

Angenommen, Sie sagen Ihrer Chefin, dass Sie ein anderes Jobangebot haben und kündigen werden, wenn Sie nicht eine Gehaltserhöhung bekommen. Sie setzen etwas aufs Spiel: Sie haben Ihren Job oder zumindest etwas Stolz zu verlieren, wenn Ihre Chefin ablehnt. Sie hat die Wahl. Sie kann sagen: „Liefern Sie Ihre ID bei der Security ab, wenn Sie gehen" oder „Ja, Sie bekommen die Erhöhung". Aber dann ist es noch immer kein Bluff. Die Reaktion Ihrer Chefin hängt nicht davon ab, ob sie Ihnen glaubt, sondern davon, ob sie möchte, dass Sie mit einem höheren Gehalt bleiben. Hat sie schon monatelang versucht, Sie loszuwerden, wird sie Ihnen die Hand schütteln und Ihnen viel Glück im neuen Job wünschen, ob sie nun glaubt, Sie haben einen, oder nicht. Wenn sie Sie wirklich braucht, wird sie Ihnen so weit entgegenkommen, dass Sie bleiben. Selbst wenn sie weiß, dass Sie lügen: Sie zur Rede zu stellen, könnte dazu führen, dass Sie aus Stolz gehen oder dass Ihnen zumindest Ihr schlechter Ruf in Zukunft vorauseilen wird.

Bei einem echten Bluff handelt es sich nicht um Täuschung, und es ist wichtig, sich auf den Unterschied zu konzentrieren. Wenn Sie bluffen, ist das Letzte, was Sie wollen, dass der Gebluffte verwirrt ist. Wenn Sie jemanden täuschen wollen, ist Verwirrung das richtige Mittel.

DIE MATHEMATIK DES BLUFFENS

Um die Mathematik des Bluffens zu verstehen, greifen wir noch einmal auf das Spiel Guts zurück und denken es uns als Pokerspiel. Anstatt des Unsinns mit den Chips unter dem Tisch und den simultanen Wetteinsätzen muss man entweder sehen wollen oder setzen. Wenn Sie sehen wollen, zeigen wir unsere Blätter, und der Bessere bekommt die Antes. Wenn Sie setzen, kann ich entweder mitgehen oder passen. Wenn ich mitgehe, geben wir beide einen Chip in den Pot, zeigen die Karten, und das bessere Blatt gewinnt vier Chips. Wenn ich passe, bekommen Sie die Antes.

Angenommen, Sie eröffnen die Wettrunde und setzen bei jedem Paar oder etwas Besserem; andernfalls wollen Sie sehen. Zu 49,9 Prozent bekommen Sie ein Paar oder etwas Besseres, sagen wir zu 50 Prozent, um es einfach zu halten. In der spieltheoretischen Analyse setzen Sie voraus, dass ich Ihre Strategie kenne. Ich gehe bei Ihrem Einsatz nur mit, wenn ich mindestens eine Chance von eins zu vier habe, dass ich gewinne, da es mich einen Chip kostet, wenn ich verliere, ich aber drei Chips bekomme, wenn ich gewinne. Wenn ich ein Paar Sechsen habe, liegt die Chance bei eins zu vier, dass ich Sie schlage, vorausgesetzt, Sie haben mindestens ein Paar Zweien. Also wollen Sie zu 50 Prozent sehen und setzen zu 50 Prozent. Wenn Sie setzen, gehe ich in drei von acht Fällen mit. Die nachfolgenden Tabellen erklären, warum.

			mein Blatt		
			ein Paar Sechsen oder besser	ein Paar Zweien bis Fünfen	kein Paar
		Aktion	mitgehen, wenn Sie setzen	passen, wenn Sie setzen	passen, wenn Sie setzen
Ihr Blatt	ein Paar Sechsen oder besser	setzen	Sie setzen, ich gehe mit, wir haben beide die gleichen Gewinnchancen	Sie setzen, ich passe, Sie gewinnen	
	ein Paar Zweien bis Fünfen	setzen	Sie setzen, ich gehe mit, ich gewinne		
	kein Paar	sehen	Sie wollen sehen, ich gewinne		Sie wollen sehen, wir haben beide die gleichen Gewinnchancen

Die obige Tabelle zeigt die fünf möglichen Ergebnisse. Die nächste Tabelle stellt Ihren jeweils entsprechenden Erwartungswert dar. Haben wir beide ein Paar Sechsen oder etwas Besseres, setzen Sie und ich gehe mit. In 50 Prozent der Fälle gewinnen Sie drei Chips, in 50 Prozent der Fälle verlieren Sie einen. Ihr durchschnittlicher Gewinn ist in der Tabelle dargestellt: +1 Chip. Haben Sie ein Blatt, bei dem sich ein Wetteinsatz lohnt (ein Paar Zweien oder etwas Besseres), und ich eines, mit dem ich passen muss (ein Paar Fünfen oder etwas Schlechteres), setzen Sie, ich passe und Sie gewinnen die Antes: also +2 für Sie. Haben Sie ein Paar Zweien bis Fünfen und ich ein Paar Sechsen oder etwas Besseres, dann setzen Sie, ich gehe mit und ich gewinne. Sie verlieren einen Chip.

Lesen lohnt sich!

☐ **Senden** Sie mir bitte Ihren aktuellen **Gesamtkatalog** mit allen Büchern und den Sonderangeboten zu.

☐ **Ich möchte** regelmäßig über **Neuerscheinungen** informiert werden.

Bitte informieren Sie mich über Ihre ☐ **Bücher** ☐ **Seminare und Schulungen** zu folgenden Themen:

☐ Behavioral Finance ☐ Candlesticks ☐ Handelssysteme ☐ Money Management ☐ Optionsscheine
☐ Technische Analyse ☐ Technische Indikatoren ☐ Trading ☐ Wirtschaft allgemein ☐ Zertifikate
☐ Sonstige: ....

Schicken Sie mir die gewünschten Infos bitte per ☐ **E-Mail** ☐ **per Post** (siehe Rückseite).

☐ **Ich möchte am Gewinnspiel teilnehmen.**
Unter allen Einsendern verlosen wir jeden Monat 5 Büchergutscheine im Wert von **200 Euro.**

FinanzBuch Verlag
Lesen lohnt sich!

Unser Gesamtprogramm und unsere regelmäßigen Aktionen finden Sie auch auf unserer Website unter

Bitte freimachen, falls Marke zur Hand

Antwortkarte

FinanzBuch Verlag GmbH
Nymphenburger Straße 86

80636 München

Absender

Name, Vorname

Straße, Hausnummer

PLZ, Ort

Telefon /

E-Mail @

Geburtsdatum (freiwillig, aber wir denken an Sie!)

Diese Postkarte lag im Buch:

....

Ich bin auf das Buch aufmerksam geworden durch:
☐ Internet ☐ Buchhandel ☐ Presse ☐ Bekannte ☐ Sonstiges ....

KAPITEL 8: WIE SPIELEN DIE ANDEREN?

			mein Blatt		
			ein Paar Sechsen oder besser	ein Paar Zweien bis Fünfen	kein Paar
		Aktion	mitgehen, wenn Sie setzen	passen, wenn Sie setzen	passen, wenn Sie setzen
Ihr Blatt	ein Paar Sechsen oder besser	setzen	+1	+2	
	ein Paar Zweien bis Fünfen	setzen	-1		
	kein Paar	sehen	0		+1

Haben Sie kein Paar, wollen Sie sehen. Habe ich ein Paar Zweien oder etwas Besseres, gewinne ich in jedem Fall. Sie bekommen nichts. Habe auch ich kein Paar, gewinnen Sie die Antes in 50 Prozent der Fälle, bei einem Erwartungswert von +1.

Die folgende Tabelle zeigt die für die jeweilige Situation berechnete Wahrscheinlichkeit. Wir beide haben in 3/8 der Fälle jeweils ein Paar Sechsen oder etwas Besseres, in 1/8 der Fälle ein Paar Zweien bis Fünfen und in den anderen 50 Prozent der Fälle kein Paar. Die Wahrscheinlichkeit jeder Kombination entspricht etwa dem Produkt aus den einzelnen Wahrscheinlichkeiten. So liegt zum Beispiel die Wahrscheinlichkeit, dass Sie ein Paar Sechsen oder etwas Besseres haben und ich ein Paar Zweien bis Fünfen, bei 3/8 x 1/8 = 3/64.

		mein Blatt		
		Sechsen oder besser	Zweier bis Fünfer	kein Paar
	Wahrscheinlichkeit	3/8	1/8	1/2
Ihr Blatt	Sechsen oder besser	3/8	9/64	5/16
	Zweier bis Fünfer	1/8	3/64	
	kein Paar	1/2	1/4	1/4

Um Ihren gesamten Erwartungswert zu ermitteln, multiplizieren wir die Zahlen in den vorangegangenen zwei Tabellen Zelle für Zelle und addieren sie dann zusammen. Das ergibt +1 x (9/64) + 2 x (5/16) − 1 x (3/64) + 0 x (1/4) + 1 x (1/4) = 31/32. Da Sie zum Spielen einen Chip als Ante setzen müssen, verlieren Sie auf Dauer, da Sie im Durchschnitt weniger als einen Chip zurückbekommen.

Allgemein gesagt, wenn Sie Ihren als p bezeichneten Bruchteil an besten Blättern spielen, verlieren Sie $p^2/8$ Chips pro Blatt. In diesem Fall, also p = ½, verlieren Sie 1/32-Chip pro Blatt. Am besten definieren Sie p = 0. Das heißt, Sie wollen immer sehen und setzen nie. Es wird also kein einziges Mal gesetzt. Das beste Blatt nimmt die Antes. Sie gewinnen bei 128 Blättern durchschnittlich 128 Chips.

Dieses Beispiel veranschaulicht ein altbekanntes Problem beim Wetteinsatz. Es ist nicht sinnvoll, wenn Sie bieten, weil ich das Gebot nur annehme, wenn es für mich vorteilhaft ist. Ein Gebot anzunehmen, kann vernünftig sein, eines abzugeben aber nicht. Vor etwa 200 Jahren entdeckte irgendeine namentlich nicht bekannte Person den Fehler in dieser Logik, den man sich durch Bluffen zunutze machen kann. Es ist möglich, dass man davor schon wusste, wie gebluft wird. Aufzeichnungen darüber gibt es aber nicht. Es wurde sehr viel über Strategie geschrieben, aber nicht eine der Schriften enthält auch nur den leisesten Hinweis, dass die Autoren auf die Strategie des Bluffens gestoßen sind. Da Bluffen jedoch strategisch eine wichtige Rolle spielt, kann man kaum glauben, dass jemand davon Kenntnis hatte, es aber nicht erwähnte. Außerdem ist die Idee des Bluffens so erstaunlich und entgegen jegliche Intuition, dass es noch schwerer zu glauben ist, sie sei derart bekannt gewesen, dass sich keiner die Mühe machte, darüber zu schreiben.

Der Geniestreich besteht darin, dass Sie mit Ihren schlechtesten Blättern setzen anstatt mit Ihren besten. Angenommen, Sie setzen bei einem Blatt wie Dame/Neun oder etwas Schlechterem und bei jedem Blatt mit einem Paar Sechsen oder etwas Besserem. Sie setzen immer noch in 50 Prozent der Fälle – in 1/8 der Fälle mit König/Neun oder etwas Schlechterem und in 3/8 der Fälle mit einem Paar

KAPITEL 8: WIE SPIELEN DIE ANDEREN?

Sechsen oder etwas Besserem. Ich werde bei einem Paar Sechsen oder etwas Besserem immer noch mitgehen, denn ich habe zumindest eine Chance von eins zu vier, dass ich mit einem solchen Blatt gewinne.

Wie Sie sehen, hat sich in der folgenden Ergebnistabelle für den Fall, dass Sie sehen wollen und ich Dame/Neun oder etwas Schlechteres habe, eine neue Zelle ergeben. In einer solchen Situation verlieren Sie nicht mehr mit einem Ergebnis von 0, sondern Sie gewinnen mit +2. Das ist 1/16 und bringt Ihnen somit 1/8 an zusätzlich zu erwartendem Gewinn. Damit liegen Sie anstatt bei 31/32 bei 35/32. Da dies mehr als 1 ist, erzielen Sie nun im Spiel einen Gewinn. Dafür verlieren Sie allerdings eher häufig anstatt selten, wenn Sie Dame/Neun oder etwas Schlechteres auf der Hand haben und ich ein Paar Sechsen oder etwas Besseres. Aber das kostet Sie zumindest kein Geld.

		mein Blatt		
		Sechsen oder besser	9 oder schlechter	Dame / 10 bis 5
	Aktion	mitgehen, wenn Sie setzen	passen, wenn Sie setzen	passen, wenn Sie setzen
Ihr Blatt	ein Paar Sechsen oder besser	setzen	Sie setzen, ich gehe mit, wir haben beide die gleichen Gewinnchancen	Sie setzen, ich passe, Sie gewinnen	Sie setzen, ich passe, Sie gewinnen
	Dame / 9 oder schlechter	setzen	Sie setzen, ich gehe mit, ich gewinne		
	Dame / 10 bis 5	sehen	Sie wollen sehen, ich gewinne	Sie wollen sehen, Sie gewinnen	ich will sehen, wir haben beide die gleichen Gewinnchancen

Ich kann diese Entwicklung nicht beeinflussen. Ich weiß, dass Sie beim Setzen jedes vierte Mal bluffen, aber ich kann dieses Wissen nicht zu meinem Vorteil nutzen. Sie täuschen mich nicht, sondern gewinnen gegen mich. Als Erster ein Gebot abzugeben, ist nicht von Nachteil, wie es anfangs erschien, sondern vorteilhaft – aber nur, wenn man weiß, wie gebluftt wird. Leider bluffen die anderen Spieler im echten

Poker auch und holen sich den Vorteil zurück. Achten Sie darauf, dass Sie mit Ihren schwächsten Blättern bluffen. Dies ist eine wesentliche Erkenntnis der Spieltheorie, ohne die sich dieser Aspekt nicht eindeutig erklären ließe.

Das ist der klassische Bluff beim Pokern: Sie tun so, als hätten Sie ein sehr starkes Blatt, haben aber eigentlich das schwächste, das möglich ist. Sie gehen davon aus, dass Sie Geld verlieren werden, wenn Sie bluffen, aber Sie machen das mit anderen Blättern allemal wieder wett. Haben Sie ein starkes Blatt, werden Sie eher „gecallt" (d. h. der letzte Spieler in der Runde hält die Wette und zwingt Sie zum Vorzeigen Ihrer Karten), weil klar ist, dass Sie bluffen könnten. Wenn Sie mitgehen, sind Ihre Blätter im Durchschnitt eher stark, weil Sie manche Blätter durch Bluffs ersetzen, bei denen Sie erhöht hätten und stattdessen bei diesen Blättern mitgehen. Beim Bluffen kommt es nicht darauf an, andere zu täuschen. Es funktioniert tatsächlich nur dann, wenn die anderen wissen, dass Sie bluffen. Wenn Sie wissen, wie man andere täuscht, dann tun Sie dies stattdessen, aber nennen Sie es nicht Bluffen.

Es gibt im Poker weitere Täuschungsmöglichkeiten, die von manchen gerne als Bluffs bezeichnet werden. Ich werde hier nicht um Begriffe streiten, aber es ist wichtig, den klassischen Bluff als eine eigenständige Idee zu verstehen. Der Mensch täuscht von Natur aus gerne, daher können Sie sich ruhig auf Ihr Gefühl verlassen, wann Sie lügen sollten und wann andere Sie belügen. Bluffen jedoch hat absolut nichts mit Intuition zu tun. Sie müssen es üben und lernen, sich zu verteidigen, wenn andere bluffen. Ihr Gefühl wird Sie betrügen und den Nutzen des Bluffs zerstören; es wird Ihnen ein Verlustspiel bescheren. Man denkt sich leichthin: „Warum soll ich mit dem schwächsten Blatt bluffen? Warum bluffe ich stattdessen nicht mit einem mittelprächtigen Blatt, damit ich eine Chance habe zu gewinnen, wenn ich gecallt werde?" Wenn Sie gecallt werden, werfen Sie Ihr wertloses Blatt vielleicht aus Verlegenheit weg, ohne es gezeigt zu haben. Vielleicht erwischen Sie für Ihre Bluffs immer die allerschlechtesten Augenblicke und liegen entsprechend falsch damit, wann Sie wohl gerade von anderen Spielern geblufft werden. All das untergräbt den Nutzen des Bluffs. Das Bluffen ist der zentrale Grund, warum Leute, die gut in anderen Kartenspielen sind, im Poker gegenüber durchschnittlichen Spielern als große Verlierer dastehen.

Klassisches Bluffen bedeutet, dass man vorgibt, stark zu sein, wenn man schwach ist. Vorzugeben, man sei schwach, wenn man stark ist, auch bekannt als Slowplay, gehört zum Standard der Täuschungsstrategien. Slowplay bezeichne ich lieber nicht als Bluffen. Klassisches Bluffen heißt, bei einem Blatt zu erhöhen, mit dem man normalerweise passen würde. Slowplay zu spielen bedeutet, mit einem Blatt mitzugehen, bei dem man normalerweise erhöhen würde. Beim Bluffen fällt man von einem Extrem ins andere. Beim Slowplay bewegt man sich von einem Extrem zu etwas Moderatem. Sie sollten Ihr Pokerspiel immer variieren, aber wenn Sie gerade nicht bluffen, gehen Sie immer nur einen Level höher: vom Passen zum Mitgehen, vom Mitgehen zum Erhöhen oder umgekehrt. Sie würden niemals bluffen, indem Sie mit einem Blatt passen, bei dem Sie erhöhen sollten – das wäre verrückt. Ein weiterer Unterschied zwischen Bluffen und Slowplay

KAPITEL 8: WIE SPIELEN DIE ANDEREN? 231

besteht darin, dass Letzteres gespielt wird, um mit dem aktuellen Blatt mehr Geld zu gewinnen; beim Bluffen geht man davon aus, dass man mit dem aktuellen Blatt im Durchschnitt Geld verlieren wird, der Erwartungswert sich aber bei zukünftigen Blättern erhöht.

Ein interessanterer Fall ist der Semibluff. Dabei handelt es sich um einen der wenigen wichtigen Begriffe im Poker, der eindeutig von einer einzelnen Person geprägt wurde: David Sklansky. Das heißt nicht, dass diese Taktik nicht auch schon vor Sklanskys Aufzeichnungen gebräuchlich war. Das kann ich nicht wissen. Aber er war der Erste, der darüber schrieb, und er hat die Idee umfassend ausgearbeitet. Man spielt einen Semibluff, indem man bei einem Blatt erhöht, das vermutlich schlecht ist, bei dem jedoch auch eine gewisse Chance besteht, dass es sich als sehr gut erweist.

Ein Beispiel hierfür ist die Kombination Pik-Sechs/Pik-Sieben im Texas Hold 'Em. Gibt es bei den Gemeinschaftskarten drei der Farbe Pik oder drei Karten, die mit Sechs und Sieben einen Straight bilden, oder zwei oder mehr Sechsen und Siebenen, so haben Sie ein starkes Blatt. Besser noch, Ihre Mitspieler werden Ihr Blatt falsch einschätzen. Erhöhen Sie früh, wird man denken, Sie hätten ein Paar oder hohe Karten. Angenommen, die Gemeinschaftskarten enthalten ein Paar Siebenen, eine Sechs, aber kein Ass. Setzen Sie hoch, wird man denken, Ihr Startblatt wäre Ass/Sieben und Sie spielten einen Drilling. Jemand mit einem Straight oder Flush wird getrost seinen Einsatz tätigen. Sie aber haben ein Full House und werden gegen einen Straight oder Flush gewinnen. Oder wenn die Gemeinschaftskarten hoch sind und Pik dreimal vorkommt, wird man denken, Sie hätten mit Ihren scheinbar hohen Karten auf der Hand Paare oder einen Drilling bekommen. Tatsächlich aber haben Sie einen Flush.

Ich ziehe es vor, es als einen Zufallsbluff zu betrachten, wenn man bei dieser Kombination in der Preflop-Phase erhöht. In dem Moment, in dem man erhöht, weiß man nicht, ob man blufft. Ich mag den Begriff Semibluff nicht, weil er impliziert, dass man irgendwie blufft. So ist es aber nicht. Entweder man blufft oder nicht. Man weiß es nur noch nicht. Diese Unterscheidung ist sehr wichtig. Irgendwie zu bluffen, funktioniert nie, zufälliges Bluffen kann funktionieren. Sklansky erklärt, dass man bei Semibluffs damit rechnen sollte, Geld zu machen, eigentlich bei allen Bluffs. Wenn man davon ausgeht, mit seinem Blatt Geld zu machen, ist das meiner Ansicht nach Täuschung und nicht Bluffen. Ist der Erwartungswert beim Setzen positiv, handelt es sich nicht um Bluffen. Möglicherweise hat man ein schwaches Blatt, mit dem man nur gewinnt, wenn der andere Spieler passt. Wenn aber die Wahrscheinlichkeit sehr groß ist, dass der andere passt, dann ist das eigene Spiel eine Lüge, kein Bluff.

Da Sklansky ein Spiel mit negativem Erwartungswert ablehnen würde, ist ein Zufallsbluff die einzige Möglichkeit, das Bluffen in sein Spiel zu integrieren. Der Nachteil eines Semibluffs ist, dass man die Kontrolle darüber verliert, wann man blufft. Man braucht eine bestimmte Art von Blatt dafür, daher ist es möglich, dass man eine Stunde oder länger darauf warten muss – und selbst, wenn man es bekommt, muss es nicht ein Bluff werden. Blufft man auf die klassische Art, kann man sicherlich davon ausgehen, dass im Verlauf der Geberunden schon das eine oder andere geeignete Blatt für einen Bluff dabei sein wird. Man hat sogar den Luxus, sich seine Position auszusuchen und zu wählen, welchen Spieler man bluffen möchte, oder man kann um einen bestimmten Pot bluffen.

Semibluffs sind am ehesten sinnvoll, wenn folgende zwei Voraussetzungen gegeben sind: erstens, wenn das Spiel möglicherweise nicht lang genug geht, um die notwendige Investitionsgrundlage für einen Bluff mit negativem Erwartungswert anzusparen. Die Situation ist besonders extrem, wenn ein Mitspieler, der einen großen Pot gewonnen hat, wahrscheinlich aus dem Spiel aussteigt. Das passiert häufig bei Online-Spielen. Die Spieler müssen nicht einmal wirklich aufhören: Spielen sie tight genug, können sie genauso gut auch aussteigen. Zweitens, wenn man mit dem Bluff eher bezweckt, aus einer Break-even- oder einer besseren Situation eine gewinnbringendere Situation zu machen als aus einer Situation, in der man Geld verliert, eine Break-even- oder eine bessere Situation. Will man eine Break-even-Situation verbessern, kann man es sich leisten, so lange zu warten, bis der Zeitpunkt für den richtigen Bluff gekommen ist. Steckt man in einer Verlustsituation, sollte man bald bluffen oder das Spiel aufgeben.

SPIELFAKTEN

Bluffen anhand der Spieltheorie zu erklären ist nur eine Möglichkeit, einen Aspekt des Pokers zu betrachten. Die Spieltheorie lehrt uns viel Nützliches, aber blindes Vertrauen in sie hat zu einigen absurden Schwachstellen in der Standardspielweise des modernen Pokers geführt.

Um nur ein Beispiel zu nennen: Laut Spieltheorie bringt es keinen Vorteil, seine Strategie geheim zu halten, seine Karten zu verbergen aber schon. Die Spieler sollen aufmerksam beobachten, wie die Mitspieler zu Beginn ihre Karten aufnehmen, und sich große Mühe geben, die eigenen Reaktionen zu verbergen. Dieselben Spieler plaudern offen über ihre Spielstrategien. „Ich hasse es, kleine Paare zu spielen", verkünden sie, oder „Bube/Zehn von einer Farbe sind das beste Startblatt".

Solche Aussagen treffen nur bedingt zu. Dass ein Spieler kleine Paare nicht mag, kann daran liegen, dass er sie zu häufig spielt. Jemand, der schwört, nie mehr einen Tropfen Alkohol anzurühren, wird das Jahr darauf wahrscheinlich mehr Alkohol konsumieren als jemand, der über sein Trinkverhalten nicht spricht. Jedoch habe ich selten erlebt, dass solche Äußerungen bewusst in die Irre

KAPITEL 8: WIE SPIELEN DIE ANDEREN?

führen sollten. Wichtig ist, dass man durch sie erfährt, wie der jeweilige Spieler über das Spiel denkt. Man sollte gut zuhören, wenn die Leute Geschichten über Triumphe und Misserfolge erzählen – sie offenbaren einem damit, wie sie spielen und worauf es ihnen besonders ankommt. Prahlen sie, wenn sie erfolgreich geblufft haben oder wenn sie mit einem sehr guten Blatt gegen ein gutes gewinnen? Meckern sie über Leute, die schlechte Blätter spielen und Glück haben, oder über solche, die nur die stärksten Blätter spielen? In vielen Fällen trifft natürlich beides zu, aber ein paar feine Unterschiede lassen sich durchaus erkennen. Ich weiß nicht, worüber ich mehr staunen soll: dass die einen diese Art von Information einfach so weitergeben oder dass die anderen ihr keinerlei Beachtung schenken. Ich habe eine eher traditionelle Pokervariante gelernt, bei der man dafür zahlen muss, die Strategie anderer zu erfahren.

Man lernt weitaus mehr Brauchbares, wenn man Spieler eingehend beobachtet, bevor sie ihre Karten aufnehmen, als danach. Zum einen hat die Spieltheorie bewirkt, dass sie während des Mischens und Kartengebens unachtsam sind. Es gibt weniger Irreführung und Ablenkungsmanöver. Zum anderen kann man nur schwer irgendetwas Nützliches über die Karten der Mitspieler erfahren, sofern sie nicht gerade eine verspiegelte Sonnenbrille tragen. Vielleicht bekommt man einen allgemeinen Eindruck, dass das Blatt ziemlich gut oder schlecht ist, aber das erfährt man in der Wettrunde noch früh genug. Es ist schwer, den Unterschied zwischen Ass/Neun von einer Farbe und einem Paar Achten zu erkennen. Ein wirklich schlechter Spieler wird verraten, für wie stark er sein Blatt hält, aber so jemand irrt sich auch häufig. Man kann an seinem Gesicht nicht ablesen, was er selbst nicht weiß. Ein wirklich guter Spieler wiederum wird einem zumindest wohl eher das mitteilen, was er einen denken lassen möchte, als wertvolle Informationen preiszugeben. Auf jeden Fall kommt es bei Entscheidungen im Poker selten auf kleine Unterschiede zwischen den Blattstärken der Mitspieler an. Wer am Ende gewinnt, hängt zwar von diesen kleinen Unterschieden ab, aber wie gespielt wird, nicht.

> **Spieltheorie-Fehler Nr. 1:**
> **Sich auf die Karten anstatt auf die Strategie zu konzentrieren**

Kennt man jedoch die Strategie des anderen, weiß man genau, wie man spielen muss. Häufig ist es möglich, am Verhalten eines Mitspielers vor dem Kartengeben abzulesen, dass er mit jedem spielbaren Blatt bis zum River gehen wird oder dass er nach einem Vorwand sucht, zu passen. Der eine Spieler wartet geduldig und selbstgefällig hinter seinem Berg Spielchips auf ein herausragendes Blatt. Ein anderer hofft verzweifelt auf lebhafte Wettrunden, um seine Verluste zurückzuholen. Das zu wissen, ist hilfreich, um die daraufhin getätigten Einsätze der Mitspieler zu deuten und entsprechend zu reagieren.

Kennt man die Strategien seiner Mitspieler, muss man ihre Karten nicht kennen. Angenommen, Sie kommen zu der Überzeugung, dass der Dealer vor dem Geben beschlossen hat, die Blinds, d. h. die Pflichteinsätze der beiden Spieler zur Linken des Dealers, zu stehlen. Ihrer Erwartung gemäß erhöht er. Sie haben nur ein mäßiges Blatt, aber Sie gehen mit, weil Sie denken, dass er bei jedem Blatt erhöhen würde. Hat er am Ende durch Zufall ein gutes Blatt, werden Sie wahrscheinlich verlieren. Aber das kümmert Sie wenig, weil Sie im Schnitt aufgrund Ihres Wissens gewinnen werden. Würden Sie seine Karten kennen, würden Sie sein Geld lediglich schneller gewinnen – zu schnell allerdings. Häufig steigen die Leute aus dem Spiel aus, wenn ein Mitspieler bei jedem Einsatz, den er in den Pot einzahlt, gewinnt. Würden Sie tatsächlich die Karten aller Mitspieler kennen, würden Sie von Zeit zu Zeit absichtlich verlieren, um diese Tatsache zu verhüllen. Auf lange Sicht liegen die Karten aller Spieler nahe an der zu erwartenden Verteilung, also müssen Sie nicht raten.

Die Strategie der Geheimhaltung, wie sie die Spieltheorie betont, nahm in der Diplomatie des Kalten Krieges großen Raum ein. Ein Thriller über den Kalten Krieg ist fast per definitionem eine Spionagegeschichte (die meist die Möglichkeit impliziert, dass die Welt zerstört wird, wenn die Guten verlieren). Heutzutage kommt einem dieser obsessive Umgang mit Spionage ziemlich albern vor, denn fast alle größeren Sicherheitsverstöße wurden dadurch begangen, dass Spione ihre eigenen Länder verrieten. Die Sicherheit wäre weitaus größer gewesen, wenn man nicht so obsessiv mit Spionage und Gegenspionage umgegangen wäre. Lässt man ausländische Agenten auf die gesamten Staatsdokumente los, brauchen sie womöglich eine Ewigkeit, um die wenigen nützlichen und richtigen Dokumente zu sichten. Bewahrt man alle wichtigen Unterlagen in einem getrennten, streng geheimen Ordner auf, tut man seinen Feinden damit einen großen Gefallen. Einen noch größeren Gefallen tut man ihnen, wenn man seine Geheimnisse bürokratisch so aufwändig verwaltet, dass sich unter den Neueinstellungen statistisch gesehen zwangsläufig irgendwelche Verräter oder Idioten befinden werden.

Obendrein untergräbt das Geheimhalten wesentlicher öffentlicher Daten sowohl die Pressefreiheit als auch das Recht des Einzelnen auf Entscheidungsfreiheit. Bestimmen die Macht habende Partei und die etablierten öffentlichen Angestellten, was geheim ist, ist es umso schlimmer. Der Witz ist natürlich, dass alle Katastrophen des Kalten Krieges strategische Katastrophen waren. Es war nicht etwa so, dass eine der beiden Seiten zu schlechte Karten hatte, vielmehr verspielten sie sie auf unkluge Weise. Alle finanziellen und menschlichen Ressourcen, die dafür verschwendet wurden, bessere Karten zu bekommen (d. h. weitere schreckliche Waffen zu bauen), unterstützten die Strategie, alles zu riskieren und jeden in Angst und Schrecken zu versetzen – für nichts und wieder nichts.

Um auf Poker zurückzukommen: Ein weiterer Grund, sich lieber auf die Strategie als auf die Karten zu konzentrieren, ist, dass man die Karten der anderen (legal jedenfalls) nicht ändern kann, es aber leicht ist, ihre Strategie zu ändern. Nehmen wir noch einmal die Originalversion des Spiels Guts, das zuvor besprochen wurde, bei dem beide Spieler gleichzeitig ansagen. Folgt der andere Spieler der spieltheoretisch optimalen Strategie, die starke Hälfte seiner Blätter

KAPITEL 8: WIE SPIELEN DIE ANDEREN?

zu spielen, Ass/König/Dame/Bube/Zwei oder höher, haben Sie keine Möglichkeit, zu gewinnen. Weicht er aber in die eine oder andere Richtung ab und spielt ein paar Blätter mehr oder weniger, können Sie einen Vorteil erlangen.

> **Spieltheorie-Fehler Nr. 2: Sich Gedanken über das zu machen, was man nicht ändern kann, anstatt über das, was man ändern kann**

Spielt Ihr Gegner weniger als die Hälfte seiner Blätter, so besteht Ihre beste Strategie darin, alle Ihre Blätter zu spielen. Spielt er mehr als die Hälfte seiner Blätter, so spielen Sie am besten auch viele Blätter, d. h. Sie spielen loose, aber nur halb so loose wie er. Spielt er zum Beispiel 70 Prozent seiner Blätter, spielen Sie 60 Prozent (die Hälfte der Differenz zwischen 50 und 70 Prozent). Spielt er genau die Hälfte seiner Blätter, können Sie zwischen 50 und 100 Prozent Ihrer Blätter spielen. Diese pauschale Lösung trifft auf viele Spielsituationen zu. Ist die Spielweise eines anderen Spielers zu tight oder auch nur ein bisschen tight, so antworten Sie darauf mit einem sehr loosen Spiel. Ist ein anderer Spieler zu loose, versuchen Sie etwa halb so loose zu spielen. Eine weitere Pauschallösung besteht darin, dass man versuchen sollte, einen tighten Spieler zu einer noch tighteren und einen loosen Spieler zu einer noch looseren Spielweise zu bringen. Es geht darum, andere Spieler von ihrer optimalen Strategie abzubringen; dies lässt sich leichter realisieren und bringt mehr Vorteil, wenn man sie in die Richtung treibt, die sie ohnehin einschlagen wollen.

Für einen Spieltheoretiker ist diese Information irrelevant. Man unterstellt seinem Mitspieler, dass er einen in eine möglichst schlechte Situation bringen will, also ist es einem egal, was er tatsächlich macht. Aber mir ist das tatsächliche Vorgehen des Mitspielers nicht egal. Ich schätze, die meisten Pokerspieler sind am Anfang zu tight, da sie darauf getrimmt sind, auf gute Blätter zu warten. Das bedeutet, dass ich am Anfang alle meine Blätter spiele. Wahrscheinlich wird mir das Geld einbringen. Im schlimmsten Fall habe ich einen geringen negativen Erwartungswert. Ist dem so, werde ich das sehr bald herausfinden, wenn ein Spieler das erste Mal bei einem schwachen Blatt setzt.

Spiele ich alle meine Blätter und verliert der andere kontinuierlich Geld, wird ihn das natürlich ermutigen, looser zu spielen. Ich kann sehr genau einschätzen, wie loose er spielt, weil ich alle Blätter sehe, bei denen er setzt. Das ist ein weiterer Grund, loose zu beginnen: Ich möchte erfahren, welche Strategie er hat. In der Spieltheorie ist dieser Aspekt nicht wichtig, weil diese ohnehin schon davon ausgeht, dass jeder die Strategie des anderen kennt. Ist die Spielweise des anderen so loose geworden, dass er 50 Prozent seiner Blätter spielt, versuche ich, ihn noch schneller zu looserem Spiel zu bewegen. Wie im Judo ist auch hier der Trick, den Schwung des anderen gegen ihn zu verwenden.

Wie mache ich das? Ich setze blind, d. h. ich tätige einen Blind-Einsatz. Anstatt auf mein Blatt zu sehen und einen Chip unter dem Tisch verschwinden zu lassen, nehme ich einen Chip und halte ihn auf dem Tisch in der Faust. Ich sage nichts; ich mache es einfach. Blind zu setzen (wenn es nicht gefordert ist) ist ein wichtiger Trick im Poker, um die Strategie anderer Spieler zu ändern, aber in modernen Büchern wird darüber nicht mehr geschrieben, weil laut Spieltheorie Informationen niemals ignoriert werden sollten.

Wenn ich es richtig mache, kann ich den anderen dazu bewegen, weit über 50 Prozent seiner Blätter zu spielen. Um diesen Vorteil zu nutzen, muss ich halb so loose spielen wie er. Dafür muss ich ein paar genaue Berechnungen anstellen, aber das kann ich eine Zeit lang machen. Wird es der andere leid, ständig beim Showdown zu verlieren, wird er immer tighter spielen, und ich spiele wieder alle meine Blätter.

Natürlich könnte er das Gleiche mit mir versuchen. Ist er mir entweder immer einen Schritt voraus oder bringt er mich dazu, nach Gefühl anstatt nach Logik zu spielen, oder verunsichert er mich permanent, wird er gewinnen. Einer von uns wird gewinnen, der andere verlieren. Das Glück, welche Karten man bekommt, hat damit nichts zu tun. Es gibt keine Möglichkeit, mathematisch klar zu bestimmen, wer gewinnen wird, und auch keine, das Risiko zu kalkulieren. Das ist die wesentliche Natur von Spielen – von guten jedenfalls – und wird in der Spieltheorie gänzlich ausgelassen. Jeder weiß das von klein auf; erst die Mathematik hat dies infrage gestellt. Verlässt man sich auf seinen gesunden Menschenverstand, spielt man eine klare Strategie und ermutigt andere Spieler dazu, eine Strategie zu spielen, gegen die man gewinnen kann, wird man wenige finden, die auf demselben Niveau spielen wie man selbst.

Dieses Beispiel verweist auf einen weiteren Mangel der Spieltheorie. Die optimale Strategie beinhaltet häufig, dass die Strategien aller Mitspieler genauso gut wie die eigene funktionieren. Die spieltheoretische Strategie für das Spiel „Schere, Stein, Papier" beispielsweise besteht darin, jede Figur aufs Geratewohl bei jeweils gleicher Wahrscheinlichkeit zu spielen. Befolgen Sie das, gewinnen Sie auf Dauer genau die Hälfte der Spielrunden (jedenfalls gewinnen Sie ein Drittel und spielen ein Drittel unentschieden, aber zählt man unentschieden als halb gewonnen, gewinnt man die Hälfte der Spielrunden). Sie gewinnen die Hälfte, nicht mehr und nicht weniger, wenn ich immer Stein oder das spiele, womit zuletzt gewonnen wurde, oder wenn ich immer die Figur spiele, die Sie zuletzt gespielt haben. Sie können damit weder verlieren noch gewinnen. Aber das hat mit Spielen überhaupt nichts mehr zu tun. Wenn man dem Spiel ausweichen möchte, warum verschwendet man dann überhaupt Energie damit, so zu tun, als ob man spiele?

**Spieltheorie-Fehler Nr. 3:
Es anderen Spielern leicht
zu machen**

Es ergibt mehr Sinn, eine Strategie zu wählen, die anderen Spielern diverse Möglichkeiten bietet, kostspielige Fehler zu machen, als eine, die einem genauso viel einbringt, unabhängig davon, wie die anderen spielen. Anstatt von dem Gedanken auszugehen, dass jeder die Strategie des anderen kennt und exakt nach diesem Wissen spielt, ist es vernünftiger, anzunehmen, dass die Strategien ungewiss sind und nicht genau befolgt werden. Zu gewinnen hängt dann davon ab, weniger Fehler als die Mitspieler zu machen. Das erreicht man, indem man seine eigenen Fehler reduziert oder die anderen mehr Fehler machen lässt.

Sind Sie der bessere Spieler, ist die erste Vorgehensweise schwierig, weil Sie bereits gut sind. Aber die zweite ist leicht: Als der bessere Spieler sollten Sie alle Mitspieler manipulieren und durch Verunsicherungen in Schach halten können. Sind Sie genauso gut wie die Mitspieler, ist es immer noch sinnvoll, den zweiten Ansatz auszuprobieren. Vermeiden Sie einen Fehler, ist es ein Fehler zu Ihren Gunsten. Bringen Sie aber andere Spieler dazu, dass diese in ihrem Spiel gegen Sie einen Fehler machen, so ist das ein Fehler pro Spieler zu Ihren Gunsten. Nur wenn Sie der schlechteste Spieler sind, ist es sinnvoller, das eigene Spiel zu verbessern, als zu versuchen, die anderen Spieler zu beeinträchtigen. In dem Fall ist der Ansatz der Spieltheorie eine gute Verteidigung. Aber wie schon zuvor erwähnt: Ein noch besserer Ansatz ist es, auf das Spiel zu verzichten, bis Sie gut genug sind, sich zu behaupten.

ENGSTIRNIGKEIT

Die letzten drei Mängel der Spieltheorie lassen sich allgemein unter dem Begriff der Engstirnigkeit zusammenfassen. Im Prinzip ist es in der Spieltheorie denkbar, mehrere Pokerblätter mehreren Mitspielern gegenüberzustellen. Aber angesichts dieser Komplexität sind selbst die stärksten Computer schnell überfordert. Die einzigen Lösungen der Spieltheorie zum Poker betreffen einzelne Mitspieler in vereinfachten Spielen. Forscher nehmen Karten aus dem Spiel, verringern die Anzahl an Wettrunden und verändern die Regeln derart, dass sie lösbare Gleichungen bekommen. Ich habe nichts gegen diesen Ansatz. Ich habe ihn selbst verfolgt, um am einfachen Spiel Guts die Idee des Bluffens zu erläutern. Jedoch beleuchtet dieser Ansatz nur einen Aspekt des Pokerspiels, und das auch nur teilweise. Stützt man sich umfassender darauf, wird man Geld verlieren. Schlimmer noch, man wird seine offensichtlichen Irrtümer nicht erkennen, weil sie im eigenen vereinfachten System nicht existieren.

Ratgeberbücher zu Poker, die hoffnungslos von der Spieltheorie durchdrungen sind, sind leicht erkennbar. Mit zwei Situationen gehen sie völlig anders um. Geht es um mehrere mögliche Bieter, was entweder in der Preflop-Phase oder bei Multiway-Pots vorkommt, wird von den Ideen der Spieltheorie keine Rede sein. Der Autor wird lediglich berechnen, wie hoch die Chance ist, dass man das beste Blatt hat. Entsprechend wird er das Blatt ganz normal spielen, bei schlechten Chancen passen, bei mittleren Chancen mitgehen und bei guten erhöhen. Vielleicht wird kurz getäuscht – entweder Slow Play gespielt oder erhöht, um eine

Free Card zu bekommen (eine freie Karte sehen zu dürfen, ohne einen Einsatz getätigt zu haben) –, gebluftt wird aber nicht. Hier wird nur die Wahrscheinlichkeitsrechnung angewandt, nicht die Spieltheorie. Vielleicht sagt der Autor auch ohne Umschweife, dass man nicht mehr als einen Spieler gleichzeitig bluffen sollte. Ein solches Pokerwissen beruht nicht auf Erfahrung, sondern auf einer bequemen Annahme, denn es ist zu kompliziert, einen mehrgleisigen Bluff auf Grundlage der Spieltheorie zu berechnen. Spieltheoretiker meiden solche Bluffs, nicht weil diese schlecht sind, sondern weil sie nicht kalkulierbar sind. Meiner Ansicht nach haben nur die nichtkalkulierbaren Risiken das Potenzial, echten Gewinn zu erbringen.

Sobald sich der jeweilige Autor vorstellt, Sie spielten ein Blatt gegen einen anderen Spieler, ist von den übrigen Mitspielern keine Rede mehr. Der Ansatz wird plötzlich spieltheoretisch. Natürlich wird diese Verlagerung mit keinem Wort erwähnt. Bei diesem Ansatz treten mehrere Probleme auf. Eines davon ist, dass Sie bei Ihren Entscheidungen alle Spieler am Tisch berücksichtigen sollten, nicht nur diejenigen, die noch immer um den Pot kämpfen. Für das aktuelle Blatt ist es egal, für noch kommende Blätter aber nicht. Müssen Sie bei einem Bluff Ihre Karten vorzeigen, wird der gesamte Tisch sein Spielverhalten Ihnen gegenüber ändern. Spieler, die bereits gepasst haben – die guten jedenfalls –, werden das Geschehen so aufmerksam mitverfolgen, als wären sie selbst am Pot beteiligt. Da sie sich nicht auf ihr eigenes Spiel konzentrieren müssen, können sie verstärkt auf Ihr Spiel achten. Ich habe schon häufig festgestellt, dass es leichter ist, Spieler zu ergründen, wenn ich ihnen beim Spiel gegen andere zusehe – entweder nachdem ich gepasst habe oder wenn ich Zuschauer bin –, als wenn ich selbst ein Blatt gegen sie spiele. Wenn ich spiele, weiß ich, was ich habe, und das zu vergessen ist unmöglich, wenn ich die Mitspieler einschätze. Wenn ich keines der Blätter kenne, springt mir vieles leicht ins Auge, was ich nicht bemerkt hätte, wenn ich spielen würde. Eine dritte Situation, die auf andere Art und Weise aufschlussreich ist, tritt ein, wenn ich weiß, dass ich passen werde, mein Mitspieler aber nicht. Ich entdecke in den drei Situationen verschiedene Dinge, und durch ihre Kombination ergibt sich mir ein besseres Bild als nur bei einer von ihnen. Spieltheoretiker denken natürlich nicht, dass sie durch Beobachten etwas lernen können, da sie sich einzig darum sorgen, ihre Karten und nicht ihre Strategien zu verbergen. Mit dem nächsten Blatt hat man andere Karten, also können nützliche Informationen nicht auf das weitere Spiel übertragen werden.

Ein konkretes Beispiel für die Übertragung von Informationen und ihren Einfluss auf das Spiel ist die Frage, wann man bluffen sollte. Bevor es die Spieltheo-

> **Spieltheorie-Fehler Nr. 4:**
> **Gegen einen Mitspieler anstatt mit dem Tisch zu spielen**

rie gab, lautete der herkömmliche Pokerratschlag, immer dann zu bluffen, wenn man zweimal den Pot gewonnen hat, ohne sein Blatt zeigen zu müssen. Natürlich sollte das nie mechanisch gemacht werden. Es wäre ja viel zu leicht durchschaubar, wenn man nach jedem zweiten Gewinn, der ohne Showdown erzielt wurde, bluffen würde. Der Ratschlag soll Ihnen nur dabei helfen, abzuwägen, wie häufig Sie bluffen sollten, um dem Ziel des Bluffens näher zu kommen, die Gegner dann zum Callen zu bewegen, wenn Sie starke Blätter haben.

Die Spieltheorie legt die umgekehrte Sicht nahe. Ein Blatt ohne Showdown zu gewinnen, ist wie ein „Halber Bluff". Die anderen Spieler wissen nicht, ob Sie schlechte oder gute Karten haben, daher verhalten sie sich genauso, als würden Sie gecallt werden und hätten nichts vorzuweisen, nur nicht ganz so energisch. Zwei gewonnene Blätter ohne Showdown entsprechen einem Bluff, somit ist kein weiterer Bluff nötig. Stattdessen sollten Sie sichergehen, dass das nächste Blatt, das Sie spielen, stark ist, da Sie aller Wahrscheinlichkeit nach dieses Mal gecallt werden.

Die obigen Analysen sind beide korrekt, womit wir offenbar ein Dilemma haben. Bluffen wir häufiger oder weniger häufig, wenn jeder aufgrund unseres starken Blattes passt? Es ist ein falsches Dilemma, das dadurch zustande kommt, dass man alle Spieler am Tisch auf einen einzigen Mitspieler mit mehreren Köpfen reduziert. Zu jedem beliebigen Zeitpunkt wird es Spieler am Tisch geben, die man durch einen Bluff zu einer looseren Spielweise bringen möchte, und andere, die hoffentlich tighter spielen werden. Der Trick ist, den Spieler zu bluffen, bei dem es am wahrscheinlichsten ist, dass er nicht callen wird. Am Tisch sitzen mehr als nur ein Mitspieler; man kann sich also sein Ziel für einen Bluff aussuchen. Es wäre wünschenswert, das Gegenteil mit den guten Blättern zu machen – d. h., sie zu bekommen, wenn diejenigen, die looser spielen, ebenfalls gute Karten haben –, aber das entzieht sich unserer Kontrolle.

Wahrscheinlich bringt einem ein Bluff nicht nur mehr Gewinn, wenn er gegen einen Spieler gerichtet ist, der voraussichtlich nicht callen wird, sondern der Effekt ist auch größer. Selbst wenn man seine Karten wahrscheinlich nicht offenlegen wird, so bekommen die looseren Spieler doch mit, dass man sich für seinen Bluff ein leichtes Ziel ausgesucht hat. Es wird nicht gern gesehen, wenn man ungeschoren mit einem Bluff davonkommt. Man erreicht mehr Aktion in den Wettrunden, wenn man durch erfolgreiches Bluffen eines zurückhaltenden Spielers Geld macht, ohne seine Karten offenzulegen, als wenn man Geld verliert, weil es zum Showdown mit einem Spieler kommt, der immer callt, und man dann das denkbar schlechteste Blatt hinlegt. Und wenn der leicht zu bluffende Gegner einen doch callt, ist der Effekt doppelt so groß. Es ist billiger und effektiver, Spieler zu bluffen, die man nicht beeinflussen will. Wird man von den looseren Spielern nicht gecallt, blufft man die tighteren Spieler. Passen die tighteren Spieler mehrfach, wenn man gute Blätter spielt, wartet man auf das bestmögliche Blatt, die Nuts, bevor man sich die looseren Spieler vornimmt, und stiehlt dann den tighteren Spielern den ganzen Abend die Blinds. Nichts ist leichter als das, solange die Spieltheorie einen nicht vergessen lässt, dass es am Pokertisch mehr als nur einen Mitspieler gibt.

Ein weiteres Problem dabei, dass man die Wahrscheinlichkeitsrechnung auf viele Mitspieler und die Spieltheorie nur auf einen anwendet, ist der plötzliche Übergang zwischen beiden. Beim Aufnehmen der Startblätter stützt man sich darauf, wie wahrscheinlich es ist, dass sie sich als bestes Blatt entpuppen, aber die Entscheidungen gegen Ende einer Wettrunde trifft man auf Grundlage von spieltheoretisch optimalen Strategien.

Dieser Wechsel hindert einen daran, das Spiel konsequent und reibungslos anzugehen. Sowohl Bluffs als auch starke Blätter werden schneller bemerkt. Möglicherweise hat man auch Schwierigkeiten, sich an das Blatt zu erinnern. Zu Anfang ist man auf eine einzige Sichtweise konzentriert. Dadurch fällt es schwer, darauf zu achten, was man später für ein Blatt gebrauchen könnte, wenn man im Spiel bleibt. Noch schwerer ist es, sich selbst gegenüber aufmerksam zu sein und darauf zu achten, dass man Signale aussendet, die die anderen Spieler später dazu veranlassen könnten, Fehler zu machen.

Wichtiger noch als diese Überlegungen ist: Der Erfolg beim Pokern hängt davon ab, dass man beim Spielen eines Blattes nicht nur zu Beginn, sondern auch in späteren Phasen sowohl Strategie als auch Wahrscheinlichkeit berücksichtigt. Denkt man anfangs nur daran, wie stark die eigenen Karten sind, kann dies dazu führen, dass sich die Blätter, wenn man sie spielt, zu zweitbesten Blättern entwickeln. Im Poker gewinnt man am meisten mit dem besten Blatt, verliert aber am meisten mit dem zweitbesten Blatt. Weitaus besser ist es, das schlechteste Blatt zu haben, zu passen und dann nur den eigenen Anteil an Antes und Blinds zu verlieren. Bei der Entscheidung, welche Blätter man spielt, sollte man nicht nur berücksichtigen, wie wahrscheinlich es ist, dass das jeweilige Blatt das beste der Runde sein wird, sondern auch, wie hoch die Differenz ist zwischen der Wahrscheinlichkeit, dass es sich als das beste erweist, und der Wahrscheinlichkeit, dass es nur das zweitbeste sein wird. Außerdem muss man mit einbeziehen, wie wahrscheinlich es ist, dass man weiß, man hat das beste Blatt, weil man in solch einer Situation viel mehr gewinnen wird. Trotzdem sollte man mit einem voraussichtlich besten Blatt passen, wenn auch nur die geringste Wahrscheinlichkeit besteht, dass ein anderer Spieler weiß, er hat ein noch besseres Blatt.

Im Prinzip ist es natürlich möglich, die spieltheoretische Analyse auf alle Mitspieler am Pokertisch auszuweiten. Bemerkenswerterweise ist diese Spielsituation leichter zu berechnen, als wenn man von nur zwei Personen ausgeht. Nimmt man an, dass alle Spieler am Tisch derjenigen Strategie folgen, die für sie gemeinsam am besten ist, so sollte man mit allen Blättern passen. Man kann nicht Geld gewinnen, wenn man gegen eine ganze Pokerrunde spielt, die geheime Absprachen gegen einen getroffen hat (Collusion). Manche Theoretiker behaupten, dass das ein unfairer Ansatz sei, stattdessen solle man davon ausgehen, dass jeder unabhängig von anderen spielt. Das ist mathematisch gesehen sicherlich eine interessante Übung, aber kooperative und konkurrierende Interaktionen zwischen Spielern am Tisch sind ein fundamental wichtiges Element im Poker. Ich spreche nicht von eindeutig abgekartetem Spiel. Dies ist eine Betrachtung wert, weil es vorkommt, aber es verstößt gegen die Regeln. Ich spreche von den natürlichen

KAPITEL 8: WIE SPIELEN DIE ANDEREN? 241

Interaktionen, die sich an jedem Pokertisch entwickeln. Sie zum eigenen Vorteil zu nutzen, ist im Poker ein Schlüssel zum Erfolg. Arbeitet man gegen sie, ist die Katastrophe vorprogrammiert. Häufig ist die Folge von spieltheoretischen Strategien, dass man am Tisch isoliert wird und es unbewusst zu Zusammenschlüssen gegen einen kommt.

Die spieltheoretische Analyse ist insofern auch wenig weitsichtig, als sie sich mit nur einem Blatt befasst, und häufig auch nur mit einer einzigen Entscheidung beim Spiel mit diesem einen Blatt. Wie bereits bemerkt, ist es im Prinzip natürlich möglich, die Analyse auf mehrere Blätter anzuwenden, aber aufgrund der Komplexität ist das Problem unlösbar. Vielleicht hat man es sich zum Ziel gesetzt, sein Leben lang im Poker zu gewinnen – oder zumindest einen Pokerabend. Ein einziges Blatt mit Perfektion zu spielen, ist höchstens ein kleiner Schritt hin zu diesem Ziel und könnte sogar ein Schritt in die falsche Richtung sein. Der Fachmann Daniel Spanier erörtert in „Total Poker" die Strategie in Londoner Clubs, mit dem ersten Blatt einen kompletten Bluff bis zum Showdown durchzuführen. Komplette Bluffs dieser Art sind in England seltener als in Amerika – zumindest war es so, als das Buch verfasst wurde. Sein Spiel erregte so viel Aufsehen, dass seine starken Blätter den ganzen Abend lang gecallt wurden. Offensichtlich ist es unmöglich, eine solche Strategie in Bezug auf ein einziges Blatt auch nur zu erörtern.

> **Spieltheorie-Fehler Nr. 5:**
> **Ein Blatt und nicht ein Spiel zu spielen**

Im Grunde muss man sich bei der Spieltheorie um die Frage, ob sie für mehrere Blätter gilt, doppelt Gedanken machen. Einerseits funktioniert diese mathematische Vorgehensweise nur, wenn lediglich ein Blatt gespielt wird. Andererseits ist die Annahme, dass jeder die Strategie des anderen kennt, nur dann vernünftig, wenn man von vielen Blättern ausgeht. Den Zufall in die eigene Strategie einzubauen, ist ein mathematischer Trick, sich zu überlegen, viele Blätter zu spielen – alle Blätter, die man haben könnte, multipliziert mit allen Aktionen, die man voraussichtlich tätigen wird –, aber eigentlich nur ein Blatt zu spielen. Wenn ich nur ein einziges Pokerblatt in meinem Leben spielen würde, so wäre meine Absicht, den Erwartungswert zu maximieren. Ich würde nicht bluffen. Ich würde die Wahrscheinlichkeitsrechnung als Entscheidungsgrundlage für meine Aktionen wählen, nicht die Spieltheorie. Ein Spieltheoretiker mag einwenden, dass es vielleicht von größerem Nachteil für mich ist, wenn der andere Spieler das errät, als wenn ich eine spieltheoretische Strategie anwenden würde und der Mitspieler dann meine Gedanken liest. Wenn aber mein Mitspieler meine Gedanken lesen kann, möchte ich gegen ihn sowieso nicht Poker spielen.

Die Spieltheorie auf mehrere Blätter auszuweiten, bringt zwei Probleme mit sich. Erstens wird es schnell sehr komplex, und zweitens schließt die Annahme, dass jeder die Strategie des anderen kennt, jegliches Lernen aus, so dass es keinen Grund dafür gibt, irgendein bestimmtes Blatt anders als irgendein anderes zu spielen. Um eine sinnvolle Spieltheorie für mehrere Blätter zu bekommen, müsste man von einer Lerntheorie ausgehen.

Mittels Spieltheorie ist es möglich, die optimale Wahrscheinlichkeit für das Bluffen festzulegen, wenn man nur ein einziges Blatt spielt. Diese Berechnung ist mit vielen unzuverlässigen Annahmen verbunden, aber das Ergebnis ist eine sinnvolle Richtschnur für die optimale Frequenz, über mehrere Blätter hinweg effektiv zu bluffen. Wenn also laut Spieltheorie in einer bestimmten Situation bei einer Wahrscheinlichkeit von fünf Prozent geblufft werden soll, dann ist es vermutlich annähernd korrekt, etwa jedes zwanzigste Mal zu bluffen, wenn diese Situation eintritt. Aber Wahrscheinlichkeit ist nicht Häufigkeit, und diesen Unterschied zu vergessen, ist ein gefährlicher blinder Fleck für viele, die gut in mathematisch-logischem Denken sind. Im Poker ist es eine ziemlich schlechte Idee, den Zeitpunkt für das Bluffen auf gut Glück zu wählen, d. h. es jedes Mal einem Zufallszahlengenerator zu überlassen, was zu tun ist, wenn man in diese Situation kommt. Ab dem Moment, wo es darum geht, den Zeitpunkt des Bluffens zu bestimmen, hört die Spieltheorie auf, und das Spiel beginnt.

Ein letzter blinder Fleck der Spieltheorie ist, dass sie nicht danach fragt, warum man überhaupt spielt. Die spieltheoretische Analyse setzt da an, wo die Spieler mit ihrem Geld vor sich am Pokertisch sitzen. Woher kamen sie, und wohin werden sie nach dem Spiel gehen? Was steht außer Geld noch auf dem Spiel? Geht es nur um Geld, ergibt es keinen Sinn zu spielen, vor allem, wenn man eine Hausgebühr, auch bekannt als Rake, zahlen muss. Man mag einwenden, dass gute Spieler im Hinblick auf Geld einen positiven Erwartungswert haben und schlechte Spieler sich irren. Die Spieltheorie geht jedoch von verständigen, umfassend informierten Spielern aus.

Das macht vielleicht nichts aus, wenn die Spieler zum Spiel gezwungen sind, wie im Gefangenendilemma, oder wenn das Spiel allein der Freizeiterholung dient. Keine dieser Voraussetzungen trifft auf Poker wirklich zu, erst recht nicht, wenn es um hohe Einsätze geht.

In den späten 1950ern taten sich Doyle Brunson, Sailor Roberts und Amarillo Slim zusammen, um durch Texas zu reisen und an lokalen Pokerrunden teilzunehmen. Alle drei gewannen bei den Pokerweltmeisterschaften in den 1970er Jahren, Brunson sogar zweimal. Was meinen Sie, wie es diesem Profi-Dream-Team dabei ergangen ist, in den Hinterzimmern kleinstädtischer texanischer Bars gegen Amateure zu spielen?

Denkt man nur an das Spielgeschehen am Pokertisch, würde man vermuten, dass die drei viel Geld gewonnen haben, was auch stimmt. Aber aus einem größeren Blickwinkel betrachtet würde man sich fragen, warum man die drei Fremdlinge in die Stadt gelassen hat, nur um sie dann mit dem eigenen Geld davonfahren zu sehen. Die Antwort ist natürlich, dass dem eben nicht so war. Mal wurden sie vom Sheriff vor Ort festgenommen und mussten eine größere Geldstrafe als den Gewinn beim Pokern zahlen. Mal wurden sie beim Verlassen der Stadt aus-

KAPITEL 8: WIE SPIELEN DIE ANDEREN?

geraubt und verloren damit ihren Einsatz und ihren Gewinn. Und dann schluckten auch noch hohe Schulden einen Teil des gewonnenen Geldes. Alles in allem verloren sie Geld im Poker. Im Grunde trugen sie nur das Geld der örtlichen Pokerspieler zu den Sheriffs oder Revolverhelden der Stadt. Sie waren unbezahlte Erfüllungsgehilfen im bewaffneten Raubüberfall, die die Räuber zu deren Bequemlichkeit vor ihren lokalen Opfern abschirmten. Aber warum spielten die drei dann weiter? In Wirklichkeit gehörten sie zu einem Netzwerk, das Wetten zu Highschool-Football-Spielen auf mehrere Wettannahmestellen verteilte. Für diesen Service wurden sie bezahlt. Das Pokern war nur eine unrentable Nebenbeschäftigung.

> **Spieltheorie-Fehler Nr. 6:**
> **Zu ignorieren, was über den Pokertisch hinaus vor sich geht**

Dieses Thema wiederholt sich in den Biografien fast aller berühmten Pokermeister vor den 1990ern. Sie gewinnen riesige Summen Geld, und doch sind sie häufig pleite. Offensichtlich sind sie sehr gut darin, im Poker Geld zu machen, darin, es zu behalten, aber weniger. Anscheinend gibt es Einflüsse über den Pokertisch hinaus, die zu berücksichtigen sind, wenn man dauerhaft im Poker Erfolg haben will.

Beschränkt man sich jedoch nur auf den Pokertisch, hat man am leichtesten Erfolg, wenn man einen Tisch mit reichen, schlechten Spielern findet. Aber warum sollte es einen solchen Tisch geben? Warum sollten schlechte Spieler spielen? Warum sollten nicht auch andere gute Spieler um den Gewinn kämpfen? In einem Unternehmen ist man vor die gleiche Situation gestellt. Es reicht nicht aus, einen Markt zu entdecken, auf dem man anscheinend ein bestimmtes Produkt mit Gewinn verkaufen kann. Man muss sich fragen, warum andere genau das nicht schon längst tun, und – wenn man damit erfolgreich ist – auch, warum nicht jemand es einem gleichtun und einen damit dazu zwingen würde, die Preise zu senken. Auf diese Fragen gibt es gute Antworten – manchmal zumindest. Deshalb gibt es erfolgreiche Unternehmen. Aber stellt man sich diese Fragen nicht, wird man nicht zu diesen erfolgreichen Unternehmern gehören. Und wenn man sich diese Fragen nicht am Pokertisch stellt, wird man auf Dauer nicht gewinnen, selbst wenn man so gut wie drei Pokerweltmeister zusammen ist.

Fehler Nr. 6 der Spieltheorie bezieht sich am stärksten auf die Thematik des vorliegenden Buches und wird an anderer Stelle ausführlich behandelt. Aber um ein einfaches Beispiel zu nennen: Wie verdient man sich durch Pokern im Kasino seinen Lebensunterhalt? Natürlich muss man ein guter Pokerspieler sein. Aber das ist nur der erste Schritt.

Wenn man beim Spielen Geld gewinnt, so muss es von jemand anderem kommen. Der Logik nach gibt es drei Möglichkeiten: Erstens, die erfolgreichen Spieler als Gruppe könnten weniger gewinnen, zweitens, die Spieler auf der Verliererseite könnten mehr verlieren, oder drittens, das Pokerhaus könnte eine niedrigere Gebühr einfordern. Eine dieser drei Möglichkeiten oder eine beliebige Kombination aus ihnen könnte Ihre Einnahmequelle sein.

Nehmen wir zuerst das Haus. Jeder, der vorhat, seinen Lebensunterhalt durch Pokern im Kasino zu verdienen, sollte ein Buch über Kasinomanagement lesen. Ich gebe zu, dass keiner der mir bekannten erfolgreichen Kasinospieler das getan hat, aber die meisten haben entweder in einem Kasino gearbeitet oder viel Zeit darauf verwendet, Kasinoangestellte kennenzulernen, um die Denkmuster des Hauses zu verinnerlichen. Manche von ihnen haben einfach eine Antenne für die wirtschaftlichen Gegebenheiten um sie herum.

Das übliche Kasinomodell bei fast allen Spielen ist, dass das Haus gewinnt, was die Spieler verlieren. Die Höhe der Kasinoeinnahmen hängt davon ab, wie viel die Kunden bereit sind zu verlieren. Im Poker entfällt ein Teil der potenziellen Einnahmen auf die erfolgreichen Spieler. Warum sollte das Haus das zulassen? Es wäre denkbar, dass Poker billiger zu unterhalten ist als andere Kasinospiele, aber das trifft nicht zu. Es erfordert mehr Bodenfläche und Angestellte pro Rake Dollar als andere Kasinospiele und auch von den Angestellten mehr Geschick. Was den meisten als Erstes auffällt, ist, dass das Haus ein geringeres Risiko eingeht, weil es seinen Anteil unabhängig vom Ergebnis der Blätter einnimmt. Aber für große Kasinos ist das Risiko bei Craps und Roulette in Anbetracht der Anzahl an Wetten unwesentlich. Ein weiterer Nebenaspekt ist, dass Pokerspieler mehr als andere Spieler außerhalb der Stoßzeiten des Kasinos spielen, nämlich zwischen zwei Uhr morgens und fünf Uhr nachmittags. Aber auch das reicht nicht annähernd aus, um das Pokern in Kasinos zu begründen.

Eine Antwort ist, dass Pokerspieler anders sind als andere Kasinospieler. Oder, genauer gesagt, handelt es sich häufig um die gleichen Leute, nur dass sich ihr Verlustbudget für Kasinospielen und Poker unterscheidet. Sie sind bereit, im Poker Geldsummen zu verlieren, die dem Haus bei Blackjack oder bei Spielautomaten nicht zur Verfügung stehen. Eine weitere Antwort ist, dass Pokerspieler bei Verlusten nicht die gleichen Gegenleistungen wie andere Kasinogäste beanspruchen. Weder fordern sie großzügige Ausgleichszahlungen, noch bitten sie um Kredite. Auf dem Markt konkurrierende Kasinos müssen normalerweise 75 Prozent ihrer Bruttoeinnahmen ausgeben, um ihre Glücksspielkunden zu halten. Darin inbegriffen sind Gemeinkosten, Ausgleichszahlungen und Verluste aus hoher Verschuldung. Die Gesamtsumme ist relativ konstant, obwohl die verschiedenen Kunden die drei Aspekte unterschiedlich stark in Anspruch nehmen. Bei Pokerspielern behält das Haus nahezu die gesamte Gebühr ein. Das bedeutet, dass es im Prinzip gewillt sein sollte, die erfolgreichen Pokerspieler als Gruppe mit dem Dreifachen der Gebührensumme davonziehen zu lassen. Dann würde es die gleichen 25 Prozent an Kundenverlusten zurückbehalten, die er durch andere Spiele erhält. Das bezieht sich aber nur auf Spieler, die dauerhaft gewinnen. Solche, die eine Nacht gewinnen und alles in der nächsten wieder verlieren, sind in diesem Kostenplan nicht berücksichtigt.

KAPITEL 8: WIE SPIELEN DIE ANDEREN?

Als Erstes lässt sich aus diesem Wissen folgern, dass es sich auszahlt, in konkurrierenden Kasinos Poker zu spielen. Man ist der Star des Abends. Kasinos in Las Vegas und Atlantic City sind es gewohnt, mehr dafür auszugeben, Kunden anzulocken, als die örtlichen Kasinos in den Indianerreservaten, deren nächste Konkurrenz über drei Fahrtstunden entfernt liegt.

Ein unkluger Spieler würde behaupten, das Haus habe damit nichts zu tun. Aber es gibt zahlreiche Möglichkeiten, wie ein Pokerhaus dem Gewinner einen Teil seines erspielten Geldes abnehmen kann. Üblicherweise erhöht das Haus die Gebühr und zahlt den Verlierern einen Teil davon zurück. Online-Kasinos erstatten ständigen Verlierern 25 Prozent oder mehr ihrer Verluste zurück. Kurzfristig gesehen könnte das Haus den gleichen Geldbetrag erzielen, wenn es die Gebühr um rund 15 Prozent senken und von einer Rückzahlung absehen würde. Das hieße, ständige Gewinner nähmen mehr ein – und diese ziehen sich mit ihren Gewinnen zurück –, während ständige Verlierer größere Verluste machen würden. Ständige Verlierer ziehen sich nie mit ihrem Geld zurück. Daher ist es für die Online-Kasinos genauso sicher, ihnen die Rückzahlung einzuräumen, wie das Geld an die Bank zu geben. In „echten" Kasinos (aus Ziegel und Stein) sind Bad-Beat-Jackpots üblicher. Auch hier wird jedem Pot Geld entnommen und an die Verlierer ausgezahlt.

Eine weitere übliche Praxis ist es, so genannte Shills einzusetzen. Dabei handelt es sich um vom Haus angestellte und finanzierte Spieler, deren Gewinne das Haus einbehält. Der Anbieter kann auch die Wett- und Sitzvorschriften zum Nachteil derjenigen Spieler verändern, die mit dem Spielen ihren Lebensunterhalt bestreiten wollen.

Ich behaupte nicht, dass diese Taktiken idiotensicher sind. Es mag auch in Kasinos ständige Gewinner im Poker geben, die dem Haus zum Trotz gewinnen. Aber mir ist noch keiner begegnet. Ein malaiisches Sprichwort besagt: „Ruderst du gegen den Strom, lachen dich die Krokodile aus." Positioniert man sich so, dass die eigenen Gewinne auch das Kasino unterstützen, rudert man mit dem Strom. Es gibt so manche bösen Krokodile unter den Kasinobesitzern, die man lieber auf seiner Seite hat.

Wie macht man sich bei Kasinos beliebt? Man sollte die zahlenden Kunden oder die Belegschaft nicht verärgern und keinen Streit herbeiführen. Hilfreich ist, wenn man betont freundlich ist und andere Spieler dazu ermutigt, Ruhe zu bewahren. Man sollte das Spiel lebendig halten, damit die Verlierer etwas für ihr Geld bekommen und der Hausanteil nicht so schmerzhaft ist. Nach dem Prinzip „hit and run" zu spielen, sollte vermieden werden, d. h. man sollte nicht schnell Geld gewinnen und sich dann davonmachen. Außerdem sollte man einen großen Stapel Spielchips auf dem Tisch behalten. Ein großer Bonus ist es, wenn man Spieler entweder über persönliche Beziehungen oder aufgrund des eigenen Ansehens in das Kasino einführt. Die größte Sünde ist es, Kunden dazu zu bringen, in anderen Kasinos zu spielen, oder sie für private Spielrunden abzuwerben. In einem Kasino gilt: Big Brother is always watching you – ein mächtiger Freund und böser Feind.

Auch über die anderen Gewinner muss man sich Gedanken machen. Wenn sie sich gegen einen verschwören, ist es schwierig, erfolgreich zu sein. Man bleibt an guten Tischen nicht allein, und hat man mehr als einen von ihnen gegen sich, hat man einen lähmenden Nachteil. Wie kann man ihnen Geld aus den Taschen ziehen, ohne dass sie sich gegen einen verbünden? Zuerst muss man herausfinden, wer sie sind (insbesondere diejenigen, die besser sind als man selbst), und sich heraushalten, wenn sie gerade ein Soft-Game spielen. Wollen sie jedoch bei einem selbst mitspielen, muss man gegen sie austeilen. Für einen selbst ist es wichtiger, dass sie in den Spielrunden Geld verlieren oder zumindest Schwierigkeiten haben, sich einen kleinen Gewinn zu erkämpfen, als dass man selbst gewinnt. Selbst respektvoll und freundlich zu sein, ist eine gute Idee, obwohl ich Leute kenne, die erfolgreich die gegenteilige Strategie praktizieren.

Ist man akzeptiert, verdrängt man jemand anderen. Das Spiel kann nur begrenzt Gewinner hervorbringen. Die verbleibenden Gewinner werden die gleichen Gewinnanteile wie zuvor haben. Dann kann man es sich leisten, bei anderen Gewinnern mitzuspielen, mit dem stillschweigenden Einverständnis, dass man gemeinsam gegen die Verlierer spielt und sich nicht gegenseitig herausfordert. Zudem muss man das Spiel gegen Neuankömmlinge verteidigen – vor allem gegen unangenehme, die Verlierer vergraulen und die Hackordnung nicht respektieren. Man muss bei ihnen mitspielen und verhindern, dass sie sich durch das Spiel ihren Lebensunterhalt verdienen, damit sie weiterziehen und die Gruppe am Tisch in Ruhe lassen.

Die Verlierer sind ebenfalls wichtig. Wenn es Leuten Spaß macht, ihr Geld an Sie zu verlieren, sind Sie auf Dauer erfolgreicher. Jemanden zu verärgern, ist häufig hilfreich, um ein Blatt zu gewinnen; diesen Mitspieler zum Tilten zu bringen, d. h. zu bewirken, dass er plötzlich emotional anstatt rational spielt und dadurch gegebenenfalls Fehler macht, kann einem dazu verhelfen, einen Pokerabend zu gewinnen. Aber sich auf diese Weise seinen Lebensunterhalt zu verdienen, ist so, als verkaufe man Schund und ignoriere alle Kundenreklamationen. Das machen viele, aber man lebt besser damit, etwas wirklich Wertvolles zu geben und zufriedene Kunden zu haben, die wiederkommen. Zu wissen, wer die Verlierer sind und aus welchem Grund sie bereit sind zu verlieren, ist wesentlich, um ihre Zufriedenheit aufrechtzuerhalten. Selbst wenn man sie nicht persönlich kennt, kann man lernen, zu erkennen, welcher Typ sie sind. Manchen Verlierern macht es nichts aus, den ganzen Abend in zusätzlichen Wettrunden ausgenommen zu werden, weil sie glücklich sind, wenn sie bei einem großen Pot oder zwei absahnen und am nächsten Tag damit prahlen können. Andere sind ungeduldig und hassen es, mit zu vielen Blättern passen zu müssen. Es ist wichtig darauf zu achten, was die Leute wollen, und es ihnen zum Ausgleich für ihr Geld zu geben.

Man kann Poker allein dann schon nicht anhand eines einzelnen Blattes analysieren, wenn man sich über größere wirtschaftliche Zusammenhänge Gedanken macht. Es stimmt nicht, dass Erfolg sich am Gewinn und Verlust eines einzelnen Blattes bemisst. Die spieltheoretisch ideale Strategie führt dazu, dass sich andere Spieler und das Haus gegen einen verschwören, so wie auch die spieltheoretisch begründete Diplomatie die Welt polarisiert und beinahe vernichtet hat.

KAPITEL 8: WIE SPIELEN DIE ANDEREN?

Die Spieltheorie ist eine vereinfachte Welt, wie Physik ohne Luftwiderstand oder die Finanztheorie über leistungsfähige Märkte. Man kann auf diese Weise zu tiefgründigen Einsichten gelangen, aber man darf sich nicht von einfachen Modellen blenden lassen. Den Luftwiderstand gibt es nun einmal. Lässt man Kanonenkugeln vom schiefen Turm von Pisa fallen, kann man das ignorieren, beim Fallschirmspringen – besonders in ein Pokerspiel hinein – aber nicht.

FLASHBACK

LIAR'S POKER

Der Börsenhandel war immer schon ein rauer Job und Schikane ein wichtiger Teil der Ausbildung. Die Schikane geschieht in Form von Beleidigungen und Beschimpfungen, Streichen, erniedrigenden Aufgaben und Herausforderungen. Mitte der 1980er Jahre erreichte die Schikane spektakuläre Ausmaße. Zum ersten Mal in der Geschichte war die Wahrscheinlichkeit, in ein paar Jahren für den Rest seines Lebens reich zu werden, sehr hoch, wenn man das Glück hatte, eine Stelle als Trader bei einem Großunternehmen zu bekommen. Traditionell waren Trader schnell ausgelaugt, und selbst die erfolgreichen unter ihnen arbeiteten jahrelang, um bescheidenen Wohlstand zu erreichen. Die Märkte Mitte der 1980er dagegen ließen Millionen von Dollar auf Leute mit mittelmäßiger Begabung herabregnen. Die meisten Unternehmen der Wall Street hatten den Umgang mit Tradern nicht gelernt, besonders nicht mit solchen, die mehr verdienten als der CEO. Ihrem schlechten Benehmen wurden keine Grenzen gesetzt.

Der Handel wandelte sich in den 1980ern, als Banken und andere Finanzorganisationen riesige Börsensäle nach den gleichen architektonischen Prinzipien wie Kasinos bauen ließen. Eine ganze Etage eines Gebäudes wurde mit Reihen von langen Tischen voller Bildschirme ausgestattet. Nur eine einzige Zeile aus Büros und Konferenzräumen umgab die Etage und verstellte alle Fenster. Obwohl Cheftradern Büros zugeteilt waren, brachten keine zehn Pferde einen Trader dazu, sich in einem Büro aufzuhalten. Die gesamte Action fand auf dem Trading Desk statt, wo auf Tastendruck, mit Handzeichen und kurzen Telefongesprächen hunderte von Millionen Dollar bewegt wurden.

Wie man im Börsenhandel vorankommt

Zur selben Zeit wurden die Märkte weitaus komplexer. Günstige Gelegenheiten wurden schnell weggeschnappt, weshalb man mehr Präzision und Berechnung brauchte, um Geld zu machen. Altmodische Trader konnten ein „Tape lesen" – sie konnten auf Grundlage des Handels bei ein bisschen höheren oder niedrigeren Kursen Schlussfolgerungen für ihren nächsten Schachzug ziehen und benutzten dafür ein paar psychologische und ökonomische Tricks. Solche Fähigkeiten nahmen im Vergleich zu fortgeschrittener Mathematik und detaillierter Information an Wichtigkeit ab. Meine Freunde waren promovierte „Quants" (ein Wall-Street-Ausdruck für intellektuelle Finanzangestellte), die das Talent besaßen, in diesen Märkten zu glänzen, wenn sie die grundlegenden Regeln des Handels beherrschen lernten. Die altmodischen Trader zogen es vor, die Quants auf Distanz zu halten, indem sie die Trader eher unterstützten, als selbst zu handeln. Ein guter Quant konnte 125.000 Dollar Gehalt mit einem Bonus von 300.000 Dollar kassieren – eine ganz hübsche Summe. Ein Juniortrader aber konnte eine Million oder mehr verdienen, und ein erfolgreicher Quant-Trader noch viel mehr. Um auf dieses Level zu gelangen, musste man an den Seniortradern vorbei. Diese hatten nicht nur ein Interesse daran, die Quants von den Trading Desks fernzuhalten, sie neigten auch eher dazu, gerissene, risikobereite Machos wie sie selbst zu unterstützen, und nicht etwa die älteren, verheirateten und strebsamen Doktoren. Es gab einige Ausnahmen – traditionelle Trader, die Respekt vor Präzision und Mathematik hatten –, und sie begründeten einige der profitabelsten Trading-Desks aller Zeiten.

Hatte man erst einmal einen Quant-Job bei einem renommierten Handelshaus und sah sich einige Monate an, wie die Dinge liefen, musste man einen weiteren Schritt machen, um bei den Tradern Anschluss zu finden. Eine Möglichkeit dafür bestand darin, mit ihnen auf After-Work und Wochenend-Saufgelagen rumzuhängen. Das war teuer, und viele Quants konnten sich nicht mit Trinken, Drogen, Prostituierten, hohen Wetten und der allgemeinen Zügellosigkeit anfreunden. Die Trader hatten jede Menge Gelegenheit dazu, die Rechnung oder peinliche Folgen auf andere abzuschieben.

Ein weiteres Problem ist, dass Trader nur während der Börsenhandelszeit, also wenige Stunden am Tag, arbeiten müssen. Während dieser Zeit können sie zwar ihre Bildschirme nicht verlassen, aber den Rest des Tages haben sie nichts Dringendes zu tun. Manche von ihnen arbeiten in ihrer freien Zeit an neuen Strategien, aber sie können immer noch häufige Trinkgelage genießen, ohne ihre Arbeitsleistung zu gefährden. Quants hatten diesen Luxus nicht. Sie unterstützten die Trader während der Börsenhandelszeit, brachten nach Börsenschluss alles in Ordnung und arbeiteten dann an ihren langfristigen Entwicklungsaufgaben. Es ist wesentlich einfacher, verkatert an der Börse zu handeln, als in einem komplexen Computerprogramm Fehler zu beseitigen.

Sicherer war es, im Büro zu wetten. Die Trader hatten einige Spielchen, um die Möchtegerns auszubeuten. Am populärsten war Liar's Poker, das durch Michael Lewis' wunderbares Buch desselben Namens berühmt geworden ist (Penguin, 1990). Es ist keinesfalls ein Pokerspiel, und so, wie es damals an der Wall Street gespielt wurde, war es eigentlich gar kein Spiel. Liar's Poker war ganz einfach ein Aufnahmeritual, das diejenigen teuer bezahlen mussten, die ganz unten auf der Leiter standen.

Die Regeln von Liar's Poker

Das Spiel wurde mit 20-Dollar-Scheinen gespielt, meist mit Einsätzen von 100 Dollar pro Person. Nachdem die Spieler blind irgendwelche Scheine gezogen hatten, sammelten sie sich im Kreis, und das Bieten begann. Eine bestimmte Person machte ein Eröffnungsgebot, sagen wir mal „vier Dreien". Das bedeutete, dass die Person wettete, dass es mindestens vier Dreien unter allen Seriennummern aller Geldscheine im Spiel gab. Die nächste Person zur linken Seite konnte entweder ein höheres Gebot abgeben – vier einer Zahl höher als Drei oder fünf oder mehr

KAPITEL 8: WIE SPIELEN DIE ANDEREN?

von irgendeiner Zahl – oder herausfordern, das heißt, sehen wollen. Das Spiel lief so lange, bis jemand sehen wollte. Nehmen wir an, die Wette lag in dem Moment bei 12 Siebenen: Die Scheine wurden geprüft, und wenn die letzte Wette richtig war – also mindesten 12 Siebenen auf den Scheinen waren –, musste der Herausforderer an jeden Mitspieler 100 Dollar zahlen. Wenn die herausgeforderte Wette nicht richtig war – wenn es nur elf oder weniger Siebenen auf den Scheinen gab –, so musste der Bieter an jeden Mitspieler 100 Dollar zahlen. Infolge der in diesem Kapitel beschriebenen Vorfälle wurde das Spiel zivilisierter, indem jeder verpflichtet war, vor einem Showdown herauszufordern.

Noch mehr als beim Poker war die Position innerhalb des Kreises entscheidend, und das machte es einfach, das Spiel zu manipulieren. Die Trader wetteten in hierarchischer Reihenfolge: Zuerst kam immer der Head of the Desk oder der größte Geldmacher. Ihm folgten die unbedeutenderen Trader, dann die Juniortrader, dann die Assistant Trader oder Quants und andere Möchtegerns. Auf diese Art konnten die Toptrader nicht verlieren. Sie gaben geringe Gebote ab, die keiner herausfordern konnte, und in jedem Fall würden die Trader sich nicht gegenseitig herausfordern. Die Juniortrader taten ihre Pflicht, indem sie die Wetten hoch genug machten, damit die Runde nicht mehr bis zu den Bossen zurückkam und somit ein Assistent oder Quant den Verlust einsteckte. Wenn sie aufgrund einer Fehlberechnung doch zum Seniortrader zurückkam, wäre niemand so dumm gewesen, ihn herauszufordern, egal, wie hoch sein Gebot war. Stattdessen würde irgendein Junior sich opfern. Sollten Sie jemals jemanden behaupten hören, er sei in den 1980ern ein guter Liar's Poker-Spieler an der Wall Street gewesen, möchte ich wetten, er befand sich auf der Sonnenseite eines abgekarteten Spiels.

Das Sadistische am Liar's Poker ist, dass die Toptrader sich Verluste gut leisten konnten, die Assistant Trader aber nicht. Quants wurden viel besser als Assistenten bezahlt, aber selbst sie hatten Schwierigkeiten, wenn die Trader fröhlich ausriefen: „Noch eine Runde für einen Tausender?" Sogar Spiele um 10.000 Dollar waren nichts Ungewöhnliches, wurden allerdings wochenlang vorher geplant und zogen jede Menge Zuschauer an. (Michael Lewis beschreibt ein Zehn-Millionen-Dollar-Spiel, das angeboten, aber nicht angenommen wurde; ich selber habe nie eines gesehen, das höher als 10.000 Dollar war; aber das bedeutet: 10.000 pro Spieler und ein einziger Spieler, der es verliert.)

Da Liar's Poker ein Ritual war, gab es ein striktes Protokoll, um diesen Test zu bestehen. Man musste seine Zeit am unteren Ende des Kreises absitzen, häufige Verluste zahlen, ohne sich zu beschweren, und sich langsam hocharbeiten. Man kam voran, indem man oft sehen wollte, denn das gab einem mehr Prestige als dem Typen vor einem auf der Leiter, und schützte die großen Trader vor Verlusten. Während man sich in die richtige Richtung vorarbeitete, sanken die eigenen finanziellen Verluste, und man war mit der wichtigen Aufgabe betreut, dafür zu sorgen, dass die Verluste am flacheren Ende des Schwimmbeckens blieben. Man hörte auf, sehen zu wollen, und begann, offensive Gebote abzugeben, die herausgefordert werden konnten. Wenn man offensiv die Leute über einem verteidigte, indem man Verluste notfalls hinnahm, konnte man weiter aufsteigen. Wenn man es schließlich schaffte, beim Liar's Poker unter den Nichttradern den bestmöglichen Platz zu erreichen, war man der mutmaßliche Erbe des nächsten freien Platzes am Trading-Desk. Dieses Spiel wäre sinnvoll gewesen, um unter Schimpansen über das Alphamännchen zu entscheiden, aber keinesfalls, um Trader auszusuchen.

Die üblichste Variante des Liar's Poker begann damit, dass man einen Assistant Trader zum Geldautomaten schickte, um 20-Dollar-Scheine zu holen. Obwohl der Einsatz meistens 100 Dollar pro Person betrug, wurden Zwanziger für das Spiel benutzt, weil man diese leicht mit gemischten Seriennummern vom Automaten bekommen konnte. Wenn man einen Bankkassierer um Hunderter bat, bekam man oft neue Scheine mit geordneten Seriennummern; das eröffnete auch mehr Möglichkeiten zur Manipulation. Außerdem haben die Seriennummern aller Geldscheine höher als 20 Dollar ein nutzbares Muster. Der Assistent wurde angewiesen, mehr Geldscheine als nötig für das Spiel zu holen – sagen wir mal, 30 für ein Spiel mit acht Personen –, um die Möglichkeit zu verringern, dass jemand ihn bestach, alle Seriennummern aufzuschreiben.

Der Assistent legte die Scheine in einen großen Umschlag; in einigen Läden gab es auch Hüte oder Töpfe für solche Rituale. Jeder Spieler zog einen Schein, ohne ihn anzusehen. Geldscheine besitzen acht Ziffern in der Seriennummer, und jede Ziffer ist gleich wahrscheinlich, weil Zwanziger und kleinere Scheine in vollen Auflagen von 100 Millionen gedruckt werden (dann werden die Buchstaben für die nächste Auflage geändert). Bei zehn Spielern ist die durchschnittliche Anzahl einer jeden Ziffer acht. Bei fast der Hälfte der Spiele (47 Prozent, um genau zu sein) wird eine Ziffer mehr als zwölfmal vorkommen.

Kooperatives Liar's Poker

Der interessante strategische Punkt in diesem Spiel ist, dass man eigentlich mit den Spielern auf beiden Seiten neben sich zusammenarbeitet. Gehen wir von zehn Leuten im Spiel aus. Wenn man herausfordert und sehen will und dabei richtig liegt, verdient man 100 Dollar. Wenn man falsch liegt, verliert man 900 Dollar. Demzufolge muss man sich zu 90 Prozent sicher sein, dass man richtig damit liegt, durch Herausfordern einen Gewinn zu erwarten.

Dasselbe gilt umgekehrt im Hinblick darauf, herausgefordert zu werden. Wenn man eine Wette abgibt, die eine über zehnprozentige Chance hat, falsch zu sein, erwartet man, Geld zu verlieren, wenn man herausgefordert wird. Deshalb versucht der Bieter, ein Gebot abzugeben, das 90 Prozent sicher ist, und umgekehrt sollte auch der Herausforderer nur sehen wollen, wenn er zu 90 Prozent sicher ist.

Es wird hart, wenn die Person zu Ihrer Rechten eine Wette abgibt, die, sagen wir, eine 50-prozentige Chance hat, richtig zu sein. Jedes höhere Gebot hätte eine Chance von weniger als 50 Prozent. Sie möchten ihn nicht herausfordern; bei gleichen Chancen zahlen Sie im Verhältnis von 9:1 drauf. Da Sie 100 Dollar machen, wenn Sie richtig liegen, und 900 Dollar verlieren, wenn Sie falsch liegen, ist Ihr negativer Erwartungswert 500 Dollar, wenn Sie sehen wollen. Aber bieten und dann herausgefordert werden, ist noch schlimmer. Angenommen, Sie denken, es besteht nur eine 40-prozentige Chance, dass Ihre Wette richtig ist. Das ergibt einen negativen Erwartungswert von 500 Dollar, wenn Sie herausgefordert werden.

Wenn Sie jedoch bieten und niemand sehen will, haben Sie 100 Dollar praktisch sicher. Es ist beinahe unmöglich, dass das Gebot noch einmal die Runde macht und zu Ihnen zurückkommt, ohne auf einem absurd hohen Level zu sein – eine einfache Herausforderung. Wenn Sie denken, dass die Chancen, dass jemand sehen will, für Ihr Gebot bei 5:6 stehen, ist es eine Break-Even-Entscheidung für Sie, ob Sie sehen oder selbst bieten wollen. Sehen wollen bedeutet 400 Dollar erwarteter

Verlust. Bieten bedeutet 500 Dollar erwarteter Verlust in fünf von sechs Fällen und in einem von sechs Fällen 100 Dollar Gewinn bei einem erwarteten Verlust von 400 Dollar. Also schauen Sie der Person zu Ihrer Linken tief in die Augen und versuchen zu ergründen, wie hoch die Wahrscheinlichkeit ist, dass sie sehen will. Was Sie alle drei – die Person zu Ihrer Linken, Sie selber und die Person zu Ihrer Rechten – wirklich wollen, ist, das Gebot bis zum Rest des Kreises weiterzuschieben, so dass Sie alle Gewinner sind. Es Ihrem Nachbarn zuzuschieben, indem Sie eine hohe Wette abschließen und ihn damit vor eine schwierige Wahl stellen, erhöht nur die Gefahr für Sie beide.

Sie werden bemerken, dass keine dieser Berechnungen die Seriennummer auf Ihrem Geldschein mit einbezieht. Die kann ein wenig helfen. Wenn Sie zwei oder drei der fraglichen Ziffern haben, ist es wahrscheinlicher, dass Sie bieten; wenn Sie keine haben, ist es wahrscheinlicher, dass Sie sehen wollen. Aber das spielt nur eine Rolle, wenn die Entscheidung ohnehin knapp ist.

Liar's Poker wurde auch zum Zementieren von Vorurteilen gebraucht. Während die WASPs (White Anglo-Saxon Protestant) in den Spitzenjobs im Bankwesen dominierten, waren Trader oft Katholiken und Juden mit anderem ethnischem Hintergrund, und auch Asiaten begannen vorzustoßen. Aber es gab praktisch keine weiblichen Trader oder in Amerika geborene Schwarze oder im Ausland geborene Asiaten. Kürzlich Eingewanderte aus Mitteleuropa und Südasien füllten zwar die Hörsäle in Technik und Naturwissenschaften an amerikanischen Hochschulen und machten Abschlüsse für Quant-Jobs auf dem Börsenparkett, wurden aber vom Börsenhandel stark entmutigt.

Nicht genug damit, dass diese Menschen über unzählige private und administrative Hürden springen mussten, nur um eine Chance auf ein annehmbares Leben zu haben. Es waren einige der hartnäckigsten und klügsten Menschen auf Erden, und ich war wütend, dass sie in diesem blöden Spiel als Idioten abgestempelt wurden.

Das Spiel zerstören

Ich trat an, Liar's Poker kaputt zu machen. Ich wollte es nicht besiegen, indem ich viel Geld gewann, sondern es als Institution zerstören. Es beleidigte meine egalitären Pokerprinzipien, und es wurde benutzt, um meine Freunde zu unterdrücken. Es zu beseitigen, würde nicht nur ein Hindernis für das Vorankommen/den Aufstieg von Quants beiseiteräumen, es würde den Tradern auch beweisen, dass Mathematiker sie bei ihrem eigenen Spiel schlagen konnten. Ich stellte eine Computer-Bulletin-Board-Gruppe zusammen, die sich aus Quants zusammensetzte, die Trader werden wollten – die alle Wetten und Ergebnisse von Spielen auf ihrem Parkett aufschrieben –, sowie aus Blackjack-Spielern und anderen Zockern, die ich noch aus alten Tagen des Kartenzählens und anderer Kasinoschemata kannte.

Ich denke, ich sollte an dieser Stelle ein Dementi einfügen. Ich bin als Anti-Liar's-Poker-Aktivist bekannt. Viele Leute behaupten, dass die Spiele fair waren und Spaß gemacht hätten. Man hat mich bezichtigt, ein puritanischer Gegner von Glücksspiel auf dem Parkett zu sein – und auch, einen Betrügerring für Liar's Poker-Spiele organisiert zu haben. Eine andere Version schreibt mir einen teuflisch schlauen Algorithmus zu, mit dem das Spiel zu knacken war. Alles falsch: Ich mag Glücksspiel, das System war kein Betrug, und es war einfach. Aber Sie hören hier nur meine

Seite der Geschichte. Dies ist mein Buch: Sollen diese Leute ihre eigenen Bücher schreiben, wenn sie wollen.

Die Trader hatten die Karten präpariert, aber Betrüger sind immer am leichtesten zu schlagen. Unsere Seite ging mit ein paar Vorteilen ins Rennen. Zum einen zeigten uns die Daten, die wir sammelten, dass die Trader nicht wussten, wie man spielt. Ihre Gebote waren zu niedrig und vorhersehbar. Sie legten sich früh auf eine Ziffer fest und änderten sie beinahe nie. Der Erste würde seine Nummer anschauen und bieten, sagen wir, sechs plus die Zahl seiner häufigsten Ziffer. Wenn er zum Beispiel zwei Siebenen hätte und keine Ziffer dreimal, würde er vielleicht acht Siebenen bieten. Dies ist ein äußerst sinnloses Gebot. Ohne auf seinen Geldschein zu schauen, hat er eine Chance von 55 Prozent, dass mindestens acht Siebenen im Spiel sind. Berücksichtigt man seine zwei Siebenen, steigt die Chance sogar auf 74 Prozent. Wenn er nur blufft und gar keine Siebenen hat, liegt die Chance immer noch bei 47 Prozent, dass es mindestens noch acht Siebenen unter den anderen Scheinen gibt. Wenn man bedenkt, dass der nächste Spieler 90 Prozent Sicherheit braucht, um sehen zu wollen, könnte man genauso gut eine Null bieten und gar keine Information enthüllen.

Der Nächste würde einer ähnlichen Regel folgen. Wenn er von einer Ziffer drei oder mehr hätte, oder zwei einer Ziffer höher als Sieben, würde er sechs plus diese Ziffer bieten, ansonsten neun Siebenen. Das würde recht bald im Kreis herumgehen, wobei dieselbe Ziffer bleiben und bei jedem um eins steigen würde. Anhand unserer Daten über die Strategien der Leute war es ziemlich einfach, sich auszurechnen, wann man herausfordern sollte. Wenn eine Ziffer nur einmal genannt worden war, wurde grundsätzlich wahrscheinlich zu hoch gewettet, sobald sie bei zwölf angekommen war. War jedoch jemand mit einer neuen Ziffer auf einem vernünftigen Level eingestiegen, konnte das oft eine gute Wette sein, sogar bei 14 oder mehr.

Unseren Nachforschungen zufolge bestand das Geheimnis darin, dass es zwei Arten von Spielen gibt. Im einen wird eine Ziffer früh genannt, oft weil es eine hohe Ziffer ist und keiner der ersten Spieler mehr als zwei von irgendetwas auf seinem Schein hat. In diesem Fall ist die Chance kleiner als drei Prozent, dass man 14 oder mehr von dieser Ziffer bekommt. Also gewöhnten sich die Trader daran, zu denken, dass 14 praktisch unmöglich wären. Aber in anderen Spielen hatte jemand früh drei oder vier einer Ziffer und wechselte die Ziffer bei einem Gebot von zehn oder elf. Es gibt eine Chance von über 25 Prozent, dass es mehr als 14 einer bestimmten Ziffer gibt. Eine weitere unterschätzte Tatsache ist, dass eine 18-prozentige Chance besteht, dass die anderen neun Scheine zehn oder mehr einer zufällig gewählten Zahl aufweisen. Wenn Sie also drei oder vier von etwas auf der Hand haben, können Sie mit einer neuen Ziffer beim 13. oder 14. Level einsteigen, ohne dass Sie dem nächsten Spieler eine Vorlage geben, sehen zu wollen.

Im System, das wir einführten, gab es keinen Betrug. Man spielte dieselben Züge, unabhängig davon, ob der nächste Spieler ein Systemspieler war oder einer der Trader. Aber es unterschied sich sehr von der Art, wie die Leute bis dahin gespielt hatten. Der erste Systemspieler würde oft sehen wollen, auf wesentlich niedrigerem Level, als man es gewöhnt war. Wenn er nicht sehen wollte, würden die anderen Systemspieler Wetten auf andere Ziffern abgeben, was verhinderte, dass das Level zu hoch wurde und normalerweise bedeutete, dass das Gebot zum Head Trader zurückkam. Niemand hatte je zuvor gesehen, dass das Spiel auf diese Weise gespielt wurde, und niemand wusste, wie man darauf reagieren sollte.

KAPITEL 8: WIE SPIELEN DIE ANDEREN?

Weitere Vorteile auf unserer Seite waren Vorbereitung und Training. Ich schrieb ein Computersimulationsprogramm, mit dem die Leute tausende von Blättern zum Üben hatten. Nicht einmal leidenschaftliche Liar's Poker-Spieler hatten solche Erfahrung. Der Computer verfolgte Aktionen und gab Ratschläge. In heutigen Pokerprogrammen ist das Standard, in den frühen 1980ern war es aber eine Geheimwaffe. Wir arrangierten auch ein paar echte Übungs-Sessions ohne den Einsatz von Geld. Ich ermutigte die Leute, schnell zu spielen – das war noch irritierender als die ungewöhnlichen Wetten. Der letzte Trader würde sagen „elf Dreien", und fünf Systemspieler würden es innerhalb von fünf Sekunden an den Head Trader zurückgeben bei 13 Achten. Das machte es nicht nur schwer, herauszubekommen, was die Leute auf der Hand hatten, sondern es erweckte auch den Eindruck, als ob die Systemspieler genau wüssten, was sie taten. Keiner hatte die Nerven, solche selbstbewussten Schnellfeuer-Wetten herauszufordern, und die Head Trader konnten natürlich nicht gegen einen Quant verlieren.

Dies führte zu unserem letzten Vorteil. Es gab Risse im Establishment. Der zweite Trader wollte seinen Boss schlagen, und der dritte wollte den zweiten schlagen. Solange es um Trader gegen Quants ging, hatten die Trader kooperiert. Aber als deutlich wurde, dass einer der Trader am Ende verlieren würde, gaben sie diesen Zivilisationsschritt wieder auf. Sie hätten sich ähnliche Taktiken wie die Quants ausdenken können, und es wäre ein faires Spiel gewesen, aber sie konkurrierten zu stark untereinander. Sie versuchten nicht, den Erwartungswert zu maximieren; sie wollten jemand schlagen und nicht etwa geschlagen werden.

Als wir das System zum ersten Mal ausprobierten, ging ich mit, um zu beobachten. Gegen zwei Uhr nachmittags kündigte ein Trader ein Liar's Poker-Spiel an. Sechs Trader sagten, sie wären dabei, und alle Quants kamen dazu. Einige von ihnen waren in der Vergangenheit schon zu Spielen eingeladen worden, hatten sich aber gesträubt, da sie wussten, dass gegen sie manipuliert wurde. Als sie alle von sich aus kamen, ließen die Trader sie herein, setzten sie aber natürlich zusammen zur Rechten der Trader. Die sechs Trader hatten die Wette bei elf Zweien stehen, und die fünf Quants zerschossen das zu 13 Neunen in gerade einmal der Zeit, die es brauchte, die Ansagen zu machen. Es gab eine Minute fassungsloses Schweigen, dann wollte der Head Trader sehen. Es gab 15 Neunen auf den Geldscheinen. Er beschuldigte die Quants des Betrugs und weigerte sich zu zahlen.

Das hatte ich erwartet. Der nächste Schritt war, dass die Quants lachten und miteinander weiterspielten. Sie spielten genauso schnell und, wie es den Tradern schien, mit so etwas wie rücksichtsloser Hingabe. Es war klar, dass sie ein System hatten und besser als die Trader wussten, welche Gebote sicher waren und welche man herausfordern konnte. Die Trader hatten noch nie gesehen, dass das Spiel mit vielen verschiedenen Endzahlen gespielt wurde die traditionellen Spiele kamen üblicherweise bis 12 oder 13, selten mehr oder weniger. Außerdem lagen beim Spiel der Quants die tatsächlich vorhandenen Zahlen viel näher am Gebot, was bei den traditionellen Spielen oft nicht der Fall war. Es war jedem klar, dass die Quants das Spiel auf ein neues Niveau gehoben und die Trader sich gedrückt hatten. Auf diesem Parkett wurde kein Liar's Poker mehr gespielt. Die Trader wollten nicht gegen die Quants verlieren. Wenn sie aber gespielt hätten, ohne sie einzuladen, hätte es so ausgesehen, als ob sie Angst hätten.

Falls Sie meinen, dass dies ein Schlüsselereignis war, kennen Sie das Börsenparkett nicht. Revolten wie diese sind normal und ein Teil des Aufstiegs auf der

Karriereleiter. Man muss sich eine Menge an Beleidigungen gefallen lassen, aber man muss auch den richtigen Zeitpunkt finden, um sich aufzulehnen. Wenn man richtig wählt, klettert man eine Sprosse höher. Wenn nicht, knallt man runter. Es ist ein langes Spiel, und die Quants hatten einen Punkt gemacht, aber es war eben nur ein Punkt.

Andere Parketts versuchten, die Trader und Quants abwechselnd nebeneinander zu setzen, was ein betrügerisches System zerstört hätte, gutes, ehrliches Spiel aber noch mehr stärkte. Die Trader hatten ihre vorteilhafte Positionierung aufgegeben und ersparten den Quants damit die Schwierigkeit, einen guten Spieler rechts oder links neben sich sitzen zu haben. Schließlich änderte sich die Haltung gegenüber dem Spiel. Es war als reiner Test für Handelsgeschick betrachtet worden, aber nun war es klar ersichtlich ein Spiel für Fachidioten. Liar's Poker verschwand von den Börsenparketts. Ich weiß nicht, wie viel der Sieg der Quants damit zu tun hatte – Spiele kommen sowieso in und aus der Mode, und auf den Börsenparketts wurde es in den 1990ern deutlich ruhiger. Aber ein beeindruckender Prozentsatz unserer „Beat Liar's Poker"-Gruppe machte erfolgreich Karriere an der Börse.

Ich bin stolz auf die Gruppe, die das geschafft hat. Wir waren Teil einer Bewegung, die die wilden Exzesse der 1980er gezähmt hat, ohne dem wertvollen kreativen Chaos im Weg zu stehen. Wir haben bewiesen, dass man mathematische Fähigkeiten haben kann und die Nerven, sie zu benutzen. Wir haben gezeigt, dass man im Finanzwesen, im Poker und im Liar's Poker immer einen neuen Weg finden kann, alte Spiele zu betrachten.

Das Message Board blieb am Leben und befasste sich mit weiteren (schikanösen) Glücksspielen, die auftauchten. Daran war ich nur peripher beteiligt. Das größte Spiel war ein Football-Wettschema, in das man 1.000 Dollar einzahlte und sich, ohne Marge, jede Woche ein Gewinnteam aussuchte. Eine Niederlage, und man war raus. Der Dreh war, dass man jedes Team nur einmal benutzen konnte. In den ersten Wochen war das Gewinnen einfach, indem man sich die größten Ungleichgewichte heraussuchte, aber dann waren keine guten Teams mehr übrig und man musste sich gleichwertige Spiele aussuchen. Es wurde nach dem „Winner takes all"-Prinzip gespielt, und im Gipfeljahr gab es einen Jackpot mit etwa 750.000 Dollar.

Das war eine schönere Geschichte. Die meisten Leute spielten am Anfang nur nebenbei, wie die NCAA- oder Wimbledon-Pools, die es in jedem Büro gibt. Aber ab der vierten oder fünften Woche gab es vielleicht nur noch einen auf demselben Parkett, der noch dabei war. Das ganze Büro stand hinter ihm, und man erwartete von den Quants Football-Vorhersage-Strategien und strategische Simulatoren. Dieses Spiel erforderte präzise Analyse, aber auch Footballwissen und Handelsgeschick. Moderner Handel ist eine Team-Anstrengung und funktioniert am besten, wenn jeder die besonderen Talente des anderen respektiert.

Kapitel 9

Wer wird Millionär?

Wie echte Spieltheorie Ihnen zum Gewinn verhilft

14 Kilometer nordöstlich von Los Angeles liegt Santa Anita, eine der großen amerikanischen Pferderennbahnen. Sie wurde mitten in der großen Depression eröffnet und erlangte Aufmerksamkeit, als sie als erste Rennbahn überhaupt 100.000 Dollar Preisgeld im Big-'Cap-Rennen anbot. Seabiscuit gewann hier 1940 den Big 'Cap in seinem letzten Rennen. Auch legendäre Jockeys wie Johnny Longden and Bill Shoemaker wählten diesen Ort, um ihre Karrieren zu beenden. Santa Anita war der Austragungsort der Reitwettbewerbe bei den Olympischen Spielen 1984 in Los Angeles.

An einem angenehmen südkalifornischen Wochenende zwischen Weihnachten und Mitte April können Sie den Prunk der Rennen gemeinsam mit etwa 40.000 weiteren Fans genießen. Im Oktober finden auf der Rennbahn auch Live-Rennen statt. Aber an einem Mittwochnachmittag im August werden Sie stattdessen etwa 1.000 hartgesottene Zocker vorfinden. Die einflussreichen Macher aus L.A. sind weit entfernt und zetteln die Bruttokriege fürs nächste Wochenende an oder sitzen mit Risikokapitalgebern beim Lunch. Noch nicht einmal Pferde sind da. Die Rennen werden live von anderen Rennbahnen übertragen.

DAS PFERD BRAUCHT DEN WETTKAMPF

Die Leute kommen hauptsächlich vorbei, um zu wetten: Das Wettvolumen pro Person an diesem Nachmittag ist deutlich höher als wenn die Reichen kommen, um zu sehen und gesehen zu werden. Einige der Kunden sehen aus, als würden sie ihr Geld für die Miete verwetten; andere sehen zu unordentlich aus, um überhaupt eine Wohnung zu haben. Ein Typ unter ihnen ist zwar nicht besser angezogen als die anderen, sein letztes Bad scheint aber noch nicht so lange zurückzuliegen wie beim Durchschnitt.

Falls Sie im letzten Vierteljahrhundert auf keiner Rennbahn gewesen sind: Da gibt es noch die Wettschalter, die man in Filmen sieht, die meisten Wetten laufen aber maschinell ab. Sie können entweder Bargeld, Gewinntickets von vorherigen Wetten oder Gutscheine verwenden. Unser sauberer Zocker schiebt seinen Gutschein wiederholt in die Wettmaschine, hinein – wetten – hinaus, hinein – wetten – hinaus. Das ist so ungewöhnlich, dass Bertie, der Typ hinter ihm in der Schlange, ihm dabei über seine Schulter späht. Mr. Clean schließt 100-Dollar-Wetten für das Pferd mit der Nummer neun im nächsten Rennen ab. Die Maschinen lassen keine Wetten höher als 100 Dollar auf einmal zu, also muss er zehnmal setzen, um 1.000 Dollar zu wetten.

Bertie besitzt und betreibt einen Blumenladen, hält sich alltags aber gelegentlich gerne mal auf der Rennbahn auf. Er ist ein wachsamer Wetter, der das Rennprogramm analysiert und einige wohlüberlegte 20-Dollar-Wetten platziert. Aus Neugier schlägt er Pferd Nummer neun nach. Das Pferd heißt Epitaph und kam im letzten Rennen mit 36 Längen als Letzter ins Ziel. Seine Prognosen, dass dies umschlagen könnte, stehen bei 50:1. Plötzlich erscheint Mr. Clean als so etwas wie ein „High Roller".

Aus Neugier spricht Bertie ihn vor der Videoleinwand an. „Großes Rennen für Sie, was?", äußert er vorsichtig. „Könnte 50 Riesen bringen."

Mr. Clean blickt verständnislos, erinnert sich dann an Bertie vor der Maschine. „Ja", erwidert er desinteressiert.

Der Startschuss fällt, und wer sonst sollte in Führung gehen als Epitaph? Bertie hüpft vor Aufregung buchstäblich auf und ab, aber zu seiner großen Überraschung schaut Mr. Clean nicht einmal in die Richtung des Rennens.

„Er liegt vorn!", schreit Bertie, der High Roller blickt auf und klingt erzwungen, als er von sich gibt: „Ja! Nichts wie ran!" Epitaph behält die Führung bis zur Kurve, dann macht er schlapp. Er hat sich ausgepowert. Er entspricht schließlich der Erwartung, mit 36 Längen als Letzter ins Ziel zu kommen. Bertie ist am Boden zerstört, und der High Roller scheint es endlich mitzukriegen. „Mist", flucht er zurückhaltend, „und ich dachte eine Minute lang, ich hätte es." Aber sogar jemand ohne Berties langjährige Rennbahn-Erfahrung würde wissen, dass man sich so nicht verhält, wenn 50.000 Dollar zum Greifen nah sind, nur um einem dann entrissen zu werden. Hier stimmte etwas nicht.

Pferdewetten haben mich immer schon fasziniert – das heißt, die Zahlen, nicht die Tiere oder Menschen, die in den eigentlichen Sport verwickelt sind. Das Quälende ist, wie leicht es ist, einen Weg zu finden, den prozentualen Anteil der Rennbahn wieder rauszuholen und eine recht gute Wette abzuschließen, wie schwierig jedoch, ein profitables System zu finden. Noch vor Abschluss der Grundschule hatte ich herausgekriegt, dass der zweite Favorit die beste Wette ist – das Publikum neigt zum Überbewerten von Favoriten und „long shots", das heißt, von rein spekulativen Wetten. In einigen Wettformaten ist die Wirkung stark genug, um eine mathematisch annehmbare Wette machen zu können, die die Wettgebühren ausgleicht. Kommerziell gut nutzbar sind auch „Zweierwetten" und „Dreierwetten" (das Wetten auf die ersten zwei oder drei Pferde in der richtigen Reihenfolge). Üblicherweise werden sie bewertet, als wären die Ergebnisse weit unabhängiger, als sie es tatsächlich sind. Diese Diskrepanz ist allerdings nicht so leicht zum eigenen Vorteil zu nutzen wie die Zweiter-Favorit-Regel, denn Sie müssen dutzende oder hunderte von Tickets kaufen, damit es einen spürbaren Unterschied macht. Die Quoten sind nichts Statisches; sie ändern sich ständig, während Sie versuchen, eine Position zu beziehen. Das wird später noch wichtig werden.

KAPITEL 9: WER WIRD MILLIONÄR?

Keines dieser Systeme wiegt „Insidergeld" auf, das schnell jeden eben noch bestehenden Vorteil für die Wetter beseitigt – zumindest für jeden Wetter, der keine Pferdekenntnis oder Insider-Informationen besitzt. Während es für Insidergeld einen Anreiz gibt, jeglichen positiven Erwartungswert auszuschöpfen und folglich zu eliminieren, gibt es keinen Anreiz, die negativen Erwartungen anderer Wetten auszugleichen. Als ich ein Kind war, nahmen die staatlichen Rennbahnen von Washington eine 15-prozentige Abgabe. Wenn man auf gut Glück wettete, trat man in etwa einen Betrag ab, der annähernd gleichmäßig verteilt zwischen null und 30 Prozent lag. Mit ein bisschen Anstrengung konnte man schnell nahe null Prozent kommen, aber es gelang mir nie, einen Weg zu positiven Erwartungen zu finden. Ich habe mir die Dinge in letzter Zeit nicht angesehen, aber ich vermute, dass Internet-Wetten die Sache sogar noch effizienter machen.

Ich mag die Rennbahnen immer noch – aber nur die schönen wie Saratoga, Aqueduct und Santa Anita – an den Wochenendtagen auf dem Höhepunkt der jeweiligen Saison. Am größten ist die Spannung beim Rennen im Moment kurz vor dem Ende eines Rennens, wenn sich jedes Auge, Gehirn und Herz in der Menge auf eine einzige Sache konzentriert und jeder für einen Augenblick ein Gewinner ist. Dem folgt ein Massen-Ausatmen, und die Leute erinnern sich, gewonnen oder verloren zu haben, daran, was sie morgen zu tun haben und wie sie heißen. Aber dieses seelische Verschmelzen ist real, ein vergängliches Hoch, dass einen daran erinnert, was Menschsein bedeutet, im Gegensatz zu arm oder reich sein, dumm oder klug, cool oder langweilig, fromm oder atheistisch. Sie können dasselbe erleben, wenn Sie eine ganze Nacht lang zu ursprünglichen Trommelrhythmen um ein großes Feuer herum tanzen; aber so etwas ausfindig zu machen, ist schwieriger.

RAKETENTECHNIKER

Mr. Clean ist Professor für Wirtschaftswissenschaften am California Institute of Technology und einer der führenden Forscher in experimenteller Spieltheorie. In den ersten 20 Jahren ihres Bestehens war die Spieltheorie ein Zweig der Mathematik, Experimentieren war nicht gefragt. In den späten 1960ern begannen ein paar vereinzelte Wissenschaftler, die Vorhersagen der Spieltheorie zu untersuchen. Als allgemeine Schlussfolgerung ergab sich, dass sie alle falsch waren; die Leute verhielten sich nicht so, wie sie es laut Spieltheorie hätten tun müssen. Die Arbeit ging erst nach dem Börsencrash von 1987 richtig los, als die orthodoxen Theorien darüber, wie Menschen Glücksspiel bewerten, hilflos wirkten beim Versuch, die Wirklichkeit zu erklären. Die 1970er Jahre widerlegten die konventionelle Makroökonomie und hinterließen dieses Fachgebiet in Verwirrung. Die 1980er machten das Gleiche mit der Mikroökonomie. Daniel Kahneman und Vernon Smith teilten sich später den Nobelpreis für das, was heute als „Behavioristische Finanztheorie" bekannt ist.

Colin Camerer alias Mr. Clean ist ein Freund von mir aus der Universität. Er war damals schon schrullig, also ist es nicht verwunderlich, dass er die Wirtschaft heute auf dem Rennplatz studiert. Er machte mit 19 seinen Universitätsabschluss an der Johns-Hopkins-Universität und hatte mit 23 seinen Doktortitel. Als ein wirtschaftliches Experiment gründete er ein Plattenlabel, Fever Records. Wenn Sie nicht etwa ein Teil der damaligen Chicagoer Punk-Szene waren oder Musikhistoriker sind, haben Sie wahrscheinlich noch nie von „Bonemen of Baruba", „Big Black" oder „Dead Milkmen" gehört, aber Sie können mir glauben: Das waren sehr aufregende und wichtige regionale Bands dieser Zeit.

Colin ist ein Pferdewetten-Fan. Er hat einmal versucht, die Cal Tech-Stiftung dazu zu überreden, sich den Vorteil einer Arbitrage (risikolose Gewinnmöglichkeit) zunutze zu machen, die er auf irgendwelchen texanischen Rennbahnen entdeckt hatte (die Stiftung gab die Idee weiter). Ich fragte ihn, ob er in Versuchung war, seine Professur hinzuschmeißen und seinen beachtlichen Intellekt dem Gewinnen bei Pferderennen zuzuwenden. Sein „ja" kam so schnell, dass ich mir vorstellen kann, dass ein Student zuviel, der über ein Prüfungsergebnis jammert, oder ein idiotischer Verwaltungsangestellter, der irgendeine neue Demütigung vorschlägt, ausreicht, um die Cal Tech-Stiftung einer ihrer Stars zu berauben. Er hatte mir bereits erzählt, dass er aus Chicago floh, um „kalten Wintern und Betriebswirten" zu entgehen – seine Gründe veranlassten ihn, schneller zu fliehen als die Pferde, auf die er wettete.

Colin schwärmt enthusiastisch: „Ich wäre ein absoluter Experte in einer kleinen Nische. Ich würde die schlechten Pferde auf kleinen Bahnen und staatlichen Veranstaltungen mit kleinen Preisgeldern beobachten. Ich würde bei Jungfernrennen wetten, wo der durchschnittliche Wetter keine Informationen hat." Um echte Werte zu finden, fuhr er fort, jetzt im Ton eines Wirtschaftsprofessors, der er ja ist: „Man muss herausfinden, was die echten Fans überbewerten. Wenn Fans enttäuscht sind, schimpfen sie auf den Jockey, nicht auf den Trainer. Das sagt mir, dass sie den Jockey überbewerten. Also orientieren sich meine Wetten am Trainer, nicht am Jockey. Der Jockey ist der Filmstar, das Gesicht, das die Öffentlichkeit sieht. Aber ein guter Film wird viel öfter durch den Regisseur bestimmt."

Eines Tages auf der Rennbahn steckte Colin aus Versehen einen Wettschein in die Maschine, bevor das Rennen gelaufen war. Nach einem Rennen steckt man seinen Wettschein in die Maschine, um entweder Gutschriften für weitere Rennen oder Bargeld zu erhalten. Die Maschine zeigte eine Nachricht: „Wollen Sie stornieren?" Wie die meisten Pferdewetter in einer informellen Umfrage, die ich durchführte, hatte Colin keine Ahnung, dass man Wetten zurückziehen konnte. Sein Versehen setzte in seinem Kopf einige erfinderische Rädchen in Bewegung.

Er hatte sich mit „Information Mirage" beschäftigt, einer auf Vermutungen basierenden spieltheoretischen Erklärung für Blasen am Wertpapiermarkt und Konsumwandel. Nehmen wir mal an, eines Tages entscheiden sich überraschend mehr Leute als üblich dafür, bestimmte Aktien zu kaufen. Als Ergebnis steigt der Preis etwas an, und natürlich steigt auch das Umsatzvolumen an. Investoren betrachten diese Art von Aktivität als ein Zeichen, dass eine Aktie in Bewegung kommt und also am nächsten Tag noch mehr Leute kaufen werden. Dieser Trend könnte eine Eigendynamik entwickeln: Je mehr Leute kaufen, desto mehr Leute denken, dass es da draußen Informationen geben muss, und kaufen ebenfalls.

KAPITEL 9: WER WIRD MILLIONÄR?

Das Gleiche könnte passieren, wenn Sie an ein und demselben Tag zwei gestylte Typen mit Strohhüten sehen. Sie könnten daraus schließen, dass Strohhüte jetzt in Mode sind, und das nächste Mal, wenn Sie einen im Schaufenster sehen, denken Sie daran, wie gut diese beiden Typen aussahen. Also kaufen Sie den Hut, und das bringt jemand anderen dazu, sich auch einen zu kaufen, und ehe Sie sich's versehen, sind Strohhüte der Renner.

Die Spieltheorie kann dieses Phänomen rational erklären, aber es ist schwierig, diese Erklärungen bei Aktienkursen oder Modetrends zu überprüfen. Zum Beispiel stimmt es, dass Aktienkurse kurzfristige Trends mit langfristigen Umkehrungen aufzeigen, genau so, wie es die „Information Mirage"-Theorie vorhersagen würde. Aber es gibt viele andere Erklärungen für solche Effekte, und es wird eine Menge Aufhebens um die Daten gemacht. Vielleicht ist am wichtigsten, dass man niemals wirklich wissen wird, ob sich in der Kursbewegung eine echte Information oder nur eine Illusion verbarg.

Colin wollte sehen, ob er dieses Verhalten auch im Labor hervorrufen konnte, wo er alle Variablen kontrollieren konnte. Er besorgte einige Freiwillige, um ein Spiel zu spielen. Ich habe es etwas vereinfacht, aber Sie müssen trotzdem genau auf die Regeln achten. Jedem Freiwilligen wurde ein „Wertpapier" gegeben, ein unverwechselbares Stück Papier. Jedem wurde gesagt, dass bereits eine Münze geworfen wurde und dass in zehn Minuten entsprechend dem Ergebnis der Münze entweder alle Wertpapiere für 20 Dollar eingelöst oder alle wertlos würden. Jede Person erhielt außerdem eine Informationskarte. In 50 Prozent der Runden waren alle Karten leer. In 25 Prozent der Runden war die Hälfte der Karten leer und die andere Hälfte war mit „20 Dollar" beschriftet. In den restlichen 25 Prozent der Runden war die Hälfte der Karten leer, und auf den anderen stand „0 Dollar". In den letzten beiden Fällen waren die Karten immer wahrheitsgetreu beschriftet – das heißt, sie zeigten immer die korrekte Zahl der Einlösungssumme des Wertpapiers. Den Teilnehmern wurden die Regeln erklärt, und einige Übungsrunden wurden durchgeführt.

Wenn es echte Informationen am Markt gab, stiegen die Wertpapiere, so wie man es erwarten konnte, recht schnell bis zu ihrer Einlösungssumme. Wenn zum Beispiel auf der Hälfte der Karten 20 Dollar stand, gab es wohl ein paar zögerliche Transaktionen bei um die zehn Dollar, aber es gab immer mehr Käufer als Verkäufer, also krochen die Preise langsam höher. Wenn es einmal bis zu einem bestimmten Punkt gekommen war, hatte jeder gemerkt, dass die Papiere 20 Dollar wert waren. Es gab vielleicht einige wenige Transaktionen bei 18 oder 19 Dollar von Leuten, die kein Risiko eingehen wollten. Wenn die Hälfte der Leute wusste, dass die Papiere wertlos waren, sank der Preis in der gleichen Art und Weise nach unten auf null.

Ohne Informationen erreichte der Handel kaum mehr als gelegentlich neun, zehn oder elf Dollar. Weil sich der Preis bei vorhandenen Informationen schnell änderte, bekamen die Leute genauso schnell mit, wann es keine Informationen gab.

Aber hin und wieder gab es eine Informationsblase. Es gab einige Transaktionen zuviel bei elf Dollar, und jemand mit einer leeren Karte bot zwölf Dollar.

Jemand anderer rief 13 Dollar aus, weil er die günstige Gelegenheit nicht versäumen wollte, und das Papier stieg ohne guten Grund auf 20 Dollar. Das Gleiche konnte auch in die Abwärtsrichtung passieren.

Kontrollierte Experimente sind gut und schön, aber es erhebt sich immer die Frage, ob Studenten, die ein Spiel um 20 Dollar spielen, sich wirklich so verhalten wie professionelle Börsenmakler, die Millionen von Dollar bewegen, oder wie modebewusste Kunden, die entscheiden, was sie kaufen wollen. Man würde dem Modell wirklich vertrauen, wenn das Ganze wie im Labor auch in der realen Welt demonstriert werden könnte, von Leuten, die nicht wissen, dass sie an einem Experiment teilnehmen, sondern davon ausgehen, dass sie um Einsätze spielen, die für sie wirklich wichtig sind. Das Stornieren von Rennwetten war genau das Richtige für diesen zweiten Schritt, ohne dass es Colin 1.000 Dollar pro Test kostete.

Das Wetten auf der Rennbahn geschieht nach dem Pari-Mutuel-System (ein Wettsystem, bei dem der gesamte Einsatz abzüglich der Verwaltungskosten prozentual an die Gewinner verteilt wird). Alle Wetten einer bestimmten Art – Siegwetten in diesem Falle – für ein bestimmtes Rennen werden in einem Pool gesammelt. Die Rennbahn nimmt sich ihre Prozente (15 Prozent für Win-/ Place-/ Show-Wetten), und der Rest wird zwischen den Wettern aufgeteilt, die auf das Siegerpferd gesetzt haben. Zum Beispiel werden 4.000 Dollar auf den Sieg von Paul Revere, 8.000 Dollar auf den von Valentine, 12.000 auf den von Epitaph und 16.000 auf den von Equipoise gesetzt. Im Gesamtpool sind 40.000 Dollar; die Rennbahn nimmt 6.000 Dollar, also bleiben 34.000 Dollar, um die Gewinner auszubezahlen. Sollte Paul Revere gewinnen, wäre die Auszahlung 34.000 Dollar: 4.000 Dollar = 8,5 Dollar pro Ein-Dollar-Wette. Das wird als 7,5:1-Quote bezeichnet, weil man seinen Ein-Dollar-Einsatz plus 7,50 Dollar Gewinn zurückbekommt. Bei einem Sieg von Valentine wäre die Auszahlungsquote 3,25:1, Epitaph bringt 1,84:1 und Equipoise 1,13:1.

Wenn man eine Pari-Mutuel-Wette abschließt, weiß man nicht genau, welche Ausschüttung man bekommt, falls man gewinnt. Man kann sich Expertenmeinungen anschauen, die sie vor dem Rennen abgegeben haben. Sie können die Wetten sehen, so wie sie hereinkommen. Jede Minute werden die Wetten auf der Toto-Tafel aktualisiert. Aber die tatsächliche Ausschüttung kennen Sie nicht, bis das Rennen gelaufen ist.

Colin suchte sich Rennen mit kleinen erwarteten Handles (Handle = gesamter Wetteinsatz) aus und zwei „long shots" (Pferde, bei denen es als unwahrscheinlich gilt, dass sie gewinnen), die im Hinblick auf frühere Rennen und vorhergesagte Chancen nah beieinander lagen. Wenn er 1.000 Dollar auf eines von ihnen setzte, fielen die Chancen für dieses Pferd plötzlich. Die Kombination aus kleinem Handle und „long shot", plus der frühen Wette, bevor die meisten Wetten platziert sind, erbrachte einen messbaren Effekt.

Es gab drei Möglichkeiten:

1. Alle konnten die Wette ignorieren und dieselben Einsätze machen, die sie sowieso machen wollten. In diesem Fall würden die Chancen des Pferdes,

KAPITEL 9: WER WIRD MILLIONÄR? 261

auf das Colin gesetzt hatte, fallen und geringer bleiben als die des Vergleichspferdes, einzig aufgrund seiner Wette.

2. Schlaue Zocker konnten Colins Wette genau ausgleichen, indem sie nicht auf dieses Pferd setzten, sondern die Wetten auf andere Pferde erhöhten. In diesem Fall würden die Chancen auf das angemessene Level korrigiert werden, etwa auf das gleiche Level wie das des Vergleichspferdes.

3. Die Wetter konnten sehen, dass unerwartet Geld auf Colins Pferd gesetzt wurde, und schlussfolgern, dass jemand etwas wissen müsste. Das wäre eine veranlasste „Information Mirage". Mehr Geld würde Colins Geld folgen, und die Quote für dieses Pferd würde noch mehr fallen, als die 1.000 Dollar allein hätten bewirken können.

Colin stornierte die Wette unmittelbar vor Wettschluss, so dass der Effekt sich nicht zeigen würde, bevor es zu spät war, die Wette zu ändern.
Letztendlich gab Bertie, der Wettmaschinen-Gucker, die Antwort auf die Studie. Obwohl er sah, dass ein offensichtlich zurechnungsfähiger Wetter 1.000 Dollar auf einen „long shot" verwettete, bewegte ihn das nicht dazu, auch nur zwei Dollar auf dieses Pferd zu setzen. Er litt mit Colin und drückte ihm die Daumen, aber er riskierte keinen Pfennig für diese „Information Mirage". Alle anderen Wettfans verhielten sich ebenso. Trotz einiger Unruhe in den Daten war es ziemlich deutlich, dass die anderen Wetter Colins Versuch der Marktmanipulation ignorierten (denn das wäre es an der Börse, und die Börsenaufsichtsbehörde würde Sie dafür zur Rechenschaft ziehen). Die Chancen waren ziemlich genau dieselben, wie sie es ohne Colins Wette auch gewesen wären.

VORSTANDSVORSITZENDER

Ich war etwas im Zweifel darüber, ob ich diese Geschichte ins Buch aufnehmen sollte, weil ich nicht sicher war, ob Colins Aktionen gesetzmäßig waren. Er hatte die Sache mit Cal Tech-Anwälten abgeklärt, die zu dem Schluss kamen, dass es kein Betrug sein konnte, wenn Colin keinen Profit aus diesem Plan schlug (Betrug/arglistige Täuschung, grobdefiniert, ist Lügen, um Profit zu erzielen). Dies führte zu einigen angespannten Momenten, wenn Colin hinter langsamen Wettern in der Schlange stand und der Wettannahmeschluss näher rückte. Nach Start des Rennens kann man nicht mehr stornieren. 1.000 Dollar zu verlieren wäre eine kleine Katastrophe gewesen, aber 50.000 Dollar zu gewinnen hätte noch schlimmer sein können. Jemand, der seine Wettmuster verfolgte, hätte argumentieren können, dass die vorherige Wette/Stornierung ein Versuch gewesen sei, die Quote zu manipulieren und diese unfaire 50.000-Dollar-Auszahlung zu erhalten. Auf jeden Fall hätte man es den Anwälten melden müssen, mit all den Unannehmlichkeiten, die so etwas mit sich bringt.
Ich entschied, mich mit dem California Horse Racing Board in Verbindung zu

setzen, um eine Bemerkung zu hören wie „der Typ ist ein Gauner und pfuscht ehrlichen Wettern ins Geschäft", oder „wenn das jemand versucht, ist er schneller hinter Gittern, als die Pferde die Ziellinie überqueren". Denn dann konnte mich niemand beschuldigen, an irgendjemandes Straffälligkeit mitgewirkt zu haben.

John Harris ist der Vorsitzende des California Horse Racing Board. Seit 40 Jahren ist er einer der erfolgreichsten Pferdezüchter und -besitzer im Staat. Ich dachte, ich müsste das System sehr vorsichtig erklären, aber er hatte sofort die Idee: „Eine andere Möglichkeit wäre es, auf alle anderen zu hoch zu wetten, außer auf einen Favoriten, und zu beobachten, ob die Wetter sich von einem offensichtlichen Gewinner abbringen lassen, wenn er nicht so viel allgemeine Unterstützung hat." Äh – wie war das mit der „das ist ja schrecklich"- Bemerkung?

John relativierte seine Antworten jedoch: Es seien vorläufige Bemerkungen, die er gemacht habe, ohne dass er die Studie gesehen oder über die Details nachgedacht hätte. Aber er glaubte nicht, dass es funktionieren könnte, weil „die meisten Wetten spät hereinkommen und frühzeitige Versuche, die Chancen zu manipulieren, nicht viel Einfluss haben dürften, außer, es handelt sich von vornherein um relativ kleine Pools". Er glaubte, dass es in der Vergangenheit besser funktioniert hätte. „Mit den vielen Satelliten-Wetten, die jetzt laufen, konzentrieren sich viele Zocker gar nicht mehr auf ein bestimmtes Spiel bis fünf Minuten vor Wettannahmeschluss. Früher gab es mehr Leute, die jedes Auf und Ab der Chancen verfolgten, aber das ist eine aussterbende Spezies."

Aber brach Colin die Regeln? „Ich mag Studien über das menschliche Verhalten, so wie diese, aber beim Rennen sind Schutzvorrichtungen eingebaut, um übermäßige Chancen-Manipulationen durch solche Systeme wie die beschriebenen zu verhindern." John stellte weiterhin fest, dass es auf Rennplätzen Standard-Verwaltungsprozeduren gibt, um Manipulationen zu verhindern. Er war der Meinung, dass die Stornierung großer Wettsummen nicht garantiert sei.

Mike Marten, der für die Öffentlichkeitsarbeit des Boards zuständig ist, hatte einige Details für mich. Ganz anwaltsmäßig schrieb er mir: „Meine vorläufige Antwort ist, dass es kein spezifisches Verbot im Pferderennen-Gesetz oder in den Regeln des California Horse Racing Board gibt, das diese Art von Aktivität verbietet. Jedoch haben die individuellen Rennverbände als Privateigentümer das Recht, Kunden aufgrund von nicht korrektem Verhalten auszuschließen." Ihm waren Fälle bekannt, in denen Rennbahnen „bestimmte Wetter vor solchen Praktiken gewarnt hatten". Aber dann bröckelte die Fassade, als er einen Tipp gab, um „es durchzuziehen" (geh zum Wettschalter, benutze keine Maschine).

Das ist zwar nur geraten, aber ich glaube, dass ich in anderen Staaten keine solchen hilfreichen und ehrlichen Antworten bekommen hätte – wie in New York und in Illinois, wo jeder mit einem finanziellen Interesse an Rennen durch ein Verbot von den Aufsichtsfunktionen ausgeschlossen ist. Ich habe nie verstanden, warum Leute freiwillig Dinge beaufsichtigen, in die sie selbst ihr Geld nicht hineinstecken würden. Das gilt sowohl für Leute, die gewählt sind, Aktionäre bei Unternehmensvorständen zu vertreten, aber selber keine Aktien der Gesellschaft besitzen (Wendy Gamm, Mitglied im leitenden Gremium von Enron, erklärte bizarrerweise, es wäre für sie ein Interessenkonflikt gewesen, hätte sie Aktien des Unternehmens besessen – Sie sehen, wie gut diese Art von Aufsicht funktioniert) als auch für die Aufsichtsräte staatlicher Konzerne. Ich glaube, dass man von jemandem, der selbst investiert ist, mehr Wissen und Aufmerksamkeit bekommt und dass diese Person mehr moralische Autorität besitzt, um schwierige Entscheidungen zu treffen, weil sie selbst beteiligt ist. Natürlich kann das Interessenkonflikte hervorrufen, aber ehrliche Leute können auch im Angesicht von Konflikten richtig handeln, während unehrliche Leute in keinem Fall richtig handeln werden. Zumindest bei einem offenen Konflikt. Sie kennen die Situation: Der Ruf von jemandem, der seine Position missbraucht, wird leiden. Bei einem versteckten Konflikt hat man noch nicht einmal diesen Trost.

Ich denke, Colin hätte an einem Februarwochenende auf dem Rennplatz eine größere Chance gehabt, eine „Information Mirage" zu erzeugen. An solchen Tagen sind die gut gekleideten Menschen da – und was ist gut gekleidet sein anderes als eine „Information Mirage"? Keiner macht sich die Mühe, das an einem Rennen wochentags zu versuchen. Es sind eher die Draufgänger, die auf Illusionen hereinfallen – die Überlebenden unter der eher deprimierenden Wochentagsmeute haben ihre Illusionen schon längst verloren. Die Tatsache, dass Colin die Chancen in diesem Milieu nicht beeinflussen konnte, heißt nicht, dass es an der Börse nicht passieren kann oder bei Risikokapitalgebern oder in akademischen Kreisen und der Politik.

DAS GELERNTE EXPERIMENTELL SICHTBAR MACHEN

Experimentelle Spieltheorie führt meist nicht zu eindeutigen Resultaten. Untersuchungen haben ergeben, dass Menschen sich im Normalfall nicht der Spieltheorie gemäß verhalten. Stattdessen wenden sie verlässliche Algorithmen an, die wesentlich schwieriger zu manipulieren sind. Aber es ist nicht einfach, Geld zu verdienen, indem man Kapital daraus schlägt, dass Menschen von mathematisch optimalen Strategien abweichen. Ausnahmen gibt es auf beiden Seiten. Es gibt Zeiten, in denen die Beherrschung der Spieltheorie Sie zu einem Sieger macht, es gibt aber auch Zeiten, in denen Sie nur gewinnen können, wenn Sie die Spieltheorie ignorieren und stattdessen beobachten, wie tatsächlich gespielt wird.

Francis Bacon, ein Wissenschaftsphilosoph der Renaissance, erzählte einst eine Fabel über eine Konferenz von Philosophen, die wochenlang darüber diskutierten, wie viele Zähne wohl ein Pferd hat. Ein junger Stallbursche, der der Diskussion müde wurde, schlug vor, doch im Maul des Pferdes nachzusehen und die Zähne zu zählen. Die aufgebrachten Philosophen schlugen ihn ob seiner Dummheit windelweich. Wann immer Ihnen jemand einen auf Spieltheorie basierenden Pokerratschlag geben möchte, fragen Sie ihn, ob er schon die Zähne gezählt hätte. Roger Bacon, ein Wissenschaftsphilosoph des Mittelalters (es besteht keine Verwandtschaft), stellte fest, dass man Wahrheit nur mithilfe von Theorien ergründen könne, dies allerdings nicht die Zweifel in den Köpfen der Menschen beseitigen würde:

Wenn ein Mensch, der nie ein Feuer sah, mit Argumenten beweist, dass Feuer brennt, wird sein Zuhörer weder überzeugt sein noch das Feuer meiden, bis er selbst seine Hand ins Feuer gehalten hat und durch dieses Experiment erfährt, was das Argument bereits lehrte.

Mathematische Theorien, die in der Praxis immer wieder überprüft werden, sind wichtige Hilfsmittel beim Spiel. Mathematik allein macht jedoch blind und ermöglicht es anderen, sich zu bereichern.

Das erste protokollierte Pokerexperiment wurde vor 125 Jahren in einem Poker-Club in Cincinnati durchgeführt. Anstatt die Blinds rotieren zu lassen, wurde ein bestimmter Spieler auserwählt, der die Blinds das gesamte Spiel hindurch setzen musste. Damals waren die Spielregeln anders als heute. Man konnte den Mindesteinsatz nicht einfach bezahlen, stattdessen war der Mindesteinsatz doppelt so hoch wie der Blind – der Blind wurde also erhöht. Dadurch war der Blind nicht so nachteilig wie heute. Wenn man zuerst, also blind, spielen musste, konnte man jedoch als Letzter auf die Erhöhung des Einsatzes reagieren. Bei den heutigen Spielregeln, bei denen keine Erhöhung des Einsatzes erwartet wird, ist derjenige, der die Blinds setzt, ganz offensichtlich im Nachteil, der in Zahlen ausgedrückt umgerechnet etwa der Hälfte der gesetzten Summe entspricht. Doch im 19. Jahrhundert wurden lautstarke Debatten darüber geführt, ob das Setzen des Blinds ein Vor- oder Nachteil wäre. Experten gab es auf beiden Seiten gleichermaßen. Das Cincinnati-Experiment war jedoch überzeugend: Der Spieler, der den Blind setzte, gewann fast immer das Spiel an diesem Abend, und relativ gesehen gewann er auch den Pot. Den Blind zu setzen, ist also ein großer Vorteil. Leider wurde die Diskussion zu diesem Thema fortgesetzt, ohne weitere Experimente durchzuführen oder das bereits durchgeführte Experiment neu zu bewerten. Die Beweise wurden einfach ignoriert, und stattdessen bestand man darauf, dass die Mathematik und andere Theorien ihnen Recht gaben.

Als Nächstes führte Ethel Riddle, eine junge promovierende Psychologin der Columbia Universität, im Jahre 1921 weitere empirische Pokerstudien durch. Ihre vollständigen Ergebnisse sind nicht leicht zu finden. Der Bibliothekar der Psychologischen Fakultät der Columbia Universität machte eine schlechte, mit einer Schreibmaschine geschriebene Kopie ausfindig, die sehr porös und mit handschriftlichen Notizen versehen war. Alle Ecken hatten sich aufgelöst, und die Seiten klebten aneinander. Der Einband hatte schon lange aufgegeben, die Seiten zusammenzuhalten. Ich bin begeistert von solchen Schriftstücken, von ihrem Geruch alter, längst vergessener Weisheiten. Jemand sollte dieses Schriftstück in einem Museum ausstellen, bevor es für immer verloren geht.

Hat man es endlich gefunden, ist es jedoch nicht leicht zu lesen. Ethel war eine Vertreterin des Behaviorismus und ermüdenden, ausufernden statistischen Analysen verfallen. Aber vielleicht war es auch gar nicht ihre Schuld. Vielleicht

KAPITEL 9: WER WIRD MILLIONÄR?

musste man damals so etwas vorweisen, um einen Abschluss zu erhalten. Ich war begeistert, als ich erfuhr, dass David Spanier, der Autor des Buches „Total Poker" und weiterer Werke, dasselbe Exemplar in Händen gehalten hatte. Er hatte den Aufzeichnungen entnommen, dass Ethel sich in eines ihrer Untersuchungsobjekte verliebt hatte. Ich konnte dafür jedoch keine Anhaltspunkte in dem Text finden. Also hat David Spanier entweder bessere kriminalistische Fähigkeiten oder eine stärker ausgeprägte Fantasie als ich (oder er hat einige Seiten des Werkes mitgehen lassen). Auch Frank Wallace, Autor des Buches „A Guaranteed Income for Life by Using the Advanced Concepts of Poker", nahm Einblick in Ethel Riddles Werk, allerdings stand ihm nur eine Zusammenfassung der Library of Congress zur Verfügung.

Ethel lud erfahrene Pokerspieler ein, um sie in ihrem Kellerlabor spielen zu lassen. Währenddessen waren sie an Lügendetektoren angeschlossen, die ihre Herzfrequenz, ihre Atmung, ihren Handschweiß und andere Indikatoren für ihre emotionale Befindlichkeit maßen. Sie zahlte den Spielern zwei Dollar die Stunde, die jedoch mit ihrem eigenen Geld um höhere Einsätze spielten. Sie zeichnete jedes Blatt und jeden Einsatz auf und setzte all das in Bezug zu den körperlichen Reaktionen der Spieler und ihren eigenen subjektiven Notizen.

Wäre die Spieltheorie nicht erst ein Vierteljahrhundert später erfunden worden, hätte sie diese mit Sicherheit auf den Kopf gestellt. Leider machten sich die damaligen spieltheoretischen Forscher, denen Poker als wichtiges Modell diente, nicht die Mühe, ihre Theorien zu überprüfen. Selbst zu Ethels Zeiten hatten Theoretiker bereits seit 50 Jahren Poker wie ein Kartenspiel analysiert, und zwar Blatt für Blatt. Ethels Untersuchungsergebnisse zeigten jedoch deutlich, dass der Geldfluss eher durch das Gesamtspiel als durch individuelle Einsätze oder Blätter beeinflusst wurde. Im Laufe der 50 Jahre, bevor Ethel auf ihre Ergebnisse stieß, wurden Wahrscheinlichkeitsrechnungen aufgestellt und Strategien ausgetüftelt. Und dennoch fiel niemandem auf, dass die Gesamtinteraktion des Spiels wesentlich ausschlaggebender war als alles andere. In den 85 Jahren nach Ethels Veröffentlichung änderte sich leider auch nichts daran.

Selbstverständlich ist es möglich, dass ihre Ergebnisse nicht allgemeingültig genug sind. Vielleicht stellte die Columbia-Brüderschaft, die sie für ihre Studie rekrutierte, keine typische Pokerrunde dar. Die Spieler waren älter als die meisten heutigen Studenten – sie waren Mitte zwanzig und hatten sechs bis zehn Jahre Pokererfahrung –, doch sie waren keine Profispieler aus Las Vegas (Glücksspiele wurden in Nevada erst zehn Jahre später legalisiert). Möglicherweise hätten sie anders gespielt, wenn sie gewusst hätten, dass jedes kleinste Detail aufgezeichnet und das Ergebnis in einer Dissertation veröffentlicht würde. Doch wenn man auf gute, akribisch zusammengetragene Beweise dafür stößt, dass die eigenen Theorien falsch sind, sollte man diese in Frage stellen oder mehr Beweise erarbeiten. Man sollte jedoch keine Gründe erfinden, um die Falschheit der Beweise darzulegen.

WER WISSEN HAT, MACHT KEINE VORAUSSAGEN — WER VORAUSSAGEN MACHT, HAT KEIN WISSEN

Ethels Keller-Spieler spielten Five-Card-Draw und hatten somit keine Möglichkeit, die Blätter ihrer Mitspieler vorauszusagen. Erst beim Showdown wurden sie aufgedeckt. Bei der Five-Card-Draw-Variante wird am wenigsten über die Blätter der einzelnen Spieler vermittelt. Man kann lediglich anhand der Einsätze und der gezogenen Karten erraten, wie das Blatt des jeweiligen Spielers aussehen könnte. Es ist allerdings erstaunlich, dass die schlechtesten Spieler (etwa ein Drittel) das Blatt ihrer Gegner so schlecht voraussagten, dass sie genauso gut wahllos hätten raten können. Auch die besten Spieler lieferten kein wesentlich besseres Ergebnis. Fragt man also einen durchschnittlichen Spieler direkt vor dem Showdown nach dem Blatt eines seiner Mitspieler, ist seine Antwort nur geringfügig verlässlicher, als wenn man das Blatt aufgrund von Langzeitbeobachtungen schätzt. Bei diesem Spiel zahlte es sich allerdings nicht aus, nach „Tells" zu suchen oder die Strategien der Spieler umfangreich zu analysieren. Das einzig Sinnvolle ist, zu beobachten, wie oft ein Spieler einen Einsatz tätigt oder wie oft er neue Karten zieht, um sein Blatt zu verbessern.

Ich war ein bisschen überrascht von diesem Ergebnis, da ich die Erfahrung gemacht hatte, dass mittelmäßige Pokerspieler das Blatt ihrer Mitspieler mit etwas Mühe doch eingrenzen können. Ich habe nie daran geglaubt, auch wenn dies in einigen Pokerbüchern behauptet wird, dass irgendjemand es auf zwei oder drei Möglichkeiten eingrenzen kann, bevor die erste Einsatzrunde beendet ist. Ich muss jedoch zugeben, dass ich mich sehr bemühe, zu erraten, wie die Blätter der anderen Spieler aussehen könnten, und meiner Meinung nach ist dies sehr hilfreich. Andererseits weiß ich aus dem Finanzwesen, dass professionelle Aktienanalysten und Manager sich jahrelang für ihre Dienste bezahlen ließen, obwohl ihre Tipps nachweislich lediglich auf dem Zufallsprinzip basierten. Ich möchte hier nicht über leistungsfähige Märkte und darüber diskutieren, ob jemand in der Lage ist, Aktien wirklich anhand einer handfesten Strategie zu analysieren. Ganz abgesehen davon gibt es viele so genannte "Experten", die seit 20 Jahren mit Aktien handeln und nachweislich Aktien kauften, die sich schlechter entwickelten als jene Aktien, die sie nicht kauften. Außerdem entwickelten sich die Aktien, die diese Experten als „strong buy"-Aktien bewerteten, schlechter als die, die laut ihnen "strong sell"-Aktien waren. Ich habe auch schon Aktienhändler erlebt, die erklärten, aus welchen Gründen sie einen gewinnträchtigen Aktienhandel abschließen konnten, obwohl man offensichtlich nachverfolgen konnte, dass sie falsch getippt und einfach nur Glück gehabt hatten. Aufgrund all dieser Erfahrungen tendiere ich dazu, zu behaupten, dass die Erfolge oder Misserfolge der meisten Finanzexperten auf rein zufälligen Entscheidungen beruhen, auch wenn diese das nie zugeben würden. Nasim Taleb hat zu diesem Thema ein großartiges Buch geschrieben, und zwar „Fooled by Randomness".

Ich erinnere mich mehr oder weniger zufällig an ein Blatt bei einem Five-Card-Draw, bei dem ein Spieler vor dem Draw erhöhte und dann eine Karte zog. Es waren zwei Paare. Als er die Karte ansah, sah ich einen Anflug von Enttäuschung in seinem Gesicht, was verwunderlich war, denn nur vier von 47 Karten können zwei Paare in ein Full House verwandeln. Und man rechnete definitiv nicht damit, eine entsprechende Karte zu ziehen. Es gab auch keinen Grund, anzunehmen, dass man ein Full House benötigen würde, um den Pot zu gewinnen. Andererseits gibt es für jemanden, der auf einen Flush hin spielt, neun von 47 Karten, die das Blatt komplettieren. Bei einem Open-ended-Straight sind es acht Karten. Bei solchen Blättern wäre Enttäuschung besser zu verstehen. Als der Spieler dann nach dem Ziehen der Karte erhöhte, wurde mir klar, dass das Erhöhen vor dem Kartenziehen ein Bluff auf einen Flush oder eine Straße und sein Erhöhen nach dem Ziehen ein Bluff auf gar nichts gewesen war. Mit einer Straße oder einem besseren Blatt hätte er wahrscheinlich eher zugelassen, dass jemand weiter erhöht. Zwei Paare wiederum sind zu schlecht, um nach dem Kartenziehen zu erhöhen. Dies scheint mir immer noch eine angemessene Schlussfolgerung aus diesen Beobachtungen zu sein.

Es stellte sich heraus, dass er drei Königinnen hatte. Wenn ich die ganze Situation rückblickend betrachte, ist dies eine wesentlich bessere Erklärung für sein Blatt, wobei man den kurzen Enttäuschungsmoment missachten müsste. Glaubt man an eine Theorie, die dann auch noch bestätigt wird, ist es leicht (wenn auch teuer), alle darauf folgenden Beweise zu ignorieren. Der Anflug kurzer Enttäuschung hatte mich dazu verleitet, zu glauben, dass er einen Flush oder ein Straight verpasst hatte. Die Erhöhung nach dem Kartenziehen schien dies zu bestätigen. Doch vielleicht hatte ich mir seine Enttäuschung nur eingebildet oder seinen Gesichtsausdruck falsch interpretiert. Selbst wenn er tatsächlich kurz enttäuscht geguckt hätte, dann lag es vielleicht daran, dass er sich gerade daran erinnerte, dass er am nächsten Tag ein unangenehmes Meeting hatte oder dass er den Geburtstag seiner Mutter vergessen hatte. Vielleicht bereute er auch einfach nur, dass er beim Abendessen nicht doch einen zweiten Krabbenpuffer gegessen hatte.

Was ist also der springende Punkt? Es gibt keinen. Solche Geschichten passieren immer wieder bei Pokerspielen, und niemand, zumindest keiner der guten Spieler, die ich kenne, denkt auch nur einen Augenblick darüber nach. Hin und wieder kommt es vor, dass ein Dummkopf sagt: „Ich kann nicht glauben, dass du dieses Blatt hattest." Doch ein erfahrener Spieler weiß, dass man immer wieder überrascht wird beim Pokern. Es gibt zwei verschiedene Blätter, an die sich Spieler noch lange nach dem Spiel erinnern und von denen sie erzählen. Dazu gehören: unvorhersehbare Verluste und perfekte Analysen. Den ganzen Rest, die vorhersehbaren Verluste, die Siege und die absolut falschen Analysen sollte man aus seinen Gedanken und aus den Gesprächen verbannen, bevor die nächsten Karten ausgeteilt werden.

Dafür gibt es einen Grund. Eine schlechte Analyse der gegnerischen Blätter wirkt sich nicht negativ auf das eigene Spiel aus, es sei denn, die anderen Spieler wissen, wie sie die Analyse zu ihrem Vorteil einsetzen können. Man schenkt solchen Analysen auch nur bei knappen Calls Aufmerksamkeit, wenn die Chancen etwa gleich stehen und man darauf hofft, dass die Analyse einem einen kleinen Vorteil verschafft. Auch wenn man es dem Zufall überlässt, schadet das gar nichts. Es dem Zufall zu überlassen ist übrigens empfehlenswert, weil man sonst vorhersehbar wird. Nichtsdestotrotz ist eine akkurate Analyse bares Geld wert.

Ich hatte im oben genannten Fall drei Asse, und mein Blatt war nach dem Kartenziehen nicht besser. Aber meine Chancen standen vier zu eins, den letzten Einsatz zu callen (alle anderen Spieler waren ausgestiegen). Der Junge hatte bei zwei Erhöhungen ein gutes Blatt gehabt, und er bluffte weniger als im Durchschnitt. Allerdings hatte ich nie Kicker irgendeiner Art bei ihm beobachtet/bemerkt, und ebenso wenig hatte er mit zwei Paaren nach dem Kartenziehen gegen andere Spieler erhöht, die Einsätze tätigten. Ich nahm nicht an, dass er mit einem „Poker" vor dem Kartenziehen erhöht hätte. Das ist sehr unwahrscheinlich.

Ich ging also davon aus, dass er entweder einen Semibluff spielte (zwar sehr unwahrscheinlich, aber der kurze Enttäuschungsmoment schien mich zu bestätigen), zwei Paare hatte und auf dem Weg zu einem Full House war (vielleicht war es doch keine Enttäuschung) oder von seiner sonst üblichen Spielstrategie abwich. Dabei ist nicht nur die Wahrscheinlichkeit relevant, mit der er so agieren würde, sondern es sind auch die möglichen Blätter in seiner Hand. Bei genauer Überlegung kam ich zu dem Schluss, dass meine Chancen unterm Strich eins zu drei standen, dass er ein schlechtes Blatt hatte. Schließlich würden meine Asse selbst dann gewinnen, wenn er ein Paar in einen Flush oder einen Straight Draw verwandeln könnte. Meine Chancen schienen gut zu stehen, aber ich war auch nicht überrascht, als ich verlor.

Aktienhändler agieren genauso. Wir erzählen jedem, der es hören will, und auch jedem, der es nicht hören will, von unseren Geschäften, deren Entwicklung wir von Anfang an voraussehen konnten. Die anderen Geschäfte vergessen wir sofort wieder, egal, ob es gute oder schlechte Geschäfte waren. Wir schämen uns ihrer nicht, sie gehören einfach zum Alltag. Wenn man mit einem Aktienhändler ein Bewerbungs- oder Finanzierungsgespräch führt, muss man darauf achten, ob er versucht, Erklärungen für vergangene Handelsgeschäfte zu finden. Wenn die Erklärungen widersprüchlich oder zu oberflächlich sind, hat man Grund zur Sorge. Nicht etwa, weil er lügen könnte, sondern weil es tödlich ist, im Nachhinein Analysen anzustellen. Sie schließen rein zufällig ein gutes Geschäft ab, überzeugen sich selbst davon, dass es ein pfiffiger Schachzug war, und versuchen den Rest des Tages (oder manchmal den Rest Ihrer Karriere), erneut ein solches Geschäft abzuschließen. Sie legen viel Wert auf die Analysen und vergessen, Wahrscheinlichkeiten abzuwägen und Strategien einzuhalten. Sowohl Aktienhändler als auch Pokerspieler erinnern sich an Analysen und prahlen damit herum, weil sie den Glauben daran nicht verlieren wollen, dass Analysen hilfreich sind. Über schlechte Analysen zu sprechen, ist, als würde man über all die alten Freunde sprechen, die man tagsüber nicht zufällig getroffen hat.

Unvorhersehbare Verluste (gemeinhin und in der Pokerliteratur „Bad Beats" genannt) sind durchaus wichtig, denn sie erinnern einen daran, aufmerksam zu bleiben. Der Spieler, der drei Karten zieht und ein Paar hält, könnte auf einmal Vierlinge haben. Der Typ, der nie blufft, könnte alles auf ein schlechtes Blatt setzen. Der unglaublich ungeschickte und voller Widersprüche steckende Versuch, so zu tun, als hätte er Pocket Queens, könnte tatsächlich Pocket Queens zu Tage fördern. Bei Börsengeschäften kann man scheinbar unschlagbar sein, *außer* ... Außer es gibt ein unerwartetes Übernahmegebot oder ein Erdbeben oder einen Betrug durch jemanden, von dem man es nie erwartet hätte. Wenn man lange genug im Geschäft ist, werden einem früher oder später alle diese oben genannten Dinge widerfahren. Vergisst man, dass sie einem widerfahren könnten, werden sie einem den Boden unter den Füßen wegziehen, wenn es soweit ist. Natürlich sind das Extremfälle, und sie zeugen von wirklich großem Pech, aber irgendwann tritt jede der oben genannten Situationen ein. Der Hedge-Fonds-Manager und Risikoexperte Kent Osband schrieb in „Iceberg Risk", wie man unerwartete Risiken im Handel am besten überlebt. Das Buch ist auch ein gutes Pokerbuch.

Es reicht nicht aus, alles zu kalkulieren und zu planen. Man muss sich auch darauf vorbereiten, dass alle Kalkulationen über den Haufen geworfen werden könnten. Aktienhändler und Pokerspieler berichten nicht aus Bescheidenheit über ihre Niederlagen. Sie tun dies aus Selbstschutz. Über Siege zu sprechen, ist nicht notwendig, da man sich sowieso darauf konzentriert, wie man am besten zu Geld kommt. Wenn Sie diesbezüglich Hilfe brauchen, werden Sie nie jemand sein, der erfolgreich Risiken eingeht.

WENN ICH SCHON FALLE, DANN BITTE VON GANZ OBEN

Wenn die Spieler kein Geld verdienen konnten, indem sie die Blätter ihrer Mitspieler schätzten, mussten Sieg oder eine Niederlage strategiebedingt sein – das heißt, vom Spielertyp abhängen. In ihrer Studie nannte Ethel den am einfachsten zu identifizierenden Typ den *Risikospieler*. (Auch wenn sie Anhängerin des Behaviorismus war, erinnert ihre Terminologie doch eher an Freuds Archetypen als an Skinners Positivismus. Selbstverständlich waren die unterschiedlichen Positionen innerhalb der Psychologie 1921 noch nicht so scharf umrissen.) Als in den 1960ern Soziologen die kalifornischen Pokerräume für sich entdeckten, nannten sie Risikospieler *Action-Spieler*. Dieser Begriff wird heutzutage auch von Pokerspielern benutzt, und ich habe ihn bereits im Gardena-Kapitel erwähnt. Aktienhändler nennen sie treffend *Glücksspieler* oder *Revolverhelden*. Da ich Ethel mit ihren Forschungsergebnissen als Vorreiterin ansehe, werde ich ihren Begriff verwenden. Egal, in welchem Bereich man Risiken eingeht: Man lernt schon am Anfang seiner Berufskarriere, risikobereite Menschen zu identifizieren. An ihnen kann man am leichtesten Geld verdienen, doch sie sind so lange gefährlich, bis man herausgefunden hat, wie man mit ihnen umgehen muss. Obwohl sie nur eine kleine Minderheit der Spieler ausmachen, übersteigt ihr Einfluss ihre Anzahl bei weitem.

Risikospieler spielen die meisten Blätter, erhöhen am stärksten und verlieren das meiste Geld. Sie spielen oft gut, wenn man immer nur ein Blatt auf einmal betrachtet, und sie kennen sich in der Regel mit Wahrscheinlichkeiten und Taktiken aus. Außerdem beherrschen sie oft neben Poker auch andere Kartenspiele gut. Wenn Sie eine Runde von Kartenspielern glücklich machen wollen, brauchen Sie nur beim Hinsetzen zu sagen, dass Sie (a) reich und (b) ein Experte für Bridge/Rommé/Backgammon/Sportwetten und Blackjack sind. Das sind die typischen Merkmale eines Risikospielers. Wenn Sie dagegen behaupten, Experte für Kasinospiele zu sein, wird man Sie als dummen Risikospieler einordnen. Risikospieler-Strategien garantieren Niederlagen auf lange Sicht, auch wenn sie meist funktionieren. Risikospieler verlieren sogar mehr Geld als schlechte Spieler. Da Spieltheoretiker beim Poker immer nur ein Blatt auf einmal kalkulieren, empfehlen sie doch manchmal tatsächlich, mit Risiko zu spielen.

Risikospieler gehen immer Risiken ein. Die meisten der Spieler, die Ethel in ihre Untersuchungen mit einbezog, wechselten je nach Situation zwischen zwei oder mehr Kategorien in Bezug auf ihre Spielart. Risikospieler tun dies nicht. Man könnte gewissermaßen sagen, dass Risikospieler gar kein Poker spielen, sondern Glücksspiel betreiben. Ein Grund dafür, warum Spieler zu Risikospielern werden, ist, dass sie ihre Strategien nicht anpassen können. Sie können andere Spieler auch nicht analysieren oder die Stimmung am Tisch erfassen. Im Poker gibt es keine allumfassende Strategie, die zum Sieg führt, aber Risikospieler können mit ihrer Strategie dank einer kurzen Glückssträhne eine längerfristige Pechsträhne umgehen. Wenn Sie beispielsweise beim Roulette 1.000 Dollar auf die Sieben setzen, stehen die Chancen genauso schlecht, als würden Sie hundertmal zehn Dollar auf Rot oder Schwarz setzen. Doch Sie haben eine Chance von 1:38, 35.000 Dollar zu gewinnen. Bei den 100 kleineren und sicheren Einsätzen würden Sie, gleiches Glück vorausgesetzt, im Schnitt nur etwa 170 Dollar gewinnen. Wenn Sie also *spielen* und nicht nur einfach dem Kasino die erwarteten 52,36 Dollar aushändigen möchten, ist Risikospiel sinnvoll.

Ethels Lügendetektor drang zum ersten Mal in der Geschichte der Menschheit ins Gehirn eines Risikospielers vor (oder zumindest so weit, wie offenkundige körperliche Veränderungen des Spielers Aufschluss geben können, und das ist gar nicht so wenig). Und was war ihre erstaunliche Entdeckung? Risikospieler sind gleichgültig. Sie zeigen keine emotionalen Reaktionen. Egal, ob sie gewinnen oder verlieren, das Spiel ist nicht aufregend für sie, sie konzentrieren sich nicht. Wenn ich Ethels Beobachtung interpretiere, würde das bedeuten, dass einzig wildes Setzen Risikospieler vom Einschlafen abhält. Sie zerbrechen sich nicht den Kopf darüber, wie ihr Blatt aussehen könnte oder ob sie selbst es schaffen, einen Straight vollzukriegen. Ihr Herz schlägt in einem anderen Rhythmus. Es fällt ihnen leicht, intelligent zu spielen, da sie nicht durch Angst, Gier oder irgendein anderes Gefühl vom Spielen abgelenkt werden. Es wird niemanden überraschen, dass Risikospieler finanziell am besten dastanden und die Wetteinsätze ihnen am wenigsten bedeuteten. Die höchsten Einsätze der Runde bedeuteten den Spielern, die sie tätigten, finanziell und psychologisch am wenigsten.

Was wissen wir sonst noch über Risikospieler? Warum spielen sie überhaupt? Wer sind sie? Leider hat niemand die Untersuchungen von Ethel weitergeführt, was einen großen Verlust für die Wissenschaft bedeutet. Es wäre faszinierend gewesen, wenn man die Spieler alle zehn Jahre für ein weiteres Spiel versammelt

KAPITEL 9: WER WIRD MILLIONÄR?

hätte, um zu sehen, wie verschiedene Pokerstrategien sich auf ihr Leben auswirkten und wie das Spiel sich über die Jahre veränderte. Aus späteren Untersuchungsergebnisse, in den 1960ern und 1970ern wissen wir jedoch, dass Risikospieler unter allen Pokerspielern außerhalb des Spiels am erfolgreichsten sind. Sie sind erfolgreiche Geschäftsmänner und Politiker und Militärs. Auch ihre sozialen Fähigkeiten sind bemerkenswert: Sie führen die glücklichsten Ehen, haben die glücklichsten Familien und den besten Ruf. Wenn man jemanden fragen würde, welchen Typ Pokerspieler er wählen oder für welchen er gerne arbeiten würde, würden die meisten sich für einen Risikospieler entscheiden. Risikospieler sind cool, weil sie immer einen kühlen Kopf bewahren. Sie sind gerissen, weil sie sich nicht durch Gefühle von ihrem Ziel abbringen lassen. *Pokersieger* sind dagegen per definitionem nicht vertrauenswürdig. Präsident John F. Kennedys Umgang mit der Kubakrise wird oft als ein perfektes Beispiel für geniales Pokerspielen genannt. Man erkennt deutlich den Risikospieler. Nixons Doppelzüngigkeit, Paranoia und Skrupellosigkeit hingegen sind eindeutige Hinweise auf einen Pokersieger. Wenn die Menschen sich einen guten Pokerspieler zum Präsidenten wünschen könnten, denken sie an Kennedy, der sehr schlecht spielte (auch einige seiner Verwandten gehörten zu den schlechtesten Spielern, aber größten Risikospielern auf der Harvard-Universität), nicht an Nixon, der gut spielte.

Nixon wird oft nachgesagt, die Präsidentschaftswahlen 1960 gegen Kennedy verloren zu haben, weil er bei den Fernsehdebatten schwitzte, während Kennedy unerschütterlich kühl blieb. Vielleicht lag es daran, dass Nixon wirklich hinter der Sache stand (sein Herz raste und seine Handflächen waren feucht, während er seinen nächsten Zug und Gegenzug plante), während Kennedy schon an seinen nächsten Daiquiri und seine nächste Verabredung dachte. Natürlich lernen gute Pokerspieler, ihre Reaktionen zu verheimlichen, doch Nixon kann verziehen werden: Er wandte für diese Debatte angemessene Techniken an, die auf große Zuschauermengen angelegt waren, zog allerdings nicht in Betracht, dass die Fernsehkameras, die zum ersten Mal eine Präsidentschaftsdebatte übertrugen, ihn so entblößen würden. 1968 und 1972 sah er dann vor den Kameras genauso cool wie Kennedy aus (auch wenn er nicht so cool klang, als er sich unbeobachtet fühlte).

Ein weiteres Beispiel aus den 1960er Jahren ist die erfolgreichste amerikanische Spionage-Fernsehserie „Mission: Impossible". Im Pilotfilm und in der ersten Staffel wird das Team von Dan Briggs angeführt, gespielt von dem großartigen Schauspieler Steven Hill. Er war nicht sehr groß, schlecht rasiert und nachlässig gekleidet. Er war dafür bekannt, dass sein erster Schlag immer mit dem Knie in die Leistengegend seines Gegners ging, und er hatte nie einen Plan. Er und sein Team stürmten den Einsatzort, verursachten Chaos, schnappten sich den Mikrofilm, den Agenten oder die Waffe und rannten wieder raus. Die Show wurde erst dann zum Erfolg, als Briggs durch den cooleren, gut aussehenden und elegant gekleideten Jim Phelps ersetzt wurde (gespielt von dem gut aussehenden und harmlosen Peter Graves). In den seltenen Szenen, in denen Phelps in einen Kampf verwickelt wurde, erledigte er seinen Gegner mit einem Karate-Tritt auf die Schulter, der dazu führte, dass dieser an Ort und Stelle einschlief. Phelps hatte einen genau ausgearbeiteten Plan, der wie geschmiert bis kurz vor der letzten Werbepause funktionierte, wo es kurzzeitig bleme gab, die nach der Werbung durch Improvisation aus dem Weg geschafft wurden. Briggs war ein Pokerspieler, der schwitzte, weil seine Einsätze ihm am Herzen lagen. Phelps hingegen war ein Risikospieler, der nicht schwitzte, weil seine Einsätze ihn kaltließen. Wesentlich sanfter und nicht so dramatisch war der Übergang bei den James-Bond-Filmen. Auch wenn niemand den James Bond im ersten Film („Dr. No" aus dem Jahre 1962) als „mutig" beschreiben würde, so schien Sean Connery in seinen oberflächlichsten Momenten doch mehr mit dem Herzen bei der Sache zu sein als alle darauf folgenden James-Bond-Darsteller, auch wenn sie noch so sehr gequält wurden. Als Geheimagenten wünschen wir uns Risikospieler.

Es wäre interessant, herauszufinden, ob Risikospieler heutzutage immer noch so erfolgreich im wirklichen Leben sind. In den 1970ern hat sich die Welt verändert, so wie schon an anderen Stellen in diesem Buch dargestellt, und die Fähigkeiten eines Pokersiegers sind wertvoller geworden. Die Menschen misstrauen den unerschütterlichen risikobereiten Menschen. Wir erwarten von unserem Präsidenten zwar immer noch, dass er offensichtlich ehrenvoller ist, als ein Pokersieger es je sein könnte. Doch wir tolerieren, wir erwarten sogar, dass seine direkten Vertrauten hinterhältige skrupellose Machenschaften planen.

Ihnen ist vielleicht aufgefallen, dass eine zögerliche Bewunderung für Risikospieler zwischen den Zeilen durchklingt, auch wenn ich eine Abneigung gegen unkompensierte Risiken habe, die tief in meiner Poker-, Risikomanager- und quantitativer Analysten-Seele verankert liegt. Hinter den größten Erfolgen wie hinter den größten Katastrophen steckt ein Risikospieler. Die Welt wäre sicherer, aber auch langweiliger, wenn es sie nicht gäbe. Michael Mauboussin gehört zu den respektiertesten Finanzstrategen der Welt und hat sich sehr viel damit beschäftigt, welche Beziehung zwischen Spiel und Finanzgeschäften besteht. Er sagte zu mir, dass die erfolgreichsten Finanzmanager „anders gepolt sind als du und ich. Sie leiden nicht so sehr unter ihren Verlusten. Sie sind nicht so leicht von einer Mission abzubringen." Macht sie das zu Risikospielern? „Auch ihnen machen Verluste und Niederlagen etwas aus, genauso wie oder sogar mehr als jedem anderen. Aber alles spielt sich in ihrem Kopf ab, sie sind emotional nicht so beteiligt wie andere. Einem guten General ist nichts wichtiger als das Wohlergehen seiner Truppe, doch dann riskiert er ihr Leben unbarmherzig im Kampf." Ich bat ihn darum, mir einige Beispiele zu nennen, und er nannte mir diese drei: Bill Gross (einer der erfolgreichsten Bond-Investoren der Welt; er verwaltet die Fonds für PIMCO und spielt ein fieses Blackjack-Blatt), Bill Miller (einer der besten Aktien-Investoren und Mitarbeiter in Mauboussins Firma Legg Mason) und George Soros (der Superstar unter den Hedge-Fonds-Investoren, Philanthrop, Aktivist und für sich selbst tätig). Ich glaube, dass die drei oben genannten Personen weit über den üblichen Risikospielern rangieren, die man normalerweise an einem Pokertisch trifft. Ich denke eher, dass die drei die besten Eigenschaften eines Risikospielers mit den besten Eigenschaften eines Pokerspielers verbinden. Und um das zu können, muss man wohl tatsächlich anders gepolt sein. Ich bin ein klassischer Pokerspieler. Man müsste Gehirnchirurgie an mir vollführen, damit ich Chips in den Pot werfen könnte, ohne eine körperliche Reaktion zu zeigen oder damit ich skrupellose Entscheidungen treffen könnte, selbst wenn es die richtigen Entscheidungen wären.

DAS ELFENBEINTURM-RISIKO

Jonathan Schaeffer ist ein führender Wissenschaftler im Bereich Poker-Spieltheorie. Er wirkte bei der Entwicklung eines Computerprogramms mit, bei dem man das nach heutigem Stand optimale spieltheoretische Poker spielen kann (auch wenn es weder Menschen noch weniger theoretisch fundierte Computerprogramme besiegen kann). Jonathan kritisierte einen meiner Artikel, in dem ich behaupte, dass eine der Stereotypen eines guten Pokerspielers darin besteht, gute Nerven zu haben. Er sagte: „Gute Spieler brauchen keine guten Nerven. Richtiges Spiel ist richtiges Spiel ..." Ich denke, dass diese Meinung nur dann vertreten werden kann, wenn man jeweils nur ein Blatt auf einmal betrachtet, so wie es Risikospieler oder sein Computerprogramm tun.

Es stimmt, dass gute Pokerspieler mit vielen Höhen und Tiefen rechnen, auch wenn ein „Bad Beat" sie dann doch nicht kalt lässt. An den Nerven zehrt weniger das Warten auf die River Card als vielmehr die Ungewissheit, ob man alles richtig analysiert hat. Man weiß nie, ob man gerade eine Glücks- oder Pechsträhne hat. Die Zusammensetzung der einzelnen Blätter folgt zu sehr dem Zufallsprinzip, als dass man so etwas an wachsenden oder schrumpfenden Geldbündeln bemessen könnte. Im Gegensatz zu einer Partnerschaft oder einem Teamwettbewerb hat man beim Pokerspiel niemanden, der einem objektive Ratschläge gibt. Ganz im Gegenteil: Alle versuchen, die Wahrheit vor einem zu verbergen. Wenn Sie zu gewinnen scheinen, legen sie alles darauf an, das zu ändern, und wenn Sie verlieren, versuchen alle, es dabei zu belassen. Man braucht starke Nerven, um an sich selbst zu glauben, und noch stärkere Nerven, um zu wissen, wann man die eigene Taktik ändern oder gar aus dem Spiel aussteigen sollte. Ich glaube, dass Jonathan, wie so viele Spieltheoretiker, der Illusion eines immer siegenden Kennedy oder Phelps aus der Zeit des Kalten Krieges anhängt; Männer mit Mut, die keine Nerven aus Stahl brauchen, weil sie sich sicher sind, dass sie Recht haben und dass ihre Seite gewinnen wird, und die sowieso kein großes Interesse an der Sache an sich haben. Doch das war nie die Realität, und jede Hoffnung, dass es einmal Realität werden würde, wurde in den 1970ern im Keim erstickt.

Jonathan behauptete, meine Aussage enthielte einen „Sachfehler" und sei keine Meinungsverschiedenheit. Jonathan ist intelligent, leistet gute Arbeit und macht sich die Mühe, diejenigen zu verbessern, die sich seiner Meinung nach irren. Ich möchte hier nicht über ihn herziehen, aber der Begriff „Sachfehler" scheint mir äußerst typisch für die dogmatische Blindheit zu sein, die die Spieltheorie erzeugt. Er hat es nicht nötig, sich Ethels Lügendetektorergebnisse anzusehen oder zu den besten Pokerspielern Kontakt aufzunehmen. Seine Gleichungen haben ihm die Wahrheit gezeigt, und alles andere ist ganz einfach unwahr. Als Experte auf diesem Gebiet darf er ein wenig dogmatisch sein, doch es gibt tausende so genannte Experten, die sich nicht mal halbwegs so gut auskennen und doch vehement ihre Theorien vertreten. Dabei haben sie lediglich einige Bücher zum Thema gelesen und einige praktische Beispiele ausgearbeitet.

Ein weiterer „Sachfehler" war meine Behauptung im selben Artikel, dass eine Spieltheorie, die auf der Analyse einzelner Blätter und nur zweier Spieler basiert, niemals ein Programm generieren könne, das gegen eine ganze Runde guter menschlicher Spieler gewinnen könnte. Jonathans Antwort darauf war: „Spieltheoretische Programme können definitionsgemäß nicht verlieren." Die Gleichungen besagen, dass dem so ist, also muss es wahr sein, auch wenn die Gleichungen sich auf eine andere Situation beziehen als bei einem tatsächlichen Pokerspiel. Es ist keine Frage von Beweisen oder Erfahrungen. Bei einem Dreieck muss man auch nicht testen, ob es drei Ecken hat, oder ob 2 + 2 = 4 ist. „Da Menschen fehlbar sind und Fehler machen, wird der Mensch früher oder später einem Computerprogramm unterlegen sein", behauptet Jonathan. Doch sind es nicht Menschen, die diese Programme entwickeln? Und müsste ein Mensch nicht Nerven aus Stahl mitbringen, um auch dann noch zu spielen, wenn er seine eigene Fehlbarkeit gegenüber einer perfekten Maschine kennt?

NICHT VOR DEN LAHMEN HINKEN

Auch den anderen Typus des regelmäßigen Pokerverlierers lässt das Spiel einigermaßen kalt. Ich meine hier die schlechten Spieler. Sie spielen viele Blätter, sitzen es bis zum Showdown aus und erhöhen selten. Im Pokerslang sagt man, dass sie ins Spiel „hinken". Sie glauben, dass sie öfter als andere Spieler Opfer von Bluffs werden, obwohl sie in Wirklichkeit am seltensten geblufft werden. Der regelmäßige Pokerverlierer unterscheidet sich vom Riskospieler, sobald er auch nur die geringste Emotion zeigt. Der Risikospieler ist am aktivsten, wenn er hohe Summen gesetzt hat und kurz davor ist, die Karten eines Mitspielers sehen zu dürfen. Der schlechte Spieler hingegen wird durch Neugier motiviert. Er ist am aktivsten, wenn er aus dem Spiel ausgestiegen ist, da er dann endlich überprüfen kann, ob er Opfer eines oder mehrerer Bluffs wurde. Seine Messwerte schlagen aus, wenn er sein eigenes Blatt betrachtet. Körperlich zeigt er wenig Interesse an den Blättern seiner Mitspieler, außer bei seiner Manie, geblufft zu werden.

Dieses Muster hat verblüffende Ähnlichkeit mit einem von Colins Experimenten, für das Cal Tech einen Gehirnscanner baute. Allerdings handelt es sich bei diesem Gerät nicht um einen normalen Scanner, wie man ihn in Krankenhäusern und medizinischen Forschungsstätten findet. Dieser spezielle Scanner ermöglicht das Scannen mehrerer Menschen, während sie ihren ganz normalen Tätigkeiten nachgehen, wie beispielsweise zu spielen. Colin glaubt, dass er auf spektakuläre Ergebnisse stoßen wird. Er beschreibt das Beobachten seiner Scans von Menschen während eines Spiels, „als würde man einen Mann beim Spaziergang auf dem Mond beobachten". Körperliche Reaktionen sind sehr aufschlussreich, aber eher vergleichbar mit einem Teleskop, das man auf den Mond richtet. Beim Scannen

KAPITEL 9: WER WIRD MILLIONÄR?

des Gehirns hat man das Gefühl, man würde das Mondgestein/den Mond selbst in der Hand halten.

Eines der ersten Ergebnisse war, dass Männer und Frauen extrem unterschiedlich reagierten, wenn Vertrauen beim Spielen eine Rolle spielte. Dies ist beispielsweise der Fall, wenn es darum geht, ob der Spieler, der setzt, blufft oder nicht (Colin hat jedoch noch nicht speziell Poker in seinen Experimenten untersucht). Wenn Männer eine Entscheidung treffen müssen, schalten sie den Teil des Gehirns ein, der für Berechnungen zuständig ist. Sobald die Entscheidung getroffen ist, schalten sie ihr gesamtes Gehirn aus. Der Einsatz ist getätigt, also gibt es keinen Grund, sich noch weiter den Kopf darüber zu zerbrechen. Frauen berechnen weniger. Stattdessen schalten sie den Teil des Gehirns ein, der für soziale Fähigkeiten zuständig ist, und lassen ihn noch lange, nachdem sie zu einem Ergebnis gekommen sind, eingeschaltet. Obwohl es gefährlich ist, sich zu viele Gedanken über eine einzelne Beobachtung zu machen, so wird doch deutlich, dass Männer berechnen, ob sie vertrauen können, und dann die Konsequenzen tragen. Frauen verschwenden nicht so viel Zeit auf die Vertrauensfrage, denken stattdessen aber intensiv über die Konsequenzen ihrer Entscheidung nach. Colin nannte ein Beispiel: „Wenn ich nach einer Party nach Hause komme, möchte ich Fußball gucken, denn mein Gehirn ist ausgeschaltet. Meine Frau möchte allerdings darüber reden, wer was über wen auf der Party dachte, weil ihr Gehirn noch ganz damit beschäftigt ist." Ein Mann macht sich Gedanken darüber, ob er jemandem vertrauen kann, weil davon abhängt, ob er gewinnt oder verliert. Eine Frau geht das Risiko zu verlieren ein, um herauszufinden, ob sie jemandem vertrauen kann. Natürlich ist es möglich, dass zukünftige Beobachtungen diese Einschätzungen revidieren. Und sie sagen auch nichts darüber aus, ob es sich um genetische oder gesellschaftlich bedingte Unterschiede handelt. Doch oberflächlich gesehen passt das Ergebnis perfekt zu einem alten Pokervorurteil, das besagt, dass Frauen zu neugierig sind, um gute Pokerspieler sein zu können. Allerdings sind heute einige der besten professionellen Pokerspieler Frauen. Es wäre interessant, herauszufinden, ob sie sich ein typisch männliches Vertrauensmuster zugelegt haben oder ob sie einen Weg gefunden haben, ihr typisch weibliches Muster zu ihrem Vorteil zu entwickeln. Bloße Neugier ist fatal beim Pokerspielen, doch bei einem langen Spielabend kann sie sehr sinnvoll sein, weil man andere Spieler so schon frühzeitig testen kann. Dafür lohnt es sich, einige Nachteile in Kauf zu nehmen.

In der modernen Terminologie der Pokerstrategie werden schlechte Spieler als *loose-passive* Spieler definiert. Loose Spieler spielen viele Blätter und werfen viel Geld in den Pot; tighte Spieler sind genau das Gegenteil. Passive Spieler checken oft und gehen auch gerne mit. Offensive Spieler setzen, erhöhen und passen lieber. Passive Spieler erhöhen nur, wenn sie ein sehr gutes Blatt haben, und sie passen nur, wenn sie ein sehr schlechtes Blatt haben. Sie wenden keine Irreführung an (obwohl sie es bei jedem anderen vermuten), und sie treffen ihre Entscheidungen ausschließlich auf Grundlage ihres eigenen Blattes. Sie versuchen nicht, ihr Blatt im Vergleich zu den möglichen Blättern der anderen zu sehen. Alle sind sich einig, dass ein loose-passiver Spieler die schlechteste Kombination ist. Selbst wenn sie oft erhöhen, sind auch Risikospieler loose-passive Spieler, denn ihre Erhöhungen sind keine Überraschung. Man könnte sagen, dass Risikospieler auf dieselbe Art erhöhen, wie schwache Spieler mitgehen. Es geht nicht darum, andere Spieler dazu zu bringen, schwierige Entscheidungen zu treffen oder das eigene Blatt falsch darzustellen. Risikospieler erhöhen, um den Spieleinsatz zu vergrößern. Und diese Tatsache macht ihr Spiel nicht offensiver als das der schlechten Spieler. Das Erhöhen macht sie zu looseren Spielern.

Schlechte Spieler spielen die ganze Runde über schlecht, und sie spielen gegen alle Mitspieler gleich. Aber im Gegensatz zu Risikospielern spielt derselbe Spieler mal tight-passiv oder loose-offensiv am Tag darauf und kann so eine Stange Geld mit nach Hause nehmen. Eine Pokerweisheit besagt, dass eine Niederlage dazu führt, dass man loose-passiv spielt, während ein Gewinn zu einer tight-passiven Spielweise führt. Doch Ethel Riddle fand dafür keine Beweise. Sie fand auch keine anderen Beweise dafür, dass sich aufgrund von Siegen oder Niederlagen die Spielstrategien der Spieler veränderten. Offensive Spieler behaupten oft, dass ihre Spielweise andere Spieler dazu bringt, passiv gegen sie zu spielen. Die Studie bestätigt dies jedoch nicht. Schlechte Spieler setzten sich als schlechte Spieler an den Tisch und spielten schlecht bis zum Ende der Runde.

FURCHTERREGEND WIE BLUFFKÖNIG HENRY VIII.

Auch wenn das alles relativ interessant ist, wird es Ihnen nicht beim Pokerspielen helfen. Jeder weiß, wie man gegen Risikospieler und gegen schwache Spieler spielen muss. Und es ist relativ leicht, diese beiden Spielertypen zu erkennen. Bei Risikospielern muss man auf gute Blätter warten und sie dann den Pot auffüllen lassen. Bei schlechten Spielern erhöht man, wenn man sie schlagen kann, und man passt, wenn man es nicht kann. Sie sind so durchschaubar, dass man relativ gut einschätzen kann, welche der beiden Situationen zutrifft. Sie denken immer, dass die anderen bluffen, daher lohnt es sich nicht, bei schlechten Spielern zu bluffen. Und Sie können bei einem guten Blatt ruhigen Gewissens erhöhen, denn sie werden ganz sicher nicht passen. Der bisher einzige praktische Nutzen aus Ethel Riddles Studie besteht darin, dass Sie mithilfe der Studie feststellen können, ob Sie momentan ein Risikospieler oder ein schlechter Spieler sind. Wenn das Spiel Sie langweilt, außer wenn Sie selbst im Spiel sind, und wenn echte Begeisterung Sie nur dann überkommt, wenn die anderen Spieler ihre Karten aufdecken, könnten Sie ein Risikospieler sein. Wenn Sie sich den Kopf darüber zerbrechen, ob Ihr Gegner beim letzten Blatt gebluffthat, spielen Sie wahrscheinlich schlecht. Obwohl es wichtig ist, dass Sie aufmerksam sind, auch wenn Sie aus dem Spiel sind, sollten Sie doch die Karten, mit denen Sie gepasst haben, vergessen. Sie sollten nicht daran denken, ob Sie gewonnen hätten. Gepasste Karten existieren nicht mehr.

Ethel identifizierte in ihrer Studie drei Untertypen von offensiven Spielern. Da sie den fragwürdigen Vorteil nicht genoss, die Spieltheorie zu konsultieren, bezeichnete sie jede offensive Spielform als *Bluff*. Ihre *Einsatz-Bluffer* waren tight-offensive Spieler. Sie spielten nur gute Blätter, und wenn sie das taten, erhöhten sie oft. Sie passten auch bereitwillig, wenn sie ihr Blatt beim Draw nicht verbessern konnten oder wenn ein anderer Spieler besonders stark erhöhte. Ethel befand ihre Spielweise als normal. Sie spielten gute Blätter und passten, wenn sie das Gefühl hatten, sie würden geschlagen. Doch ihre Einsätze waren irreführend. Je nach Situation schoben sie, wenn sie ein gutes Blatt hatten, und erhöhten bei einem relativ schlechten Blatt.

Unter den offensiven Spielern zeigten diese Spieler die geringsten körperlichen Reaktionen. Doch lagen ihre Reaktionen über denen von Risikospielern oder schlechten Spielern. Die Reaktionen der Einsatz-Bluffer stiegen zeitweilig an, und sie beteiligten sich intensiv am Spiel. Wenn dies der Fall war, wurde das Gefühl auf den gesamten Tisch übertragen, nicht nur auf bestimmte Spieler. Es gab jedoch keinen eindeutigen Hinweis darauf, was solche Episoden auslöste. Sie schienen nicht abhängig davon zu sein, ob der Spieler verlor oder gewann, oder ob er ein gutes oder schlechtes Blatt hatte. Aus irgendeinem Grund spielten diese Spieler größtenteils ein sehr mechanisches tightes Poker und gaben nur wenig durch ihren Einsatz preis, ohne dabei die Stärke ihres Blatts zu variieren. Doch plötzlich legte sich ein Schalter bei ihnen um, und sie spielten ein sehr intensives Spiel gegen den gesamten Tisch. Sie schnitten sehr gut in diesen intensiven Phasen ab und verloren den Rest der Zeit geringfügig. Ethel konnte zwischen den intensiven und den normalen Spielphasen kein deutliches, vordergründiges Anzeichen erkennen, der Lügendetektor aber zeigte Unterschiede wie Tag und Nacht.

Ethel nannte loose-offensive Spieler *Blatt-Wert-Bluffer*. Diese Spieler setzten eindeutiger als die Einsatz-Bluffer, konnten aber oft nicht das Blatt vorweisen, das ihren Einsatz gerechtfertigt hätte. Sie spielten Spieltheorie-Bluffs aus, indem sie schlechte Blätter spielten, als wären es sehr gute. Im Gegenzug spielten sie gute Blätter, als wären sie belanglos. Ihre emotionalen Reaktionen waren mit denen der Einsatz-Bluffer identisch: relativ reaktionsstark mit Phasen absoluter Reaktionslosigkeit. Interessanterweise verloren sie Geld in den Hochphasen, während sie in den Tiefphasen welches gewannen. *Blatt-Wert-Bluffer* scheinen meist etwas chaotisch zu spielen, um dann phasenweise absolut kaltblütig ihre Züge zu planen und so ihren Ruf zu verbessern. Wenn das geschieht, ist das keine Show. Wenn sie bei wertlosen Blättern erhöhen oder beim bestmöglichen Blatt Slowplay spielen, sind sie erregt. Wenn sie aber in den Gewinnmodus wechseln, dann sind sie so gelangweilt wie ein Kasinoangestellter, der den Hausanteil aus dem Pot nimmt.

Daraus wird deutlich, dass man besonders aufmerksam spielen muss, wenn tight-offensive Spieler erregt sind und wenn loose-offensive Spieler sich langweilen. Erwarten Sie keine offensichtlichen Anhaltspunkte, zumindest nicht bei guten Spielern – aber man kann den Unterschied auch ohne Lügendetektor feststellen. Erweiterte Pupillen und eine Stimmlage kann man nur schwer vortäuschen. In Malcolm Gladwells außergewöhnlichem Buch „Blink: Die Macht des Moments" können Sie alles zu diesem Thema nachlesen. Die meisten Menschen täuschen zwischen den Spielen oder nach dem Passen kein bestimmtes Verhalten vor. Seien Sie also besonders wachsam in solchen Momenten. Außerdem wird man den Unterschied auch im Spiel wahrnehmen, und das kann man unmöglich vortäuschen.

Wenn ein tight-offensiver Spieler plötzlich looser spielt, oder wenn ein loose-offensiver Spieler plötzlich tight ist, sollten Sie auf der Hut sein. Es geht nicht darum, herauszubekommen, welche Karten sie haben, wozu die Spieltheorie rät. Sie sollten nach Strategieänderungen Ausschau halten. Diese sind leichter aufzudecken und nutzen Ihnen weitaus mehr. Wenn der Spieler plötzlich seinen eigenen Spielertyp wechselt, ist es ratsam, es nicht mit ihm aufzunehmen. Passen Sie möglichst alle Ihre Blätter, und bleiben Sie nur mit den wirklich guten im Spiel, mit denen Sie offensiv spielen können. Solche Momente ermöglichen es Ihnen auch, Ihre eigene Strategie etwas aufzufrischen, zumindest dann, wenn Sie doch mal im Spiel bleiben. Sie können Ihnen Ihr Geld abnehmen, wenn sie wieder ihre übliche Strategie verfolgen. Wenn Sie ein sehr viel besserer Spieler als Ihre Mitspieler sind, dann können Sie sogar gewinnen, wenn diese ihr bestes Spiel abliefern. Sie kriegen alle Ihr Geld, so oder so.

Die letzte Kombination ist der tight-passive Spieler. Ethel gab ihm den seltsamen Namen *Lust-Bluffer*. Vielleicht war dieser Begriff für David Spanier besonders bedeutungsvoll. Lust-Bluffer weisen insgesamt ein durchschnittliches Erregungsniveau auf, dessen Ausschläge nach oben und unten davon abhängen, wer gerade mit ihnen Geld in den Pot wirft. Gegen manche Spieler möchten sie gewinnen, und manche Spieler lassen sie kalt. Allerdings beeinflusst das meistenteils nicht ihre Spielweise. Aufgrund ihrer Emotionen spielen sie nicht looser/lockerer. Nur in einem Fall ändert sich etwas: wenn sie ein gutes Blatt gegen einen Mitspieler haben, den sie besiegen möchten – dann werden sie offensiv. Allen anderen Spielern gegenüber spielen sie passiv, unabhängig davon, ob sie ein gutes oder schlechtes Blatt haben.

Tight-passive Spieler sind nicht gefährlich, aber es kann frustrierend sein, gegen sie zu spielen, denn man kann ihnen nicht viel Geld abknöpfen. Sie spielen nur mit einem guten Blatt. Man kann sie nicht bluffen. Sobald sie ein gutes Blatt haben, wollen sie einen Showdown. Aber man schafft es auch nicht, sie zu größeren Einsätzen zu überreden, wenn sie ein gutes Blatt haben und Sie selbst ein noch besseres; denn sie erhöhen nur, wenn sie das bestmögliche Blatt haben (und manchmal nicht einmal dann). Im Großen und Ganzen gesehen verlieren sie mit ihrem Spiel Geld, wie alle passiven Spieler. Aber dabei handelt es sich nicht um hohe Summen. Und manchmal verleiten sie einen frustrierten Spieler dazu, Fehler zu machen.

Die beste Strategie bei tigth-passiven Spielern ist, sie zu ignorieren. Lassen Sie sie einfach ihre Blinds und ihre Abgabe zahlen, während Sie sich darauf konzentrieren, gegen loose oder offensive Spieler zu gewinnen. Nehmen Sie es nur mit ihnen auf, wenn Sie ein besseres Blatt haben als deren Durchschnittsblatt. Und wenn Sie das wagen, sollten Sie bei jeder Gelegenheit erhöhen. Das wird nicht oft vorkommen. Ein tight-passiver Spieler wird bei Erhöhungen nur zehn Prozent seiner Blätter spielen, und nur in fünf Prozent der Fälle wird Ihr Blatt besser als sein Durchschnittsblatt sein. Damit wird diese Situation nur in einem von 200 Blättern beziehungsweise durchschnittlich einmal pro Session eintreten. Eigentlich ist es sogar etwas mehr, denn es werden sich einige Draw-Situationen zu Ihren Gunsten ergeben, vor allem bei Multiway-Pots, doch diese würden Ihre Gewinnerwartung nicht beachtenswert erhöhen.

SCHAUEN SIE MAL BEI ETHEL REIN

Ethels Studie hat jedoch einen Weg aufgezeigt, wie man Lust-Bluffer angreifen kann. Am besten funktioniert es, wenn mehrere von ihnen am Tisch sitzen, denn es funktioniert bei allen zugleich. Dann ist es auch am sinnvollsten, denn es ist schwierig, auf andere Art und Weise viel Geld zu gewinnen. Es funktioniert bei allen Spielern, doch bei Lust-Bluffern funktioniert es am besten. In den meisten Spielen ist es jedoch nicht ratsam, diese Strategie anzuwenden, denn sie führt dazu, dass man verliert, nicht dazu, dass man gewinnt.
Schlechte Spieler sind am seltensten das Ziel von offensiven Spielern, auch wenn sie ständig denken, dass sie es sind. Die wirklichen Ziele sind Spieler, die

– hohe Einsätze tätigen

– offensiv spielen

– gewinnen

– viele Chips vor sich stapeln (das ist jedoch nicht das Gleiche, wie zu gewinnen, denn man kann sich für kleinere oder größere Summen einkaufen)

Je mehr der oben genannten Punkte auf Sie zutreffen, desto wahrscheinlicher ist es, dass andere Spieler, vor allem tight-passive Spieler, offensiv gegen Sie spielen. Im Normalfall will man das vermeiden, denn offensive Spieler gewinnen und passive Spieler verlieren. Doch viele tight-passive Spieler können die Situation verändern. Sie sind nicht gut im offensiven Spiel, und Sie können es zu Ihrem Vorteil nutzen, dass sie nun einzig gegen Sie offensiv spielen. Sie müssen sich beispielsweise keine Gedanken über einen Early-Position-Bluff machen, denn dieser Spieler wird versuchen, den gesamten Tisch zu bluffen. Wenn ein tight-passiver Spieler jedoch erhöht, nachdem außer Ihnen niemand anders mitgegangen ist, ist es sehr wahrscheinlich, dass er blufft.
Die Bluffs sind meist nicht gut durchdacht. Sie werden oft Ungereimtheiten feststellen können. Und selbst wenn Sie bis zum Showdown erhöhen, werden sie weiterbluffen. Hin und wieder wird ein gutes Blatt dabei sein, aber Sie können Ihre Chancen wahrnehmen und sollten öfter gewinnen als verlieren. Ein weiterer Vorteil für Sie ist, dass auch die looseren Spieler am Tisch wegen des tight-passiven Spielers frustriert sein werden und infolgedessen zu loose oder zu offensiv spielen. Wenn Sie es schaffen, sie dazu zu bringen, noch mehr von ihrem optimalen Spiel abzuweichen und ihre Offensivität gegen Sie zu richten, können Sie auch gegen diese Spieler gewinnen. Kaufen Sie also einen großen Stapel Chips, und spielen Sie offensiv. Wenn es ein Spread-Limit-, No-Limit- oder Pot-Limit-Spiel ist, sind hohe Einsätze Ihrerseits sinnvoll. Bei einem Fixed-Limit-Spiel sollten Sie oft erhöhen. Mit etwas Glück und Können werden Sie schon gewinnen. Und wenn

Sie Ihre Mitspieler in den Wahnsinn treiben möchten, tun Sie so, als wollten Sie aus dem Spiel aussteigen (das funktioniert immer, wenn Sie zum Ziel offensiver Spieltaktiken werden und den Druck erhöhen möchten). Bereiten Sie sich dann auf einen offensiven Angriff vor. Nehmen Sie mich aber nicht in Regress, wenn es schiefgeht.

Eine weitere Lehre, die Sie aus Ethels Studie ziehen sollten: Ihre eigene Offensivität sollte sich gegen die Spieler richten, gegen die sie am besten wirkt, und nicht gegen die, gegen die Sie am liebsten gewinnen möchten. Als Faustregel gilt: Spielen Sie vor allem nicht gegen den Spieler offensiv, der alles abräumt (der offensive Spieler, der hohe Einsätze tätigt und große Stacks besitzt). Er scheint als Ziel die größte Versuchung zu sein, doch gegen diesen Spieler gewinnen Sie nur mit tight-offensivem Spiel. Nehmen Sie es nur selten mit ihm auf, aber gewinnen Sie haushoch, wenn Sie es tun. Gegen die passiven, vorsichtigen Spieler mit kleinen Stacks, die verlieren oder bei denen sich nicht viel verändert, sollten Sie jedes Blatt offensiv spielen. Spielen Sie also loose-offensiv gegen diese Spieler.

Diese Empfehlungen sollen nur Anregungen sein, das in der Praxis auszuprobieren, da sie ja auf Studienergebnissen beruhen, die vor 84 Jahren aus einer bestimmten Pokersituation heraus entstanden sind, und nicht das Resultat eines typischen Pokerspiels sind. Sie sind sehr wertvoll, weil Informationen, zu denen wir sonst keinen Zugang haben, systematisch aufgezeichnet wurden. Aber Sie können nicht Ihr gesamtes Spiel darauf aufbauen. Ich habe sorgfältig die Ergebnisse ausgewählt, die mit meinen Pokerkenntnissen im Einklang stehen. Also können Sie dabei auch von einer Portion Subjektivität meinerseits ausgehen. Eine wichtige Feststellung, zu der ich gekommen bin, ist, dass Pokerresultate von den emotionalen Befindlichkeiten eines jeden am Pokertisch und während einer Runde abhängen, und nicht von mathematischen Berechnungen eines Blattes bei zwei Mitspielern.

Als ich Poker lernte, war diese Erkenntnis selbstverständlich. Jeder wusste, dass eine Pokerrunde im Normalfall einen großen Gewinner, eine kleinere Gruppe mittelmäßiger Gewinner und eine Gruppe von Verlierern hervorbrachte. Normalerweise gab es keine großen Unterschiede innerhalb einer dieser Gruppen. Gab es einen großen Verlierer, was manchmal tatsächlich vorkam, dann bedeutete es oft, dass es nur einen bedeutenden Verlierer gab. Gab es einen zweiten großen Gewinner, gewann oder verlor jeder andere Spieler nur unbedeutende Summen. In beiden Fällen bestand eine der Gruppen aus nur einem Spieler, und es gab keine gleichmäßige Gewinnverteilung über die Spanne von großen Gewinnern zu großen Verlierern. Die meisten Strategien waren darauf ausgelegt, dass man in die Gruppe der Gewinner kam, nicht darauf, dass man Blatt für Blatt den Gewinn maximierte und die Standardabweichung minimierte. Der große Gewinner wurde meist als Glückspilz angesehen, und wenn man über das Können verfügte, um regelmäßig zu gewinnen, schadete der Erfolg dem eigenen Spiel. Der stabile und langfristige Gewinn wurde bei jeder Runde von der Gruppe der Gewinner erwartet, obwohl es sich dabei nur selten um den großen Gewinner handelte. Diese Techniken führten dazu, dass man prozentual mehr Runden im Plus ist als bei den Techniken, die für das rasche Wechseln der Spieltische bei Turnieren und in öffentlichen Kartenräumen geeignet sind.

Sie führten auch zu Strategien, die sich von den Empfehlungen der meisten neueren Bücher unterscheiden. Man berechnet nun mal nicht die Wahrscheinlichkeit eines Pots oder eines angenommenen Pots. Außerdem bestimmt man auch nicht vor einer Runde, welches Anfangsblatt man spielt. Man begründet seine Spielweise vielmehr auf die vorgefundene Situation am Tisch und auf die Resultate der bisherigen Blätter als auf die eigenen Karten. Das bedeutet natürlich nicht, dass man miese Blätter spielen oder Toppblätter wegschmeißen sollte. Es bedeutet lediglich, dass man den Erwartungswert jedes einzelnen Blattes nicht ganz genau kalkulieren und berechnen sollte. Wenn die Situation am Tisch es hergibt, steigen Sie mit jedem spielbaren Blatt ein oder bluffen auch mit nichts auf der Hand. Wenn die Situation es nicht hergibt, steigen Sie nur mit unschlagbaren Karten ein.

MEIN WEG IST MULTIWAY

Aus einem ganz bestimmten Grund fühlen Sie sich gerade von Multiway-Pots angezogen. Die neueste Standardempfehlung ist, Spieler mit einer „gemachten Hand" (ein Blatt, das auch gewinnen kann, wenn es sich nicht mehr verbessert) aus dem Spiel zu drängen, Spieler mit einer Drawing Hand (ein Blatt, das wahrscheinlich gewinnt, wenn es sich verbessert, aber so gut wie sicher verliert, wenn es das nicht tut) jedoch im Spiel zu belassen. Wenn man sich danach richtet, wird man nicht in den Genuss vieler echter Multiway-Pots kommen. Denn wenn Sie eine gemachte Hand haben, werden Sie versuchen, den Pot auf null oder einen weiteren Mitspieler zu reduzieren. Wenn Sie eine Drawing Hand haben, können Sie gegen mehrere am Pot beteiligte Spieler spielen, doch werden Sie wahrscheinlich gegen alle oder keinen der Spieler gewinnen. Das hängt einzig und allein von den ausgeteilten Karten ab. Und vergessen Sie nicht: Wenn Ihre Mitspieler die gleichen Bücher lesen, werden auch sie Drawing Hands haben.

Ein weiterer weit verbreiteter Rat ist: Bluffen Sie immer nur einen Spieler (ein Grund, Multiway-Pots zu lieben, da viele belesene Pokerspieler sicherlich nicht bluffen werden). Dieser Rat ist unsinnig, da Multiway-Bluffs wesentlich profitabler und effektiver sind. Die Chance, dass ein Bluff erfolgreich ausgeht, ist zwar gering, da Sie verlieren, wenn einer der anderen Spieler callt. Es wird allerdings mehr Geld im Pot sein, wenn der Bluff erfolgreich ist. Im Normalfall ist dies der wichtigste Punkt. Außerdem würden Sie selbst bei gleichem Erwartungswert doch sicher vorziehen, selten sehr viel als oft wenig Geld zu gewinnen, denn Sie profitieren davon, wenn die anderen bei Ihrem Bluff callen. Immer, wenn Ihr Bluff auffliegt, können Sie wieder ein wenig mehr bei Ihrem nächsten guten Blatt gewinnen. Und das Wichtigste: Am größten ist der Vorteil beim Bluffen, wenn es mehrere Spieler dazu bringt, bei Ihren besten Blättern mitzugehen. Sobald die anderen Spieler wissen, dass Sie immer nur bei einem Spieler bluffen, ist dieser Vorsprung dahin.

Die Spieltheorie kann nur Two-Way-Blätter berücksichtigen, da einzig diese Risiken mathematisch berechnet werden können. Neuere Theorien unterstellen häufig, dass ein unkalkuliertes Risiko gleichbedeutend mit Verlustrisiko sei. Das Problem ist jedoch, dass andere Spieler auch Bücher lesen und kalkulieren können. Wenn es sich dabei um gute Spieler handelt, können sie jeden nur denkbaren Vorsprung durch kalkuliertes Risiko eliminieren. Handelt es sich dabei um schlechte Spieler, rate ich Ihnen, unbedingt zu kalkulieren. Aber um gegen gute Spieler zu gewinnen, müssen Sie Risiken eingehen, die man auf keiner Karte und keinem Kompass finden kann. Beständig beim Poker zu gewinnen, erfordert Multiway-Pots und nicht kalkulierbare Risiken. Das heißt aber nicht, dass Sie sich nicht auf Kalkulationen stützen und stattdessen nur nach Gefühl spielen sollten. Es heißt lediglich, dass Sie kalkulieren sollten, was Sie kalkulieren können, aber keine Angst vor allem anderen haben sollten.

Ich will nicht behaupten, dass ich im Recht bin und andere Autoren im Unrecht sind. Meine Pokerausbildung basiert auf privatem Pokerspiel an einem einzelnen Pokertisch mit Spielern, die eine bestimmte Zeit lang spielten und dann aufhörten. Moderne Theorien werden von Menschen dominiert, die ihr Spiel in besagten kalifornischen Kartenräumen perfektionierten oder sich bei Turnieren einen Namen machten, so wie Phil Helmuth, Doyle Brunson und Erik Seidel. Dabei handelt es sich um ein völlig anderes Umfeld. Bei privaten Spielen hängt der Gewinn davon ab, wie viel die Spieler zu verlieren bereit sind, und auf lange Sicht gesehen davon, was sie zu verlieren bereit sind und nächste Woche wieder einsetzen wollen (oder ob sie Ihnen zu einem größeren Spiel raten). In kommerziellen Einrichtungen können Sie so lange gewinnen, wie Sie spielen können. Neue Spieler ersetzen die Verlierer. Das Limit wird durch andere gute Spieler festgelegt, die beim Spiel einsteigen, wenn der Gewinn pro Stunde hoch genug ist. Außerdem spielen auch die wirtschaftlichen Bedürfnisse der Lokalität eine Rolle.

Auch bei einem Turnier werden Verlierer ersetzt. Wenn Sie den größten Erlös aus einem Turnier herausholen möchten, müssen Sie sich an die Taktik halten, beständig Kleingewinne einzufahren. Wenn Sie jedoch das Turnier gewinnen möchten, sollten Sie eine Strategie anwenden, die Sie zum großen Gewinner macht.

BLEIBEN TRADER RUHIG?

Wäre es nicht interessant, herauszufinden, ob diese Ergebnisse auch auf Aktienhändler zutreffen? Das möchte Michael Sung vom MIT Media Lab. Seit 1921 hat sich die Welt verändert. Michael hat einen rein äußerlich tragbaren schnurlosen „Bauchgürtel" entwickelt, der all das messen kann, was Ethel bereits konnte, und noch viel mehr. Er ist daher nicht auf Teams von jungen Frauen angewiesen, die die Ergebnisse prüfen und Daten mit einem Stift markieren. Ihm stehen ausgeklügelte Computeralgorithmen zur Verfügung, die die eingehenden Daten in Echtzeit verarbeiten. „Die Versuchspersonen vergessen sogar, dass sie den Gürtel tragen, so dass wir absolut natürliche Ergebnisse erhalten", sagt Michael. Er hat es bisher leider noch nicht geschafft, einen Aktienhändler dazu zu bringen, ein solches Gerät zu tragen. Ich habe mich sogar für ihn umgehört. Viele Trader hätten den Gürtel mit Vergnügen getragen und Michael ihre emotionalen Zustände messen lassen. Einige waren interessiert, weil sie sich dadurch einen Vorsprung gegenüber anderen Kollegen erhofften. Als Risikomanager interessiere ich mich besonders dafür, stressbedingte Probleme zu reduzieren, unter denen Aktienhändler oft leiden. Allerdings lehnten alle es ab, Informationen über ihre Arbeit preiszugeben. Man darf also in ihr Herz und ihren Geist vordringen, aber ihre Marktdaten sind heilig. Es ist jedoch nur eine Frage der Zeit, bis sich einer von ihnen bereit erklärt, an einer solchen Untersuchung teilzunehmen. Dann können wir einiges darüber herausfinden, wie Aktienhändler Geld verdienen und verlieren.

Michael ist ein leidenschaftlicher Pokerspieler und hat sein Gerät bereits bei Pokerspielen getestet. Er schaltete Suchanzeigen, um Spieler zu finden, die bereit waren, Heads-Up (nur zwei Spieler) No-Limit-Texas Hold 'Em zu spielen und dabei den Gürtel zu tragen. Bei einigen Spielen spielte er selbst mit, weil eine der Versuchspersonen nicht erschien. Er maß die Herzfrequenz, den Wärmestrom, die Schweißentwicklung in den Handflächen, den Stimmklang und allerkleinste Bewegungen. Die Ergebnisse stimmten zu 60 bis 80 Prozent mit den Resultaten der Blätter der Spieler überein. Zum Beispiel machen Menschen normalerweise ständig minimale Muskelbewegungen, um sich entspannt und bequem zu fühlen. In Stresssituationen jedoch erstarren sie. Sie bewegen sich nicht mehr. Der Spieler, der den höheren Stresspegel aufzeigte, verlor 60 bis 80 Prozent seiner Blätter. Wenn Michael alle fünf oben genannten Messwerte statistisch miteinander kombinierte, konnte er das Spiel zu über 80 Prozent voraussagen, ohne die Karten gesehen zu haben.

„Das ist beeindruckend", sagte ich zu Michael. „Wenn du die anderen Spieler dazu bringen könntest, den Gürtel zu tragen, könntest du richtig abräumen. Vielleicht gibt es ja eine Möglichkeit, so etwas auch in einem Kasino einzusetzen." Michael verfiel sofort in konspiratives Geflüster: „Man müsste das Gerät verkleinern, so dass es in ein Handy passt. Dann bräuchte man ein Head-Up-Display, das in Brillengläser eingebaut ist. Oder etwas, das man hören oder fühlen kann." Mir wurde in diesem Moment bewusst, dass Michael einen Technologiesprung mit unfassbaren sozialen Auswirkungen vollführt hatte. Die Person musste das Gerät gar nicht tragen – Michael könnte die Informationen über ein drahtloses Gerät erhalten. Er könnte etwas, das genau wie ein Handy, eine Zigarettenschachtel oder eine Geldbörse aussieht, auf den Tisch legen und damit den mentalen Zustand jeder Person am Tisch erfahren. Falls Sie nun besorgt sind: Michael hat nicht vor, beim Pokern zu betrügen. Wenn Sie allerdings für die Sicherheitsmaßnahmen eines Kasinos zuständig sind, sollten Sie sich vielleicht einmal auf seiner Website sein Bild angucken (entschuldige, Michael, aber ich bin mit Aktien an Kasinos beteiligt).

Ich nehme an, dass Michaels Kasinoplan nur eine nette Fantasievorstellung ist, da er zu viel um die Ohren hat, um überhaupt Zeit für so etwas zu haben. Er hat eine Firma gegründet, die die von ihm entwickelten Produkte vertreibt, und er denkt darüber nach, sich in die Finanzwelt vorzuwagen. Auch in der psychiatrischen Abteilung des Massachusetts General Hospital hat er sein Gerät schon vorgestellt, wo es dem Personal rund um die Uhr Aufschluss über den mentalen Zustand der Patienten gab. Auch bei Speed-Dating-Partys kam es zum Einsatz. Er benutzte nur ein Mikrofon, um das Stimmvolumen zu analysieren. Er maß abwechselnd die Dynamik und die Standardabweichung von Frequenzänderungen. So konnte er mit zu über 80-prozentiger Übereinstimmung das Ergebnis voraussagen.

Stellen Sie sich ein Single-Bar-Überwachungsgerät vor (zum Beispiel „Lucky Time"), das vibrieren würde, um Sie diskret darauf hinzuweisen, dass Sie „eine Chance haben", oder das einen lauten Piepton ertönen lässt, um Ihnen das Zeichen zu geben, „sich anderweitig umzusehen" – und Ihnen auch noch gleichzeitig eine Entschuldigung dafür mitliefert! Im Suchmodus könnte es Ihnen anzeigen, welche Paare nicht zusammenpassen und wo Sie sich mit Erfolg einklinken könnten. Als Sonderausstattung könnte es rot leuchten, um alle Umstehenden darüber zu informieren, dass man den „Träger des Gerätes in die Psychiatrie einliefern sollte". Viele – vielleicht sogar die meisten – können all das vielleicht auch ohne ein solches Gerät, doch es gibt sehr viele Personen, die nicht über die grundlegendsten gesellschaftlichen Umgangsformen verfügen oder die zumindest sehr unsicher und daher auf technische Geräte fixiert sind. Sobald das Gerät Pokerspieler analysieren kann, kaufe ich es mir sofort.

DAS LERNEN LERNEN

Nicht alle neuen spieltheoretischen Forschungen sind experimentell. Drew Fundenberg und ich hatten dasselbe Hauptfach und waren im selben Jahrgang an der Harvard Universität. Ich war im letzten Unijahr in einigen Wirtschaftskursen mit Drew, aber mir fielen keine lustigen oder skurrilen Anekdoten über ihn ein, so wie über Colin, die ich hier hätte niederschreiben können. Ich fragte einige Freunde, denen aber auch nichts einfiel. Einer meinte jedoch: „Drew ist mathematischer Ökonom. Die sind nicht lustig oder skurril." Andere antworteten: „Es gibt keine lustigen oder skurrilen Anekdoten über Drew." Das ist meine beste Beschreibung von Drew: Er ist ernst und unglaublich intelligent; er drückt sich sehr klar aus und ist ein brillanter Forscher. Vielleicht hat er auch eine exzentrische Seite, die den Leuten vertraut ist, die ihn besser kennen als ich. Doch wenn man ihn nur gelegentlich trifft, kommen einem die Worte *ruhig* und *gelehrt* in den Sinn. Er schreibt über Dinge wie das „selbst-bestätigende Nash-Gleichgewicht".

Drew ist zurzeit Wirtschaftsprofessor an der Harvard Universität und eine führende Persönlichkeit in Bezug auf theoretische Spieltheorie. Er geht weit über die in Lehrbüchern so beliebten zweidimensionalen Payoff-Diagramme hinaus. Drew versucht in seinen Büchern, realweltliche Beobachtungen zu erklären; sowohl Tests, die von experimentellen Wissenschaftlern wie Colin durchgeführt wurden, als auch wichtige wirtschaftliche Phänomene.

Ein wichtiger Einwand gegenüber der klassischen Spieltheorie ist, dass sie

KAPITEL 9: WER WIRD MILLIONÄR?

Lernprozessen keinen Platz einräumt. Wenn man jedes Pokerblatt als ein eigenes Spiel sieht, dann bleibt kein Raum dafür, ein Blatt so zu spielen, dass es sich auf zukünftige Blätter auswirkt. Echte Pokerspieler bluffen mit einem Blatt, um andere Spieler dazu zu bringen, spätere gute Blätter zu callen. Pokerspieler, die spieltheoretisch spielen, haben eine festgelegte Bluff-Wahrscheinlichkeit, so dass andere Spieler, die mit dieser Wahrscheinlichkeit vertraut sind, wiederum ihre Wahrscheinlichkeit, alle Erhöhungen zu callen, optimal ausnutzen werden. Wirkliches Poker basiert auf Lernprozessen. Man gewinnt, weil man etwas über andere Spieler lernt – und weil man ihnen etwas über sich selbst beibringt, was man dann schnell wieder über den Haufen wirft. Auf das Timing kommt es an. Wenn Sie geschickt sind, werden andere Spieler als Konsequenz auf Ihre Bluffs aus dem Spiel aussteigen und callen, wenn Sie ein gutes Blatt haben. Sie geben den Rhythmus vor und sorgen dafür, dass das Spiel immer schön aus dem Gleichgewicht kommt. Sind Sie nicht so geschickt, dann wird die gleiche Anzahl Bluffs und Calls dazu führen, dass Sie zum großen Verlierer werden. Sie versuchen, zum Rhythmus der anderen zu tanzen, und stolpern dabei über Ihre eigenen Füße.

In Zusammenarbeit mit David Levine, einem Wirtschaftsprofessor der UCLA, ging Drew das Lernproblem mithilfe einer antiken Quelle an; und zwar mit dem Codex Hammurabi. Dabei handelt es sich um das älteste bekannte schriftliche Rechtssystem. Es schrieb rechtliche Praktiken im Nahen Osten vor 4.000 bis 5.000 Jahren fest. Das zweite Gesetz sagt aus:

Beschuldigt jemand einen Menschen einer Straftat, muss der Beschuldigte in den Fluss springen. Wenn er sinkt, darf der Ankläger sein Haus sein Eigen nennen. Doch befindet der Fluss den Beschuldigten nicht schuldig und steigt er unverletzt aus dem Fluss, wird der Ankläger hingerichtet. Der Beschuldigte, der in den Fluss springen musste, darf dann das Haus des Anklägers sein Eigen nennen.

Das ist ein sehr unkompliziertes Spiel. Beschuldige ich Sie einer Sache, machen wir den Besitz unserer Häuser und unser Leben davon abhängig, wie gut Sie schwimmen können. Leider sind die Details des Prozesses nicht bekannt. Vom Ufer ins Wasser zu springen ist nicht besonders gefährlich. Ich nehme an, dass man von einem Kliff oder einer Brücke springen musste, die aufgrund ihrer Höhe und des unruhigen Gewässers ausgewählt wurden, damit sich eine einigermaßen ausgeglichene Chance ergab. In einigen dramatischeren Fällen wurde der Beschuldigte zuvor gefesselt, und wie wir wissen, haben diese Opfer nur sehr selten überlebt.

Wenn Ihnen dies wie ein Relikt aus unglaublich primitiven Zeiten erscheint, erinnern Sie sich bitte daran, dass ein Angeklagter vor 200 Jahren in England die Option hatte, im Kampf seine Unschuld zu beweisen. Das ist das gleiche Grundprinzip, denn Ankläger und Angeklagter wetten auf ihr Leben und ihren Besitz, allerdings war dieses System weniger gerecht. Hammurabis Spiel basierte auf dem Zufallsprinzip. Im Gegensatz dazu waren vor 200 Jahren in England gute Kämpfer eindeutig im Vorteil. Das heutige Rechtssystem sieht zwar keine persönlichen

Kämpfe vor, allerdings werden Auseinandersetzungen größeren Ausmaßes immer noch durch Kriege ausgetragen, kleinere Auseinandersetzungen durch verschiedene persönliche Konfrontationen. Nur ein kleiner Teil wird tatsächlich im Gerichtssaal geklärt. Statistische Studien zeigen, dass die Genauigkeit der Gerichtsurteile keine wesentliche Verbesserung im Vergleich zu Hammurabis möglicher Genauigkeitsrate hervorbringt. Das Rechtssystem funktioniert nur, weil ein großer Teil der Fälle geklärt wird, bevor ein Urteil notwendig ist. Wenn sich Schuldige nicht so gut wie immer schuldig bekennen würden und wenn falsche Beschuldigungen nicht sehr selten wären, könnten die Gerichte womöglich nicht Urteile hervorbringen, die dem Zufallsprinzip statistisch überlegen wären.

Drew und David weisen darauf hin, dass der Code auf Aberglauben basiert. Wenn man glaubt, dass der Fluss Schuldige preisgibt, werden die Menschen weder Verbrechen begehen noch falsche Anschuldigungen äußern. Doch wenn Hammurabi sich auf den Aberglauben verlassen konnte, warum machen wir uns dann so viel Mühe mit unserem Rechtssystem? Warum schreiben wir nicht einfach in unserem Gesetz, dass „der Schuldige durch Blitzschlag getötet wird"? Dann wären wir doch fein raus. Angeblich Kriminelle im Nahen Osten vor 4.000 Jahren scheinen nichts mit einem Pokerspiel in unseren heutigen Zeiten zu tun zu haben, doch haben Sie noch einen Moment Geduld.

Das Problem mit dem „Tod durch Blitzschlag" ist, dass die Menschen feststellen werden, dass es nicht funktioniert. Einer wird es ausprobieren. Vielleicht die am wenigsten abergläubische Person oder jemand, der einen Gegenzauber gekauft hat. Nachdem einmal festgestellt wurde, dass diese Regel nicht zutrifft, wird sie an Macht verlieren. Eine intelligentere Version ist, dass „Verbrecher für immer in der Hölle schmoren werden", denn das kann nicht überprüft werden. Das funktioniert übrigens heute immer noch. Es hält mehr Menschen davon ab, Verbrechen zu begehen, als die Angst vor Strafmaßnahmen. Aber es wirkt nicht bei jedem.

Eine weitere und rationalere Möglichkeit ist die Hinrichtung von Verbrechern durch den Staat. Doch das verführt dazu, falsche Anschuldigungen zu äußern. Hat jemand Ihnen Ihre Freundin ausgespannt, einen größeren Wagen gekauft oder sich über Ihre Tempelopfergabe lustig gemacht? Dann suchen Sie sich eines der Gesetze aus und beschuldigen Sie die Person, dagegen verstoßen zu haben.

Das Geniale an Hammurabis zweitem Gesetz ist, dass es auf ein Spiel hinausläuft, das keiner spielen will. Einer stirbt immer – der Beschuldigte oder der Ankläger. Auch wenn ich nicht abergläubisch bin, so weiß ich doch, dass ein Verbrechen zu begehen eine 50-prozentige Wahrscheinlichkeit nach sich zieht, dass man dabei sterben könnte. Diese Strafandrohung genügt, um die meisten Menschen davon abzuhalten, eines zu begehen.

Es mag so scheinen, als würden Menschen weder wahre noch falsche Anschuldigungen äußern, weil auch das ein 50-prozentiges Todesrisiko einschließen würde. Wenn das wahr wäre, dann könnten Verbrecher nach Belieben plündern, denn sie müssten ja keine Anschuldigungen fürchten. Aber nur eine einzige abergläubische Person ist notwendig, um diesen angenehmen Zustand zunichte zu machen. Der Codex Hammurabi funktioniert so lange, wie einige abergläubische

Menschen echte Anschuldigungen äußern, da sie sich des übernatürlichen Schutzes sicher sind und darauf hoffen, ein Haus zu erhalten. Damit das System, in dem „Schuldige durch einen Blitzschlag getötet werden" oder „für immer in der Hölle schmoren" funktioniert, müssen alle abergläubisch sein. Bei Hammurabis Flussspiel mussten nur einige wenige es sein. Solange es sich so verhält, werden nur wenige bei diesem Spiel mitmachen, und es wird keine überzeugenden Beweise dafür geben, dass die Folgen rein zufällig eingetroffen sind.

Drew und Davids wissenschaftliche Veröffentlichung zu diesem Thema ist wesentlich intellektueller und berücksichtigt die Folgen, die sich daraus ergeben, dass das Spiel generationsübergreifend gelernt wird. Geduldige und rationale Anhänger des Bayes'schen Wahrscheinlichkeitstheorems (sind wir das nicht alle?) lassen sich nicht von der Blitzschlagversion hinters Licht führen. Doch das Flussspiel führt dazu, dass gesetzestreue Bürger Verbrechen melden, ohne sich falsche Anschuldigungen auszudenken.

HAMMURABIS POKERREGELN

Wenn dies ein Buch darüber wäre, wie man trotz eines Mordes ungestraft davonkommt oder wie man ein Haus im antiken Babylon gewinnt, wäre all das sehr interessant. Doch was hat Drews Arbeit mit Poker zu tun? Die wichtigste Beobachtung ist Folgende: Ist man unter lernenden Menschen, muss man die eigenen Tricks so gut konzipieren, dass sie selten überprüft werden. In der klassischen Spieltheorie wählt man eine optimale Bluff-Frequenz, blufft dann aber völlig wahllos. Sie könnten beispielsweise vor jedem Kartengeben auf Ihre digitale Uhr schauen, und wenn die Sekundenanzeige 33 anzeigt, könnten Sie einfach bluffen. Ein Zufallszahlen-Generator in Taschenformat wäre sogar noch besser. Jede Abweichung vom absoluten Zufallsprinzip verstößt gegen die rigiden Spieltheorie-Regeln.

Das ist kein Problem beim Heads-Up (nur zwei Spieler), selbst wenn Sie auch dabei bessere Ergebnisse erzielen könnten, wenn Sie die Bluffs besser timen würden, da Sie ja einen Vorteil daraus ziehen könnten, dass der andere Spieler die Frequenz Ihrer Bluffs nicht kennt und somit nicht die optimale Reaktion darauf berechnen kann. An einem Tisch mit mehreren Spielern verhält es sich anders. Einige der Spieler haben ihr „Ich spiele ehrlich" – Gesicht aufgesetzt und sind bereit, Geld zu verlieren, nur damit niemand mit einem Bluff davonkommt. Andere folgen eher dem Prinzip „Vorsicht ist besser als Nachsicht". Diese Spieler passen bei jedem Anzeichen von guten Karten ihrer Mitspieler, und nur dann nicht, wenn sie selbst die bestmöglichen Karten auf der Hand haben.

Vom erstgenannten Spielertyp profitiert der Tisch, auch wenn der Spieler selbst dafür seinen eigenen Stack riskiert. Denn er versorgt die anderen Spieler am Tisch mit einer öffentlichen Frequenzanzeige Ihrer Bluffs. Gegen den zweiten Spielertyp können Sie bluffen, was das Zeug hält, gegen den ersten können sie ehrlich spielen. Das ist nicht zu unterschätzen, doch das allein ist zu berechenbar, um ein gutes Pokerspiel auszumachen. Sie beschwören so eine Ausgleichsreaktion Ihrer Mitspieler herauf. Der erste Spielertyp wird beginnen zu passen, sobald er herausfindet, dass Sie ihn nie bluffen, der zweite wird irgendwann den Mut aufbringen, zu callen. Außerdem müssen überzeugende Bluffs geplant werden, bevor Sie wissen, wer gegen Sie antritt.

Hammurabis zweites Gesetz funktioniert auch, weil es einer zweiten Person im Spiel bedarf. Es geht nicht nur um Blitzschlag gegen Verbrecher, sondern um Verbrecher gegen Ankläger gegen Fluss. Das Gesetz ist so aufgebaut, dass es Menschen davon abhält, es zu spielen, was wiederum dazu führt, dass niemand lernt, es auszutricksen. Sie müssen also immer mehrere Spieler im Kopf haben und Ihre Bluffs so konzipieren, dass niemand versucht, Ihre Absichten zu durchschauen. Ihr Bluff soll dann Wirkung zeigen, wenn alle am Tisch Angst haben zu verlieren, nicht wenn alle einfach nur Angst haben. So wie beim Flussspiel. Es funktioniert, solange alle abergläubisch sind.

Sie dürfen nicht nur darüber nachdenken, ob Ihr Bluff Sie zum Sieg oder zur Niederlage führt, sondern darüber, ob die Person, die ihn callt, bestraft oder belohnt wird. Ihr Mitspieler kann nur bestraft werden, wenn es einen dritten Spieler gibt, der Ihren Bluff nicht callt. Entweder, weil er erst agiert, nachdem Sie gepasst haben, oder weil er die bestmöglichen Karten auf der Hand hatte und es ihm egal war, ob Sie bluffen oder nicht. Sie wollen nicht aufgrund Ihrer Bluffs verlieren, aber wenn Sie schon verlieren, dann sollte es wenigstens produktiv sein. Das bedeutet, dass Sie sich mit Multiway-Bluffs, die zu kompliziert sind, um sie vorab zu kalkulieren, anfreunden müssen. Lassen Sie die Spieltheoretiker und die kalkulierten Risikospieler in Deckung gehen oder mit geschlossenen Augen springen. So oder so haben Sie einen Vorsprung.

Wenn man die Situation anders betrachtet, dann könnte man auch sagen, dass Sie im Verhältnis 1:N das beste Blatt haben werden. N steht hier für die Anzahl der Spieler. Um zu gewinnen, brauchen Sie entweder Spieler mit schlechteren Blättern, damit Sie setzen können, oder Spieler, die bessere Blätter haben, damit Sie passen können. Im ersten Fall gewinnen Sie haushoch, falls Sie gewinnen. Im zweiten Fall können Sie mehr als Ihren Pot-Anteil gewinnen. Das Problem ist: Indem Sie die einen ermutigen, entmutigen Sie die anderen. Die Spieltheorie-Strategie verlangt nach einem optimalen Mittelweg und hofft darauf, dass die anderen Spieler fehlbar sind (auch wenn ihre Fehlbarkeit nicht von Belang wäre, denn wenn Sie einen Mittelweg spielen, schadet es ihnen nicht, wenn sie zu loose oder zu tight spielen).

Bei einer Betrachtung nur zweier Spieler und Blätter geht aber unter, dass es gar nicht darum geht, wie oft Spieler callen oder passen, sondern ob sie es mit demselben Blatt oder mit verschiedenen Blättern tun. Sie gewinnen nur, wenn *alle* besseren Blätter passen. Und sie haben den größten Gewinn, wenn die Spieler mit den schlechteren Blättern beim gleichen Blatt setzen. Es hilft Ihnen nicht, wenn alle außer einem guten Blatt passen und die schlechten Blätter weiterspielen. Die anderen Spieler sind nur an ihren individuellen Resultaten interessiert. Es ist schwierig, gute Spieler so weit zu bringen, dass sie zu oft gegen Sie callen oder passen. Und noch schwieriger ist es, sie dazu zu bringen, falsch zu liegen, wann das eine oder andere angemessen wäre. Es ist wesentlich einfacher, die Calls

KAPITEL 9: WER WIRD MILLIONÄR?

und das Passen nach Ihrem Belieben auszurichten, so dass jeder bei demselben Blatt callt und niemand bei einem anderen.

Wie Sie das erreichen, hängt von dem speziellen Pokerspiel und den entsprechenden Spielern ab. Doch der wichtigste Faktor ist Folgender: Sie müssen den primären Ungewissheitsfaktor im Spiel verkörpern. Das bedeutet, zu bluffen, was das Zeug hält, und auch einige verdammt gute Blätter wegzuwerfen. Wenn Sie entweder ein sehr schlechtes oder das bestmögliche Blatt haben, ist es wahrscheinlich, dass entweder niemand oder jeder callt. Das bedeutet auch, viele Runden mit einer ungewöhnlichen Kartenzusammenstellung zu spielen, so dass niemand bei Ihnen den Durchblick bekommt und Sie so das Beste aus einer guten Situation machen können. Natürlich sollten Sie so nur spielen, wenn die anderen Spieler zu gut für einfachere Taktiken sind. Wenn Sie aber stattdessen fast immer ein relativ gutes Blatt haben, werden die Spieler mit den besten Blättern callen und der Rest wird passen. Sind sie unberechenbar, wird niemand Ihren möglichen Bluff in einem Zwei-Mann-Spiel callen. Der mögliche Gewinn ist das Risiko nicht wert. Es wäre ein Vorteil für den gesamten Tisch, einen Caller zu bestimmen, doch die anderen Spieler möchten ihren Vorsprung so weit wie möglich ausbauen. Es gibt keine Möglichkeit, das in einer Zwei-Mann-Spieltheorie-Analyse festzuhalten.

Ich habe Colin und Drew dieselbe einfache Frage gestellt. Beide beschäftigen sich mit Spielen, um die Wirtschaft zu verstehen. Glauben sie also, dass Menschen wirklich ständig irgendwelche Spiele spielen? Oder ist die Spieltheorie nur ein gutes Modell, um Entscheidungen und Ergebnisse besser voraussagen zu können? Denkt jemand, der Jura studieren will, oder eine Firma, die ein Forschungsprojekt plant, oder ein Hauseigentümer, der sein Haus verkaufen will, dass das ein Spiel ist? Eines mit Gegnern und Strategien?

Erstaunlicherweise beantwortet Colin, der ja tatsächlich Spiele veranstaltet, die Frage mit „Nein", während Drew, dessen Interessen eher abstrakter Art sind, „Ja" sagt. Colin sagte zu mir:

> *Eine äußerst knappe Ressource in kognitiven Verarbeitungsprozessen ist Aufmerksamkeit. Es geschehen gerade Dinge, denen wir keine Aufmerksamkeit schenken. Überall um uns herum fließen Informationen, und wir ignorieren das. Wir müssen immer zwischen Aufmerksamkeit und Erinnerung abwägen. Eine Stenotypistin bei Gericht kann jedes Wort, das vor Gericht gesprochen wird, aufzeichnen, während sie gleichzeitig einen Roman lesen kann. Doch wenn man sie danach fragt, was vor zehn Sekunden passiert ist, bekommt man nur einen leeren Blick. Aufmerksamkeit ist essentiell, um Zugang zu Informationen zu erhalten. Menschen machen Gebrauch von unbewussten Strategien, weil sie nicht genug Aufmerksamkeit zur Verfügung haben, um alles optimal zu lösen. Nur weil sie nicht aufmerksam sind, können wir ihr Verhalten dank einfacher Spielmodelle voraussahnen, nicht, weil sie aufmerksam sind.*

Drew im Gegenzug ist der Ansicht, dass wir alle mit Spielgenen ausgestattet sind. Die Biologie soll uns und alle Lebewesen so konzipiert haben, dass wir Strategien entwickeln und gewinnen wollen. Der Sinn der Spieltheorie liegt nicht darin, einfache Voraussagen darüber treffen zu können, wie Menschen sich tatsächlich verhalten werden, sondern zu verstehen, wie sie sich intelligenter verhalten können. Also: Zuerst herausfinden, welches Spiel gespielt wird, und sich dann die optimalste Strategie ausrechnen.

Das scheint einigen simplen Lehrbuchbeispielen zum Thema Spieltheorie zu widersprechen, deren Ziel es ist, eine Gleichgewichtslösung zu finden, bei der jeder die Strategie des anderen kennt und die optimale Gegenstrategie anwenden kann. Drew ist der Meinung, dass dies „nicht der beste Ratschlag" ist, und das ist eine herbe Kritik aus seinem Mund. Die Gleichgewichtsanalyse, oft ein nicht sehr wirksames Hilfsmittel, wird hier mit der Spieltheorie verwechselt. Drew möchte das Spiel überlisten und nicht herausfinden, wie man ein stabiles Spiel spielt, wenn jeder das Gleiche tut.

Drew und Colin sind sich einig, dass Pokerspielen sehr hilfreich ist. Von trockenster Theorie bis hin zu experimenteller Forschung also, von freier Kunst bis hin zu Raketentechnik, von Boston bis Los Angeles: Experten sind sich einig, dass Poker einem guttut. Colin ist der Meinung, dass Poker die Aufmerksamkeit am produktivsten trainiert. Drew meint, dass Poker einem beibringt, strategische Vorteile zu erkennen und zu erschließen. Colin, der Gehirnspezialist, glaubt, Poker ist gut fürs Gehirn. Drew, der Wirtschaftstheoretiker, meint, es hilft Ihnen, ökonomischer zu haushalten. Ich stimme beiden zu.

Kapitel 10

Der Werkzeuggürtel

Wie Glücksspieler denken und wie andere denken, dass sie denken, und warum wir eigentlich alle wie Glücksspieler denken

Warum spielen Menschen? Bis vor 100 Jahren schien darüber niemand wirklich viel nachgedacht zu haben. Anscheinend war offensichtlich, dass Leute zum Spaß spielten oder weil sie damit Geld zu gewinnen versuchten, oder beides. Viele Leute äußerten ihr Missfallen daran: Manche waren der Ansicht, es sei unmoralisch oder pietätlos; andere, es sei Verschwendung und führe nur zu weiteren Lastern; wieder andere meinten, es bringe soziale Probleme mit sich. Aber meistens war die Kritik schlichtweg die: Glücksspiel sei Zeit- und Geldverschwendung – nutzlos, aber nicht an sich schlecht. Wie dem auch sei, wie damals so auch heute spielten die meisten Leute.

DIE SUCHE NACH DEN WURZELN — GEDANKEN ZUR PSYCHOLOGIE

Um sich so richtig gegen die Glücksspieler zu verschwören, brauchte es erst die Psychologie. H. von Hattingberg stellte 1914 fest, dass Glücksspieler die Spannung, die dem Glücksspiel eigen ist, erotisieren, was selbstverständlich einer Fixierung auf die anale Entwicklungsphase geschuldet ist. 14 Jahre später behauptete Freud in „Dostojewski und die Vatertötung", dass Glücksspiel ein Masturbationsersatz sei. Das klingt nicht gerade schmeichelhaft, macht aber zumindest Sinn. Glücksspiel birgt in sich den Reiz des Risikos, ohne dass man dabei irgendetwas Nützliches tut, wie zum Beispiel Kinder vor dem Feuer zu retten. Auf dieser Ebene funktioniert vieles ähnlich wie bei der Masturbation. Diätlimonade zu trinken beschert einem beispielsweise genauso das sprudelige Zischen und den Geschmack von Limonade, nur dass man dabei keine Kalorien zu sich nimmt. Oder im Fernsehen Baseball anzuschauen erlaubt es einem, etwas von dem Nervenkitzel des Spiels zu spüren, ohne dass man dabei direkt im Baseballstadion ist.

1957 brachte Edmund Bergler das Feuer erst so richtig zum Lodern. Er behauptete, Spieler wollen mit ihren Müttern Sex haben, also wünschen sie sich, dass ihre Väter sterben. Wenn ihre Väter dann sterben, werden die Spieler von Schuldgefühlen überwältigt. Die einzige Möglichkeit, diese Schuld zu mindern, ist, zu beweisen, dass ihre Leidenschaften unbedeutend sind. Denn das würde wiederum bedeuten, dass sie für den Tod des Vaters nicht verantwortlich waren. Sie beweisen die Belanglosigkeit ihrer Leidenschaften, indem sie sich erhoffen, beim Glücksspiel zu gewinnen, und dann aber verlieren. Selbstverständlich wäre Gewinnen unerträglich, somit eignen sich Spieler Strategien an, die einen Misserfolg garantieren.

Einen Augenblick – es wird noch schlimmer. Das waren erst die männlichen Psychologen. 1963 stellte Charlotte Olmsted die Theorie auf, dass Spieler impotent seien. Sie würden sich mit Frauen treffen, die impotente Männer wollten, weil diese Frauen Angst vor Sex haben. Aber die Frauen wiederum hassen und demütigen die Männer, die sich dem Glücksspiel zuwenden, um ihrerseits ihre Unzulänglichkeiten zu verbergen (ist eine solche Frau nicht schon Grund genug, aus dem Haus zu gehen?), und ihre Frauen mögen es, weil es ihnen neben ihrer Frigidität noch etwas anderes gibt, worauf sie die Schuld für ihre Eheprobleme abwälzen können. In Charlottes Welt wollen folglich die Männer verlieren, und ihre Frauen wollen, dass das immer so weitergeht. Plötzlich erscheint so ein harmloser kleiner Spaß wie Erotisierung und Masturbation ja auch als etwas, worauf man stolz sein kann.

Nichts davon basiert allerdings auf mehr als der Untersuchung lediglich einer Handvoll realer Menschen. Wenden wir uns der Tatsache zu, dass die meisten Spieler nicht der Meinung sind, dass sie Probleme haben. Und diejenigen, die denken, dass sie Probleme haben, denken in der Regel nicht viel über solche Theorien nach. Als man erst einmal anfing, richtige Nachforschung darüber anzustellen, wurde bald ziemlich deutlich, dass Spieler, als Gruppe betrachtet, sich besserer mentaler Gesundheit erfreuen als Nichtspieler. Sie sind glücklicher, haben mehr Freunde, sind mehr in ihren Gemeinden engagiert und leiden weniger unter anderen psychologischen Problemen.

Es gibt jedoch einen Teil der Spieler, der offensichtlich schwerwiegende Probleme hat. Der moderne Ansatz ist, sie nicht als zwanghaft, pathologisch oder abhängig zu bezeichnen; das Syndrom ist mit keiner dieser Bezeichnungen zu vergleichen. Sie sind im Gegenteil „Problemspieler". Und die meisten ihrer Probleme sind auf andere Leute zurückzuführen.

Ich verstehe nichts von Psychologie, und ich habe nie mit Problemspielern zusammengearbeitet. Aber ich möchte gerne Verhalten anhand des Resultats erklären, zu dem es führt. Das ist zwar ein Fehler, aber unter Leuten, die im Finanzwesen tätig sind, allgemein üblich. Wenn jemand etwas mit absehbaren Resultaten tut, erscheint es sinnvoll anzunehmen, dass diese Ergebnisse auch gewollt sind.

Aus dieser Sicht betrachtet scheint das Problem-Glücksspiel eine Art Passierschein aus der Mittelschicht heraus zu sein. Wenn man gewinnt, ist man reich, wenn man verliert, entflieht man damit allen Bindungen an die Mittelschicht. Man verliert seinen Job, sein Vermögen und seine Familie. Und die verliert man tatsächlich. Eine Sache, die deutlich wird, wenn man Berichte von Leuten liest, die mit Problemspielern zusammengearbeitet haben, ist, wie unsympathisch und wie wenig liebenswert die Spieler werden, nachdem sich ihr oberflächlicher Charme verliert. Nach ein oder zwei Jahren zusammen mit Problemspielern hören die meisten Ärzte auf, mit so netten Menschen wie Drogenabhängigen oder paranoiden Schizophrenen zu arbeiten. Mütter und Ehefrauen vergeben Alkoholikern und Mördern weitaus häufiger als Glücksspielern. Nachdem man einfach ein paar Jahre belogen, bestohlen und vernachlässigt wurde, damit irgend so ein Trottel darin größeren Reiz findet, sein Geld zusammen mit muffigen, zwielichtigen Gestalten zu verschwenden, als er ihn jemals mit einem selbst erlebt hatte, dann vergibt und vergisst man nicht mehr so einfach. Haben Sie jemals eine schmerzlosere Trennung gesehen als die, wenn sich in dem Film „Rounders" Matt Damon von der trübseligen Gretchen Mol trennt? Sie sieht die aufgerollten Geldscheine, weiß, dass er Poker gespielt hat, packt ihre Sachen zusammen und verlässt ihn – ohne jedes scharfzüngige Wort – und sieht ihn den ganzen restlichen Film wehmütig an.

SICHERER ALS SELBSTMORD

Ich möchte das wahre Elend, dem Problemspieler gegenüberstehen, nicht verharmlosen. Aber wenn tatsächlich das Ziel ist, sich von allen Bindungen an die Mittelschicht zu lösen, dann ist Glücksspiel tatsächlich sicherer als Selbstmord, billiger als Drogen und zuverlässiger als Alkoholismus. Es ist jämmerlich, aber das sind die Alternativen auch. Der größte Schmerz wird dabei Freunden und Familie zugefügt. Ein paar Monate, nachdem der Problemspieler auf dem Absatz kehrtgemacht und die Stadt verlassen hat, trinkt und spielt er irgendwo mit neuen Kumpels Poker, während seine Frau schwer damit zu kämpfen hat, als allein erziehende Mutter hoch verschuldet zurückgelassen worden zu sein, die Mutter ohne Rente zurückbleibt und der Arbeitgeber seine liebe Not damit hat, nicht bankrottzugehen, nachdem er die Veruntreuungen decken musste.

Lassen Sie mich Ihnen eine Geschichte erzählen, die dieses Thema noch ein wenig mehr erhellen dürfte. Andy Bellin beschreibt in seinem prägnanten und urkomischen Buch „Poker Nation", wie er in seinem Pokerclub Wetten darüber abschließt, ob ein Spieler, der gerade aus dem Gefängnis kommt, zuerst zu seiner Frau geht, in ein Bordell oder zum Poker. Ich nehme das überraschende Ergebnis nicht vorweg, aber werde Ihnen von Slick erzählen. Ich mag ihn zwar nicht, aber er ist mit einigen meiner Freunde befreundet. Wir brauchen ein Wort dafür – also nenne ich ihn mal einen *Bekannten*.

Slick unternahm häufig teure Reisen nach Las Vegas, Atlantic City oder an andere bekannte Glücksspielorte. Die Leute sagten, er hätte für sie bezahlt und schlug Profit daraus, dass er beim Blackjack ein Zählsystem hatte. Aber jeder, der jemals beim Blackjack Karten gezählt hat, würde sofort, wenn er Slick treffen würde, wissen, dass er nicht zu denen gehört, die zählen. Darüber hinaus habe ich ihn auch nie Blackjack spielen sehen. Er verschleuderte Unsummen beim Würfelspiel und Roulette. Er war viel zu bekannt in den Kasinos, als dass er Geld gewinnen würde.

Es stellte sich heraus, dass Slick eine ganze Reihe von Verbrechen beging – vor allem Veruntreuungen und Geldwäsche. Als schließlich sein Kartenhaus in sich zusammenstürzte, redete Slick einem Weichling von Staatsanwalt ein, dass ungefähr 200 Anklagepunkte für Straftaten, die in einem Zeitraum von sieben Jahren verübt worden waren, doch eigentlich als ein einziges großes Verbrechen zählten und dass doch eigentlich alles gar nicht so schlimm wäre. Er hat zwar Drogendealern und Mördern geholfen, aber selbst nie Kokain oder Gewehre angefasst (bzw. konnte das sowieso niemand beweisen). Er hatte mindestens ein Dutzend Freunde, Verwandte und Kollegen, die ihm vertraut hatten, in den Ruin getrieben, aber keiner reichte beim Richter ein engagiertes Gesuch um härtere Bestrafung ein. Letztlich bekam er wenig mehr als zwei Jahre. Ich bin der Meinung, dass täglich Menschen in Texas die Todesspritze gesetzt wird, die ein größerer Verlust für die Gesellschaft sind, als Slick es wäre, aber schließlich setze nicht ich die Maßstäbe für die Verurteilung.

Eine meiner Freundinnen holte Slick ab, als er aus dem Gefängnis herauskam. Ich verstehe zwar ihre Beurteilung der Situation nicht, aber ich kritisiere Freunde nie dafür, dass sie zu viel Loyalität besitzen (ich könnte sie ja eines Tages selbst gebrauchen). Selbst ein so unverbesserlicher Optimist mit einer so dicken Elefantenhaut wie Slick musste sich doch davor fürchten, als auf Bewährung Entlassener zurück ins Leben zu kommen, mitten unter die Leute, über die er sich in guten Zeiten als Herr aufgespielt und die er bei Geschäften übers Ohr gehauen hatte. Ist er als Erstes zu seiner Frau gegangen? Nein, er ließe sich stattdessen von meiner Freundin ins Kasino fahren (er überquerte eine Bundesstaatengrenze und betrat einen Glücksspielort – beides Verstöße gegen die Bewährungsauflagen).

Meinen Sie, der Kasino-Manager sagte dann „Slick, du bist ein Betrüger, und das ganze Geld, das du verspielt hast war von anständigen Leuten gestohlen", oder „Slick, du bist pleite, du hast keinerlei Aussichten, also raus hier", oder selbst „Wer bist du denn?" Nein, sondern er sagte: „Willkommen zurück, Slick, wir geben eine Party für dich und mit deinem Kredit ist alles in Ordnung." Sehen Sie, Slick hat all die Jahre sein gestohlenes Geld nicht nur auf den Kopf gehauen, sondern es in die Kasinobank eingezahlt. Er wurde wie einer behandelt, der auf Risiko spielt und viel Kredit hat, obwohl er pleite war und ihm rechtlich verboten war, zu spielen.

Warum bewilligt das Kasino ihm einen Kredit? Ein Grund dafür ist, dass Slick ein Spieler war. Spieler hören schlichtweg nie auf zu spielen. Obwohl sie am Ende verlieren, gewinnen sie doch auf diese Weise. Solange das Kasino dafür sorgte, das Geld einzusammeln, wenn Slick gewann, war sein Geld sicher. Darüber hinaus hat Slick immer Bekannte mitgebracht und sie ermutigt, hohe und unüberlegte Einsätze zu wagen. Nun war Slick ein Extremfall und dürfte ein großes Risiko gewesen sein (obwohl ich gehört habe, dass er wieder Geld hat – ich weiß zwar nicht, woher, aber würde wetten, nicht auf ehrliche Weise erworben – und verliert weiterhin in den Kasinos).

Wie auch immer – es hat ihm regelrecht geholfen, ins Gefängnis zu gehen. Die anderen Risikospieler sahen zu; einige von ihnen hatten selbst kaum die Aussicht, dauerhaft um das Gefängnis herumzukommen. Falls das Kasino Leute nach ihrem Gefängnisaufenthalt einfach ausschließen würde, würden sich einige der Risikospieler nach einem anderen Ort umsehen, an dem sie ihr Vermögen anlegen können.

KAPITEL 10: DER WERKZEUGGÜRTEL

Das Schöne an der Kasinobank ist, dass niemand auf das eigene Guthaben zugreifen kann. Schon mehrfach hatten unerbittliche Ermittlungsbeamte versucht, jeden Penny, den Slick versteckt hielt, abzukassieren, aber es gab einfach keine Möglichkeit, sein Kasinokonto anzutasten. Ein weiter verbreiteter Fall als Slick ist der Typ, der über ein paar Jahre jeden Penny in Kasinos verliert, den er verdienen, erbetteln, leihen oder stehlen kann. Dann verliert er seinen Job und seine Frau. Jegliches Bargeld, Sparkonto oder jede Rentenanlage ist bereits verwirkt. Aber in der Zwischenzeit ist er schon zum guten Kunden geworden, dem in Kasinos Kredite und Gutschriften gewährt werden. Wenn er Pokerspieler ist, kann er auch als Lockvogel oder Hausspieler eingesetzt werden. Es ist wohl kein großartiges Leben, aber zumindest ist es auch nicht Mittelschicht.

FÜNF VON ZEHN REICHEN SCHON

Die Amerikanische Vereinigung der Psychiater (APA) hat zehn Kriterien des Problemspielens zusammengestellt; wenn fünf oder mehr auf Sie zutreffen, sind Sie laut APA krank. Drei davon sagen lediglich aus, dass Sie ausgesprochen gerne spielen. Dazu gehören die mentale Beschäftigung, Entzugserscheinungen, und das Hinterherjagen. Das heißt, Sie denken viel ans Spielen, werden unglücklich, wenn Sie nicht spielen können, und Sie kommen am nächsten Tag wieder zurück, wenn Sie verloren haben, anstatt für immer damit aufzuhören. Zwei andere der Kriterien besagen, dass Sie andere schlimme Dinge begangen haben, für die Sie die Schuld aufs Spielen schieben: illegale Handlungen (Veruntreuung oder Betrug zum Beispiel, also mehr als eine Verletzung der Glücksspielgesetze) oder die Inanspruchnahme von Bürgen (Sie bringen jemanden anderen dazu, Ihre Spielschulden zu begleichen). Zwei weitere besagen, dass jemand anderes Ihre Spielerei nicht mag: Sie lügen bzw. setzen eine wichtige soziale Beziehung aufs Spiel. Wenn also Ihre Freundin sagt, sie wird Sie verlassen, wenn Sie nicht aufhören zu spielen, und Sie lügen und sagen, Sie würden aufhören, und tun es doch nicht, dann haben Sie schon zwei Punkte. Die drei letzten sind in Ihrem Kopf: Maßlosigkeit, Eskapismus und Kontrollverlust. Maßlosigkeit bedeutet, dass Sie Ihre Einsätze immer weiter erhöhen müssen, Eskapismus heißt, Sie spielen, um andere Probleme oder schlechte Stimmungen zu vermeiden, und Kontrollverlust bedeutet, dass Sie versucht haben aufzuhören, aber es nicht können.

Beginnen wir einmal damit, dass wir annehmen, Sie spielen gerne, dann haben Sie bereits drei Punkte. Sie sind ein Problemspieler, wenn Sie entweder (a) andere schlechte Dinge tun und dem Spielen dafür die Schuld geben, (b) jemand anderes Ihr Spielen nicht mag oder (c) Sie selbst Ihr Spielen nicht mögen. Das ist eine ziemlich gute Definition für ein Problem: Sie genießen etwas, und es veranlasst entweder Sie, Schlechtes zu tun, oder jemand anderes mag es nicht oder Sie selbst mögen es nicht. Aber das klingt nicht allzu sehr nach einer psychischen Krankheit.

So manche Glücksspielproblematik geht auf die stillschweigende Annahme zurück, dass Spielen von vornherein schlecht sei, und also jegliche Schwierigkeiten, die es mit sich bringt, Beweis für eine schwache oder verstörte Psyche sind. Wenn etwas von Bedeutung ist, bewundern wir jemanden, der Probleme überwindet, um es zu erreichen, selbst wenn es mit sich bringt, Gefühle von Menschen zu verletzen oder das Gesetz zu brechen. Denken Sie zum Beispiel ans Essen. Vielleicht denken Sie viel daran – dann ist das also mentale Beschäftigung. Sie werden hungrig, wenn Sie nicht essen (Entzugserscheinungen), und essen mehr zu Abend, wenn Sie das Mittagessen haben ausfallen lassen (Hinterherjagen). Sie haben vermutlich kein Verbrechen begangen, um zu essen, aber Sie würden es wohl tun, wenn Sie müssten. Wenn Sie jemals jemanden Ihre Rechnung im Restaurant zahlen oder sich von jemandem haben bekochen lassen, dann kommt das einer Inanspruchnahme von einer Bürgschaft gleich. Haben Sie jemals wegen Essen gelogen („Nein, Mama, ich habe den Keks nicht gegessen")? Oder sich von jemandem getrennt wegen Unstimmigkeiten, was das Essen angeht („Weiße Single-Frau sucht Nichtraucher und Vegetarier")? Sie entwickeln Maßlosigkeit gegenüber scharfem Essen, und viele Menschen essen, um vor etwas zu fliehen, und sie essen jedes Mal an Thanksgiving mehr, als Sie vertragen können (sie haben sogar einen eigenen Feiertag, um ihre Krankheit zu feiern!). Ich denke, dass die meisten Leute mindestens eine Sieben bei diesem Test für „Problem Esser" bekommen würden, und es ist nicht schwer, eine Zehn zu erreichen.

GELASSENHEIT INMITTEN VON UNVERNUNFT

Obwohl es das Glücksspiel schon im Altertum gab und die Kritik daran fast genauso alt ist, geht der Gedanke, dass es unvernünftig ist, erst auf das Jahr 1738 zurück, als Daniel Bernoulli die Sache in Angriff nahm. Um nachvollziehen zu können, wie er sich zu dieser neuartigen und absurden Schlussfolgerung vorarbeitete, müssen wir noch bis ins Jahr 1654 zurückgehen und die Geschichte von Antoine Gombaud aufgreifen.

Gombaud erscheint in jedem Statistikbuch, allerdings unter dem Namen Chevalier de Méré. Je nach Autor wird er entweder als Adliger, selbsternannter Adliger, Glücksspieler oder Hochstapler beschrieben. Er war jedoch nichts von alledem. Er war der erste und bedeutendste Salontheoretiker, dessen Ideen in Europa bis zur Französischen Revolution von großer Bedeutung waren. Er glaubte, dass der Salon die gesellschaftliche Hauptinstitution war, ein Ort voller gewitzter, modischer und intelligenter Denker. Wie es dann aber nun einmal kam, zog die Welt demokratische, von mürrischen Protestanten der Mittelschicht geführte Institutionen den von aristokratischen, brillanten Katholiken der Oberschicht dominierten vor, aber es gab und gibt jede Menge heimlicher Gombaudisten. Wie auch immer, Gombaud war kein Adliger, gab auch nicht vor, einer zu sein, er benutzte einfach nur Chevalier (Ritter) de Méré als Figur in seinen Dialogen, die seine eigenen Gedanken wiedergaben. Das war ein gebräuchliches literarisches Stilmittel seiner Zeit. Er war kein eifriger Spieler, sondern an der Mathematik der Spiele interessiert.

Antoine bat seinen Freund Blaise Pascal darum, ein altes Problem des Glücksspiels zu lösen, das so genannte Punkteproblem. Blaise wiederum schrieb an seinen Freund Pierre de Fermat. Zwei der größten Mathematiker der Geschichte

KAPITEL 10: DER WERKZEUGGÜRTEL

dazu zu bringen, ein Würfelproblem zu lösen, besagt sehr viel über die Macht der Salongepflogenheiten. Beide lösten das Problem auf völlig unterschiedliche Weise. Pascal wandte sein berühmtes Dreieck an (das er nicht selbst erfunden hatte), und die Wahrscheinlichkeitstheorie war geboren.

Eine unmittelbare Folge war das Konzept des Erwartungswerts. Um den Erwartungswert des Spiels herauszufinden, nimmt man sämtliche möglichen Ergebnisse, multipliziert die Wahrscheinlichkeit mit dem Ergebnis und addiert sie zusammen. Man wettet zum Beispiel 38 Dollar auf die Nummer Sieben (oder irgendeine andere Zahl) im amerikanischen Roulette, dann hat man eine 1/38-Chance, 1330 Dollar zu gewinnen, und eine 37/38-Chance, 38 Dollar zu verlieren. Der Erwartungswert beläuft sich demnach auf 1330 Dollar x (1/38) − 38 Dollar x (37/38) = 35 Dollar - 37 Dollar = -2 Dollar. Wenn man dagegen auf Rot oder Schwarz setzt, hat man eine 18/38 Chance, 38 Dollar zu gewinnen, und eine 20/38 Chance, 38 Dollar zu verlieren, demnach ist der Erwartungswert 38 Dollar x (18/38) − 38 Dollar x (20/38) = 18 Dollar - 20 Dollar = -2 Dollar. Obwohl also diese beiden Wetten ziemlich unterschiedlicher Art sind, kommen sie auf denselben Erwartungswert.

Die Philosophen der Zeit stürzten sich geradezu auf den Plan, dass alle Glücksspiele nach ihrem Erwartungswert berechnet werden sollten. Bis zu Daniel Bernoullis Zeiten, also 84 Jahre lang, bestanden die Experten darauf, dass es unvernünftig sei, auch nur auf irgendein Glücksspiel mit positivem Erwartungswert zu verzichten. Das ist genauso selbstgefällig, wie heutige Experten darauf beharren, dass es irrational sei, sich auf risikoreiche Spiele einzulassen, deren Erwartungswert bei null oder darunter liegt. Aber einige Leute zweifelten daran, ob es tatsächlich Sinn machte, eine Münze zu werfen, um sein Vermögen zu verdoppeln oder dabei zu verarmen. Daniel überzeugte seine Zeitgenossen schließlich davon, dass noch mehr Theorie notwendig war, als er ein Problem lösen wollte, das ihm 25 Jahre zuvor sein Cousin Nikolaus gestellt hatte (Gabriel Cramer, ein weiterer Schweizer Mathematiker, hatte ein Jahrzehnt zuvor dieselbe Lösung angeboten, aber begnügte sich dabei mit der Mathematik, ohne irgendwen als unvernünftig zu bezeichnen).

Die Sankt-Petersburg-Lotterie (die ihren Namen daher hat, dass Daniels Abhandlung von der Akademie in St. Petersburg veröffentlicht wurde, nicht, weil sie Russen in besonderem Maße etwas anginge) beginnt mit einem Spieleinsatz von zwei Dollar. Eine Münze wird geworfen, bei Kopf gewinnt man den ganzen Einsatz, bei Zahl wird er verdoppelt. Das geht so lange weiter, bis die Münze Kopf zeigt. Wie viel würden Sie dafür bezahlen, dieses Spiel zu spielen?

Der Erwartungswert ist einfach zu ermitteln. Es besteht eine Wahrscheinlichkeit von 0,5, dass die Münze beim ersten Mal Kopf zeigt. In diesem Fall würde man zwei Dollar kassieren. 0,5 x 2 Dollar = 1 Dollar. Es besteht eine Wahrscheinlichkeit von 0,25, dass die Münze beim ersten Wurf auf Zahl fällt (womit sich der Einsatz auf vier Dollar verdoppelt) und der zweite Wurf Kopf ist. In diesem Fall würde man vier Dollar bekommen. 0,25 x 4 Dollar = 1 Dollar. Wenn man weiter rechnet, stellt sich heraus, dass der Erwartungswert für den dritten, vierten und jeden weiteren Münzwurf jeweils einen Dollar beträgt. Da es eine unendliche Zahl möglicher Münzwürfe gibt, ist auch der Erwartungswert dieses Spiels unendlich. Demnach sollte man (der maßgebenden Theorie zwischen 1654 und 1738 zufolge) jeglichen Geldbetrag dafür ausgeben, um dieses Spiel zu spielen. Darüber hinaus macht es keinen Unterschied, ob wir den Einsatz anstatt mit zwei Dollar mit einem Penny beginnen, oder 0,000001 Ct. oder 1.000^{100} oder ob wir sagen, man braucht eine Million oder 100^{100} Mal Zahl, bevor wir mit dem Verdoppeln des Einsatzes anfangen. Man würde nicht nur jeden erdenklichen Betrag für dieses Glücksspiel ausgeben, sondern sich auch nicht einmal um die Veränderungen kümmern. Die meisten Leute würden tatsächlich fünf Dollar für das eigentliche Spiel bezahlen (und überhaupt nichts für die Spielvarianten), was der erwarteten Auszahlung entspricht, wenn man davon ausgeht, dass der andere Spieler einem eigentlich nicht mehr als 32 Dollar geben wird.

Daniel löste dieses Paradox mit einem Vorstoß, den man *Nutzentheorie* nennt. Diese besagt, dass man, bevor man den Erwartungswert ermittelt, eine Funktion auf die Ergebnisse anwenden muss. Das Glück eines Menschen dürfte zum Beispiel eher von der Quadratwurzel seines Reichtums abhängen als von seinem Reichtum selbst. Das bedeutet, dass 16 Dollar doppelt so gut sind wie vier Dollar, und nicht viermal so gut, weil die Wurzel aus 16 Dollar (4) nur zweimal die Wurzel aus vier Dollar (2) ist. Wenn ich Ihnen anbieten würde, eine Münze zu werfen – bei Kopf bekommen Sie 16 Dollar, bei Zahl 0 Dollar – dann ist der Erwartungswert des Spiels 16 Dollar x (1/2) + 0 Dollar x (1/2) = 8 Dollar. Aber der Nutzen des Spiels würde sich auf 4x (1/2) – 0 x (1/2) – 2 belaufen, was demselben Nutzen entspricht, wie vier Dollar sicher zu haben. Der Spieler, der entsprechend dem Erwartungswert spielt, wirdacht Dollar für einen Münzwurf bezahlen, bei dem er 16 Dollar gewinnen kann – modern ausgedrückt, würden wir das *risikoneutral* nennen. Diese Theorie also ist nicht mit Risiko befasst, sondern schätzt Glücksspiele nach deren Erwartungswert ein. Der Glücksspieler, der nach Quadratwurzelnutzen spielt, riskiert also nur vier Dollar für denselben Münzwurf – wir würden ihn risikoscheu nennen. Für ihn bräuchte es eine Steigerung des Erwartungswerts, um ein Risiko einzugehen.

Wie aber löst das das St.-Petersburg-Paradoxon? Für einen Spieler mit Quadratwurzelnutzen ist der erwartete Nutzen eines Spiels nicht unendlich, sondern 2,41, was einem sicheren Gewinn von 5,83 Dollar entspricht (weil 2,41 die Wurzel aus 5,83 ist). Das entspricht so ziemlich der Intuition. Man kann sogar das Paradoxon abwandeln, um die Nützlichkeit der Quadratwurzel zu bezwingen, aber es gibt andere Funktionen, die hier wirksamer sind. John von Neumann und Oskar Morgenstern warteten 1947 mit einer viel rigoroseren und vollständigeren Version der Nutzentheorie auf, und zwar im selben Buch, das auch die Spieltheorie eingeführt hatte.

KOMMEN WIR ALSO INS GESCHÄFT

Das ist zwar eine ansehnliche Theorie, aber sie scheint in keinerlei Beziehung dazu zu stehen, wie Leute tatsächlich ihre Entscheidungen beim Glücksspiel oder in irgendeinem anderen Bereich treffen. Ein einfaches Beispiel hierfür ist Allais' Paradoxon. Angenommen, Sie sind am letzten Tisch eines Pokerturniers angelangt und außer Ihnen gibt es nur noch zwei andere Teilnehmer. Ein Gewinn von 2,5 Millionen Dollar winkt als erster Preis, 500.000 Dollar als zweiter, aber der dritte Platz ginge leer aus. Ihr Stapel ist der mittlere, der Stapel der Frau rechts neben Ihnen ist zehnmal so groß wie Ihrer, und der Mann links von Ihnen ist unten bei ‚a chip and a chair' (er hat nur noch einen Jeton und seinen Platz am Pokertisch). Sie denken, es besteht eine Chance von zehn Prozent, dass Sie gewinnen, eine Chance von 89 Prozent, dass Sie Zweiter werden, und eine einprozentige, dass Sie Dritter werden. Die anderen Spieler schlagen vor, den Gewinn aufzuteilen. Sie würden 500 000 Dollar bekommen. Derjenige mit den meisten Chips würde 2,5 Millionen Dollar bekommen und die ungedeckten Stapel damit begleichen. Würden Sie das Angebot annehmen?

Kein Aufteilen	Wahrscheinlichkeit	1%	89%	10%
	Ergebnis	$ 0	$ 500.000	$ 2,5 Mill.
Aufteilen	Wahrscheinlichkeit	100%		
	Ergebnis	$ 500.000		

Nahezu jeder würde einer solchen Aufteilung zustimmen. Aber bedenken Sie jetzt einmal folgende Situation. Selbes Turnier, selbe Preise, aber diesmal haben Sie den kleinsten Stapel. Sie rechnen damit, dass Sie keine Chance haben, zu gewinnen, dass Sie eine elfprozentige Chance auf die 500.000 Dollar haben, und eine Chance von 89 Prozent, dass Sie leer ausgehen. Diejenige mit dem größten Stapel bietet an, sich mit Platz zwei zufrieden zu geben, 500.000 Dollar und ihre Chips vom Tisch zu nehmen. Der mit dem zweitgrößten Stapel stimmt dem eifrig zu. Der einzige Haken ist der, dass Sie denken, Sie haben somit eine geringfügig kleinere Chance, den Mittleren zu schlagen, ohne die Möglichkeit, dass die, die führt, sich für Sie um ihn kümmert. Mit dieser Abmachung glauben Sie, mit einer Chance von 90 Prozent leer auszugehen, und eine zehnprozentige Chance zu haben, dass Sie 2,5 Millionen Dollar gewinnen. Auch hier stürzt sich wieder jeder auf die Aufteilung.

Kein Aufteilen	Wahrscheinlichkeit	89%	11%
	Ergebnis	$ 0	$ 500.000
Aufteilen	Wahrscheinlichkeit	90%	10%
	Ergebnis	$ 0	$ 2,5 Mill.

Wir haben soeben gegen die Axiome der Nutzentheorie verstoßen. Bei der ersten Entscheidung haben wir bereitwillig eine zehnprozentige Chance aufgegeben, 2,5 Millionen Dollar zu gewinnen, um eine einprozentige Wahrscheinlichkeit zu vermeiden, dass wir leer ausgehen. In der zweiten Entscheidung waren wir genauso eifrig dabei, eine 10-prozentige Chance zu bekommen, um 2,5 Millionen Dollar zu gewinnen, aber dabei auch die zusätzliche Chance von einem Prozent hinzunehmen, dass wir gar nichts gewinnen.

Die am meisten durchdachte Analyse dieses Paradoxons steht in einem der größten Bücher aller Zeiten, Leonard Savages „Die Grundlagen der Statistik". Er liefert ziemlich überzeugende Argumente dafür, dass, obwohl jeder solcherlei Entscheidungen trifft, sie falsch sind und die Nutzentheorie Recht behält. Münzen wir einmal die Entscheidung auf eine Lotterie mit 100 Lottoscheinen und den folgenden Auszahlungen um:

		Schein 1-89	Scheine 90-99	Schein 100
Situation 1	Kein Aufteilen	$ 500.000	$ 2,5 Mill.	$ 0
	Aufteilen	$ 500.000	$ 500.000	$ 500.000
Situation 2	Kein Aufteilen	$ 0	$ 500.000	$ 500.000
	Aufteilen	$ 0	$ 2,5 Mill.	$ 0

Man sieht, dass es hier um dasselbe geht wie im Vorhergehenden. Wenn wir im ersten Fall nicht aufteilen, haben wir eine Chance von 89 Prozent, 500.000 Dollar zu gewinnen, eine Chance von zehn Prozent, 2,5 Millionen Dollar zu bekommen, und eine einprozentige Wahrscheinlichkeit, leer auszugehen. Falls wir allerdings aufteilen, bekommen wir auf jeden Fall 500.000 Dollar. In Situation 2 bekommen wir ohne Abmachung zu 89 Prozent nichts und die 500.000 Dollar mit den restlichen elf Prozent. Wenn wir aufteilen, erhalten wir zu 90 Prozent nichts und 2,5 Millionen Dollar mit den anderen zehn Prozent.

Savage hat darauf hingewiesen, dass die Entscheidung für die Scheine 1 bis 89 keinen Unterschied macht, also sollten wir uns nicht zu sehr damit befassen. Was die restlichen Scheine anbelangt, ist die Situation jeweils identisch, also sollten wir in beiden Situationen dieselbe Entscheidung treffen.

Eine interessante Tatsache bezüglich dieses Paradoxons ist, dass wir in Situation 1 reicher sind. Man geht allgemein davon aus, dass reiche Leute eine höhere Risikotoleranz haben. Aber in Allais' Paradoxon lehnt die reichere Person das Spiel mit der hohen Gewinnerwartung ab, wohingegen es die weniger wohlhabende Person immer wagt.

Also ziehen wir jetzt zwei Lehren daraus. Zum einen, sich nicht entsprechend der Nutzentheorie zu verhalten. Zum Zweiten, dass die Theorie manchmal dennoch Recht behält. Indem man die Nutzentheorie berücksichtigt, kann das zu besseren Entscheidungen führen.

Ich glaube tatsächlich an die Nutzentheorie Neumann-Morgensterns. Sie ist simpel und elegant und lässt nützliche Vorhersagen zu. Wenn sie falsch zu liegen scheint, tut sie das für gewöhnlich nicht.

Nichts in dieser Theorie sagt aus, dass Glücksspiel unvernünftig wäre. Diese Folgerung stammt von Einschränkungen, die Leute der Theorie zuschreiben, um mathematisch leichter damit umgehen zu können. Viele Leute übernahmen Modelle, die mithilfe von Bernoullis Nutzentheorie entwickelt wurden, und führten sie über in den Nutzenbegriff Neumann-Morgensterns, ohne jedoch von deren zusätzlichen Überlegungen und Modifikationen Gebrauch zu machen.

Das Hauptproblem liegt darin, dass Leute Nutzen „zeitlich einteilbar" machen müssen, um Gleichungen zu bekommen, die einfach zu lösen sind. Fischer Black beleuchtete genau dieses Problem in seinem „Exploring General Equilibrium" („Untersuchung des allgemeinen Gleichgewichts"). Nehmen wir an, ich würde Sie fragen, ob Sie lieber 10.000 Dollar sofort haben wollten und 100.000 Dollar in einem Jahr, oder jedes Mal 20.000 Dollar. Nehmen wir an, ich würde stattdessen eine Münze werfen – bei Kopf bekommen Sie 10.000 Dollar, bei Zahl 100.000 Dollar, oder aber 20.000 in jedem Falle. Das sind vollkommen unterschiedliche Fragen, aber die Einteilbarkeit von Zeit zwingt einen geradezu anzunehmen, dass Leute auf beides immer mit derselben Antwort reagieren. Wenn man die Sachlage von einer anderen Perspektive aus betrachtet, legt die vereinfachte Theorie nahe, dass etwas mit einer 50-prozentigen Chance zu haben dasselbe ist, wie etwas für halb so lange zu haben. Für einige Dinge und Personen kann das eine vernünftige Herangehensweise sein, aber in den meisten Fällen ist es einfach grundfalsch.

GEDULDIGER ALS FELSEN, FLUT UND STERNE; UNZÄHLBAR, SO GEDULDIG WIE DAS DUNKEL DER NACHT

Man hat schon einiges an Nachforschung betrieben über Leute, die einen nicht unerheblichen Teil ihres Einkommens für Lottoscheine ausgeben. Es gibt hierbei drei Hauptgruppen. Die erste davon ist sehr arm und kauft ziemlich unregelmäßig Lottoscheine. Wenn diese Leute einmal etwas mehr Geld haben, kaufen sie Spielscheine, die verhältnismäßig geringe Auszahlungen versprechen, wie beispielsweise Sofortgewinn-Lose. Wenn man sie nach ihren Gründen dafür fragt, verweisen sie auf das Fehlen von Alternativen. Kein Geldinstitut ist an den fünf oder zehn Dollar interessiert, über die diese Leute gelegentlich verfügen. Oft leben sie in einer Gegend oder einem sozialen Umfeld, in dem Geldreserven mit sehr hoher Wahrscheinlichkeit gestohlen werden oder ausgeliehen und nicht zurückbezahlt. Ein Lotteriegewinn von 500 Dollar ist genügend Geld, um es gegebenenfalls zu schützen und irgendwie Nutzen daraus zu ziehen. Bevor diese Leute zu einer staatlichen Lotterie gehen würden, würden sie Bingo spielen oder illegale Zahlenwetten abschließen.

Die nächste Gruppe setzt sich aus älteren Angehörigen der Arbeiterschicht der unteren Mittelschicht zusammen, die von sich selbst sagen, dass sie sich eingesperrt und frustriert fühlen. Diese Leute geben bezeichnenderweise regelmäßig Summen – sagen wir mal zehn Dollar am Tag – für Spiele aus, die die größten Gewinnchancen versprechen, die sie finden können. Jegliche Zwischengewinne werden dafür eingesetzt, weitere Scheine zu kaufen. Während die Gewinnchancen auf eine Million Dollar oder mehr sehr niedrig stehen, sind die Aussichten darauf doch nicht so astronomisch weit entfernt, wenn man über eine lange Zeitspanne hinweg kontinuierlich spielt. Man braucht dazu weitaus mehr Geduld, als sie die meisten Ökonomen aufbringen – mit den Worten Carl Sandburgs gesprochen, gilt es, „geduldiger als Felsen, Flut und Sterne; unzählbar, so geduldig wie das Dunkel der Nacht" zu sein. Man muss sogar mehr Geduld aufbringen, als die Empfängerin einer Lebensversicherung (in der Regel die Ehefrau), die auf ein verändertes Leben, frei von sozialen, ehelichen und finanziellen Lasten wartet. Zumindest weiß sie, dass sie wahrscheinlich ihren Lottoschein abholen gehen wird. Solche Leute betonen, dass sie den Eindruck haben, dass es keine andere Hoffnung dafür gibt, grundlegende Standards der Mittelschicht zu erreichen, wie zum Beispiel ihren Kindern das College zu ermöglichen oder eine finanziell abgesicherte Rente zu genießen. Sie haben das Gefühl, dass geringe Beträge, die sie für solche Zwecke sparen, ohnehin unterspült oder ihnen genommen würden.

Die letzte Gruppe besteht aus jüngeren Leuten, die einschneidende finanzielle Rückschläge erlitten haben, sei es durch Jobverlust, Krankheit, Scheidung oder ein Gerichtsverfahren. Diese Leute sind oft hoch verschuldet. Sie spielen regelmäßig und sind auf Zwischengewinne aus. Sie erhoffen sich, 25.000 Dollar oder 50.000 Dollar zu gewinnen, um wieder zu ihrem vorigen Lebensstandard zurückzufinden. Wenn sie darin versagen, kommt das einem Bankrott gleich.

Alle drei Fälle ergeben meiner Meinung nach viel Sinn. Die Leute mögen in ihrer Wahrnehmung nicht richtig liegen, aber unvernünftig sind sie nicht. Lotterien geben Hoffnung, was in sich bereits ein Wert ist, und sind offenbar mindestens genauso gut wie die übrigen Anlagemöglichkeiten, die man ihnen anbietet.

Eine freundlichere Welt würde diesen Menschen helfen, sich wieder aus der Armut herauszuarbeiten, grundlegende Mittelschichtstandards zu erreichen und ihren ehemaligen Status im Leben wiederzuerlangen, nachdem sie solches Pech gehabt hatten. Aber stattdessen leben wir in einer Welt, die die Lotteriespieler kritisiert, während mehr als die Hälfte des Geldes für ihren Lotterieschein der Staatsregierung zukommt und darüber hinaus 28 Prozent aller Gewinne in den Bundeshaushalt fließen (plus der zusätzlichen Staats- und Gemeindesteuern).

Wie sieht das aber mit dem Kasinospieler aus? Die Lotteriespielerin dürfte nur eine Gewinnchance von 1:1 Million haben, aber wenn sie gewinnt, dann richtig. Nach 5.000 Drehungen des Roulette-Rads ist die Chance, auch nur mit einem Dollar im Plus zu sein, viel geringer als 1:1 Billion. Um den Kasinospieler verstehen zu können, muss man sich ins Gedächtnis rufen, dass auf dem wettbewerbsorientierten Markt ein Kasino 75 Prozent des Verlusts des Spielers zurückzahlt. Bei kleineren Spielautomatenspielern geschieht das in Form von Kasinounkosten und Coupons, bei manchen Glücksspielern in Form von Luxusgutscheinen, bei anderen wiederum durch Kredite (es gibt eine Redensart im Kasinomanagement, die besagt, man müsse das Geld zweimal gewinnen, einmal am Spieltisch, ein zweites Mal, wenn man die Schulden einfordert). Ich kenne Ökonomen, die der Meinung sind, es sei irrational, 33 Prozent mehr für sein Amüsement zu bezahlen, als man an Leistung bekommt (auf 100 Dollar Verlust kommen 75 Dollar Gutscheine oder andere Leistungen). Das erzählen sie einem, während sie an der Bar fünf Dollar für ein Bier ausgeben, das im Supermarkt gerade mal einen Dollar und in der Produktion 0,05 Dollar kostet. Aus irgendeinem Grund macht der Unternehmenserlös eines Kasinos, von dem 75 Prozent dem Spieler wieder zukommen, Spielen irrational – wohingegen jeder andere Betrieb mit Gewinnaufschlag in der Wirtschaft als völlig normal gilt.

Das Kasino scheint im Falle der Spielautomatenspieler den Zweck der Zerstreuung und von gesellschaftlichem Beisammensein zu erfüllen. Für die waghalsigen Glücksspieler, die verschwenderische Unterhaltung lieben, kommt ein Wochenende im Kasino einer Art Kaufrausch und Orgie gleich. Sie könnten selbstverständlich dieselben Zimmer sowie Essen, Trinken und Unterhaltung auch günstiger bekommen, aber ein Kasino bietet dazu eben die Unterhaltung durch das Glücksspiel und besseren Service als die meisten Urlaubsressorts. Darüber hinaus macht es viel mehr Spaß, in Saus und Braus zu leben, wenn die Kosten versteckt werden. Viele Menschen könnten kein Abendessen für 200 Dollar genießen oder eine Theater-Eintrittskarte für 500 Dollar, eine Flasche Wein für 1.000 Dollar oder gar ein Hotelzimmer um 3.000 Dollar, und zwar aus dem Grund, weil sie über die Kosten nachdenken und sich damit die ganze Freude verderben würden. Wenn aber dieselben Dinge in Form von Gutscheinen als Gegenleistungen für Verluste angeboten werden, die man einige Monate zuvor erlitten hatte, bereiten sie Genuss ohne Reue. Dazu steht die freigebige Freundlichkeit des Kasinopersonals der eingebildeten, versnobten Grobheit entgegen, die so mancher Luxusartikelverkäufer an den Tag legt.

Für diejenigen Glücksspieler, die auf Kredit spielen, bietet das Kasino eine Art Kapitalanlage. Auch wenn sie bis ans Ende ihrer Tage Verluste machen, werden sie immer, ganz gleichgültig, welche Pechsträhne sie gerade verfolgen, ein Kasino finden können, das sie willkommen heißt und ihnen einen Kredit anbietet. Genauso, wie das ja auch bei Slick der Fall war. Kasinoverluste sind keineswegs eine sichere Kapitalanlage, jedoch sind sie für manche Leute einfach sicherer als ein Bankkonto oder ein Tresorfach.

Ich denke, in all diesen Fällen haben sich die Leute dem Glücksspiel hingegeben, weil andere Geschäfte, insbesondere Finanzdienstleister, darin versagt haben, ihren Bedürfnissen gerecht zu werden. Ich glaube nicht, dass sie unter dem Zwang stehen, spielen zu müssen – ich bin der Meinung, sie betrachten Glücksspiel als eine rationale Entscheidung in Anbetracht ihrer jeweiligen Umstände. Ich sage damit nicht, dass das immer oder gar oft eine weise Entscheidung wäre. Aber dass es geradlinige Beweggründe dafür gibt – und es sich nicht um eine Form psychischer Krankheit handelt.

In diesem Buch aber geht es nicht um diese Art Spiel – zu versuchen, ein kleines Quäntchen Hoffnung aus einer im Grunde hoffnungslosen Situation herauszupressen, oder um Glücksspiel als Unterhaltung. Mich interessieren solide, wirtschaftliche Gründe, um Risiken einzugehen – die Gründe, aus denen Leute Poker spielen, im Gegensatz zu den Gründen, aus denen andere Lotteriescheine kaufen oder im Kasino spielen.

Warum sollte jemand ein Risiko eingehen, ohne dafür mit einem erhöhten Erwartungswert entschädigt zu werden? Ein solcher Anlass wäre, wenn dieses Risiko in die entgegengesetzte Richtung seiner jeweils noch größeren Risiken läuft. Wenn eine Regierung beispielsweise instabil ist, könnte es eine gute Idee sein, Goldmünzen zu besitzen. Der Goldpreis unterliegt zwar Schwankungen, aber wenn das Land dann in völligem Chaos zusammenbricht, werden vermutlich alle anderen Anlagen wertlos sein, während der Wert der Goldmünzen in die Höhe schnellt.

Ein anderer Beweggrund, mit dem Sportfans wohl vertraut sind, ist der, dass man Risiken eingeht, wenn man zurückliegt. Die Mannschaft, die beim Football vorn liegt, gibt sich damit zufrieden, ihre Runs mit wenig Risiko zu spielen; das Team allerdings, das hinten liegt, wird weite Pässe übers Spielfeld werfen. In der Geschäftswelt handeln gut geführte Unternehmen so, als würden sie immer hinten liegen. Es gibt irgendjemanden da draußen – das mag ein Konkurrent sein oder vielleicht zwei junge Frauen in einer Garage, vielleicht ein Laden in einem anderen Land mit einem Zehntel der eigenen Betriebskosten oder einfach irgendwer, den man sich nicht vorstellen kann, der einen Vorsprung hat. Erfahrungsgemäß schlagen Geschäfte fehl, deren Strategie darin besteht, möglichst wenige Risiken einzugehen.

Auf der anderen Seite schafft Risiko Anreize, motiviert und bringt Möglichkeiten für die besten Leute. Nehmen wir einmal an, Sie sind gerade in einem fremden Land gelandet, von dem Sie weder die Sprache beherrschen, noch eine Landkarte besitzen. Sie haben 550 Männer, aber die unterstehen nicht wirklich Ihrer Führung. Sie haben die Expedition mehr oder minder entführt, und derjenige, der sie organisiert hat, hat schon eine Armee von 1400 Männern auf Ihre Fersen angesetzt. In der Zwischenzeit stehen Sie einem der größten Imperien der Welt mit 2400 Kriegern gegenüber. Sie wollen sie bezwingen.

In dieser Situation bewahren Sie selbstverständlich maximale strategische Flexibilität und halten nach Möglichkeiten Ausschau, Ihre Risiken zu verringern. Solange Sie nicht Hernando Cortés heißen. In diesem Falle würden Sie einfach Ihre Boote verbrennen. Warum? Weil mit Ihren ganzen Ressourcen und Mitteln alles zu einfach erschienen wäre? Weil Ihnen kalt war? Nein, sondern weil es Unstimmigkeiten ausmerzt und jeden Einzelnen auf das Hauptziel fokussieren lässt.

KAPITEL 10: DER WERKZEUGGÜRTEL

Zweifellos haben schon hunderte von Möchtegerneroberern angeordnet, die Boote zu verbrennen, und wurden von ihren eigenen Männern ausgelacht oder getötet. Andere wurden womöglich bis an den Strand zurückgeschlagen und bereuten bitter, sich dadurch um die Option eines Rückzugs gebracht zu haben. Für Cortés aber zahlte es sich aus, das zusätzliche Risiko auf sich zu nehmen, und in weniger dramatischen Fällen galt das auch für viele andere.

Auch Investoren in Optionen gehören zu der Personengruppe, die das Risiko liebt. Der Wert einer Option vermehrt sich mit der Volatilität des zugrundeliegenden Wertpapiers. Die moderne Finanzwissenschaft lehrt, dass das wertvollste Kapital eines Unternehmens seine Optionen sind. Nicht die Wertpapiere, die an der Börse oder außerbörslich gehandelt werden, sondern reale Optionen. Wenn ein Unternehmen ein neues Konzept erprobt, besteht der größte Wert darin, dass es im Falle eines Erfolgs über ausbaufähige Optionen verfügt. Je riskanter die Idee, für denselben Erwartungswert beim Erstauftrag, von desto größerem Wert ist es, die Option auszubauen.

Nehmen wir zum Beispiel an, ein Filmstudio steht vor der Wahl zweier vorgeschlagener Filme; jeder würde in der Produktion 100 Millionen Dollar kosten. Der erste ist ein normaler Genrefilm, der zwischen 100 und 140 Millionen Dollar einspielen würde, der also einen Erwartungswert von 120 Millionen Dollar hätte. Der andere ist eine noch nie dagewesene, völlig unkonventionelle Idee, die zwischen null und 240 Millionen Dollar einbringen könnte, mit denselben 120 Millionen Dollar Erwartungswert. Beide haben dieselbe erwartete Rendite von 20 Prozent, der Film mit dem erprobten Konzept jedoch mit weniger Risiko. Das neue Konzept allerdings hätte jede Menge Folgevorteile. Es wird Menschen ansprechen, die sich andere Filme nicht ansehen, die ein neues, wertvolles Kernpublikum bilden könnten. Es wird talentierte Leute voller Energie ins Studio ziehen. Es kann neue gute Ideen und nützliche Informationen darüber hervorbringen, wie man mit ihnen am besten umgeht und zusammenarbeitet. Das alles passiert, selbst wenn der Film finanziell ein Flop wird. Wenn er aber erfolgreich ist, könnte er ein neues Genre begründen und viele weitere Möglichkeiten mit sich bringen. Ein verwandtes Konzept ist die Option, etwas zu verwerfen. Sagen wir, nach 20 Prozent der Arbeit am Film kann man absehen, wie viel der Film einbringen wird. Beim Standardfilm ist das überflüssig – der spielt immer mindestens seine eigenen Produktionskosten ein, also würde man ihn nicht verwerfen, ganz gleich, welche Informationen man erhalten hat. Bei neuen Konzepten jedoch kann man die erwartete Rendite von 20 Prozent auf 32,5 Prozent erhöhen, wenn man Misserfolge früh genug abbricht.

Wenn Leute mit einer Menge Optionen konfrontiert werden, so wie im 19. Jahrhundert in den USA, dann macht es Sinn, Risiken einzugehen. Wenn der sprichwörtliche Goldrausch losgeht oder im übertragenen Sinne Gold in neuen Technologien zu finden ist, dann gilt: je mehr Risiko, desto besser. Wenn man gewinnt, dann gewinnt man hoch. Wenn man verliert, greift man zur nächsten Option. Darum geht's beim Glücksspiel. Und darin liegt kein Problem.

Kommentierte Bibliographie

GESCHICHTE UND BEDEUTUNG DES POKERSPIELS

Die ersten Veröffentlichungen zum Thema Poker reichen bis ins Jahr 1829 (das veröffentlichte Tagebuch des englischen Schauspielers Joseph Cowell) zurück, gefolgt von „Dragoon Campaigns to the Rocky Mountains" von James Hildreth aus dem Jahre 1837 und „Gambling Unmasked" von Jonathan Green aus dem Jahr 1842. Auf die Richtigkeit des Inhalts von Sachbüchern konnte man sich damals jedoch nicht annähernd so verlassen wie heutzutage. Nur wenige Menschen verfügten damals über ausreichend Kenntnisse des Lesens und Schreibens, um überhaupt ein Buch schreiben zu können. Also waren Verleger auf Autoren angewiesen, die angeblich über Kenntnisse zum Thema des von ihnen geschriebenen Buches verfügten, um den Bedarf an Literatur fürs Volk zu decken. Diese Autoren lebten meist in den den Verlegern nahe gelegenen Städten, und es war zudem sehr unwahrscheinlich, dass sie Pokererfahrung nachweisen konnten. Von den drei oben genannten Autoren ist Green der am wenigsten verlässlichste. Er hatte ganz offensichtlich keine Pokererfahrung. Die Beschreibung seines Lebens auf dem Mississippi ist so wenig überzeugend, dass man annehmen könnte, dass er nie über die Grenzen von Philadelphia hinausgekommen ist. Hildreth hat das oben genannte Buch nicht geschrieben, da er das Regiment lange verlassen hatte, bevor die im Buch beschriebenen Ereignisse stattfanden. Außerdem ist es sehr wahrscheinlich, dass er Analphabet war. Mehrere Sachkundige sind der Meinung, dass der Autor bei den beschriebenen Pokerspielen nicht gegenwärtig war. Wie dem auch sei: Das fragliche Spiel wird so oberflächlich beschrieben, dass es sich um alles oder nichts handeln könnte. Daher schlage ich Ihnen vor, lieber sein Buch zum Thema Geografie und militärische Taktiken aufzuschlagen, statt sein Buch zum Thema Poker zu lesen.

Cowell ist der einzige der drei Autoren, der die in seinem Buch beschriebenen Ereignisse tatsächlich erlebt habt. Allerdings handelt es sich bei seinen Pokergeschichten um Standardanekdoten aus der Pokerwelt, die von ihm umgeschrieben wurden, um sich in die Szenerie des Mississippi-Flussschiffes einzufügen. Im Gegensatz zu Green und Hildreth ist es relativ wahrscheinlich, dass er bei Pokerspielen anwesend war, aber er hat diese wahrscheinlich nicht beschrieben.

Das Interessante an allen drei Berichten ist das, worüber sie nicht geschrieben haben. Die drei Autoren schreiben über seltsame und barbarische Orte (zumindest aus der Sicht ihrer vermeintlichen Leser), und sie führen neue Wörter ein, deren Aussprache von ihnen kommentiert wird. Alle drei machen Gebrauch von dem Wort Poker, als würde es zum alltäglichen Vokabular ihrer Leser gehören. Und keiner der drei weist darauf hin, dass es eine fremde oder ungewöhnliche Aussprache haben könnte. Das scheint den Behauptungen zu widersprechen, die auf einen französischen oder persischen Ursprung des Wortes verweisen. Die Autoren verwechseln Poker auch nicht mit anderen, ähnlichen Spielen. Stattdessen verweisen alle drei darauf, dass Poker sehr weit verbreitet war. Sie gehen davon aus, dass ihre Leser mit den Spielregeln vertraut sind: Die Spieler tun Geld in einen Pot, den zum Schluss einer der Spieler gewinnt. Spieler können passen und somit jeglichen Anspruch auf den Pot verlieren. Blätter mit Assen schlagen Blätter mit Königen. Ab dem Jahr 1830 war Poker ein bekanntes regional gespieltes Spiel. Die Menschen im Osten der USA und in Europa kannten das Spiel, waren aber nicht mit den spezifischen Regeln vertraut. Poker ist ein eigenständiges Spiel. Es ist keine Variante von Poch oder dem altenglischen Spiel Brag.

Diese Tatsache lässt darauf schließen, dass Poker schon länger gespielt wurde, als geschichtlich dokumentiert. Spiele ohne niedergeschriebene Regeln haben sich schon immer sehr langsam verbreitet. Poker war nicht nur im Südwesten der USA verbreitet, im Jahre 1830 war das Spiel weithin bekannt, auch wenn es nicht gespielt wurde. Es gibt keine Hinweise darauf, dass irgendwelche Verbindungen zu anderen Spielen bestanden. Das lässt darauf schließen, dass Poker sich vor sehr langer Zeit und komplett von anderen Spielen abgespalten hatte oder dass es sich um ein neu erfundenes Spiel handelte (selbstverständlich ist es an andere Kartenspiele angelehnt, was jedoch nicht vergleichbar mit einer direkten Abstammung von einem anderen Spiel ist). Diese Entstehungsform eines Kartenspiels ist sehr typisch, während eine schrittweise Veränderung der Regeln eher unüblich ist.

Es gibt jedoch wesentlich überzeugendere Literatur zur Entstehungsgeschichte von Poker. Als Erstes möchte ich G. Frank Lydstons 1906 veröffentlichtes Buch „Poker Jim" erwähnen, für das er wunderbare Geschichten über Poker sammelte und veröffentlichte. Er selbst hatte damals gerade seinen Abschluss an einer medizinischen Fakultät gemacht, sich dann dem Goldrausch Amerikas angeschlossen und über das Leben von Bergarbeitern berichtet. Dabei legte er besonderes Augenmerk auf pokerrelevante Vorkommnisse in der Zeit zwischen 1850 und 1890. Das war das wahre Leben, das war wahres Pokern. Ein weiteres erstklassiges Werk aus dieser Zeit ist John Blackbridges Hutchings „California Magazine". „The Complete Poker Player" aus dem Jahre 1880. Dieses Buch beschreibt, wie Poker damals an der Ostküste der USA gespielt wurde, doch der Autor geht auch auf die Theorie, die hinter dem Spiel steckt, ein. David Darys nicht so weit zurückliegendes Buch „Pleasure in the Old West" (University Press of Kansas) aus dem Jahre 1995 enthält sehr wertvolle und unterhaltsame Informationen zum Thema Poker.

R.F. Fosters „Foster on Poker" (1904) bietet ähnlich nützliche Informationen. Er bezieht die Informationen in seinem Buch aus einer umfassenden Auswahl an Pokertexten. Außerdem bemühte er sich, ältere Pokerspieler aufzusuchen, um mehr über die Anfänge des Pokerspiels herauszufinden. David Parletts Buch „The Oxford Guide to Card Games" (Oxford University Press, 1990) bietet den professionellsten Überblick über die Geschichte des Pokers, und es ist gleichzeitig ein wunderbar unterhaltsames Buch, das man lesen sollte.

Kenneth Gilbert, Journalist aus Seattle, strickt die Geschichte an der Stelle wei-

KOMMENTIERTE BIBLIOGRAPHIE

ter, an der sie bei Poker Jim endet. Ich las seine Geschichten als Kind in einer Zeitung, in der sie 1958 unter der Zeitungskolumne Alaskan Poker Stories veröffentlicht wurden. Die Geschichten handeln vom Goldrausch Alaskas in der Zeit von 1898 bis 1916.

Herbert Yardley ist eine weitere zentrale Übergangsfigur. Er lernte Poker um 1900 bei einem echten Pokerspieler aus dem Wilden Westen der USA, entschloss sich jedoch, eine Karriere in der Kryptographie und der internationalen Spionage anzustreben. Er verbindet die Wurzeln des Pokerspiels mit der modernen Mathematik und politischem Denken. Sein 1956 erschienenes Buch „The Education of a Poker Player" (Neuauflage von Orloff Press, 1998) ist ein Klassiker.

Allen Dowling war in den 1930er Jahren für die Öffentlichkeitsarbeit des Politikers Huey Long aus Louisiana verantwortlich und außerdem in den 1920ern bis in die 1960er Jahren Journalist und Verleger in New Orleans. In seinen Werken „Confessions of a Poker Player" (1940), „Under the Round Table" (1960) und „The Great American Pastime" (A.S. Barnes, 1970) kann man wertvolle Informationen über die damalige Zeit nachlesen. Die ersten beiden Werke, die inzwischen leider vergriffen sind, schrieb er unter dem Pseudonym Jack King. Eine durchaus andere Sicht auf diese Zeit bietet Alfred Lewis in seiner großartigen Biografie „Man of the World: Herbert Bayard Swopes: A Charmed Life of Pulitzer Prizes, Poker and Politics" (Bobbs-Merrill, 1978). Albert Ostrows „The Complete Card Player" (McGraw-Hill, 1945) und Irwin Steigs „Common Sense in Poker" (Galahad, 1963) vermitteln eine Übersicht über die Entwicklung der Pokergeschichte von den 1930er bis in die 1950er Jahre.

Etwas später veröffentlichten einige wundervolle sowie des Lesens und Schreibens sehr mächtige Autoren Sachbücher zum Thema Poker. Unter ihnen Anthony Alvarez mit seinem Buch „The Biggest Game in Town" (1982; neue Taschenbuchausgabe von Chronicle, 2002) sowie David Spanier mit seinen beiden Werken „Total Poker" (High Stakes, 1977) und „Easy Money" (Trafalgar, 1987). Diese drei Bücher sind ein absolutes Muss. Darauf folgten Anthony Holdens „Big Deal" (1990), Andy Bellins „Poker Nation" (HarperColins, 2002) und James McManus' „Positively Fifth Street" (Farrar, Straus and Giroux, 2003), alles sehr empfehlenswerte Poker-Sachbücher.

John Stravinsky hat in „Read Em and Weep" (HarperCollins, 2004) viele großartige Texte zusammengetragen. Außerdem ist „Aces and Kings" von Michael Kaplan und Brad Reagan (Wenner Books, 2005) sehr zu empfehlen.

GESCHICHTE UND BEDEUTUNG VON GLÜCKSSPIELEN

Hier würde ich gerne bei Gerolamo Cardanos Klassiker „The Book on Games of Chance" (übersetzt von Sydney Gould, Princeton University Press, 1953) aus dem Jahre 1520 beginnen. 154 Jahre später erschien Charles Cottons „The Compleat Gamester" (1674), gefolgt von „Lives of the Gamesters" von Theophilus Lucas

(1714). Alle drei Bücher beschreiben die Theorie und Praxis der Anfänge der neuzeitlichen Glücksspiele.

Unter den neueren Veröffentlichungen stößt man auf einige sehr wichtige Werke wie beispielsweise „The Gambling World" von Rouge et Noir (1898), „Suckers Progress: An Informal History of Gambling in America from the Colonies to Canfield" von Herbert Asbury (Dodd, Mead, 1938) und „Play the Devil: A History of Gambling in the United States from 1492-1955" von Henry Chafetz (Bonanza Books, 1961). In Oscar Lewis Buch „Sagebrush Casinos" (Doubleday) aus dem Jahre 1953 findet man wichtige Informationen über Nevada (wobei der Schwerpunkt auf Reno und nicht auf Las Vegas liegt).

In Bezug auf die Bedeutung des und die Einstellungen zum Glücksspiel ist Clyde Davis „Something for Nothing" (Lippincott, 1956) ein bedeutendes frühes Werk. Obwohl Charlotte Olmsteds 1962 erschienenes Buch „Heads I Win, Tails You Lose" (Macmillan) oft nicht sehr gut in meinem Buch wegkommt, so sind doch einige Teile daraus durchaus sehr lesenswert.

Die explosionsartige Verbreitung des Glücksspiels in Amerika von 1970 bis 2.000 hat dazu geführt, dass eine große Bandbreite an Pokerliteratur auf den Markt geschwemmt wurde. Die im Folgenden genannten Bücher haben die Einstellung der Menschen gegenüber Glücksspielen stark beeinflusst und neu definiert. Hierzu gehören „Gambling and Speculation" von Reuven und Gabrielle Brenner (Cambridge University Press, 1990), der Bestseller „Against the Gods" von Peter Bernstein (Wiley, 1996), „Gambling in America" von William Thompson (ABC-CLIO, 2001), „Wheels of Fortune" von Charles Geisst (Wiley, 2002) und „Something for Nothing" von Jackson Lears (Viking, 2003).

FINANZWESEN UND GLÜCKSSPIEL

Bücher, die sowohl das Thema Finanzwesen als auch das Thema Glücksspiel behandeln, sind u.a. Dickson Watts 1878 erschienenes Buch „Speculation as a Fine Art" (Neuauflage von Fraser Publishing, 1965). John McDonald hat mit seinem Buch „Strategy in Poker, Business and War" (Norton, 1950) viel dazu beigetragen, die Theorie des Spiels zu verbreiten. Ed Thorp und Sheen Kassouf (dieser verstarb am 10. August 2006, als die Originalausgabe dieses Buches gerade in Druck ging) schrieben „Beat the Market" (Random House) im Jahre 1967. Eds 1962 erschienenes Buch „Beat the Dealer" (Vintage) fügt sich perfekt in diese intellektuelle Tradition. Ein weiteres interessantes Werk ist Greg Dinkins und Jeffrey Gitomers „The Poker MBA" (Crown, 2002). Marty O' Connells großartiges Buch „The Business of Options" (Wiley, 2001) und sein Meisterwerk „Paul Wilmott on Quantitative Finance" (Wiley, 2.000) würde ich auch dieser Kategorie zuordnen, allerdings würde ich behaupten, dass es sich bei beiden Büchern um überragende Finanztexte handelt.

Wer jedoch nicht genug von Poker bekommen kann, sollte unbedingt die Bücher von Mason Malmuth und David Sklansky lesen. Ich möchte an dieser Stelle nur jeweils „Gambling Theory and Other Topics" von Mason Malmuth (Two Plus Two, 2004) und „The Theory of Poker" von David Sklansky (3. Auflage, Two

KOMMENTIERTE BIBLIOGRAPHIE 311

Plus Two, 1994) erwähnen. Allerdings haben beide Autoren mehrere weitere sehr empfehlenswerte Bücher hervorgebracht. „Poker for Dummies" von Richard D. Harroch und Lou Krieger („For Dummies", 2.000) vermittelt absoluten Anfängern die Grundlagen von Poker, bietet aber auch Interessantes für diejenigen, die sich schon ein wenig mit Poker auskennen. Einige wichtige Bücher zum Thema Finanzen, die zum Verständnis dieses Buches beitragen, sind „Money and Trade Considered" von John Law (1705), „The Economic Function of Futures Markets" von Jeffrey Williams (Cambridge University Press, 1986), „Futures Trading" von Robert Fink und Robert Feduniak (New York Institute of Finance, 1988), „Exploring General Equilibrium" von Fischer Black (MIT, 1995), „Dynamic Hedging" von Nassim Taleb (Wiley, 1996), „Iceberg Risk" von Kent Osband (Texere, 2002) sowie „Trading and Exchanges" von Larry Harris (Oxford University Press, 2003).

Emanuel Dermans Autobiografie „My Life as a Quant" (Wiley, 2004) ist ein beeindruckendes Buch des Physikers und Quantitativen Analysten, das die quantitative Szene der Wall Street von innen beschreibt. Einen Blick hinter die Kulissen dieser angewandten Prinzipien bieten William Falloons Biografie „Charlie D." (Wiley, 1997) über den Börsenstar Charles DiFrancesca, William Poundstones „Die Formel des Glücks" (Börsenmedien, im Erscheinen), Timothy Middletons Biografie Bond King (Wiley, 2004) über den Superinvestor Bill Gross sowie Perry Mehrlings Biografie „Fischer Black and the Revolutionary Idea of Finance" (Wiley, 2005) über den Superdenker Fischer Black.

Außerdem würde ich an dieser Stelle gerne drei weitere Bücher erwähnen, die in keine bestimmte Kategorie eingeordnet werden können, aber viele der in diesem Buch angesprochenen Themen auf ihre eigene Art und Weise behandeln. Dazu gehören Nassim Talebs „Fooled by Randomness" (Norton, 2001), James Surowieckis „Die Weisheit der Vielen" (Bertelsmann, 2005) und Malcolm Gladwells „Blink! Die Macht des Moments" (Campus Verlag, 2005).

Es sind außerdem einige großartige Bücher zum Thema Terminhandel erschienen, unter ihnen „A Deal in Wheat" von Frank Norris (1903), „The Plunger: A Tale of the Wheat Pit" von Edward Dies (1929 – bei beiden handelt es sich um Romane, dennoch kann man sich auf die geschilderten Fakten verlassen), „The Chicago Board of Trade" von Jonathan Lurie (University of Illinois, 1979), „Brokers, Bagmen and Moles" von David Greising und Laurie Morse (Wiley, 1991), „The Merc" von Bob Tamarkin (HarperCollins, 1993), „Pride in the Past, Faith in the Future: A History of the Michigan Livestock Exchange" von Carl Kramer („Michigan Livestock Exchange," 1997) und „Market Maker: A Sesquicentennial Look at the Chicago Board of Trade", herausgegeben von Patrick Catania (Chicago Board of Trade, 1998). Außerdem möchte ich es mir nicht nehmen lassen, auf das Buch „City of the Century" (Simon & Schuster, 1996) von Donald Miller hinzuweisen. Es behandelt die Stadt Chicago, die oben genannten Aspekte und noch vieles mehr.

BESONDERE QUELLEN

Leonard Savages „The Foundation of Statistics" (Wiley, 1950) ist der beste Überblick über die Nutzentheorie sowie die Philosophie der Wahrscheinlichkeit. „Savage Money" von Chris Gregory (Harwood, 1997) wird Ihre Art und Weise, wie Sie über das Thema Veränderungen denken, verändern, und Daniel Usners 1992 erschienener Klassiker „Indians, Settlers and Slaves in a Frontier Exchange Economy: The Lower Mississippi Valley Before 1783" (University of North Carolina) bietet einen faszinierenden und wegweisenden Blick auf eine faszinierende und wegweisende Zeit.

Janet Gleesons „Millionaire" (Simon & Schuster, 1999) ist eine unterhaltsame und bekannte Biografie über John Law.

„Games, Sport and Power" herausgegeben von Gregory Stone (Transaction, 1972) und „Poker Faces" von David Hayano (University of California, 1982) sind zwei sehr nützliche Bücher über die wirtschaftlichen Aspekte von Poker.

Harrison Whites Buch „Markets from Networks" (Princeton University, 2002) und das Buch „Six Degrees" (Norton, 2003) seines Schülers Duncan Watt sind zwei der besten Bücher zum Thema soziale Netzwerke.

Register

0-9
9-6-3-Regel, 119

A
Abenteurer, wirtschaftliche Rolle, 17, 21, 142, 158, 163
Aces and Kings (Kaplan and Reagan), 309
Action-Spieler, 116-117, 120, 124, 269
  Siehe auch Risikospieler
Afrikanische Immigranten:
  wirtschaftliche Innovationen, 23, 140
  in der Zeit der Sklaverei 134, 136
Against the Gods (Bernstein), 310
Aglialoro, John, 14, 165, 173
Aktienmarkt
  Boom, 187
  Börsencrashs, 99, 106, 111, 190
  Funktion, 90
  Aufrichtigkeit des, 186-187
  Manipulation des, 261
  und Rendite, 22, 71
  und Risiko, 87-103
  und Trends, 258
Aktienoptionen
  Rendite aus, 206
  Handel mit, 187
Aktien
  -sorten, 98
  als Wertpapiere, 71
  -dividenden, 72, 96
  -preise, 26
  als Basiswertpapiere, 103
Aktionäre:
  Gewinne der, 187-189
  Vertretung bei Unternehmensvorständen, 262
Alaskan Poker Stories (Gilbert), 309
Allais' Paradoxon, 299, 310

all-in-gehen, 47
Amarillo Slim, 242
Amazon.com, 35
American Stock Exchange, 168
Amerikanische Vereinigung
  der Psychiater, Kriterien des
  Problemspielens 295
Amerikanische Veteranenlegion,
  Glücksspielgesetze und 113, 157
Amerikanischer Westen, der:
  Entwicklungsprojekte, 164
  ökonomisches Netzwerk, 184
  Terminbörsen, 23, 141, 169, 183
Anaconda (Spiel), 171
Anlagevermögen:
  Definition, 69
  Funktion, 90
  Risiko/Rendite, 74
  Zuwachs des -s, 70
Anleihen:
  Dividendenerträge aus, 72, 89
  Garantierte Eigenkapitalanleihe, 89
  Portfoliomanagement für, 206
  Staats-, 206
  Unternehmens-, 71
Ante, 46, 52, 147, 220, 228
Arbitrage-Gewinn, 107, 110
Armut, wirtschaftliche Funktion, 129
Atlantic City, New Jersey, 45, 245, 293

B
Backgammon, 147, 186, 270, 111
Bacon, Francis, 263
Bacon, Roger, 263
Bailyn, Bernard, 141
Banken:
  Handels-, 71
  Hard-Money-, 120

Investment-, 71
Kasinos als, 294
Ökonomische Rolle der, 143
Soft-Money-, 120, 142-146, 157, 159, 163
Zinssätze und, 71, 121
Baseball:
  Schiedsrichter beim, 36
  Wahrscheinlichkeit beim, 217
  Wetten beim, 103, 168
Basispreis, 72, 202, 208
Basiswert (underlying), 72, 111
Beat the Dealer (Thorp), 191, 310
Beat the Market (Thorp and Kassouf), 191, 310
Becker, Mike, 111, 186
Bellin, Andy, 293, 309
Bergler, Edmund, 291
Bernoulli, Daniel, 296-297
Beta, 74-75
Betrügen:
  in Kasinos gegenüber kommerziellen Kartenräumen, 148
  bei Spielen in Harvard, 174-180
  beim Pit-Spiel, 196
Big-'Cap-Rennen (Santa Anita), 255
Big Deal (Holden), 309
The Biggest Game in Town (Alvarez), 309
Black, Fischer, 14, 23, 75, 81, 125, 127, 191-192, 195, 301, 311
Blackjack:
  Kartenzählen, 24, 191
  Wahrscheinlichkeitstheorie, 297
Black-Scholes-Merton-Modell, 125
Blinds, 46, 234, 239, 264
Blink (Gladwell), 277, 311
Bluffen, 11, 61, 83, 150, 174, 224
Board 49, 85-86, 254, 263
Bond, James, 272
Bond King (Middleton), 272
The Book on Games of Chance (Cardano), 309
Börsen, 17, 24, 25, 72
Betrug, 261

Bridge, 186
Brokers, Bagmen and Moles (Greising and Morse), 311
Brunson, Doyle, 144, 242, 282
Bruttosozialprodukt (USA), 192-193
Buchmacher, 104-105, 115, 167
Buffalo, New York, 163
Buffett, Warren, 190
Bush, George W., 175
The Business of Options (O'Connell), 311

C
Calendar Spreads, 202, 205
California Horse Racing Board, 262
California Institute of Technology (Cal Tech), 257
Call-Optionen (Kaufoptionen):
  beim Börsencrash, 99
  Definition, 72
  Down-and-Out-, 167
  Kurs, 186-190, 198, 203
  beim Spread-Trading, 159
Camerer, Colin (Mr. Clean), 256, 257
Capital Asset Pricing Model (CAPM), 75, 125
Capital Assets siehe Anlagevermögen
Caro, Mike (Crazy Mike), 14, 113, 123
Cavendish Club, 186
Charlie D (Falloon), 311
Check-Raising, 46
Chevalier de Mere, 296 *Siehe auch* Gombaud, Antoine
Chicago Board of Trade, 161, 164, 185, 197
The Chicago Board of Trade (Lurie), 311
Chicago (Spielvariante), 162
The Gincinnati Kid (Buch/Film), 82
City of the Century (Miller), 311
Clark, William, 140
Codex Hammurabi, 285-288
Common Sense in Poker (Steig), 309
The Compleat Gamester (Cotton), 309
The Complete Card Player (Ostrow), 309

REGISTER

The Complete Poker Player
  (Blackbridge), 308
Computer
  im Liar's Poker, 251
  bei der Poker-Strategie, 201, 237
  im Wertpapierhandel, 74, 140, 151,
    186, 197, 202
Confessions of a Poker Player (King), 309
Connery, Sean, 272
Cortes, Hernando, 305
Cowell, Joseph, 307
Cramer, Gabriel, 297
Craps
  Beliebtheit, 197
  in Kasinos, 244

D
A Deal in Wheat (Norris), 311
Derivate:
  Definition, 72
  Eigenschaften, 22
  Kursbestimmung, 110
  Märkte für, 105
  Optionen als, 103, 183
  Trading von -n, 183, 187
Derman, Emanuel, 14, 192, 311
de Soto, Hernando, 138
Devisenmärkte, internationale:
  Börsencrash, 106
  Kunden, 104
  Kursschwankungen, 100-101
  staatlicher Einfluss, 100, 185
  Transaktionen, 22
Dienstleistungen:
  Definition, 69
  finanzielle, 70, 302
DiFrancesca, Charles, 311
Diversifikation, 96-99
Dividenden, 72, 188
Dostojewski, Fjodor, 27
Dow Jones Industrial Average, 22
Dowling, Allen, 309
Down-and-out-Kaufoption, 167

Dr. No (Film), 272
Dr. Strangelove (Film), 213
*Dragoon Campaigns to the Rocky
  Mountains* (Hildreth), 307
Draw Poker. Siehe auch Five-Card Draw
  Ablauf, 56
  Einsatz-Reihenfolge, 55
  Einsatz-Runden, 148
  in Kalifornien, 112
Dreierwetten, 256
Drew, Daniel, 161
Dynamic Hedging (Taleb), 202, 311

E
Easy Money (Spanier), 309
eBay, 91, 195
*The Economic Function of Futures
  Markets* (Williams), 311
The Education of a Poker Player
  (Yardley), 309
Efficient Market Hypothesis (EMH), 74
Ehe:
  Glücksspieler und, 165, 292-293
  Trader und, 165
  wirtschaftliche Rolle, 137
Ein Paar, 44
England, Kolonialwirtschaft, 129, 134
Enron, 162, 262
Entscheidungen, Treffen von:
  Geschlechtsunterschiede, 275
  durch Glücksspiel, 87
  durch Investoren, 74
  Moral, 181, 263
  Nutzentheorie und das, 299-30
  beim Poker, 10, 151, 250
  Spieltheorie beim, 223, 238, 289
  in der Wirtschaft, 93, 192, 266
erhöhen:
  versus callen, 150
  Limits, 46-48
  durch offensive Spieler, 60
  durch Risikospieler, 275
  String-Betting, 48

Eriekanal, 163
Erwartungswert, 61, 296-298, 304-305
Ethik:
　Vermischung von Glückspiel und Geschäft, 210
Ethnien, 296
Expedia, 195
Exploring General Equilibrium (Black), 125-126, 301, 311

F

Fama, Eugene, 14, 74
Faro (Spiel), 112, 127
Federal Reserve, 78, 101, 190
Federal Reserve von New York, 78
Feduniak, Bob, 14, 165, 202
Fcduniak, Maureen, 165
Fermat, Pierre de, 296
Fever Records, 258
Financial Analysts Journal, 192
Financial Engineering:
　Derivate, 104, 110
　Erfindung des, 192
　Unternehmertum und, 187
Finanzwesen:
Finanztechnologie, 183
　Glücksspiel und, 10, 21, 27-28, 64-65, 77, 78-81, 310
　Institutionen, 22, 23, 28, 70-73, 90-93, 157
　Karriere im, 181, 269
　Spieltheorie, 213
　Theorie, 73, 89
　Ursprünge, 23
　Vertrauen als Faktor im, 210
Finanzdienstleister:
　Arten, 70-73
　Verfügbarkeit von -n, 76
　Versagen der, 303
Finanzmanager, 272
Firmen:
　in den 1970ern, 184-190
　in den 1980ern, 190
　historische Entwicklung, 163, 184
　Wachstum versus Shareholder Value, 18, 27, 77, 184
Fischer Black and the Revolutionary Idea of Finance (Mehrling), 311
Fisk, Jim, 161
Five-Card-Draw:
　Ablauf, 56
　Beispiel für kommerzielles Spiel, 147-155
　Blatt des Gegners, 266
Five-Card-Stud:
　Ablauf, 52-56
　Präferenz, 171
Fixed-Limit-Spiele, 46, 280
Flop, 49
Flush, 40
　Siehe auch Royal flush, Straight flush
Fooled by Randomness (Taleb), 266, 311
Die Formel des Glücks (Poundstone), 311
Foster on Poker (Foster), 308
The Foundation of Statistics (Savage), 312
Four Flush, 150
Frankreich, frühes Wirtschaftssystem, 129, 133-134
Fremdkapitalquote, 190
Freud, Sigmund, 269
Full House, 42
Fundamentalanalyse, 24
Fundamental Theorem of Poker, 30
Fundenberg, Drew, 284
Fünf gleiche Karten, 39-40
Futures, 161-165, 169-170
Futures-Börsen:
　Funktion, 102
　Glückspiel-Aspekt der, 165-168
　Winkelbörsen und, 162-169
　in der US-Wirtschaftsgeschichte, 161-164
Futures Trading: Concepts and Strategies (Fink and Feduniak), 311

G

Gae, 157

REGISTER

Galbraith, John Kenneth, 119, 190
Gambling and Speculation (Brenner), 310
Gambling in America (Thompson), 310
Gambling Theory and Other Topics (Malmuth), 310
Gambling Unmasked (Green), 307
The Gambling World (Rouge et Noir), 310
Games, Sport and Power (Stone), 312
Gardena, California, 82, 112-124, 147
Gates, Bill, 27, 35, 175
Gavitt's Stock Exchange (Spiel), 195
Gedächtnis:
  beim Draw-Poker, 58
  beim Five-Card-Stud, 52, 56
  bei Schach und Backgammon, 174
  beim Seven-Card-Stud, 56
Gefangenendilemma, 222
Gegner:
  in Draw-Spielen, 57
  einschätzen, 33-34
  Geheimabsprachen unter -n, 149, 153
  als Herausforderung, 81-82
  beim Liar's Poker, 250
  offensive Strategie und, 59
  Setzen der, 63
  die Strategie der - beeinflussen, 234-237, 279, 288
  Strategie der - voraussagen, 217, 219, 222, 224, 230
Gemeinschaftskarten, 33, 214, 231
General Electric, 183
General Mills, 183
General Motors, 183
Geschenktausch, 136
Getreidebörse Minneapolis, 161
Gewinner:
  Eigenschaften von -n, 243, 269
  in Kasinos, 243-45
  in kommerziellen Kartenspielräumen,116-119
  strategische Ausrichtung gegen, 297
  bei Turnieren, 282
Gilbert, Kenneth, 308

Gleichgewicht des Schreckens, 213
Gleichgewichts-Analyse, 290
Glücksspiel:
  Aktien und, 161
  als Beruf, 64-67
  Erwartungswert beim, 296-298
  Futures-Börsen und, 165-168
  Gesetze gegen, 112-113, 157
  historischer Stellenwert, 87-88
  bei der Kapitalbildung, 92
  als Krankheit, 295-296
  als kreative Inspiration, 27, 166
  Motivationen für, 291
  als Nullsummen-Markt, 22
  ökonomische Rolle, 9, 21, 24, 26-28, 77, 87-88, 91-92, 97, 131-132
  Optionen und, 102
  Risiko, 10-11
  Steuern und, 64-67
  als Tauschgeschäft, 140
  going short against physical, 169
Goldman Sachs, 78, 126, 192
Goldrausch:
  Kalifornien, 308
  Yukon, 145
Goldstandard, 101, 185
Gombaud, Antoine, 296
Gould, Jay, 161, 164
Gramm, Wendy, 263
Graves, Peter, 271
The Great American Pastime (Dowling), 309
Green, Jonathan, 307
Gregory, Chris, 134, 312
Gross, Bill, 272, 311
A Guaranteed Income for Life by Using the Advanced Concepts of Poker (Wallace), 180, 265
Güter, Definition, 69
Guts (Kartenspiel), 221, 225, 234
Gut Straights, 57

H

Hammurabi, 285-288
Handel/Trading:
  Aktien-, 206-207
  Daytrading, 98
  elektronischer, 26, 72
  emotionaler Aspekt des -s, 282-283
  Fern-, 138
  für den - geeignete Wertpapiere, 132
  historische Rolle des -s, 87
  Information Mirages und, 258-259
  Initiationsriten, 248
  Insider-, 186
  Kauf-/Verkaufmotivation beim, 25-26
  lernen, 195-211
  von Optionsscheinen, 192
  spread basierter, 159-161, 185
  Tauschgeschäfte als Form des -s, 132
  Zufallsaspekt, 170, 219
Handelsbanken, 71
  Anzahl der Spieler, 269
  betrügen, 148
  Chips, 45
  Draw, 112
  Einsätze, 83
  in Gardena, California, 83, 112, 122, 149
  Gewinner, 116-117
  kommerzielle Kartenräume:
  Pokertheorie, 32, 114, 172, 213
  Position am Tisch, 45
  Spieltempo, 115, 148
  String-Betting, 48
  tight und loose Spieler, 58
Hard-Money-Banken, 120
Harris, John, 262
Harvard:
  Pokerspiele in, 174
  Spieltheorieforschung in, 284
Hayano, David (The Arm), 35, 114-115
Heads I Win, Tails You Lose (Olmsted), 310
Hedging:
  Funktion, 93-94
  an Future-Märkten, 162
  risikofreies, 94
Helmuth, Phil, 282
Hickok, Wild Bill, 146
High-Low-Spiele, 50-52
Hildreth, James, 307
Hill, Steven, 271
Hold 'Em Poker, Siehe Texas Hold 'Em
Hole Cards, 49-50
Hunt, H.L., 27
Hutchings' California Magazine, 308

I

Icahn, Carl, 27
Iceberg Risk (Osband), 269, 311
illegale Lotterien, 157, 168
Indexfonds, 91
Indians, Settlers and Slaves in a Frontier Exchange Economy: The Lower Mississippi Before 1783 (Usner), 312
Information Mirage, 258-259, 261-263
Informationstheorie, 24
Insiderhandel, 162
Interbank, 72
Interessenkonflikte, 263
Internal Revenue Service (IRS), 64-67, 121
Internet:
  Pferdewetten im, 257
  Poker im, 39, 49, 65, 79
Investmentbanken, 71
Investments
  Diversifizierung, 86, 97-99
  Risikolevel, 157
Investmentsfonds:
  günstige Indexfonds, 91
  Rendite, 71
  Volatilität, 91
Investoren:
  am Aktienmarkt, 72
  in amerikanischen Kolonien, 135
  Entscheidungsfindung der, 74
  Portfoliotheorie, 96

Risiko als Attraktion für, 19, 22
in Warentermingeschäfte, 164

J
Japan, Rezession in, 100
Joliet, Louis, 140

K
Kalter Krieg, Rolle der Spieltheorie, 213, 234
Kapitalallokation/Kapitalbildung:
  für die Entwicklung der Infrastruktur, 162, 168, 172, 194
  Märkte und, 22, 26
Karten:
  aufdecken, 49
  Farben, 39
  markierte, 181
  Rangfolgen, 39
  Umgang mit, beim Pokern, 30-37
Kartendealer:
  Amateur-Kartendealer, 148
  Bestimmung des -s, 55
  beim Faro, 112, 127-128
  professionelle, 144
Kasinos:
  Anteil des Hauses (Kasinogebühr), 82
  betrügen in, 148
  Chip-Rückkaufregeln, 82
  Gewinner-Verlierer-Verhältnis in, 302
  IRS und, 66
  Kreditvergabe durch, 294
  frühe am Mississippi, 137
  Pokerspiel in, 112, 243-244, 251
  Spielvoraussagen in, 303
  Verlierer in, 122, 149
Kennedy, John F., 271, 273
Kerkorian, Kirk, 27
Kicker, 41, 152-154, 268
Kills, 46
Kluge, John, 27
Knowles, Elizabeth, 127
Kolber, Fred, 186

Kommunismus, 184
Kongo-Fluss (Afrika),
  Wirtschaftssystem, 23, 140
Kredite:
  von Banken, 27, 144
  von Futures-Börsen, 165
  von kommerziellen Spielräumen, 112, 116, 148
  von Kreditgenossenschaften, 70
Kriegsveteranen, Glücksspielgesetze und, 113
Kuba-Krise, 271
Kurse:
  von Aktien, 22, 24-26, 98-99, 189
  Kursfindung am Markt, 22
  von Optionen, 72, 103-104, 185, 189, 197, 203
  Spread-Trading, 159
  an Terminbörsen, 164

L
Lasker, Bernard, 21
Las Vegas, Nevada, 21, 45, 79, 80, 82, 122-123, 148, 245, 265, 291
Law, John, 23, 125-126, 136, 141, 312
Lebensjahresrente, 94
Lebensversicherung, 94, 302
Lepercq, de Neuflize, 208, 209, 211
Levine, David, 285
Lewis, Meriwether, 140
Lewis, Michael, 248, 249
Liar's Poker:
  als Initiationsritus von Tradern, 248
  Regeln, 248
Liar's Poker (Lewis), 247
Limit, Pokerspiele mit, 46
Lintner, John, 73, 75, 125
Livermore, Jesse, 161, 169
Lives of the Gamesters (Lucas), 309
lokale Volatilität, 110
Longden, Johnny, 255
Lotterien:
  Ausschüttungen von, 98

britische Prämienanleihen, 88-89
historische Rolle, 96-97
staatliche, 66
Low, Roger, 13, 111
Lydston, G. Frank, 308

M
Malmuth, Mason, 123, 310
Man of the World: Herbert Bayard Swopes: A Charmed Life of Pulitzer Prizes, Poker and Politics (Lewis), 309
Market Maker: A Sesquicentennial Look at the Chicago Board of Trade (Catania), 311
Markets from Networks (White), 312
Markowitz, Harry, 73, 74
Märkte:
   als Basis der Wirtschaft, 130, 142-143
   beherrschen (cornering), 162, 164
   Effizienz, 74-75, 192, 198
   Nullsummen-, 22, 91-92
   mittelalterliche, 131
   Organisation der, 23, 110
   Stops, 25-26
Marktgleichgewicht, 191
Marktverbände, 159
Marquette, Jacques, 140
Marten, Mike, 262
mathematische Theorie:
   Anwendungen, 191-192, 264
   Erwartungswert, 296-298
   beim Poker, 264, 280
   Risiko und, 282
Mauboussin, Michael, 272
Mehrling, Perry, 127, 311
The Merc (Tamarkin), 311
Merton, Robert, 102-104, 125, 191, 192
Miller, Bill, 272
Miller, Merton, 14
Millionaire (Gleeson), 312
Millionär, Wortursprung, 128-129
Minimax-Strategie, 219
Mission: Impossible (TV-Serie), 271

Mitgehen:
   Ablauf, 62
   gegenüber Erhöhen, 152
   Strategie, 30, 36, 49
Mittelschicht:
   Aufstieg der, 18, 145, 183
   Finanzdienstleistungen für, 76
   und Glücksspieler, 18, 194
   Lottospieler, 302
   der - entfliehen, 292-293
Modern Portfolio Theory (MPT), 73, 74
Modigliani, Franco, 73
Money and Trade Considered with a Proposal for Supplying the Nation with Money (Law), 125
Morgan, J.P., 183
Morgan Stanley, 199
Morgenstern, Oskar, 298
Multilevel-Marketing-Systeme, 157
Münzwürfe, 24, 298
Murchison, Clint, 27
My Life as a Quant (Derman), 192, 311

N
National Savings and Investments Agency (Großbritannien), 88
Netzwerk-Ökonomien, 73, 129, 134, 138-141, 142, 157-158, 164, 184
Neumann, John von, 298
New York Stock Exchange (New Yorker Börse):
   Börsencrash von 1987, 99
   Charakteristika, 161
   Funktion, 22, 72
   Ort, 72
   Preis für einen Händlerplatz, 185
Night Baseball (Spiel), 171
Nixon, Richard, 28, 185, 271
Nobelpreis, 191, 257
No-Limit-Spiele, 47, 171, 279, 283
Nuts, beim Poker, 56
Nutzentheorie, 90, 298-301, 312

REGISTER

O

Off-Track-Betting (OTB), 21
Olmsted, Charlotte, 292, 310
Omaha (Pokervariante), 50-52, 154, 163
Online-Poker, 39, 49, 65, 79
Optionen:
   Aktien-, 187, 190
   beim Börsencrash von 1987, 106
   Glücksspiel-Aspekt, 102, 104-105
   Kursfindung, 72
   Put-Optionen von Winkelbörsen, 167
   Risiko, 304-305
Optionsscheine (Warrants):
   Handel von -n, 98, 106, 183
Osband, Kent, 269, 311
Over-the-Counter-Trades, 72
The Oxford Guide to Card Games
   (Parlett), 308

P

Papiergeld, 131, 133
Pari-Mutuel-System, 260
Parker, Josh, 111, 173
Parker-Brüder, 195
Pascal, Blaise, 296
Passen:
   Einstellung gegenüber dem, 276
   bei offensiver Spielweise, 46
Paul Wilmott on Quantitative Finance
   (Wilmott), 202, 310
Pearson, Pug, 144
Pferderennbahnen:
   Anwendung der Spieltheorie auf, 258-262
Pferderennen, 197, 258, 262
Pflanzer:
   Charakter der, 141
   wirtschaftliche Rolle der, 141
Phillips, Ulrich Bonnell, 141
Pit (Kartenspiel), 195-197
Play the Devil: A History of Gambling in the United States from 1492-1955 (Chafetz), 310

The Plunger: A Tale of the Wheat Pit
   (Dies), 311
Pocket Cards, 49
Poker:
   bekannte Spieler, 27-28
   Entscheidungsfindung beim, 35-37
   als Finanzinstitution, 28, 35, 115
   Futurehandel und, 161
   historische Entwicklung, 24, 307-309
   lernen, 171-183
   Limits, 45-46
   Literatur über, 307-312
   Meisterschaften, 67
   Online- (siehe Online-Poker)
   Popularität des, 17
   Risikomanagement, 19-21
   setzen beim, 45-46
   Spieltheorie im, 213, 217, 219, 220, 222-224, 230, 233-247
   Einsätze, 83-84, 292
   Strategie (siehe Strategie)
   Steuergesetze und, 64-67
   Timing, 285
   Vorhersagbarkeit beim, 58-59
   Wahrscheinlichkeitsrechnung beim, 214-217, 238-241, 265
   Zuschauer, 50
Pokerblätter:
   anordnen, 39
   Arten von -n, 37-45
   beim Five-Card-Stud, 52-56
   offensive Strategie für, 58-59
   beim Omaha, 51
   bei Texas Hold ‚Em, 32-33
   unschlagbare Karten, 56
Poker Faces (Hayano), 312
Poker for Dummies (Harroch and Krieger), 174, 311
Poker Jim (Lydston), 308-309
The Poker MBA (Dinkin and Gitomer), 310
Poker Nation (Bellin), 293, 309
Pokerspieler:
   als Kasino-Lockvögel, 295

Motivationen, 275
professionelle, 146-148, 165, 171, 275
Risikospieler, 276, 294
schwache, 45, 276
Subkultur, 113
Tells, 49
Typen, 66-67
als Wettbewerber, 81-82
Ponzi-Systeme, 157
Positively Fifth Street (McManus), 309
Pot:
  Entstehung des, 46
  gewinnen, 47
  Multiway-, 33-34, 237, 279
  beim Omaha, 50-51
  beim Texas Hold ‚Em, 49
  verwalten, 48
  Wert des, 61-63, 297-298
Pot-Limit-Spiele, 47, 279
Prämie (bei Optionen), 72
Preispolitik:
  für Produkte, 30-31
  der Regierung, 69
Pride in the Past, Faith in the Future story of the Michigan Livestock Exchange (Kramer), 311
Problemspieler, 291-293
Profit:
  beim Poker kalkulieren, 210, 219
  für kommerzielle Kartenspielräume, 118-119
  Definition, 70
  aus dem Multiway-Bluffen, 281
  aus Optionen,192, 198, 200-204, 206
  von Risikospielern, 269
  risikoloser, 107
  ausgeben/investieren und, 90-91
  regelmäßiger gegenüber einmaligem großem, 270
Prudential (Versicherungsgesellschaft), 206-209
psychologische Faktoren:
  offensive Strategie und, 59-60
  bei Draw-Spielen, 57
  an den Finanzmärkten, 74, 99
  beim Glücksspiel, 291-293
  beim Online-Poker, 174
  für Risikospieler, 269-272
  wissenschaftliche Untersuchung über, 282-284
  beim Börsenhandel, 282-283
  für schwache Spieler, 274
Punkteproblem, 296
Put-Optionen (Verkaufsoptionen):
  Börsencrash und, 106
  Definition, 72
  Kurs, 185-187, 189-190, 198-201
  beim Spread-Trading, 185
  Up-and-Out-, 168
Puzo, Mario, 28
Pyramiden-Systeme, 155

Q

Quads, siehe Vierlinge
Quants, 111, 248-254

R

Random-Walk-Theorie, 24, 32, 35
Ratingagenturen, 207
Read 'Em and Weep (Stravinsky), 309
Regierung:
  Banknoten, 157
  Lotterien, 302
  versus Marktkräfte, 93
  Preispolitik, 69
  Wert von Währungen, 185
Regulation Q, 100
Riddle, Ethel, 264-282
Ring-Clearing, 161
Risiko:
  von Aktien, 184
  am Aktienmarkt, 96-98, 106
  von Aktien gegenüber Poker, 38
  und Belohnung, 79-80
  Erwartungswert und, 304-305
  von Finanzprodukten, 89-90, 92
  Gewinnen und, 17-18

REGISTER

von Hedgefonds, 71
Hedging, 93-96
von Kapitalanlagen, 75
von Optionen, 105, 111-112
-regeln, 19-21
Statistiken über, 96
Strategie und, 32
-toleranz, 18-19, 298-301
unkalkulierbares, 19-21
-verständnis, 76, 110-111
in der Wirtschaft, 99
Risikomanagement:
  Rolle des, 18-19, 110
  Talent fürs, 79
Risikospieler, *Siehe auch* Action-Spieler
  Charakteristika, 269
  gegen - spielen, 274
Roberts, Sailor, 242
Roosevelt, Franklin, 130
Roulette:
  in Kasinos, 270
  Profitabilität, 303
  Risiko, 21, 244
  Wahrscheinlichkeitsrechnung beim, 10, 24, 94, 297
Rounders (Film), 120, 293
Royal flush, 40, 152, 220-221
Rubin, Ron, 111, 186

S

Sacagawea, 140
Sagebrush Casinos (Lewis), 310
Salon theory, 296
Samuels, Howard, 21
Sandbagging, 47
Santa Anita (Pferderennbahn), 255
Savage, Leonard, 300, 312
Savage Money (Gregory), 134, 312
Schach, 111, 120, 172, 174
Schaeffer, Jonathan, 273
Scholes, Myron, 191, 192
Schottlands, die Wirtschaft, 129, 133-134
schriftliche Kommunikation,
  wirtschaftliche Rolle der, 87, 138, 157
Seabiscuit, 255
Securities and Exchange Commission, 162, 198
Seeking Pleasure in the Old West (Dary), 308
Seidel, Erik, 111, 282
Semibluff, 231, 132, 268
Set, 44
Seven-Card Stud:
  spielen, 41
  Straight Flushes beim, 43
  Strategien für, 172, 176
Shannon, Claude, 24
Sharpe, William, 75, 125
Sharp Ratio, 73
Shills, 245
Shoemaker, Bill, 255
Showdown, 50, 83, 85, 153, 236, 239, 241, 249, 266, 274, 279
Six Degrees (Watts), 312
Sklansky, David, 30, 123, 174, 231, 310
Sklaverei, 134, 136
Slowplaying, 230
Soft-Money-Banken, 120, 157, 163
Something for Nothing (Davis), 310
Something for Nothing (Lears), 310
Soros, George, 31, 100, 272
Spanien, Kolonialwirtschaft von, 134
Spanier, David, 144, 265, 278, 309
Spargesellschaften, 157
Speculation as a Fine Art (Watts), 20, 310
Spieltheorie:
  Anwendungen, 93, 219, 289, 242
  Computeranwendungen, 273
  Erklärung des Bluffens mit der, 232
  experimentelle, 263
  Gegenargumente, 265
  beim Guts Poker, 220-222
  Kritik, 233-240
  Lernen als Einflussgröße in der, 384-387
  Two-Way-Blätter, 282, 288

Wahrscheinlichkeitsrechnung in der, 217, 265
Zufall in der, 219
Spread-Limit, 47, 280
Spread-Trading, 159-161,185
St.-Petersburg-Paradoxon, 298
Staatliche Lotterie und das IRS, 66
Städte:
  Infrastruktur, 158
  wirtschaftliche Entwicklung, 164, 188
Statistiken:
  Investoren und, 74
  Wirtschafts-, 192
Steuern
  finanzgeschichtliche Rolle der, 132
  auf Spielgewinne, 64-67
  auf Versicherungen 96
  auf Lotteriegewinne, 95, 302
stochastische Volatilität, 111
Stop-Buy-Order, 24
Stop-Loss-/Stop-Sell-Order, 24
Straight, 45, 57
Straight Flush, 35
Straße, 40
Strategie:
  als angeborene Fähigkeit, 289-290
  Errechnen einer, 234
  der Gegner, 217, 219, 222, 224, 230
  im Kalten Krieg, 234
  die Nische als, 34
  offensive / passive, 58, 217, 220
  Slow-Playing als, 237
  tighte gegenüber loose, 58, 239, 275
  Weitblick in der, 31
  Zufalls-, 219, 242
Strategy in Poker, Business and War (McDonald), 310
Strike, 72
Stud-Horse-Poker, 112
Stud-Poker:
  in Kalifornien, 112
  spielen, 44, 52-55

Suckers Progress: An Informal History of Gambling in America for the Colonie to Canfield (Asbury), 310
Sung, Michael, 282
Super Duper Stores, 188
Surowiecki, James, 197, 311

T

Table Stakes (Spielvariante), 47, 149
Taleb, Nassim, 9, 202, 266, 311
Tauschwirtschaft, 72, 93, 129-132
technische Analyse, 24
Tell, 49
Terminbörsen, 24, 141, 162
  Börsencrash und, 99
  Eigenschaften, 25, 141
  als Soft-Money-Bank, 120, 159
  To-Arrive-Kontrakte, 162-164
Texas Hold 'Em:
  Beliebtheit von, 49, 171
  Reihenfolge des Setzens bei, 55
  spielen, 49-50
  Straight Flushes bei, 41
  Strategien für, 33
The Theory of Poker (Sklansky) 174, 310
Thorp, Ed, 24, 81, 191, 192, 310
Three Of A Kind (Drillinge), 44
Timing, 20
Tischposition, 45
To-Arrive-Kontrakte, 162-164
Total Poker (Spanier), 241, 265, 309
Trading and Exchanges (Harris), 311
Treynor, Jack, 73, 75, 125, 192
Trips beim Poker, 44
Turow, Scott, 175
Two Pair (Zwei Paare), 44

U

Under the Round Table (King), 309
Universität von Chicago, 75, 185
Unterschlagung, 119
Up-and-Out-Verkaufsoption, 168
Usner, Daniel, 141, 312

REGISTER

V

Vanderbilt, Cornelius, 161
Verfallstermin, 72
Verlierer:
  bluffen und, 230
  in Kasinos, 302
  in kommerziellen Spielräumen, 116
  in Turnieren, 83, 282
  im Wertpapierhandel, 198
Versicherungen:
  Auszahlungen von, 71, 95
  Hedging und, 71, 87
  Verwendung von
    Wahrscheinlichkeitsrechnung, 93
Vertikale Spreads, 202-204
Vierlinge, 35, 41, 152, 268
Volatilität:
  am Aktienmarkt, 92
  lokale, 111
  ökonomische, 26
  Optionshandel und, 305
  stochastische, 111
  von Wechselkursen, 100
Von Hattingberg, H., 291

W

Wahrscheinlichkeitsrechnung, 214
Wahrscheinlichkeit:
  bei der Berechnung des
    Erwartungswerts, 296-298
  beim Bluffen, 285
  im Finanzbereich und im Glückspiel, 24
  bei Gesetzesstreitigkeiten, 285-287
  versus Gewinnquoten, 104
  Nutzentheorie und, 299-301
  bei der Preisfindung von
    Lebensversicherungen, 93
  in verschiedenen Spielen, 227
  Spieltheorie und, 213, 219
Währung, 22, 70, 101, 184, 100 Siehe
  auch Wechselkurse
Währungsumtausch, 70, 101, 184
Wallace, Frank R., 180, 265

Wall Street, 21, 78, 173, 247, 311
Warrants, siehe Optionsscheine
  (Warrants)
Watts, Dickson, 20, 310
Wertkreation, 192-195
Wertpapiere
  Definition, 71
  Derivate als, 187
  Kalkulation der, 77
  innerhalb von Portfolios, 75-76
  Verkauf von, 209-212
Wetten:
  Blind, 46, 234, 239, 264
  Ergebnis- 126
  Grundlagen, 32
  Limits, 25, 46
  offensive / passive Strategie fürs, 58, 217, 220
  Pferde-, 21, 81,197, 255-262
  in privaten Spielen, 66, 79
  Reihenfolge der Einsätze, 45-46, 249
  von Risikospielern, 269
  der Spielgegner, 58
  in der Spieltheorie, 238
  String Betting, 48
Wheels of Fortune (Geisst), 310
Wild Cards:
  Bug als, 147
  bei Draw-Spielen, 56-58
  Funktionen, 39-40
  beim Seven-Card-Stud, 56
Wilson, Edward, 126
Winkelbörsen, 167-168
Wirtschaft:
  in den 1970ern, 184-190
  Fremdkapital in der, 190
  Geld, 132-139
  Geschichte, 120, 132
  Kapitalbildung und, 90
  Kontrolle, 110
  Netzwerk, 21, 73, 134, 142, 157
  Poker-Subkultur und, 113-115
  Schaffung von Werten, 130, 188-192

Wachstum, 77
Wirtschaftswissenschaften:
  Entwicklung der, 125
  Rolle des Glücksspiels, 132
  als wissenschaftliche Disziplin, 115,
Winning Moves
  (Glücksspielunternehmen), 195
The Wisdom of Crowds (Surowiecki), 197
World Series of Poker, 50, 78

Y

Yardley, Herbert, 309

Z

Zinssätze:
  von Banken, 121
  Festlegung der, 100-101
Zufallsstrategie, 219, 241
Zweierwetten, 256